Collection «ILES et ARCHIPELS» n° 3

NATURE ET HOMMES
dans les îles tropicales :
réflexions et exemples

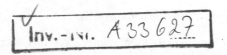

Éditée en 1984 par :

le CEGET — Centre d'Études de Géographie Tropicale du C.N.R.S. (Programme : Viabilité des petits Etats insulaires) - 33405 Talence Cédex.

le CRET — Centre de Recherche sur les Espaces Tropicaux de l'Université de Bordeaux III - Institut de Géographie - 33405 Talence Cédex.

Avec le concours :

de la SEPANRIT — Société pour l'Étude, la Protection et l'Aménagement de la Nature dans les Régions Inter-Tropicales.
(CEGET - Domaine Universitaire - 33405 Talence Cédex).

de l'ASNNC — Association pour la Sauvegarde de la Nature Néo-Calédonienne.
(B.P. 1772 - Nouméa - Nouvelle-Calédonie).

COLLECTION «ILES et ARCHIPELS»

Comité scientifique

Responsables des publications

Réalisation technique

Secrétariat de rédaction du VIIIe Colloque SEPANRIT : Jean-Louis d'Auzon

Travaux de cartographie : Aimée Lafitte

Travaux photographiques : Alain Vergnes et Jean-Pierre Vidal

Photocomposition : Atelier COMPO-GARBAGE, 33000 Bordeaux et COMPOSTYLES - Nouméa

Impression : Centre d'Études de Géographie Tropicale

Guy SALIGNIERE (CNRS) aidé par Didier GUELLEC

Dépot légal – 4e trimestre 1984

1984 © **CRET Bordeaux III et CEGET (C.N.R.S.)**

ISBN 2 905 081 - 02 - 3

ISSN 0758 - 864 X

AVANT-PROPOS

Ce troisième volume de la collection « Iles et Archipels » regroupe un certain nombre de communications qui ont été présentées au IXe Colloque de la SEPANRIT, tenu à BORDEAUX, puis à NOUMEA en novembre 1981 et qui ont été déjà publiées dans le BULLETIN DE LIAISON N° 12 de la SOCIÉTÉ POUR L'ÉTUDE, LA PROTECTION ET L'AMÉNAGEMENT DE LA NATURE DANS LES RÉGIONS INTERTROPICALES (SEPANRIT). Ce Bulletin, réalisé par la dynamique ASSOCIATION POUR LA SAUVEGARDE DE LA NATURE EN NOUVELLE-CALÉDONIE (ASN-NC) a eu un faible tirage et une diffusion restreinte, limitée surtout à la Nouvelle-Calédonie.

Or, certains thèmes qui ont été abordés pendant ce Colloque concernent des problèmes généraux du monde insulaire tropical ; il nous a semblé utile de les présenter dans cette publication, en conservant le format d'origine du Bulletin de liaison de la SEPANRIT. Des études nouvelles complètent l'ouvrage en particulier dans le domaine de la climatologie, pour lequel il était intéressant d'apporter des données récentes qui renouvellent la réflexion en ce domaine.

Il ne saurait être question dans cet ouvrage d'une présentation exhaustive des innombrables questions que pose l'originalité du monde insulaire tropical. Il s'agit surtout de mises au point qui traduisent l'effort de réflexion d'une équipe où se retrouvent professeurs au MUSEUM, universitaires de BORDEAUX, et chercheurs du CEGET-CNRS, de l'ORSTOM et de la COMMISSION DU PACIFIQUE SUD.

M. Jean-Pierre DOUMENGE montre tout d'abord quel est le rôle stratégique, politique et économique que jouent les îles et l'intérêt que présente l'originalité de leurs sociétés, souvent multiraciales, au carrefour de la tradition et de la modernité.

M. François DOUMENGE se penche ensuite sur la notion même d'insularité, sur la diversité des caractères naturels des îles, ce qui l'amène à proposer une typologie pour mettre en valeur la spécificité insulaire. Les données climatiques tiennent une place importante parmi les éléments qui permettront de caractériser les types d'îles : l'étude de M. Gilbert CABAUSSEL décrit les mécanismes du climat guadeloupéen, tandis que M. François DOUMENGE s'appuie sur les données les plus récentes, en particulier celles qui concernent les cyclones qui ont ravagé récemment la Polynésie française, pour analyser les mécanismes de formation des dépressions cycloniques dans le Pacifique.

Comme le montre M. Renaud PAULIAN dans son article, un des critères qui souligne le mieux la spécificité du milieu insulaire concerne la flore et la faune, avec l'endémisme et la conservation de véritables reliques végétales ou animales. La Nouvelle-Calédonie constitue un remarquable exemple d'endémisme et de maintien de formes archaïques et elle méritait donc une étude particulière (MM. Ph. MORAT, J.-M. VEILLON et M.S. MACKEE). Les îles représentent des champs d'observation privilégiés, de véritables « laboratoires naturels », ainsi que le souligne M. PAULIAN, mais elles constituent des « écosystèmes » particulièrement fragiles.

L'originalité du monde des atolls méritait une attention spéciale : ces constructions coralliennes n'existent que dans la zone intertropicale et offrent des caractères spécifiques, non seulement dans leur milieu physique, mais aussi dans le domaine humain : la mise au point de M. Alain HUETZ de LEMPS annonce donc la seconde partie de l'ouvrage, plus spécialement consacrée à la place des hommes dans le monde insulaire tropical.

M. Christian HUETZ de LEMPS retrace le peuplement des îles tropicales, leur insertion dans le monde occidental à la suite des grandes découvertes et de la colonisation, et la mise en place d'une économie et d'une société de plantation que M. Guy LASSERRE définit et oppose aux grandes plantations capitalistes des XIXe et XXe siècles. M. Michel LE BRAS évoque l'influence des brassages contemporains de population et des ruptures d'équilibre écologique sur la santé des insulaires : les îles connaissent parfois des flambées d'épidémies tropicales, qui ont une grande incidence dans ces microcosmes.

L'évolution récente des archipels aboutit à une remarquable diversité des situations démographiques et économiques. C'est ce que montrent les études de M. Jean-Claude ROUX sur les migrations, de M. Jean-Pierre DOUMENGE sur l'utilisation du sol et de M. Arthur LYON-DAHL sur la gestion de l'environnement qui concernent toutes trois le monde océanien. L'exploitation minière dans les îles ne représente à l'échelle mondiale qu'un apport modeste mais peut transformer entièrement la vie de certaines terres (M. Serge LERAT).

La quinzaine d'études groupées dans ce volume constitue donc une contribution à l'analyse des caractères spécifiques des îles du monde tropical ; elle permet de mettre en lumière l'extraordinaire diversité des milieux physiques et humains. Chaque île offre des traits originaux dont il faut tenir compte lorsque l'on envisage ses possibilités de développement : l'exemple de MAYOTTE, présenté à la fin de cet ouvrage par M. Marc BOYE et M. Jean KOECHLIN est caractéristique à cet égard ; de telles études sont indispensables pour nous permettre d'affiner notre connaissance des milieux insulaires tropicaux.

Alain HUETZ de LEMPS.

SOMMAIRE

*Les articles marqués du signe * ont été présentés dans le cadre du VIIIe Colloque SEPANRIT en novembre 1981.

ENJEU GÉOPOLITIQUE ET INTÉRÊT SCIENTIFIQUE DES ESPACES INSULAIRES

Par Jean-Pierre DOUMENGE
CEGET - CNRS

Le monde insulaire a, jusqu'à présent, peu capté l'attention des politologues contemporains tant il se fonde sur un espace fragmenté et une humanité limitée : dimensions réduites et dispersion des îles et archipels, faiblesse et hétérogénéité du peuplement, le font trop souvent considérer comme un monde marginal. Pourtant les îles jouèrent souvent un rôle important dans l'accomplissement des politiques des puissances maritimes de l'Europe occidentale au cours des XVIIe, XVIIIe et XIXe siècles. Entre 1763 (date du traité de Paris) et 1830 (date de la prise d'Alger), les îles constituèrent même l'essentiel du patrimoine colonial français. Pour la puissance anglaise, l'île est souvent apparue comme l'indispensable point d'appui à contrôler, avant d'entreprendre la conquête de vastes territoires continentaux. D'une façon générale on constate qu'aux XIXe et XXe siècles, toute entité politique qui désire établir sa puissance à l'échelle du monde a besoin de relais insulaires.

La dégradation des économies de plantation, les grands bouleversements géopolitiques qui ont suivi la Deuxième Guerre mondiale, ont en fait occulté le rôle joué par les îles pendant plus de trois siècles : entre 1945 et 1975, les manœuvres politiques des grandes confédérations idéologiques s'inscrivirent uniquement en milieu continental.

Par un retournement récent des grandes tendances de l'histoire (guère plus d'une décennie), le développement des terres océanes redevient un enjeu important pour les grands ensembles géopolitiques qui contrôlent notre planète.

Par leur propension à l'adoption des biens et des idées d'origine étrangère, par leur agilité à capter à leur profit le pouvoir des grandes puissances économiques et militaires, les populations insulaires témoignent d'une grande faculté d'adaptation aux changements de l'histoire contemporaine dont elles constituent, dans une certaine mesure, les témoins critiques.

Récemment, une solidarité est née de la prise de conscience par les insulaires eux-mêmes d'une spécificité de leur situation. En 1979, lors d'une conférence tenue à Canberra sous l'égide de la C.N.U.C.E.D., les représentants des îles et archipels des océans Pacifique et Indien concluaient à la nécessité d'étudier la « viabilité » des économies des États insulaires et ce faisant de diagnostiquer les obstacles à leur développement, en particulier les contraintes géographiques qui pèsent sur ces États. En 1983, une réunion d'experts de pays non alignés tenue à la Grenade, définissait le concept de « petit État insulaire » sur la base d'une population de moins d'un million d'habitants et d'une superficie rarement supérieure à 4 000 km².

I. — L'ENJEU DES ESPACES INSULAIRES

A - DU BLOCAGE PARTIEL DES STRATÉGIES CONTINENTALES A LA « RECONQUÊTE » DES IMMENSITÉS OCÉANIQUES

Dans le cadre continental, les frontières des États ne sont plus guère sujettes à modifications ; le Sahara ex-espagnol n'intéresse en vérité que quelques nostalgiques des luttes d'émancipation du Tiers Monde (ce périmètre étant passé du contrôle d'une métropole européenne à celui d'une métropole africaine). En Amérique latine, les zones frontalières contestées sont nombreuses, mais spatialement bien délimitées, et ce faisant les tensions internationales qui y sont liées tiennent de plus en plus du rite. En Asie, l'hégémonisme soviétique par Vietnam interposé a atteint son but, le contrôle de la péninsule indo-chinoise. Sur ce continent, le rite idéologique tient là encore une grande place dans le face à face des deux Corées. C'est le pendant oriental de la partition de l'Allemagne. Corée du Nord et Allemagne de l'Est jouent parfaitement leur jeu de « marches » de l'Empire soviétique, mais bien peu de nations ne contestent plus leur existence et leur territoire. A quatre siècles de distance, un état de fait territorial comparable à celui créé par l'avènement des Provinces unies (sous l'impulsion de la propagation de la foi protestante) se reproduit, sans qu'à court terme on ne puisse concevoir de remise en cause fondamentale de l'équilibre précaire prévalant entre les deux grands blocs idéologiques qui se partagent notre planète. Certes un problème continental d'importance subsiste : la structuration de l'Afrique australe et le contrôle de ses richesses minières. Mais à court terme on assiste au blocage partiel des stratégies des grands ensembles continentaux.

La guerre pour le contrôle de Chypre, puis les grandes manœuvres autour de Malte, et plus près dans le temps, le conflit des Malouines ou le débarquement américain à Grenade, illustrent au contraire la volonté des grandes puissances de maintenir leur ascendant. Une course poursuite se fait jour de plus en plus nettement tant pour le contrôle de la haute atmosphère (par le biais de satellites artificiels) que pour celui des étendues océaniques, et ce faisant des espaces insulaires nécessaires points d'ancrage des stratégies mondiales.

Par une certaine ironie de l'Histoire, les grandes puissances économiques et militaires qui ont considéré durant les deux derniers siècles la nécessité de la liberté de circulation en haute mer pour développer au maximum leurs possibilités d'échanges, sans encourir de blocage au niveau des détroits, sont à présent favorables à la délimitation de « zones économiques exclusives » de 200 milles marins, s'étendant donc bien au-delà des « eaux territoriales » traditionnelles.

Des îles minuscules se sont ainsi trouvées au centre de cercles de 360 km de rayon. Certains États insulaires ont donc vu leur sphère d'influence multipliée par 100, 1 000 voire 10 000 et plus. A titre d'exemple, en Océanie, le rapport terre émergée/zone maritime est de 1/8 000 pour les îles Cook, de 1/15 000 pour Nauru, de 1/30 000 pour les îles Tuvalu et les îles Tokelau, de 1/130 000 pour Pitcairn.

On assiste donc à une véritable « reconquête » des immensités océaniques allant bien au-delà de la conception traditionnelle (pré-européenne) ayant cours dans l'univers océanien. Celle-ci ne dépassait jamais les marges récifales. Fait nouveau, on assiste à la compétition frénétique de petits États et de grandes puissances pour le contrôle des espaces océaniques. Les enjeux sont en effet d'importance.

B - LA PLACE DES ESPACES INSULAIRES SUR L'ÉCHIQUIER MONDIAL

Le fait que des États souverains revendiquent actuellement (et pour la première fois dans l'histoire) près du quart de la surface des océans, soit l'équivalent de la moitié environ des terres émergées, comme partie de leur territoire, constitue une grande nouveauté géopolitique. C'est l'expression de l'évolution de la place des espaces insulaires sur l'échiquier mondial.

Au lendemain de la Deuxième Guerre mondiale, ceux-ci étaient souvent dépréciés, surtout lorsqu'ils se situaient en dehors des grands courants d'échange ; les bordures continentales étaient alors parfaitement contrôlées. Les grandes routes maritimes traversaient l'Atlantique Nord, l'isthme du Sinaï par le canal de Suez et enfin l'isthme panaméricain via le canal de Panama. Les archipels du Pacifique Sud apparaissaient au bout du monde.

Dans le Pacifique Nord, seules les îles Hawaii, Midway, Wake et Guam ont un rôle stratégique : elles font office de sentinelles sur le flanc occidental de la puissance nord-américaine. Quant aux Kouriles elles permettaient à l'Union soviétique de verrouiller sa façade orientale.

La fulgurante promotion économique du Japon, la mise hors service du canal de Suez après la guerre israélo-arabe de 1973, puis l'avènement des super-tankers pétroliers et des gigantesques porte-conteneurs déterminèrent la mise en service de nouvelles grandes routes maritimes tant le long de la façade de l'Asie orientale qu'autour du continent africain. Les îles de l'Atlantique Sud et de l'océan Indien, les archipels indonésien et philippin devinrent autant de balises de ces nouveaux courants d'échange. L'île de Singapour devint la « Suisse de l'Asie ».

Mais le fait stratégique majeur qui « revitalise » brusquement le rôle des espaces insulaires fut l'arrivée massive de la flotte soviétique le long des nouvelles grandes routes du commerce international. Malgré l'avènement conjoint des satellites militaires d'observation et d'une nouvelle génération de sous-marins (à propulsion nucléaire), l'île redevint un point d'appui et de relâche, indispensable à la surveillance du trafic maritime international, et ce d'autant plus rapidement que les puissances européennes entreprenaient la décolonisation des marges continentales qu'elles contrôlaient jusqu'alors. Les Seychelles, les Maldives, les Comores, les îles du Cap-Vert, les Mariannes virent ainsi leur rôle stratégique grandement valorisé. Des stations d'écoute, des relais pour satellites furent installés dans certaines îles, car la route du pétrole (le levain des économies contemporaines) devait être préservée quoi qu'il arrive.

Pourtant les facteurs stratégiques (économiques ou militaires) n'expliquent pas totalement la rapidité avec laquelle les îles sont à nouveau prises en considération par les grandes puissances.

Deux éléments sont encore à prendre en compte : d'une part le poids des petits États insulaires au sein des institutions internationales ; d'autre part l'existence de ressources minérales terrestres ou sous-marines.

De par leur nombre, les petits États insulaires ont sensiblement modifié le paysage des institutions internationales. La conférence des Nations Unies pour le commerce et le développement ne compte-t-elle pas au nombre de ses divisions un « programme des pays les moins avancés, insulaires et enclavés » ? Une solidarité est de plus en plus manifeste entre pays insulaires pour traiter en commun leurs problèmes de développement et drainer à leur profit les financements internationaux qui se sont substitués peu à peu aux subsides des anciennes métropoles. La variété des statuts de dépendance ou d'indépendance des espaces insulaires ne nuit plus à la volonté d'agir de manière concertée. La commission du Pacifique Sud, le Forum des pays du Pacifique, le marché commun des Caraïbes orientales en constituent les marques les plus vivantes, bien que dans le dernier cas, il ne s'agisse que du regroupement d'anciennes colonies britanniques (Antigua, Montserrat, Dominique, St. Kitts et Nevis, Anguilla, Sainte-Lucie, St.-Vincent, Grenade) à présent élargi sous le label « CARICOM » à trois autres États insulaires (Barbade, Jamaïque, Trinidad et Tobago) et à deux petits États continentaux (Belize et Guyana).

L'existence de ressources minérales terrestres ou proches de la terre (pétrole à Trinidad, phosphate à Nauru, bauxite en Haïti et en République Dominicaine, nickel en Nouvelle-Calédonie et à Cuba, cuivre à Bougainville) et surtout sous-marines (nodules polymétalliques), provoque de la part des grands pays industriels une convoitise non déguisée pour être associés et plus encore dans le futur, à l'exploitation des zones maritimes des 200 milles s'appuyant sur des entités politiques insulaires. Il est évident que par manque de disponibilités financières propres, la plupart des États insulaires ne peuvent profiter actuellement ou à court terme de ces ressources.

De par leur situation de proximité vis-à-vis des grandes routes du commerce international, de par leur rôle de relais stratégiques ou encore de par leurs ressources biologiques ou minérales en exploitation ou en réserve, les petits États insulaires possèdent un « poids » politique infiniment plus grand sur la scène internationale que celui qui serait le leur, eu égard à la faiblesse de leurs effectifs démographiques, s'ils s'inscrivaient dans un contexte continental. On peut dire d'une façon triviale qu'un « insulaire » « pèse » plus qu'un « continental ». On comprend dès lors que les îles puissent susciter un grand intérêt et fassent l'objet d'études multiples. Ce n'est pas leur seul mérite. Le caractère généralement pluri-ethnique de leur population, l'absence de « complexes » de leurs dirigeants vis-à-vis des puissances économiquement développées, font que certaines îles apparaissent comme des laboratoires du monde de demain. A ce titre elles ont un grand intérêt dans le domaine des sciences humaines.

II. — L'INTÉRÊT PROCURÉ PAR L'ÉTUDE DES ESPACES ET DES SOCIÉTÉS INSULAIRES

Il est souvent difficile d'aborder de manière détaillée la structure et le fonctionnement d'une société et la personnalité des groupes qui la composent à l'échelle d'un État continental, compte tenu de l'importance de la population. Au contraire les pays insulaires, de par la modestie de leurs effectifs humains, apparaissent comme de véritables laboratoires du monde contemporain révélant mieux qu'ailleurs ses contradictions et ses potentialités, même si le caractère premier d'une île est d'être unique et de ne ressembler en apparence à aucune autre.

A - DES OBSERVATOIRES DE TAILLE HUMAINE, GÉNÉRALEMENT TYPÉS, DU MONDE CONTEMPORAIN

L'observateur non averti croit souvent que les petits pays insulaires ne recèlent que des problèmes mineurs dus au caractère exacerbé des particularismes locaux, mais qu'en définitive la maîtrise des contraintes spatiales, économiques, sociales ou politiques, est toujours chose aisée, compte tenu de la faible taille de leur population. En fait, une étude en profondeur révèle la grande complexité de leur société et de leur aménagement de l'espace, reproduisant parfois en modèle réduit les contraintes des espaces et des nations de type continental.

La mer n'étant jamais, comme son état physique pourrait le faire croire, un obstacle aux contacts humains, mais bien un trait d'union entre continents, les espaces insulaires ont souvent servi de ponts culturels entre ethnies différentes ; par là même les îles sont, pour la plupart, des lieux privilégiés où s'élaborent des sociétés multiraciales mettant en relief les grandes discontinuités socio-politiques de notre temps, comme celle des périodes précédentes.

Ainsi l'océan Pacifique qui a frappé l'imagination européenne par son immensité, a fonctionné des siècles durant comme une Méditerranée. Diverses découvertes archéologiques corroborées par la tradition orale donnent à penser que les populations du Pacifique essaimaient facilement et de façon raisonnée. L'implantation de colonies polynésiennes (samoanes, tongiennes ou wallisiennes) dans les archipels mélanésiens, à des centaines, voire des milliers de kilomètres de leur point de départ, l'atteste. Comme en Méditerranée aux VIe et VIIe siècles avant J.-C., à l'époque de l'expansionnisme colonial des cités grecques, la diffusion des Polynésiens dans le Pacifique est à l'origine de vastes chaînes d'alliances sans jamais avoir sécrété de phénomène impérialiste : la mer ne se contrôle pas comme la terre, alors on en fait un trait d'union ; en faisant l'économie de barrières, de frontières, on évite le développement de systèmes de contrainte, d'enclavement, donc toute possibilité d'oppression économique ou militaire.

Lorsqu'à une époque plus récente, les empires coloniaux des puissances européennes se sont élaborés, les différences de connaissances technologiques ont permis l'apparition d'un contrôle plus strict des espaces insulaires ; toutefois à la suite de l'abolition de l'esclavage (Antilles, Mascareignes) ou du travail forcé des autochtones, on assiste au brassage des différents groupes ethniques et à l'avènement de collectivités multiraciales.

Malgré les tensions internes provenant de l'histoire (dans certains cas de la domination de minorités créoles), ces sociétés de métissage constituent des points de rencontre pour une meilleure compréhension des spécificités et des antagonismes ethno-culturels continentaux.

Certaines îles bénéficiant de maigres ressources naturelles utilisables, mais dotées d'une population dense, ont imaginé le développement d'économies de service ou de haute technologie préfigurant le monde de demain. Lorsqu'on ne dispose pas d'un marché intérieur d'importance, il est difficile de bâtir une économie sur une industrie de transformation traditionnelle ne dégageant qu'une valeur ajoutée forcément modeste. La constitution de zones bancaires hors douane est un moyen commode de créer des activités sur de simples jeux d'écriture. La concurrence est réelle pour les grandes places d'affaires traditionnelles. New York pour contrer ces initiatives a imaginé de créer une zone franche bancaire (« Off Shore »). Evidemment la prolifération de telles zones en milieu insulaire n'est pas infinie. Elle ne sont lucratives que parce qu'elles restent rares. Ce qui est plus sûr à terme, c'est la création en milieu insulaire d'ateliers de micro-informatique requérant une main-d'œuvre habile et dégageant des marges bénéficiaires conséquentes. Les expériences de Singapour, de Hong-Kong et de Taïwan restent malheureusement l'exception. En fait la création de tels ateliers requiert des montages financiers que le capital local insulaire rechigne à assurer, par manque d'imagination, par faible goût du risque, parfois aussi par insuffisance de liquidités. En attendant, la création de zones industrielles franches produisant des tissus exotiques en grande série, transformant des productions locales d'envergure (lorsqu'elles existent), raffinant le pétrole à destination d'un marché régional, valorisant l'environnement océanique (pêcherie, industrie de la nacre, joaillerie perlière) sont des possibilités réelles d'animation économique pour de nombreux pays insulaires. Malheureusement le principe de la zone franche est souvent repoussé par les autorités en place, dans la mesure où il est basé sur l'exonération fiscale, donc en définitive sur l'abandon des ressources financières par la puissance publique.

Dans leur grande majorité les espaces insulaires reproduisent à leur échelle les clivages continentaux et les caractéristiques d'un inégal développement ; en particulier ces espaces sont soumis plus qu'ailleurs à une très forte poussée des populations fraîchement urbanisées. Ce n'est pas un mince paradoxe que de constater dans les îles des Méditerranées caraïbe et océanienne, de fortes densités de population et des taux d'urbanisation souvent très élevés.

Avec une densité de 1 113 hab/km², les Bermudes détiennent le record de surpopulation en milieu insulaire. St. Vincent, Curaçao et Aruba, Grenade, la Barbade, St. Thomas et St. Martin ainsi que Trinidad, Puerto Rico et la Martinique, comptent de 200 à 1 000 hab/km². Seules les trois dernières îles citées ont plus de 1 000 km² de superficie. Dans le Pacifique, ce sont là encore des territoires exigus (moins de 1 000 km²) qui enregistrent de fortes densités : 133 hab/km² à Tonga, 160 aux Samoa américaines et à Tokelau, 167 à Guam, 285 à Tuvalu, 318 à Nauru.

La concentration de la population insulaire dans les chefs-lieux ou les capitales, est un phénomène qui prend actuellement une ampleur considérable et qui intéresse tout autant les îles hautes que les atolls, les micro-États et les pays relativement vastes. L'archipel des Fidji compte plus de 18 000 km², mais près de la moitié de la population se concentre sur les 300 km² de l'aire urbaine de Suva. En Nouvelle-Calédonie (19 100 km²), on rencontre à présent deux habitants sur trois dans l'agglomération de Nouméa (qui compte moins de 200 km²). En Polynésie française (4 000 km²), les deux tiers de la population s'inscrivent dans l'agglomération de Papeete qui s'étend actuellement sur la moitié du pourtour de l'île de Tahiti (180 km² sur les 1 000 km² que compte l'île). Pour les Seychelles, on rencontre à présent près de 90 % de la population sur la seule île de Mahé (le tiers dans la seule localité de Victoria). Le rapport est le même pour Guam vis-à-vis de la Micronésie américaine. Aux Antilles, l'agglomération de Fort-de-France tend à absorber directement ou indirectement tout l'espace insulaire. Cette tendance est moins marquée en Guadeloupe du fait de la dualité urbaine (Basse-Terre et Pointe-à-Pitre), mais plus du quart de la population de l'île vit tout de même à la ville. De même à la Réunion, le chef-lieu et ses abords regroupent 25 % de la population, à l'île Maurice près de 35 %.

De plus en plus en effet, si la population insulaire se regroupe au chef-lieu ou à la capitale, le reste du territoire ou du pays devenant peu à peu une zone de résidences secondaires par suite de la défection des activités agricoles, le capital foncier n'est plus alors que le support de la notoriété sociale.

L'urbanisation galopante et irréversible est une des contraintes majeures des pays en développement. Pour limiter l'influence du phénomène, certains gouvernements prônent le « retour à la terre ». La mise en valeur de la terre ancestrale est en effet perçue comme la meilleure réponse des pouvoirs en place au développement macrocéphalique des capitales. Cela transparaît particulièrement en milieu insulaire, mais en fait c'est l'équilibre de l'ensemble des États du Tiers Monde qui est en jeu.

Pour l'instant, il n'est qu'un État qui ait réussi à vider ses villes, c'est le Cambodge soumis à la férule des « Kmers rouges » : leur action a abouti à un véritable génocide. Dans l'histoire, on constate d'ailleurs que les cas de déflation de la population urbaine coïncident toujours avec des périodes de grande insécurité (invasions barbares des VIe, VIIe et VIIIe siècles pour ce qui est de l'Europe occidentale), mais qu'au contraire en période de calme politique, le développement urbain est incessant. Il vaudrait donc mieux que les gouvernements des pays en développement et, d'une façon générale, les pouvoirs publics des pays insulaires essaient de canaliser le phénomène urbain actuel plutôt que de le masquer par la propagande prônant le retour à la terre. Il faudrait un effondrement de l'économie monétaire pour que l'idéologie du retour à la terre prenne une certaine consistance, car l'activité agricole prévue ne dégage jamais de fortes plus-values. L'idéologie du retour à la terre peut être une formule de régulation d'une société en crise aiguë, non une stratégie de valorisation de l'espace.

La particularité des villes des pays en développement, tout spécialement lorsqu'elles s'inscrivent en milieu insulaire, c'est d'héberger une population d'agriculteurs devenus (ou cherchant à être) employés de services publics ou privés. Au XIXe siècle, en Europe, les transferts démographiques s'étaient effectués entre une agriculture qui venait d'augmenter sa productivité sous l'effet d'une forte mécanisation et une industrie naissante à la recherche de bras pour se développer. Donc on se trouve pour le Tiers Monde sans références historiques ; c'est vrai aussi pour l'étude de la croissance urbaine puisque le « squatting » est une donnée spécifique des agglomérations des pays en développement. De par leur taille, les villes insulaires se présentent donc comme des laboratoires, où il semble possible de tester en vraie grandeur les possibilités d'amélioration de l'équilibre précaire des pays en développement.

Il n'en reste pas moins que les insulaires revendiquent un « droit à la différence », le pouvoir de définir un art de vivre et un jeu social qui ne suivent pas les normes élaborées et véhiculées, à l'échelle de la planète, sous diverses formes, par les grandes puissances, américaine et soviétique.

B - DE L'USAGE DE LA COUTUME ET DE LA MODERNITÉ EN MILIEU INSULAIRE

La valeur d'exemple des espaces insulaires en matière de développement n'est guère perçue actuellement par les populations locales et la communauté scientifique. Au contraire le discours des insulaires vis-à-vis du monde de la recherche consiste très souvent à mettre en avant l'originalité de leur cadre de vie et de leur culture pour ne point apparaître comme des « marginaux » de la « norme occidentale ». Selon que l'insulaire est ou non autochtone, sa position est plus ou moins aisée : une culture est toujours une réponse à un environnement physique et humain spécifique ; lorsqu'elle s'enracine depuis plusieurs siècles dans une population homogène, sa structure est forcément cohérente. En revanche lorsque la population est récente et issue du brassage de plusieurs souches de peuplement, la culture reste forcément tiraillée entre plusieurs contingences. Elle l'est plus encore lorsqu'une communauté autochtone se trouve confrontée à un peuplement allochtone d'une taille démographique équivalente.

Trois types de sociétés insulaires se font jour :
— des sociétés à enracinement autochtone prédominant qui ont une cohésion suffisante pour assimiler, sans bouleversement majeur, les apports démographiques, technologiques et culturels (souvent limités) venant de l'extérieur (cas des Salomon, du Vanuatu, des Carolines, des Maldives, des Comores et des archipels polynésiens dans leur ensemble) ;
— des sociétés créoles fondées par l'immigration sur des îles désertes (Mascareignes, Seychelles, Açores, Madère, îles du Cap-Vert) ou sur des terres dont le peuplement autochtone a été rapidement éliminé (Canaries, Caraïbes), à la recherche d'une identité, tiraillées entre l'héritage des esclaves d'origine africaine, celui des anciens « habitants » d'origine européenne, celui enfin des anciens contractuels originaires du sud de l'Inde ;
— des sociétés où les autochtones se trouvent confrontés à un peuplement allochtone (européen en Nouvelle-Calédonie, indien aux Fidji) sensiblement équivalent, voire légèrement prédominant, ce qui aboutit à un clivage conflictuel entre tenants de la tradition (les autochtones) et de la « modernité » (les allochtones).

Les ajustements des groupes humains à l'intérieur d'une société varient en fonction de la perception et de l'usage que chacun fait des notions de « tradition » et de « modernité ». Il en résulte des types de comportements variés.

Dans les sociétés où le peuplement autochtone est largement dominant, la notion de « tradition » est sans cesse magnifiée. Les apports de « modernité » identifiée au concept « d'étranger » sont filtrés, adaptés, synthétisés pour s'inscrire dans des schémas de prestations sociales conventionnnées.

Dans la société de face à face, les adaptations de la « modernité » allochtone par les tenants de la « tradition » autochtone sont plus difficiles à réaliser, car conçues par certains comme autant de reniements vis-à-vis de l'intégrité du groupe ethnique préétabli.

Dans les sociétés sans enracinement, la recherche d'une « tradition » est à la base du dynamisme culturel, mais la multiplicité des références détermine des tiraillements et crée souvent des confusions. Dans deux cas sur trois il y a donc opposition plus ou moins grave entre « tradition » et « modernité », alors qu'après tout une « tradition » n'est ni plus ni moins qu'une « modernité », ayant fait ses preuves.

Parce que très souvent la « modernité » est associée à la technologie industrielle et urbaine acclimatée par les Européens ou les Nord-Américains, l'idéologie insulaire s'ancre dans une « tradition » autochtone ou pseudo autochtone (dans le cas des sociétés créoles) et tend sans cesse à se démarquer de la norme occidentale, dominante à l'échelle de la planète. Parce que cette « modernité » a souvent eu pour effet la dépossession des terres pour les autochtones, le recouvrement de la terre des ancêtres (c'est-à-dire la récupération des terres de colonisation) constitue le levier le plus efficace de la revendication nationaliste : dans les sociétés de face à face ou dans celles où l'élément autochtone est prépondérant, l'accession à la pleine souveraineté a toujours impliqué la récupération du contrôle territorial par les « plus anciens habitants ».

Au-delà de ses implications spatiales, la notion de « tradition » fait explicitement référence à l'entraide, à l'échange conventionné, base de l'autosuffisance alimentaire qui permettait avant l'immixtion européenne de survivre aux aléas écologiques (éruptions volcaniques, cyclones, raz de marée). D'où la mise en place de réseaux de solidarité à diverses échelles afin de ne jamais être pris au dépourvu, d'où l'allergie vis-à-vis de l'individualisme généré par la technologie contemporaine, d'où aussi une contradiction lorsqu'un archipel accède à l'indépendance entre le sentiment d'unité nationale exprimé à l'encontre des gens de l'extérieur et un patriotisme local, résurgence de vieilles structures sociales. Dans la plupart des pays insulaires océaniens indépendants, le pouvoir et le contrôle social sont répartis entre deux structures complémentaires, l'une basée sur le suffrage universel, l'autre sur les cooptations traditionnelles : à « l'assemblée » fait pendant le « conseil des chefs ».

L'Océanien tire de la restauration des solidarités fondamentales, s'appuyant à la fois sur la famille élargie et la notion de voisinage, un sentiment d'équilibre, d'harmonie et de force par rapport à l'Européen ou à l'Américain expatrié qui fonctionne le plus souvent dans un schéma basé sur l'influence prépondérante d'un individu, donc sur une compétition de réseaux de clientèle. De ceci s'ensuit un certain décalage entre la cohésion interne des sociétés autochtones par rapport aux sociétés créoles : dans les premières, l'individu s'efface toujours devant le groupe (familial ou social), dans les secondes le groupe tire sa personnalité de celle d'un individu magnifié.

On perçoit de la sorte une différenciation entre les sociétés océaniennes et celles des îles de la Caraïbe ou de l'océan Indien et la définition parallèle sur des bases spécifiques d'une personnalité océanienne et d'une personnalité créole.

Notons enfin qu'en fonction de l'histoire préeuropéenne et des structures sociales alors en place, les communautés mélanésiennes tendent à se différencier de celles des Polynésiens. Pour le justifier on met en avant tout à la fois, la dichotomie des cadres écologiques (grandes terres mélanésiennes, petites îles polynésiennes), la variété de l'organisation traditionnelle des pouvoirs, mais aussi les différences de contact avec le monde européen, en un mot la multiplicité des termes de la « viabilité » insulaire.

En définitive tout insulaire se perçoit différent non seulement de l'occidental, du continental, mais aussi de ses semblables, dès l'instant où ceux-ci ne partagent pas son devenir culturel et ne participent pas au même espace. A la limite dans un archipel, cela peut aboutir à un patriotisme d'île qui ne sera médiatisé que par l'affiliation à un mouvement confessionnel international. Les Églises ont une grande place dans les sociétés insulaires, car elles réconcilient le particulier et le général, le traditionnel et le moderne dans une perspective de dépassement des contingences matérielles et d'accession à la plénitude spirituelle. Confronté à l'immensité maritime, l'insulaire a besoin de se raccrocher à une force qui puisse le projeter au-delà de son horizon quotidien. Par ce fait même, les États insulaires, au-delà de leur indépendance restent affiliés à un réseau de solidarité intergouvernemental sécrété par leur ancienne métropole. Dans le cas de la Dominique, de Ste-Lucie, des Seychelles, de Maurice qui ont connu tour à tour l'influence française et la marque britannique, on constate même l'insertion des insulaires dans deux systèmes d'influence concurrents afin de capter à leur profit les avantages des deux civilisations. Fait symptomatique, le fond des sociétés insulaires qui ont connu successivement deux présences coloniales, est toujours fortement influencé par la métropole d'origine, alors que les structures de l'État font référence aux pratiques institutionnelles de la deuxième métropole : la première est perçue en termes de « tradition », la seconde en termes de « modernité ».

•
• •

Au cœur des débats des sciences de l'Homme et de la Société, les espaces et les populations insulaires ne sont pas uniquement « objet » de spéculations intellectuelles. Sur la scène internationale ce sont des « acteurs » vigoureux et des « terrains d'essais » des grandes mutations sociales et culturelles de la fin du XXᵉ siècle, mais aussi « témoins » critiques de l'évolution des rapports d'intérêt et de puissance entre nations dominantes à l'échelle de la planète.

1984

Mots clés : Iles, Rôle stratégique, Intérêt géopolitique, Ressources minières, Urbanisation, Sociologie, Tradition.

Résumé : Les îles jouent depuis plusieurs siècles un rôle stratégique important pour le contrôle des routes maritimes par les grandes puissances. Récemment, l'accession à l'indépendance et les possibilités d'exploitation des ressources minières dans une zone de 200 miles marins autour des îles ont accru leur intérêt politique et économique. Leurs sociétés, souvent multiraciales sont complexes, connaissent souvent de fortes densités, une macrocéphalie urbaine intense et oscillent entre tradition et modernité.

Title: GEOPOLITICAL STAKE AND SCIENTIFIC INTEREST OF ISLAND TERRITORIES.

Key-words: Islands, Strategic role, Geopolitical interest, Mineral resources, Urbanization, Sociology, Tradition.

Abstract: For several centuries the islands have played an important strategic role in the control of shipping routes by the major powers. Recently, the gaining of independance and the possibility of exploiting the mineral resources in the 200 miles off-shore zone have added to their political and economical interest. Their societies, which are often multiracial and of high population density are complex, having an extreme urban macrocephaly and oscillating between traditional and modern ways of life.

I. — LES MILIEUX NATURELS DANS LES ILES TROPICALES

Collection «ILES ET ARCHIPELS», no 3 : Nature et Hommes dans les îles tropicales ; CEGET-CRET - 1984.

UNITÉ ET DIVERSITÉ DES CARACTÈRES NATURELS DES ILES TROPICALES

Recteur François DOUMENGE
Professeur au Museum National d'Histoire
Naturelle - Paris

L'insularité des régions tropicales exprime ses caractères naturels dans un cadre où les grands phénomènes des masses atmosphérique et océanique, liés aux apports du rayonnement solaire aux basses latitudes, provoquent des réactions d'interface avec les terres émergées. Les phénomènes biologiques y subissent les influences d'endémismes traduisant le poids de l'isolement. Toutes les îles tropicales, qu'elles soient liées aux plaques continentales ou à la croûte océanique, présentent ainsi de remarquables similitudes provenant de l'homogénéité des effets de cette dynamique des fluides aux basses latitudes. Ainsi dans les zones intertropicales des océans Atlantique, Indien et Pacifique, les îles auront des paysages souvent identiques car leurs caractères naturels y seront semblables. Cela permet de les regrouper dans une même classe d'aspects géographiques.

Cependant, une parenté étroite ne traduit qu'une partie des caractères d'un géosystème complexe dont les aspects naturels varieront en fonction de facteurs propres d'évolution de l'histoire géologique, des systèmes morphologiques, ainsi que de la dynamique de la colonisation des formations végétales et des peuplements animaux.

Chaque île tropicale a des caractères naturels qui lui sont propres, en rapport avec les équilibres d'interfaces qui ont pu s'y établir en fonction de l'influence des facteurs de groupement ou de dispersion et en rapport avec la surface et le volume des formes émergées et du socle immergé.

Ce haut degré de spécificité, commun à l'ensemble des terres insulaires sous toutes les latitudes, doit mettre en garde contre les vues par trop simplistes tendant à faire uniquement des groupements dans de vastes ensembles. Les contrastes dans les caractères naturels individualisant chaque réalité insulaire pourront s'exacerber jusqu'à émietter les archipels à l'infini et à fragmenter en micro-unités les îles les plus vastes. Dans la zone intertropicale, les diverses formes d'endémisme insulaire, qui sont une des expressions de cette singularité, pèseront lourdement sur l'évolution humaine aussi bien dans le domaine de l'organisation économique que pour l'établissement des structures sociales.

Il convient donc de souligner fortement ces tendances conduisant à l'émiettement du monde insulaire tropical, car elles contrastent avec les caractères d'homogénéité caractérisant les grandes zones du domaine continental aux basses latitudes. On peut ainsi établir une clef de différenciation spatiale des caractères insulaires en fonction de leur diversité qui s'oppose à la prédominance des facteurs d'unité dans le domaine continental.

Quand les îles tropicales sont englobées dans le cadre zonal des bordures continentales, leur insularité n'est plus que l'expression plus ou moins accusée des effets de leur isolement dans le temps et dans l'espace. Servant de transition, ou même prolongeant dans le domaine océanique les influences continentales, elles limitent leur différenciation naturelle à des traits secondaires peu accusés. Pourtant, il suffit que leur séparation d'avec la rive continentale soit mise à profit pour qu'apparaissent des traits originaux des sociétés humaines qui les ont utilisées comme support (Singapour par rapport à la Malaisie ; Bahrein par rapport à l'Arabie ; Zanzibar face à la Tanzanie ; Trinidad, Curaçao, et même Margarita par rapport au Venezuela, etc.).

L'insularité, pour s'affirmer, n'a pas besoin d'une large séparation d'avec le littoral continental et il suffit d'une coupure relativement modeste. Cela est vrai d'ailleurs pour l'ensemble du monde insulaire à l'échelle du globe, comme en témoignent de très nombreux autres exemples (Djerba en Tunisie, les îles de la côte charentaise ou de la Bretagne du sud en France).

Si les caractères s'affirment même sur des îles de petite dimension toutes proches d'un rivage continental, par contre, ils tendent à s'effacer et même à disparaître dès que l'étendue et le volume de la terre émergée augmentent.

L'effet de la masse continentale est de générer par son volume des conditions d'environnement biologique et naturel et de cloisonnement de l'espace qui lui sont propres. La continentalité s'oppose alors à la vie littorale qui est sous l'influence maritime. *Dès qu'une île aura un volume émergé capable de générer par lui-même des effets climatiques, elle entrera dans le domaine continental.* Ce seuil dans la pratique est atteint quand une masse montagneuse de plus de 1 000 m d'altitude moyenne s'étend sur plus de 20 000 km². La continentalité prédominant nettement au-dessus de 50 000 km², les îles comme Cuba, Hispaniola (Haïti et République Dominicaine), l'Islande, Sri Lanka, Taïwan, Tasmanie, etc., sans parler bien entendu de vastes ensembles appartenant à des systèmes d'arc (Japon, Philippines, Indonésie, Nouvelle-Guinée, Nouvelle-Zélande) ou faisant partie de plaques continentales (Madagascar, Archipel britannique), sont à ranger dans un groupe insulaire continentalisé qui est totalement en dehors de notre propos.

Les vraies îles sont celles qui subissent, sans pouvoir les modifier, les influences de l'hydroclimat océanique parce que leur volume est trop faible pour induire autre chose que l'accentuation des contrastes dans un même système. En l'absence d'un haut relief massif, l'insularité océanique gardera tous ses caractères sur des terres émergées de 3 000 à 4 000 km². Quand un relief important s'élève en moyenne au-dessus de 1 500 à 1 800 m, l'insularité océanique est altérée dès que la surface de l'île dépasse 1 000 km².

Il reste ainsi, entre les petites îles océaniques et les grandes îles continentalisées, une classe que l'on pourrait appeler des « grandes terres » où l'on peut regrouper les îles de 4 000 à 20 000 km² — autour d'un module central de 10 000 km² — où l'hydroclimat océanique subit des modifications plus ou moins profondes en fonction du volume et de la disposition du relief.

En effet, en dehors de la surface et du volume émergé, la forme même de l'île joue un rôle dans l'insularisation. Toutes les îles par le fait même qu'elles sont entourées de toute part par la mer ont un développement du littoral dont le rapport à la surface est toujours plus élevé que pour n'importe quel secteur d'un continent.

Plus la surface émergée sera réduite, plus le rapport littoral/surface sera élevé. La valeur de ce rapport permet de quantifier un critère permettant de fixer objectivement un degré d'insularité. En effet, une île dont le littoral sera peu développé subira une influence maritime plus réduite que celle où au contraire des baies et des lagons multiplieront et élargiront les interfaces terre/mer.

L'île la plus maritime sera celle où les terres émergées à haute mer seront réparties autour d'un lagon. C'est le cas des atolls : si l'on considère un lagon de 20 km de diamètre, il y aura 133 km de rivages (internes 63, externes 70) ; si la formation émergée a une largeur moyenne de 1 km, cela donnerait une terre de 70 km² soit un rapport d'environ 2. Dès que la largeur du bourrelet diminue le rapport augmente passant à 4 pour une île circulaire de 500 m de largeur moyenne. En cas de fragmentation et de disparition partielle du bourrelet central les valeurs du rapport passent à 8 pour une île émergée sur la moitié de la couronne et à 16 pour le quart.

En réalité, l'indice est souvent encore beaucoup plus élevé, car les parties émergées du bourrelet de l'atoll sont fragmentées en de multiples îlots (dits « motus » en Polynésien). Ainsi pour la principale île de l'archipel des Ellice (Etat de Tuvalu), l'atoll de Funafuti a 54 km de rivages pour seulement 2,4 km² émergés, ce qui donne un rapport de plus de 20.

Si l'atoll se soulève de quelques mètres ou de quelques dizaines de mètres entraînant l'assèchement du lagon, on a un rapport plus normal qui se tient entre 1 et 2 : Makatea, seule île haute de l'archipel des Tuamotu (Polynésie française) a un rapport de 1/1,4 (20 km de côtes pour 28 km²), Kabara dans l'archipel Lau (Fidji) a un rapport de 1/1,8 (23 km de côtes pour 43 km²). Les anciens atolls émergés ont alors des indices identiques à ceux des petites îles volcaniques ; l'île de Labeka située dans le même archipel que Kabara a aussi 1,8 (31 km de côtes pour 58 km² émergés).

Ensuite, plus les dimensions des îles augmentent, plus le rapport littoral/surface baisse : une terre de 1 km² ayant 4 km de côtes aura un indice de 4. Avec 100 km², une île de 10 km × 10 km n'aurait que 40 km de côtes, soit un rapport de 1/2,5 et avec 400 km² (20 km × 20 km), l'indice tombe à 1/5.

Si le bloc insulaire émergé augmente, le rapport continue à s'abaisser. Avec 900 km², une île de 30 km × 30 km ayant un littoral de 120 km aura un indice de 1/8,3 qui passera à 1/10 pour 1 600 km² (40 km × 40 km) et à 1/12,5 pour 2 500 km² (50 km × 50 km).

La disposition du relief permet de mettre en évidence les effets de masse résultant de la morphologie insulaire. Si une île de 2 000 km² est longue de 100 km et large de 20 km, son rapport est d'environ 1/8,3 alors que si les dimensions sont de 50 × 40 km pour une même surface, le rapport tombera à 1/11,1 soulignant la plus grande continentalité d'une île massive.

De même, la présence de golfes et de baies étirant la ligne de contact des rivages et fragmentant le bloc de terres émergées accroît l'influence marine sur l'insularité : ceci se traduit nettement dans la valeur du rapport de l'indice. Pour une île maritime de 400 km² (20 × 20), le rapport étant de 1/5, la présence de deux baies profondes de 5 km accroît la ligne de rivage de 20 km et fait passer le rapport à 1/4. Ainsi, des îles d'une plus grande surface mais où le relief est échancré de larges baies et de golfes profonds seront davantage insularisées que des terres émergées plus petites mais plus massives ; la Martinique avec 360 km de rivages pour 1 080 km² a un indice de 1/3, tandis que Tahiti, avec seulement 160 km de côtes pour 1 040 km² est à l'indice 1/6,5.

Dès que le rapport tombe à 1/25 (1 km de côtes pour 25 km²), la continentalité s'affirme pour devenir de plus en plus absolue au fur et à mesure que le rapport s'abaisse, les effets de la masse continentale reléguant à un rôle secondaire le développement et la configuration des côtes.

On retrouve ainsi, en les affinant, les seuils établis en fonction des superficies. Une île de 50 000 km² a un rapport habituellement compris entre 1/40 et 1/60 et une île de 20 000 km² entre 1/20 et 1/33.

Les « grandes terres » insulaires entre 4 000 km² et 20 000 km² auront suivant leur morphologie littorale des indices compris entre 1/10 et 1/20. On pourra donc objectivement procéder à une classification de l'insularité des îles en fixant les seuils du rapport longueur du littoral/surface émergée que l'on peut désigner sous le nom d'indice côtier.

supérieur à 1	île océanique
1 à 1/10	petite terre insulaire
1/10 à 1/20	grande terre insulaire
1/20 à 1/60	île continentalisée
inférieur à 1/60	île continentale

Si l'insularité peut être ainsi quantifiée dans l'absolu par l'indice côtier, elle doit être aussi située en fonction des interactions relatives dues à la fois à la position des îles entre elles et par rapport aux ensembles continentaux. L'univers insulaire est soumis à une véritable force gravitationnelle qui entraîne une satellitisation des masses les plus faibles autour de grands pôles de force.

L'attraction du pôle dominant sera inversement proportionnelle à la distance séparant les deux ensembles et proportionnelle à la disparité de leurs volumes.

On peut trouver une expression quantifiable de ces phénomènes avec un *indice d'isolement* en considérant le rapport entre la surface de l'entité politico-géographique insulaire (que l'on peut désigner par le terme de territoire) et la surface de la zone économique d'exploitation exclusive des 200 milles qui lui est rattachée.

Plus le rapport entre la surface de cette zone et la surface du territoire insulaire sera grand, plus l'insularité sera prononcée ; en effet ce rapport exprime à la fois la relation entre la surface propre émergée et la zone océanique qui l'entoure, et l'isolement insulaire, puisque la surface de la zone des 200 milles sera plus ou moins vaste suivant qu'elle sera ou non limitée par des territoires voisins.

On peut ainsi classer les territoires insulaires de façon objective avec des seuils d'isolement différenciant nettement les grandes terres et les archipels structurés au-dessous de 100, les îles et les archipels à caractère océanique les plus cohérents de 500 à 2 000 et les plus dispersés de 3 000 à 20 000 jusqu'à un isolement extrême au-dessus de 20 000.

Rapport surface émergée du territoire/surface Zone économique d'exploitation des 200 milles

− 100	500-2 000	3 000-20 000	+ 20 000
Samoa Occid. 41	Maurice 860	Micronésie T.T.P.I. 3384	
Salomon 47	Tonga 1 001	Seychelles 3 571	
Vanuatu 57	Wallis Fut. 1 176	Kiribati 5 145	Tokelau 29 000
Fidji 71	Niue 1 506	Cook 7 625	Tuvalu 34 615
Nlle Calédonie 91	Polynésie F. 1 541	Norfolk 11 111	Pitcairn 160 000
	Samoa Am. 1 980	Nauru 15 238	

I. — LE JEU DES GRANDES MASSES DANS L'INSULARITÉ TROPICALE

Le jeu des grandes masses terre-atmosphère-océan détermine les caractères naturels fondamentaux des îles tropicales.

L'originalité des basses latitudes provient essentiellement des mécanismes régissant les masses d'air. La dynamique de l'atmosphère, qui est sous l'influence directe de causes astronomiques, donne un puissant facteur d'unité d'autant plus qu'elle a un effet direct d'entraînement sur la masse océanique superficielle. Cette dynamique des fluides atteint son plein développement quand l'interface air-eau n'est pas modifié par l'élément terrestre, l'effacement de l'influence continentale caractérisant fondamentalement le milieu insulaire. Par contre, la répartition des îles en fonction du jeu des grandes masses continentales et des cuvettes océaniques est identique quelle que soit la zone de latitude considérée. Les structures insulaires tropicales rentrent dans les mêmes systèmes géotectoniques que celles des latitudes moyennes et hautes. Il y a là un facteur d'unité qui mérite d'être souligné, car il concerne toutes les formations insulaires de la planète.

1° Répartition et structure des îles tropicales

Les jeux de la dynamique des plaques continentales et des bassins océaniques permet de distinguer de grands ensembles de formations insulaires dont l'origine tectonique et la structure présenteront des caractères identiques. On peut donc au départ distinguer :

- *Les îles proprement océaniques* : elles sont essentiellement formées par la remontée en surface des matériaux sous-jacents aux cuvettes, c'est-à-dire des laves fluides basiques. Ces édifices qui donnent de vastes cônes sous-marins largement aplatis peuvent supporter des sédiments d'origine biologique. Suivant les mécanismes mis en cause, on aura : soit des reliefs émergés de la dorsale océanique atlantico-indienne, soit des reliefs émergés liés à de grandes fractures.

- *Les îles liées aux systèmes de bordures des plaques* seront bien plus variées car elles peuvent à la fois inclure des épanchements de surface, des remontées en profondeur, des fragments de plaques consolidés et des sédiments liés à des systèmes plus anciens. Une tectonique puissante y est mise en jeu, qui accroît la complexité des structures.

En effet, alors que les structures de la zone océanique sont toujours géologiquement récentes, celles des bordures de plaques continentales peuvent avoir connu des phases successives de paroxysmes orogéniques et de latences depuis l'ère secondaire et même quelquefois la fin de l'ère primaire. Suivant l'ancienneté et la complexité des mécanismes mis en jeu, on aura des systèmes insulaires différents.

- *Le système « fosse-arc »* donne des reliefs émergés sur la crête anticlinale bordant la dépression subsidente. Il s'agit de cônes de laves souvent complexes où les inclusions acides se juxtaposent aux remontées basiques, mais la structure d'ensemble des arcs insulaires reste assez proche de celle des formations océaniques. Ces systèmes fosse-arc caractérisent les contacts des cuvettes océaniques de l'ouest du Pacifique.

- *Le système de cordillère* est beaucoup plus complexe. Au cours des différentes phases orogéniques, des éléments du socle ont pu y être incorporés. D'autre part, les accumulations sédimentaires à la fois dans les avant-fosses et dans les géosynclinaux ont apporté une importante sédimentation qui a pu être ensuite reprise et remodelée à la fois par les effets du métamorphisme et par les attaques de l'érosion en cas de longue émersion. C'est dans le cadre de ce système de cordillères que les Grandes Terres insulaires pourront se constituer le plus facilement par coalescence lors de l'émersion des grandes bandes parallèles des crêtes anticlinales et de leurs avant-fosses successives. Plus le système de cordillère sera ancien, plus les îles seront complexes et vastes et tendront à se rejoindre.

Ces caractères géotectoniques expliquent que toutes les îles vraies, qu'elles soient proprement océaniques ou liées aux jeux de plaques continentales, seront **toujours** affectées par une tectonique active s'exprimant par de nombreux tremblements de terre et de fréquentes éruptions volcaniques. Certains édifices restés inactifs pendant de longues périodes pourront se réveiller brusquement sans que cela puisse être considéré comme exceptionnel (aux Petites Antilles, éruption de la montagne Pelée à la Martinique en 1904, aux îles Samoa occidentales, grandes éruptions recouvrant une partie de l'île Savai en 1902 puis de 1905 à 1911).

Ainsi, dans la zone intertropicale, les îles grandes ou petites seront largement affectées par les phénomènes orogéniques qui auront pu parfois se traduire aussi par des mouvements de subsidence ou d'émergence rapides se produisant souvent le long d'axes préférentiels qui expliquent les répartitions insulaires le long de certains accidents tectoniques.

C'est ainsi que dans les Petites Antilles, un arc interne volcanique supportant de nombreux édifices actifs (Soufrières de Saint-Vincent, Sainte-Lucie et Guadeloupe, Montagne Pelée à la Martinique) donne des îles hautes, tandis qu'un arc externe supporte la sédimentation calcaire donnant des formes tabulaires d'îles basses (Barbade, Marie-Galante, Grande-Terre de Guadeloupe, etc.).

De même, les archipels alignés sur les grandes fractures, de la partie centrale du Pacifique Sud, sont tous (à l'exception des îles Samoa où le mouvement est inverse) affectés par une tendance à l'émersion au sud-est et à la subsidence au nord-ouest, qui explique les principales formes insulaires (alignement des îles de la Société ou des Gambier-Tuamotou).

Ainsi, la répartition et la structure des îles tropicales sont-elles l'expression ordonnée des grands systèmes géotectoniques du globe terrestre, mais l'originalité de la zone intertropicale tient surtout au fait que par suite de la répartition des plaques continentales et des cuvettes océaniques, elle a des systèmes insulaires bien plus différenciés et bien plus étendus que les zones des latitudes moyennes et hautes.

En effet, aux latitudes moyennes dans l'hémisphère nord, on ne trouve que deux bassins océaniques (Atlantique et Pacifique), tandis que dans l'hémisphère sud, la continuité de l'océan austral n'est pas remise en cause par la faible césure de l'arc américano-antarctique. Par contre, aux basses latitudes intertropicales, on trouve trois bassins océaniques : l'océan Indien vient s'ajouter au Pacifique et à l'Atlantique.

Cette disposition liée aux mouvements des plaques continentales depuis la fin du primaire explique la variété et l'abondance des terres insulaires tropicales. Aux formes classiques des émergences de la dorsale médio-atlantico-indienne, que l'on retrouve aussi dans l'Atlantique Nord et dans l'océan austral, et aux bordures d'arcs que l'on rencontre aussi dans le Pacifique nord-occidental, viennent s'ajouter des ensembles fort différents :
- dans le domaine océanique, les alignements insulaires des grandes fractures du Pacifique central et oriental ;
- dans le domaine de la tectonique des plaques continentales, les deux grands systèmes de cordillères centre-américain et indo-malayen ayant formé des ensembles insulaires de très grande ampleur.

La cordillère andine a fait émerger l'isthme centre-américain, mais le système d'arc qui lui est lié a entraîné la formation de l'archipel antillais donnant à l'Atlantique tropical un développement insulaire considérable. Cependant, c'est dans le système des cordillères reliant le socle de la Chine méridionale au continent australien que l'insularisation a atteint sa plus grande ampleur. Une émergence encore incomplète a laissé la dorsale de la cordillère fragmentée en grandes terres insulaires faisant ainsi subsister des possibilités de communications entre les océans Pacifique et Indien.

L'insularisation est certes restreinte par l'importance des plus grandes îles (Nouvelle-Guinée, Bornéo, Sumatra, etc.) et la complexité des structures entraîne un émiettement et un éparpillement en îles moyennes et petites qui rejoignent les systèmes d'arcs du Pacifique occidental : il n'en reste pas moins que les archipels philippin et indonésien donnent une insularisation unique en son genre sur la planète où l'on peut trouver toutes les formes propres aux caractères insulaires et à leurs rapports avec les ensembles continentaux.

2° La différenciation climatique

Le climat est par définition l'élément original des îles tropicales.

Ses caractéristiques résultent à la fois des effets des mécanismes atmosphériques et océaniques, les îles étant sous l'influence d'un hydroclimat dont les manifestations correspondent à de grands phénomènes zonaux.

Les mécanismes astronomiques entraînant une capitalisation excédentaire d'énergie thermique solaire aux basses latitudes il s'ensuit des transferts au profit des latitudes moyennes par des mouvements horizontaux et verticaux des masses d'eau et des masses d'air dont les flux seront déviés par la rotation terrestre.

La zone insulaire intertropicale est donc tout d'abord englobée dans les mécanismes liés aux cellules de Walker (fig. I). Il en résulte un ensemble de courants atmosphériques du système des alizés et océaniques du système des courants et contre-courants équatoriaux prenant toute leur extension dans le Pacifique et l'Atlantique, mais subissant des altérations dites de mousson dans l'océan Indien par suite de la substitution de la masse continentale indienne à la place d'une étendue océanique au nord de l'équateur.

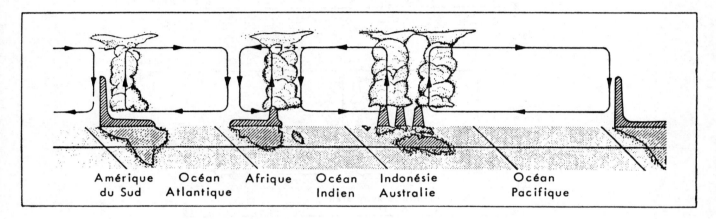

Fig. I — Circulation zonale et verticale moyenne liée aux cellules de Walker, dans la zone intertropicale (Wyrtki, 1982).
(d'après Météorologie Maritime, n° 120, juillet 1983).

Sans entrer dans le détail de ces systèmes, on doit retenir : d'une part que les îles des secteurs orientaux des océans seront à tendance sèche (îles du Cap-Vert, Canaries, Galapagos) tandis que celles des secteurs occidentaux seront à tendance humide (Caraïbes, Caroline, Salomon) ; d'autre part, qu'une bande de très fortes précipitations correspondant à la zone frontale intertropicale de convergence entre les alizés de l'hémisphère Nord (secteur NE) et de l'hémisphère Sud (secteur SE) se tiendra sur une largeur de 4°-5° au nord de l'équateur, encadrée par deux bandes sèches larges de 7° à 8° correspondant aux flux des alizés où le transfert thermique se fait sous forme de chaleur latente contenue dans la vapeur d'eau ne donnant pas normalement de précipitations. Les archipels des îles Marshall et des îles Gilbert (Kiribati) se situant à cheval sur ces zones depuis le 16°N jusqu'au 9°S offrent des contrastes climatiques nettement marqués suivant des bandes horizontales successives (cf. dans le même ouvrage A. HUETZ de LEMPS « Le monde des atolls »).

Quand l'ensemble anticyclonique est formé de deux cellules, des fronts secondaires de convergence pourront apparaître comme dans le Pacifique sud-ouest.

Ce système des alizés, qui peut ainsi se cloisonner en sous-ensembles, n'est pas totalement refermé sur lui-même, et les ondulations du front polaire des latitudes moyennes font sentir leur influence en période hivernale par des inclusions occasionnelles pouvant se produire aussi bien dans le secteur du sud-ouest de l'océan Indien (Mascareignes) que dans les Caraïbes et dans le Pacifique Nord (Hawaii) ou Sud (îles les plus australes de la Polynésie française à la Nouvelle-Calédonie). Ces mécanismes s'adaptent aux balancements saisonniers suivant le déplacement de l'équateur thermique.

Une autre conséquence d'extrême importance est l'accumulation d'un fort excédent thermique à l'ouest des océans où, à la fois, le niveau de la surface océanique s'élève tandis que l'épaisseur de la couche chaude superficielle de plus de 28° et même 30° s'accroît très fortement, la thermocline (marquant l'interface eau froide océanique-eau chaude de surface) s'enfonçant jusqu'au-dessous de 100 m. (Fig. II, a.)

Il en résulte les phénomènes cycloniques caractérisant le nord-ouest et le sud-ouest pacifique, le nord et le sud-ouest de l'océan Indien, les Caraïbes, le golfe du Mexique et nord-ouest atlantique.

Les cyclones sont un des éléments contraignants du climat de la plupart des îles tropicales mais ils sont particulièrement dangereux pour les îles basses. Même pour les îles hautes, restant largement à l'abri des déferlements de la houle, les dégâts dus aux vents de fœhn et aux inondations peuvent être catastrophiques.

Ainsi la douceur ou la clémence du climat, qui serait un facteur favorisant les îles tropicales, est tout simplement une vision d'un romantisme exotique n'ayant rien à voir avec les réalités.

Si l'on abandonne les clichés littéraires, qui servent seulement de support aux promotions touristiques, on doit admettre que l'instabilité chronique des équilibres hydroclimatiques de la zone intertropicale provoque des crises climatiques affectant profondément la vie insulaire, en particulier par de longues sécheresses et par de fortes précipitations. Même des secteurs paraissant relativement à l'abri de ces phénomènes comme la Polynésie française peuvent subir de violentes agressions. (Voir dans le même ouvrage : F. Doumenge, Les cyclones de l'été austral 1982-1983 en Polynésie française...).

Les différentes analyses des phénomènes de la profonde « Oscillation méridionale El Niño » de 1982-1983 ont montré comment les facteurs généraux impliquant les grandes masses océaniques et atmosphériques déclenchent des manifestations susceptibles d'atteindre de proche en proche la plus grande partie de la zone intertropicale.

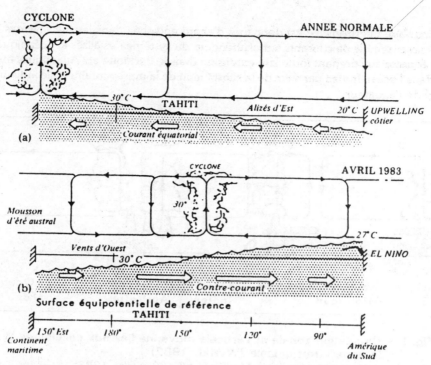

Fig. II — Inversion de la pente océanique lors de l'oscillation méridionale El Nino.
(d'après ORSTOM Papeete, reproduit dans Météorologie Maritime, n° 122, 1984).

Les réactions en chaîne qui se produisent dès qu'un des éléments du système subit une altération ou une inflexion entraînant des phénomènes qui se mettent en place, évoluent et disparaissent au cours d'une période de 18 à 24 mois. Le caractère le plus spectaculaire apparaît avec le renversement à la fois des vents et des courants ce qui provoque l'inversion de la pente océanique (fig. II, b).

D'après les schémas des météorologistes la succession des phénomènes serait :
1 - établissement d'un régime de vent d'ouest remplaçant les alizés
2 - transferts dans la masse océanique superficielle par ondes de Kelvin et de Rossby
3 - abaissement de la thermocline dans le Pacifique central et oriental
4 - blocage de l'Upwelling à l'est remplacé par un afflux superficiel d'eaux chaudes (El Niño)
5 - élévation de la température océanique superficielle sur le Pacifique central et oriental
6 - fort accroissement de l'évaporation dans ces zones
7 - pluviosité extrême sur la bande équatoriale
8 - transferts atmosphériques par onde de Kelvin et de Rossby.

Pour les océanographes l'ensemble de ces phénomènes interactifs aurait son origine non pas dans un changement de régime des vents dominants mais dans une accentuation du captage de la chaleur solaire par la masse d'eau froide orientale couplé avec un piégeage des forces dynamiques dans la bande équatoriale où les phénomènes d'inertie amplifient et prolongent toutes les modifications affectant les masses d'eau. Quoi qu'il en soit, l'ensemble des conséquences climatiques et océanographiques des « oscillations méridionales El Niño » n'apparaît plus comme des manifestations aberrantes mais comme des retours cycliques dont la périodicité est en rapport avec le caractère plus ou moins accentué des phénomènes.

Les conditions climatiques et océaniques des îles et des rivages continentaux de la zone intertropicale sont donc en définitive constituées par des alternances de phases plus ou moins longues du mécanisme des alizés interrompus par des crises « d'oscillations » dont l'amplitude et l'extension sont affaiblies quand ils se reproduisent tous les 3 ou 4 ans ou au contraire amplifiées quand l'espacement atteint ou dépasse 10 ans. Quoi qu'il en soit, les phénomènes qui ont marqué les années 1982 et 1983 ont souligné la complexité de ces mécanismes hydroclimatiques qui intéressent aussi, quoique de façon moins évidente, les secteurs intertropicaux de l'océan Indien et même de l'Atlantique.

L'équilibre des peuplements végétaux et animaux, de même que les structures socio-économiques auront ainsi à prendre en compte la nécessité de faire face à des contrastes climatiques violents et brutaux dont la prévision à court terme reste encore aléatoire bien que l'on ait la certitude du retour des phénomènes liés aux oscillations périodiques.

3° L'endémisme biologique

L'effet d'isolement insulaire est très profond sur tous les mécanismes biologiques. Il est ressenti à la fois dans un appauvrissement des espèces et dans une plus grande fragilité des associations. La répartition des espèces végétales ou animales, terrestres ou marines, est directement tributaire de l'éloignement. Dans tous les cas, l'accroissement des distances s'accompagnera d'un abaissement rapide du nombre des espèces présentes dans le peuplement. Une île, même très proche, aura un peuplement moins varié que le continent voisin.

Cet appauvrissement est de règle : des bordures vers le centre de l'océan Indien, des rives américaines vers l'arc antillais et surtout, de l'archipel malayo-indonésien vers l'est dans le Pacifique. Il touche aussi bien la faune et la flore des terres émergées que celles des eaux littorales ou des eaux du large et des profondeurs.

En considérant la dynamique propre au peuplement insulaire suivant les travaux de R.H. Mac Arthur, E.O. Wilson, et D.S. Simberloff (voir bibliographie) confirmés par des investigations plus récentes (Dajoz 1981), on peut établir clairement l'influence de la distance sur le peuplement résultant de l'équilibre entre les processus d'immigration et les phénomènes d'extinction des espèces. (Fig. III.)

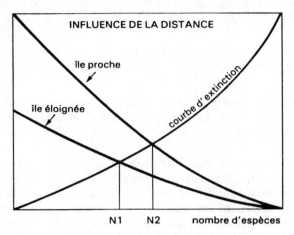 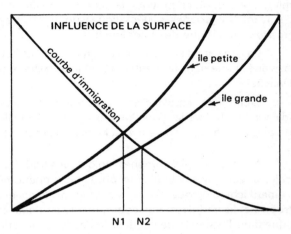

Fig. III — Courbes représentant, dans le milieu insulaire, le taux d'extinction et le taux d'immigration des espèces en fonction de la distance des îles au centre d'origine du peuplement, ou de leur surface.
(d'après Mac Arthur et Wilson, 1967, dans Dajoz, 1981).

Une île proche d'un foyer de peuplement dominant (continent ou terre insulaire plus grande) aura un plus grand nombre d'espèces douées d'une plus grande longévité qu'une île plus éloignée.

Cet appauvrissement spécifique ne permettra pas d'occuper toutes les niches écologiques potentielles des îles les plus éloignées. Il en résultera des vides qui pourront être comblés volontairement ou accidentellement par des transplantations qui, quelquefois, seront bénéfiques (Trocas de Nouvelle-Calédonie à Tahiti) mais le plus souvent seront désastreuses (Lantanas et Goyaviers ruinant les pâturages, parasites, etc.).

En effet, l'isolement qui diminue fortement le nombre d'espèces du peuplement, protège par contre les premiers occupants et les soustrait aux pressions de concurrences ultérieures. Des espèces anciennes, qui sont ainsi éliminées dans les régions continentales au profit d'espèces nouvelles mieux adaptées, pourront continuer à subsister dans les îles. Les exemples en sont nombreux : oiseaux coureurs (dodo de l'île Maurice à l'arrivée des Européens, cagou de Nouvelle-Calédonie), flores composées d'espèces souvent disparues partout ailleurs, comme en Nouvelle-Calédonie.

Ces espèces spécifiquement insulaires sont d'autant plus fragiles qu'elles ont évolué en vase clos et qu'elles ont ainsi perdu à la fois de leur résistance et de leur capacité de compétition. L'endémisme insulaire est régressif et fragilise les peuplements.

Cet endémisme (Bernardi 1982) qui se manifeste dans des secteurs géographiques uniques exprime un caractère relique (permanence d'un stock primitif qui s'est différencié ailleurs par son évolution biologique et qui a donc un caractère de fossile vivant au sens paléontologique) ou relicte (témoins survivants d'un stock éliminé par l'évolution du milieu et donc fossile au sens biogéographique ou écologique) (Delamare-Debouteville et Botosaneanu, 1970).

On peut en tirer un *indice d'endémisme* qui sera le rapport entre le nombre total de genres, d'espèces et de sous-espèces du peuplement insulaire et le nombre des endémiques (reliques et relictes).

Ce rapport caractérisera le degré d'isolement insulaire (dans le temps et dans l'espace) en fonction de l'importance plus ou moins grande de l'endémisme du peuplement végétal et animal.

Pour être précis, il conviendra d'affecter les genres d'un coefficient propre à leur capacité de migration.

Les associations naturelles des îles tropicales seront donc exposées à subir des traumatismes profonds dès que l'impact des sociétés humaines s'y fera trop fortement sentir. De très nombreuses îles ont perdu une bonne part de leurs caractères originaux du peuplement végétal et animal soit par suite d'une prédation abusive (oiseaux, reptiles), soit à la suite d'effets de concurrence d'introduction d'espèces végétales cultivées ou d'animaux domestiques entraînant avec eux un cortège de parasites et de commensaux.

Les transplantations de populations consécutives aux défrichements de la colonisation et aux activités commerciales et industrielles qui leur ont été liées, ont eu dans ce domaine des conséquences particulièrement néfastes. Les petites îles dépourvues de volume émergé suffisant pour servir de sanctuaire ont été les plus affectées par ces bouleversements. Leurs peuplements végétaux et animaux actuels sont bien souvent totalement artificiels, le cas limite étant l'île de Pâques : les Petites Antilles, comme les Mascareignes, et la plupart des îles polynésiennes, ont perdu presque totalement les éléments originaux de leurs peuplements naturels.

Il faut en effet insister sur les différences d'évolution des peuplements en fonction de la masse insulaire en particulier de la surface qui permet aux peuplements de s'étendre et de se diversifier tout en se densifiant. Dans la même optique d'évolution dynamique de l'équilibre résultant des concurrences intra et interspécifiques au cours du cycle immigration-extinction on constate que plus une île est petite plus son peuplement est pauvre et fragile tandis que plus une île est grande plus le peuplement peut être varié et équilibré. De l'ensemble des conclusions d'un très grand nombre d'auteurs (voir bibliographie), il ressort qu'en pratique la richesse spécifique croît en fonction du logarithme de la surface, des paramètres variables, suivant les groupes systématiques pouvant être mis en évidence par comptage sur le terrain, intervenant dans l'expression numérique des peuplements.

La capacité d'accueil est bien entendu plus élevée dans les grandes îles qui disposent de niches écologiques vastes et plus variées que dans les petites îles où la fragilité du peuplement provient à la fois de sa faible densité et de son manque de diversité.

Le taux de remplacement (turn over) au cours de l'évolution dynamique des peuplements sera ainsi lié à la surface disponible, les îles les plus grandes ayant une meilleure stabilité que les plus petites qui doivent faire l'objet d'une protection plus attentive si l'on veut éviter des catastrophes biologiques en chaîne à la suite d'interventions humaines intempestives.

Au total, les phénomènes biologiques traduisent bien la communauté des caractères naturels qui unissent les îles tropicales quelle que soit leur situation. Un des phénomènes de convergence des plus remarquables est aussi fourni par le peuplement ichtyologique des eaux douces insulaires qui présentent une remarquable homogénéité à travers toute la zone intertropicale. Ils traduisent une communauté d'origine à partir des associations littorales qui ont donné aussi bien en Atlantique que dans l'océan Indien et dans le Pacifique, la différenciation des espèces dominantes de crustacés : *Macrobrachium* (chevrettes de Tahiti, camaron de la Réunion, ouassou de Guadeloupe, zabitants de Martinique) comme de poissons gobidés *(Scicidium)* dont les alevins font l'objet d'une pêche intensive d'estuaire. De même, les différentes espèces d'anguilles que l'on rencontre dans toutes les îles ont en commun une origine océanique.

Il faut noter quelques aspects qui soulignent l'unité des caractères naturels des îles intertropicales. On y retrouve, qu'il s'agisse des Antilles, des Mascareignes, de la Polynésie, de la Micronésie et de la Mélanésie insulaire, une série de traits communs dans le peuplement de nombreux paysages. Les plantes à bulbe et à racine y dominent, alors que les céréales et plus généralement les graminées y sont absentes ou peu représentées. Partout on rencontre les mêmes plantes cultivées et le paysage est souvent dominé par les mêmes arbres (arbustes nourriciers : cocotier, arbre à pain, bananier, etc.).

Il n'est pas jusqu'aux fleurs (hibiscus et bougainvillées) qui n'aient elles aussi connu une diffusion portant sur presque toute la zone insulaire intertropicale.

Mais à côté des éléments utiles ou agréables, on doit aussi noter pour l'ensemble de la zone, le poids de nuisances identiques telles celles de l'ichtyosarcotoxisme (ciguätera ou gratte) qui affecte aussi bien les poissons de nombreuses îles du Pacifique que des Antilles et de l'océan Indien.

II. – LES PRINCIPAUX ÉLÉMENTS DES PAYSAGES INSULAIRES TROPICAUX

L'insularité entraîne une concentration sur une surface réduite des phénomènes d'interface terre-air-mer. Ainsi, l'intérêt des formations insulaires tropicales est de servir de véritables laboratoires où voisineront des phénomènes qui, sur les continents, seront séparés par des distances considérables : cela donnera des types de paysages qui seront l'expression de ces caractères naturels insulaires. Les phénomènes d'interface se développeront dans des conditions particulières étant donné l'importance des forces climatiques et océaniques agissant sur une surface émergée réduite.

1° Importance et spécificité de la morphologie littorale

La zonalité tropicale littorale s'exprime par deux paysages qui lui sont propres et qui servent à affirmer son originalité : la mangrove et le récif corallien.

Si la **mangrove** (forêt de palétuviers) se trouve être largement établie sur les zones côtières continentales en fonction de la présence de vastes platiers de sédiments en voie de consolidation (en liaison le plus souvent avec des organismes deltaïques), elle peut être présente sur les rivages insulaires, même en l'absence d'un réseau hydrologique important fournissant des apports alluvionnaires constamment renouvelés. Cependant, ce n'est que dans les îles à influence continentale que les mangroves peuvent atteindre un développement en surface s'accompagnant d'une grande diversité floristique. Dès que l'île n'a plus une surface suffisante pour collecter des eaux douces en abondance, ses rivages ne sont plus aussi favorables à l'implantation des associations liées aux palétuviers. Cependant, il peut y avoir des mangroves dans des secteurs littoraux entièrement dépourvus de réseau de drainage cohérent. On trouvera de nombreuses petites mangroves sur certains platiers coralliens où la sédimentation sablo-vaseuse exclusivement d'origine marine fournit un substrat favorable à la fixation de palétuviers (mangroves d'atoll aux îles Gilbert (Kiribati) et Ellice (Tuvalu) ainsi qu'aux îles Marshall).

L'extension de la mangrove pourra être limitée aussi par des facteurs d'éloignement ; les îles de Polynésie française sont encore entièrement dépourvues de mangrove alors qu'il existe des biotopes favorables comme le prouve la rapide prolifération des palétuviers sur un secteur littoral de Moorea où il a fallu procéder rapidement à leur éradication après une introduction hasardeuse.

Le récif corallien, par contre, est un des éléments les plus caractéristiques du cadre naturel des îles tropicales. Non pas que toutes les îles en soient pourvues, loin de là ! Les formations coralliennes ne prennent un développement récifal que quand un certain nombre de conditions hydrologiques, climatiques, biologiques et morphologiques sont réunies. En particulier, les organismes dits coralliens ne semblent pas pouvoir développer leurs colonies pour atteindre à l'ampleur nécessaire pour donner naissance à des récifs dès que les eaux tropicales sont trop productives. Ce phénomène d'exclusion par la haute productivité a été lié à la turbidité (puisque les apports minéraux dissous dans les eaux turbides sont un facteur de productivité élevé). Mais cela n'a rien d'absolu et les phénomènes d'enrichissement par remontées d'eaux profondes (upwelling) semblent suffisants pour bloquer l'édification récifale. Cela rend compte de l'absence de récifs dans les îles apparemment très favorables comme les îles Marquises.

On expliquerait ainsi la pauvreté assez remarquable des eaux coralliennes en espèces de poissons se concentrant dans les secteurs de haute productivité planctonique tels que les clupéidés (sardines et sardinelles) et les engraulidés (anchois) ainsi d'ailleurs que les scombridés (maquereaux) et les carangidés (saurels-chinchards). Les fortes concentrations de ces espèces n'ayant lieu qu'en dehors des formations coralliennes, il semble qu'on ait là un phénomène très significatif.

Bien que de grandes formations récifales coralliennes puissent s'édifier sur des rivages continentaux, on peut les considérer en elles-mêmes comme une des associations naturelles caractérisant l'insularité. En effet, les zones récifales des côtes continentales sont des secteurs en voie d'insularisation. La cloison édifiée sur une bordure continentale par le récif corallien n'est qu'un ensemble insulaire venu s'y accoler pour résoudre le problème du substrat. On peut ainsi envisager que la grande barrière du nord-est de l'Australie n'est en elle-même qu'une immense formation insulaire se rattachant au continent proprement dit avec de nombreuses solutions de continuité. Le récif corallien connaîtra lui aussi des phénomènes d'appauvrissement dans l'espace. La richesse la plus grande se rencontre dans le secteur indo-pacifique (cordillère malayo-indonésienne, Pacifique sud-ouest). Un appauvrissement rapide se manifeste avec l'éloignement des îles dans le Pacifique central. Par ailleurs, le secteur atlantico-caraïbe témoigne par sa relative pauvreté de l'ancienneté de sa séparation d'avec les foyers actifs de la mésogée à partir du milieu du Tertiaire. La morphologie littorale peut être aussi marquée souvent par le récif corallien quand des mouvements tectoniques, ou eustatiques, ont entraîné l'émersion d'anciennes formations récifales. On a alors des encoches caractéristiques soulignant les anciens niveaux.

En dehors des récifs coralliens et des mangroves, les côtes tropicales présentent de nombreuses originalités qui prennent un large développement dans les îles.

Au point de vue sédimentation, on y trouve une forme de consolidation contemporaine dite Beach-rock dont le mécanisme de formation est encore mal expliqué, mais qui semble lié à des réactions bio-chimiques à des températures comprises entre 15° et 25° au contact de l'eau salée et des eaux douces ou saumâtres phréatiques (lentille de Gyben-Herzberg).

Les plages sont occupées par des associations particulières avec des plantes rampantes fixatrices *(Ipomea pes-caprae)*, des formes buissonnantes et surtout, des arbres caractéristiques (cocotier, Pandanus, filaos-bois de fer, etc.). Certains de ces arbres peuvent être fort dangereux comme le mancenillier des Antilles.

Au total, c'est son rivage qui contribue d'abord à caractériser une île tropicale et, en cela, le cliché du grand public ne s'y est pas trompé.

Mais il convient de ne jamais oublier que le littoral actuel n'est que l'expression fugitive du dernier équilibre qui s'est mis en place durant les 4 ou 5 derniers millénaires à la suite de la stabilisation de l'Océan mondial au niveau actuel après une transgression rapide d'au moins une centaine de mètres.

Ceci a eu pour conséquence d'altérer profondément la configuration des îles et des archipels. Certaines terres largement émergées il y a 8 000 ans sont maintenant totalement immergées et peuvent former de larges bancs sous-marins ; d'autres îles ont subsisté grâce à l'activité de la vie corallienne et algale en prenant la forme d'atolls. Les îles hautes ont vu aussi leur rivage migrer et leur plaine de niveau de base profondément oblitérée. (Fig. IV.)

Ainsi aussi bien les mangroves que les récifs coralliens actuels ne sont que des formations très récentes, mal stabilisées et en proie à de nombreux remaniements. Il semble que des oscillations mineures entre + 2 m et − 2 m soient responsables durant les derniers millénaires de formations d'encoches et de niveaux qui ont pu être profondément remaniés par les attaques des agents océaniques en particulier des houles cycloniques. Les levées de remparts littoraux de bourrelets dus aux effets cycloniques sont un des traits les plus répandus et les plus caractéristiques des rivages des îles tropicales. Ils témoignent de la convergence des effets atmosphériques, océaniques, biologiques et telluriques ayant donné des aspects morphologiques caractéristiques.

2° La destruction des terres émergées

Géologiquement, les îles tropicales, surtout les îles océaniques, sont fort jeunes. Elles sont quelquefois encore en voie de formation. Ce sont donc les formes d'érosion les plus jeunes qui sont les plus répandues. Pentes ravinées abruptes attaquant les reliefs volcaniques (barrancos typiques), dégagement préférentiel des coulées de laves ou des cheminées les plus dures, mise en valeur systématique des différences lithologiques, donnent aux îles tropicales un aspect sauvage et sou-

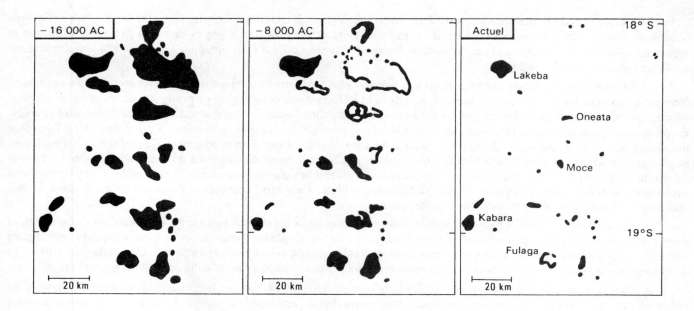

Fig. IV — Effets de la remontée du niveau sur un archipel mélanésien. (Fidji - îles Lau centrales) durant le dernier épisode post-glaciaire.
(d'après Mac Lean, 1980).

vent grandiose. L'érosion en effet y est violente : le climat permettant des effets de dissolution bien plus efficaces que ceux du ruissellement, les reliefs vont fondre.

Quelques formes anciennes peuvent cependant apparaître non seulement sur les noyaux des grandes terres, mais aussi chaque fois qu'une île a été formée en plusieurs étapes autour d'un premier centre éruptif. Les îles océaniques les plus anciennes, mais aussi les îles d'arcs et surtout celles des dorsales auront pu conserver des lambeaux de carapaces ferrugineuses formant de véritables bowal.

Après les pentes abruptes qui dominent le littoral et les ravins inaccessibles qui débouchent sur les rivages en de minuscules cônes de déjections de galets grossiers après avoir dévalé en cascades, on découvre souvent, une fois franchi le dernier escarpement, de vastes plateaux mollement ondulés. On quitte alors les forêts-galeries inextricables des entailles orographiques pour déboucher sur de vastes horizons de prairie arborée.

Quand le socle lithologique présente une certaine homogénéité, que ce soit dans les matériaux volcaniques d'épanchement ou d'intrusion, ou dans des sédiments calcaires s'appuyant sur ce socle, la forme d'érosion typique est celle du karst de dissolution qui prend une ampleur considérable. Ces formes karstiques se rencontrent aussi bien sur les basaltes que sur les roches ultra-basiques telles les péridotites de Nouvelle-Calédonie ; mais bien entendu elles caractérisent avant tout les reliefs des récifs soulevés qui peuvent constituer la totalité de certaines îles (archipel des Loyauté, îles Christmas, île Niue, arc externe des Petites Antilles). Quand ces îles se sont trouvées dans des zones de grande productivité océanique, les colonies d'oiseaux qui y prolifèrent déposent des déjections qui évoluent très vite en importants gisements de phosphate (Makatea, Nauru, île Océan - Banaba).

3° La zonation climatique

Les effets du relief sur le climat insulaire sont spectaculaires. Les îles basses, même dans les zones frontales, ont toujours un déficit hydrique sensible, l'absence de relief empêchant les condensations. Ce déficit est encore accru par la porosité des sédiments sableux et graveleux souvent grossiers qui constituent l'essentiel des formes émergées. Quand les précipitations sont abondantes par suite des phénomènes de convergence du front intertropical, les îles basses capitalisent l'eau douce dans une lentille située à faible profondeur, dite lentille de Gyben-Herzberg, qui peut affleurer dans des trous creusés à faible profondeur et qui évacue son trop-plein latéralement par capillarité à travers les sables, vers la plate-forme sub-littorale où peuvent parfois ressurgir de puissantes sources sous-marines.

Les îles basses auront toutes des caractères accusés de sécheresse tandis que les îles hautes auront des précipitations qui s'accroîtront avec le volume de leur relief.

En fonction des vents dominants les îles hautes auront un net contraste entre l'humidité du versant « au vent » et la sécheresse du versant « sous le vent » où se produisent des effets de fœhn, ces traits se retrouvant aussi dans le groupement général des archipels.

Sur le flanc de leurs montagnes, les petites îles offriront une succession de zones climatiques sur des distances réduites à quelques kilomètres alors qu'elles s'étalent sur des centaines et des milliers de kilomètres sur les continents.

En règle générale, la température moyenne s'abaissera de 0°5 à 0°6 par 100 m, ceci n'ayant d'ailleurs rien de progressif, mais pouvant au contraire donner lieu à des phénomènes brutaux et contrastés d'interface en fonction de seuils critiques provoqués par la structure hétérogène des masses d'air du système des alizés.

La Réunion fournit un exemple remarquable des modifications climatiques apportées par un relief massif et élevé.

Pour les températures on distingue nettement des bandes se succédant en altitude : sur les plaines littorales et les bas de pente, le caractère tropical est accusé, tous les mois ayant une moyenne supérieure à 20°.

La transition subtropicale se fait sur les pentes de 300 à 600 m où les mois les plus chauds restent supérieurs à 20°, mais où les températures moyennes de saison fraîche se tiennent autour de 16°, les minimums quotidiens des mois les plus frais restant supérieurs à 10°.

Puis vient de 600 à 1 000 m un large secteur de caractère tempéré chaud, les mois les plus chauds ayant des moyennes de 18° à 20° mais les mois les plus froids tombant de 16° à 12° avec des minimums moyens quotidiens de 6° à 10°.

Au-dessus de 1 000 m et jusque vers 1 500 m un étage tempéré frais a ses mois les plus chauds de 14° à 18° et les plus froids de 10° à 12° avec des minimums moyens de 4° à 6°.

La partie franchement montagnarde vers les sommets a des moyennes des mois les plus chauds en-dessous de 14° et des mois les plus froids en-dessous de 8°. Les gels quotidiens y sont fréquents ainsi que les phénomènes de givre et quelquefois de neige.

Les précipitations accusent les contrastes de cet étagement climatique, tous les secteurs orientaux « au vent » ayant un très fort degré d'humidité avec en moyenne annuelle plus de 150 jours de pluies et plus de 3 000 mm de précipitations et les secteurs occidentaux sous le vent avec moins de 100 jours de pluies et moins de 2 000 mm de précipitations, un couloir central assurant la transition entre 150 et 100 jours de pluies et 2 000 à 3 000 mm de précipitations.

Sur les 2 511 km² de son relief, l'île de la Réunion aura donc au moins 10 secteurs climatiques parfois fort contrastés et présentant ainsi toutes les nuances des climats tropicaux et tempérés méditerranéens et océaniques.

Le cas de la Réunion est particulièrement démonstratif par suite de l'importance du volume du relief, de l'ouverture de grandes échancrures d'érosion, de l'occupation par le peuplement non seulement des cirques et des hautes plaines, mais aussi des fortes pentes jusqu'à des altitudes élevées, de la multiplication des voies d'accès et des stations d'observations. On retrouve des situations semblables dans la presque totalité des petites îles montagneuses et dans toutes les grandes terres.

La multiplicité et la juxtaposition de petits secteurs climatiques est donc un trait caractéristique des petites îles tropicales qui favorise l'établissement d'une complémentarité des ressources naturelles entre les différentes zones.

Plus l'analyse climatologique fine permettra de différencier de nombreux secteurs originaux dans le complexe insulaire, plus la viabilité potentielle du territoire sera élevée.

On peut être, ainsi, amené à souligner des potentialités naturelles non encore utilisées soit par une déficience des infrastructures permettant d'établir un maillage fin d'observations, soit plus souvent par une certaine inaptitude socio-culturelle à développer des cellules de peuplement montagnard.

III. — UNE TYPOLOGIE DES ILES TROPICALES

Le regroupement des éléments du paysage sous l'influence de l'action climatique et océanique sur le relief émergé, donne quelques grands types insulaires tropicaux. Le volume émergé dépend de la tectonique qui, d'ailleurs, détermine les caractères lithologiques. L'agencement des paysages sera déterminé d'abord par l'érosion climatique affectant les roches du relief et, ensuite, par les constructions marines surajoutant leurs édifices.

1° Les types élémentaires

L'édifice volcanique simple : c'est le relief formé par l'émersion du sommet d'un cône pouvant parfois s'élever de plusieurs milliers de mètres au-dessus des fonds de cuvettes océaniques. L'érosion différentielle met en valeur les différences de résistance et de cohésion des matériaux formant l'édifice éruptif. Il s'agit souvent de formes très jeunes où la dissolution joue un rôle aussi important que le ruissellement dans la dissection. Bien entendu, c'est le versant « au vent » qui est le plus attaqué quand le cône est symétrique. Les cratères peuvent donner des reliefs notables. Parfois, l'île est une simple vaste caldeira. Les dorsales et les failles océaniques ont des îles à dominance basaltique plus aplaties que celles à matériaux plus acides édifiées sur les arcs. Ces reliefs sont généralement trop jeunes et trop abrupts pour avoir permis l'édification des récifs coralliens. Les côtes sont abruptes et mal régularisées avec des indentations correspondant aux coulées des laves les plus fluides et les plus récentes. La jeunesse et l'isolement de ces îles volcaniques simples expliquent qu'elles ont un peuplement végétal et animal pauvre aussi bien en espèces qu'en individus. Le minéral, malgré le climat, l'emporte sur le vivant et les conditions d'établissement humain y sont toujours précaires.

Les édifices volcaniques complexes : la juxtaposition de plusieurs cônes crée une certaine complexité du relief. Les éléments les plus anciens peuvent avoir été détruits en large partie par la dissolution qui a entraîné la formation de sols épais latéritiques pouvant même être cuirassés. Les couches les plus dures et surtout les cheminées dégagées des cônes les plus anciens y donnent de puissants reliefs en saillie de type « pain de sucre ». Ce sont les paysages célèbres des îles Marquises et des îles de la Société. L'esquisse d'un réseau hydrographique y a été bloquée par les infiltrations. L'érosion littorale différentielle a pu être accentuée par des effets de subsidence. On a alors des indentations profondes donnant parfois de multiples baies (Vavau aux îles Tonga).

L'accolement des cônes lors d'éruptions successives donne un relief important où les contrastes des versants sont très accusés. La végétation et le peuplement animal ayant une plus grande ancienneté et ayant bénéficié d'une surface disponible plus vaste y seront plus denses et plus variés que pour les îles simples. Les édifices volcaniques complexes reposent sur un socle qui s'est édifié lui aussi au cours de plusieurs phases, ce qui lui assure une surface considérable et lui donne une pente d'équilibre plus faible que pour les édifices plus jeunes.

Dès qu'une période assez longue de stabilité permettra aux activités biologiques de multiplier leurs associations végétales et animales marines, des récifs coralliens s'établiront donnant une **île volcanique à récif frangeant.** Si la stabilité fait place à des mouvements de subsidence du socle, la construction récifale corallienne prendra de l'ampleur. On aura alors une **île volcanique à couronne corallienne** avec trois éléments fondamentaux : le noyau volcanique émergé bordé d'un récif frangeant ; un lagon central ; une barrière récifale corallienne en couronne. Les effets de la dynamique océanique et climatique tendront à faire s'élargir la barrière face au vent en y élevant des îles en bourrelet insulaire, tandis que la barrière sous le vent sera plus étroite et discontinue, généralement submergée à l'exception des bordures de la passe tranchant le récif pour permettre l'évacuation des eaux en surpression dans le lagon par suite de la pénétration des houles au vent ou sous les effets de marées barométriques plus ou moins lointaines.

On trouvera de bons exemples de toutes les formes liées à une plus ou moins grande subsidence dans les îles Sous le Vent (archipel de la Société) en Polynésie française. La disparition du socle émergé donnera naissance à la forme dite **atoll.** La dimension de l'atoll est liée directement à celle du socle et à l'importance des mouvements de subsidence. Par contre, les formes de l'atoll correspondent totalement aux influences de la dynamique climato-océanique qui impose une dissymétrie fondamentale. Du côté « au vent », le bourrelet est large et continu, avec souvent des formations végétales. Le tombant actif et le platier sont occupés par d'importantes levées de matériaux grossiers plus ou moins bien cimentés. Du côté « sous le vent », le platier est à fleur d'eau et il reste discontinu. La passe d'évacuation des eaux du lagon est encadrée de deux îles de sable fin où s'établissent de nombreux oiseaux profitant des passages de poissons. A la charnière des deux zones, on a un « platier » où alternent secteurs émergés et chenaux immergés par où entrent les eaux de grande marée ou de tempête. La profondeur du lagon, la nature de sa sédimentation, la présence de grosses colonies coralliennes (patates), la dynamique des eaux, sont en rapport avec les données de la tectonique. Un mouvement de reprise d'exhaussement entraînera la fermeture de la passe et la séquestration du lagon (Mataiva, Niue aux Tuamotu, Bellinghausen aux Sous le Vent). Au contraire, une subsidence rapide entraînant l'élargissement du cercle de l'atoll s'accompagnera de l'ouverture de passes multiples.

Quand un soulèvement viendra se substituer à la subsidence, l'ensemble de l'atoll pourra émerger. Durant la phase critique de sortie des eaux qui peut durer longtemps, des colonies comportant plusieurs millions d'oiseaux peuvent séjourner à l'emplacement de l'ancien lagon à condition que les eaux environnantes aient une productivité suffisante pour les nourrir. Les guanos viendront s'accumuler et permettront dans certains cas d'avoir des gisements de phosphate de chaux de plusieurs millions de tonnes qui rempliront un karst typique formé par digestion progressive du minerai *per descendum* (Makatea, Nauru, île Océan dans le Pacifique, îles Christmas dans l'océan Indien). De toute façon, les formes anciennes de l'**atoll soulevé** seront remises en valeur par l'érosion qui permettra de bien distinguer la zonation primitive (îles Loyauté).

Parfois, les formes d'atoll seront différentes en fonction des influences climatiques. La mousson alternative dans l'océan Indien donne des formes symétriques dites « Faro ». Dans certains cas, les formations calcaires auront été déposées avant d'être émergées, soit dans des cuvettes de sédimentation d'avant-fosse, soit dans des gouttières à tendance de subsidence. Il en ressortira par émersion une dissection karstique poussée mais avec des zonations bien moins différenciées (arc externe des Petites Antilles). D'autres fois, les interférences des courants avec les influences climatiques moins régulières donneront des formes complexes comme aux Bahamas.

2° Les grandes terres

Étant liées à des cordillères elles auront une forme allongée et seront généralement formées par des bandes longitudinales. Ce type de structure accentuera les contrastes entre le côté « au vent » et le côté « sous le vent ». Leur volume permet l'établissement d'un réseau hydrographique qui exerce une influence à la fois par la conduite d'une érosion régressive parfois puissante et par l'édification de plaines littorales alluviales qui font défaut dans les petites îles. Les deltas y seront occupés par la mangrove. L'intérieur des grandes terres subit bien entendu des influences montagnardes qui lui donnent une profonde originalité biologique.

Le métamorphisme et la sédimentation s'ajoutant au volcanisme éruptif ou intrusif, le relief des grandes terres aura une grande variété d'aspects. Les éléments lithologiques durs fort variés y sont dégagés pour donner des pitons et des pains de sucre dominant des éléments ayant subi des phases de pénéplanation marquées par des cuirasses. Les grandes unités structurales différenciées par leur histoire géologique serviront de cadre à la différenciation régionale rendue possible par les dimensions insulaires.

Parfois, ces grandes terres sont uniques (Jamaïque, Porto Rico, Nouvelle-Calédonie), parfois au contraire, elles seront réparties autour d'un ensemble géotectonique leur donnant une profonde unité (Méditerranée salomonaise) ou bien elles seront fragmentées en un archipel par l'immersion d'îles multiples sur un socle unique (archipel Fidji). Le socle pourra servir de support à des formations récifales formant de grandes barrières (Nouvelle-Calédonie, Fidji), se poursuivant très au-delà des îles principales en soulignant l'extension de l'unité géotectonique. Les grandes terres auront une surface et un volume émergé permettant une différenciation très poussée des peuplements végétaux et animaux. Quand elles seront à proximité d'une grande formation continentale, elles auront servi de pont ou de front pionnier à la dynamique des peuplements naturels. Leur endémisme servira d'indicateur permettant de retrouver, dans des espèces ou des associations particulières, des phases désormais effacées sur le continent. Les niches écologiques y seront assez nombreuses, variées et étendues, pour y permettre des différenciations spécifiques.

Mais c'est surtout quand les grandes terres auront pu rester isolées au cours de l'histoire géologique qu'elles serviront de conservatoire à une multitude d'espèces animales et végétales ayant totalement disparu ailleurs (Nouvelle-Calédonie). Ainsi, les grandes terres insulaires tropicales permettront dans des unités morphologiques variées de retrouver sur quelques dizaines de kilomètres de grands contrastes de zones climatiques qui, sur les continents, sont séparés par des centaines et même des milliers de kilomètres. Elles serviront à l'épanouissement d'espèces et d'associations biologiques qui leur seront propres et dont l'endémisme servira de témoin et d'indicateur pour saisir des phases fort anciennes de l'évolution.

L'originalité insulaire des grandes terres est ainsi de multiplier les petites unités reliques fortement contrastées. L'accroissement des dimensions s'y traduit par l'augmentation de la fragmentation de l'espace physique et biologique, ce qui, là encore, est une tendance exactement inverse de celle du domaine continental. Les sociétés humaines ne pourront qu'en subir des influences profondes.

CONCLUSION

Les caractères spécifiques des conditions des îles tropicales sont tellement affirmés qu'ils donneront un cadre d'évolution marquant profondément les sociétés humaines.

Le peuplement humain aura à subir le poids de l'endémisme qui sera un facteur de fragilité. La mise en valeur des terres émergées dépendra du climat et des sols et mettra à contribution un stock réduit d'espèces végétales et animales. Qu'il s'agisse de la polyculture liée à des systèmes autochtones ou des spéculations commerciales de la colonisation, ce seront les mêmes plantes cultivées que l'on retrouvera dans les mêmes secteurs des ensembles naturels des îles des basses latitudes, qu'elles soient dans l'océan Indien, dans le Pacifique ou dans l'Atlantique.

Enfin, les rapports avec l'extérieur seront toujours dominés par les facteurs d'éloignement ou de proximité ayant entraîné la mise en place de réseaux hiérarchisés de relations. Mais si cette identité des caractères naturels est un puissant facteur d'unité humain et socio-économique, chaque île n'en garde pas moins sa singularité. S'il y a des facteurs de convergence multiples liés aussi bien aux phénomènes de masse qu'aux interfaces, la dispersion, le regroupement spatial, l'éloignement relatif des autres terres donneront à chaque île une situation qui lui sera propre et qui sera le cadre de son évolution.

La connaissance du monde insulaire tropical devra donc être exhaustive et nul raisonnement ne pourra se fonder sur l'extrapolation à partir d'analogies apparentes, d'autant plus que l'homme y introduira par ailleurs des facteurs supplémentaires de différenciation et de diversité qui ajouteront encore à la complexité des problèmes.

INDICATIONS BIBLIOGRAPHIQUES

Une bibliographie exhaustive concernant les caractères naturels des îles tropicales sortirait manifestement du cadre synthétique voulu par l'esprit du volume dont le présent article est un simple rappel de grands problèmes.

Pour une information complémentaire sur les articles composant l'ouvrage dont certains comportent des notes bibliographiques détaillées, on pourra trouver des références à nos propos et des sujets de réflexion et de discussion dans les publications suivantes :

1° Présentation des divers facteurs des caractères naturels d'îles tropicales

Les éléments constitutifs de l'équilibre des facteurs naturels dans les îles tropicales sont présentés et analysés dans certains ouvrages géographiques régionaux, formant l'un des volets d'une étude monographique globale.

L'ensemble le plus à jour et le plus facile d'accès se trouve regroupé dans les planches et les notices concernant le milieu physique et les facteurs naturels de certaines îles des départements et territoires d'Outre-Mer de la République française.

— *Atlas des départements d'Outre-Mer*, édités par le CNRS - Centre d'Études de Géographie Tropicale de Bordeaux, Domaine universitaire de Talence.

  1 - *Atlas de la Réunion* (1975),

  2 - *Atlas de la Martinique* (1976),

  3 - *Atlas de la Guadeloupe* (1980).

— *Atlas de la Nouvelle-Calédonie* (1981) édité par l'ORSTOM - 24, rue Bayard, Paris 8e.

Les chapitres traitant du milieu physique de certains ouvrages de géographie régionale fournissent des éléments de référence. Voir en particulier :

DOUMENGE, F. (1966). - *L'homme dans le Pacifique Sud.* Paris, Musée de l'Homme, 635 p. (Société des Océanistes n° 19.)

HUETZ DE LEMPS, C. (1977). - *L'archipel des Hawaii.* Vol I. Bordeaux, Université de Bordeaux III (Thèse. Lettres. Bordeaux. 1977).

On trouvera une présentation des conditions d'évolution récentes de la morphologie dans :

MC LEAN, R.F. (1980) - Spatial and temporal variability of external physical controls on small island ecosystems. *In:* UNESCO 1980 - Population - Environment relations in tropical islands: the case of eastern Fiji (MAB Technical notes 13), pp. 149-175.

MC LEAN, R.F. (1980) - The land-sea interface of small tropical islands: morphodynamics and man. *In:* UNESCO 1980 - Population - Environment relations in tropical islands: the case of eastern Fiji (MAB Technical notes 13), pp. 125-130.

En ce qui concerne les phénomènes climatiques, l'archipel antillais a fait l'objet d'une étude exhaustive :

PAGNEY, P. (1966) - *Le climat des Antilles.* 2 vol. Paris, Institut des Hautes Études de l'Amérique latine, 377 p., 304 fig.

Pour l'oscillation méridionale El Niño voir la mise au point récente avec bibliographie :

DOUMENGE, F. (1983) - Déséquilibres hydroclimatiques et catastrophes dans le Pacifique intertropical juillet 1982-avril 1983. *Annales de géographie* (Paris), n° 512 juillet-août 1983, p. 403-413.

Ainsi que l'article concernant les cyclones de l'été austral 1982-1983 en Polynésie française qui figure dans le présent volume.

2° Biogéographie insulaire, endémisme, peuplements reliques et relictes, et phénomènes vicariants

L'approche souvent différente par les botanistes et les zoologistes de la notion d'espèce nécessite un effort de synthèse épistémologique critique et comparative. Il devient nécessaire de recadrer les observations et les acquisitions expérimentales en fonction de nouveaux concepts, ce qui implique la mise à contribution de travaux de nombreux auteurs. On trouvera ci-dessous la liste des publications consultées qui seront utiles pour préciser et élargir nos réflexions.

BERNARDI, G. (1965). - Endémisme et catégories taxonomiques modernes. *Bull. Soc. Biogéographie* (Paris), n° 359-361, p. 115-129.

BERNARDI, G. (1982). - L'endémisme. Généralités. *Bull. Soc. Biogéographie* (Paris), 58 (2), p. 61-74.

BOCK, W. (1970). - Microevolutionary sequences as a fundamental concept in macroevolution models. *Evolution*, vol. 24, p. 704-722.

BOWMAN, R. (1966). - *The Galapagos.* Proc. Symp. Galapagos Int. Science Project. Berkeley, Univ. California Press, 318 p.

Dans cet ouvrage, voir :

ABBOT, D. - Factors influencing the zoogeographic affinities of the Galapagos inshore marine fauna, pp. 108-122.

AMADON, D. - Insular adaptive radiation among birds, pp. 18-30.

FOSBERG, F. - The oceanic volcanic island ecosystem, pp. 55-61.

MILLER, A. - Animal evolution in islands, pp. 10-17.

ORR, R. - Evolutionary aspects of the mammalian fauna of the Galapagos, pp. 276-279.

SMITH, A. - Land snails of the Galapagos, pp. 240-251.

USINGER, R.L. et ASHLOEK, P.D. - Evolution of orsilline insect fauna on oceanic islands (Hemiptera, Lygaeidae), pp. 233-235.

WALKER, B.W. - The origins and affinities of the Galapagos Shorefishes, pp. 172-174.

BRIGGS, J. (1961). - The East Pacific barrier and the distribution of marine shore fishes. *Evolution*, 15 (4), p. 545-554.

BRIGGS, J. (1966). - Oceanic Islands, endemism and marine paleotemperatures. *System Zool.*, 15 (2), p. 153-163.

CARLQUIST, S. (1974). - *Island Biology.* New York. Columbia Univ. Press.

CARLQUIST, S. (1966). - The biota of long-distance dispersal. II: Loss of dispersability in Pacific Composital. *Evolution*, vol., 20, p. 30-48.

CARLQUIST, S. (1965). - *Island life, a natural history of the islands of the world.* New York, Natural History press, 451 p. (An. Mus. Nat. Hist.)

CONTANDRIOPOULOS J. (1964). - Application de la cytotaxinomie à l'analyse de l'endémisme corse. *Bull. Soc. Biogéographie* (Paris), n° 356-358, p. 44-62.

DAJOZ, R. (1981). - Le peuplement des îles et la théorie de Mac Arthur et Wilson. Application aux Coléoptères tenebrionidae des îles grecques. *Mémoires Société de Biogéographie*, 3e série, II, p. 23-36.

DAVY DE VIRVILLE, A. (1961). - Contribution à l'étude de l'endémisme végétal dans l'archipel des Canaries. *Rev. Gén. Bot.*, 68, p. 201-212.

DAVY DE VIRVILLE, A. (1965). - L'endémisme végétal dans les îles Atlantides. *Révue générale de Botanique*, vol. 72, p. 577-602.

DELAMARE-DEBOUTEVILLE, C. et BOTOSANEANU, L. (1970). - *Formes primitives vivantes*. Paris, Musée de l'Évolution, Hermann, 101 p.

DIAMOND, J.M. (1969). - Avifaunal equilibria and species turnover rates on the Chanel Islands of California. *Proc. Nat. Acad. Sciences USA*, vol. 64, p. 57-63.

DIAMOND, J.M. (1972). - Biogeographic kinetics. Estimation of relaxation times for avifaunas of Southern Pacific Islands. *Proc. Nat. Acad. Sciences USA*, vol. 69, p. 3199-3203.

DIAMOND, J.M. et MAYR, E. (1976). - Species-area relation for birds of the Salomon Archipelago. *Proc. Nat. Acad. Sciences USA*. vol. 73, p. 262-266.

DIAMOND, J.M. ; GILPIN, M.E. ; MAYR, E. (1976). - Species-distance relation for birds of the Salomon Archipelago and the paradox of the great speciators. *Proc. Nat. Acad. Sciences USA*, vol. 73, p. 2160-2164.

DOBZHANSKY, T. et PAVLOVSKY, D. (1957). - An experimental study of interaction between drift and natural selection. *Evolution*, vol. 11, p. 311-319.

DORST, J. (1974). - Affinités. Composition et répartition écologique de l'avifaune de Madagascar. *C.R. Acad. Sciences* (Paris), tome 279, p. 1183-1187.

ELTON, C. (1958). - *The ecology of invasion by animals and plants*. London, Methuen, 181 p.

FAVARGER, C. (1964). - Cytotaxinomie et endémisme. *Bull. Soc. Biogéographie* (Paris), n° 356-358, p. 23-44.

FAVARGER, C. et CONTANDRIOPOULOS, J. (1961). - Essai sur l'endémisme. *Bull. Soc. Botanique suisse*, vol. 71, p. 383-408.

GILRAY, D. (1975). - The determination of the rate constants of island colonization. *Ecology*, 56, p. 915-923.

GORMAN, M. (1979). - *Island ecology*. London, Chapman and Hall, 79 p.

HEATWOLE, H. et LEVINS, R. (1972). - Trophic structure stability and faunal change during recolonization. *Ecology*, 53, p. 531-534.

HERTLEIN (1963). - Contribution to the biogeography of Cocos islands, including a bibliography. *Proc. Calif. Acad. Sciences*, Ser. 4, vol. 32, n° 8, p. 219-289.

HOLLOWAY, J.D. et JARDINE, N. (1963). - Two approaches to zoogeography: a study based on the distributions of butterflies, birds and bats in the Indo-Australian area. *Proceeding Linean Soc.* London, vol 179, p. 153-188.

HORIKOCHI, M. (1973). - Taiyo to no seitai chiligaku to sono tokuina seitai kei nihokeru choshiuka (Géographie écologique des îles océaniques et particularités de la micro-évolution dans le système écologique). *Seibutsu Kaguku (Science biologique)*, vol. 25, n° 4, p. 169-207 - en japonais. Institut océanographique de l'Université impériale de Tokyo (Kaiyo Kenkuyo - Tokyo Daigaku).

JOHNSON, M.P. et RAVEN, P.H. (1973). - Species number and endemism. The Galapagos Archipelago revisited, *Science*, 179, p. 893-895.

KIRIAKOFF, S.G. (1965). - La vicariance géographique et la taxonomie. *Bull. Soc. Biogéographie* (Paris), n° 359-361, p. 103-115.

LAMOTTE, M. (1960). - Les mécanismes génétiques à l'origine de la formation des races insulaires. Colloque CNRS « Peuplement des îles méditerranéennes et problèmes de l'insularité ». *Vie et Milieu* (Banyuls/Mer), p. 299-311.

LESCURE, J. (1979). - Singularité et fragilité de la faune en vertébrés des Petites Antilles. *C.R. Soc. Biogéographie*, n° 482, p. 93-109.

Mac ARTHUR, R.H. (1972). - *Geographical ecology. Patterns in the distribution of species*. New York, Harper and Row, 269 p.

Mac ARTHUR, R.H. et WILSON, E.O. (1963). - An equilibrium theory of insular zoogeography. *Evolution*, 17, p. 373-387.

Mac ARTHUR, R.H. et WILSON E.O. (1967). - The theory of island biogeography. Princeton (New Jersey), Princeton, University Press, 203 p.

MAYR, E. (1972). - Geography and ecology as faunal determinants. *In:* Proc. XXth International Ornithology congress, The Hague, 1970, pp. 551-561.

PRESTON, F.W. (1962). - The canonical distribution of commonness and rarity. *Ecology*, 43, p. 185-215 et 410-432.

SCHOENER, A. (1974). - Experimental zoogeography: colonization of marine mini-islands. *American Naturaliste*, 108, p. 715-738.

SIMBERLOFF, D.S. (1974). - Equilibrium theory of island biogeography and ecology. *Ann. Rev. Ecol. Syst.* 5, p. 161-182.

SIMBERLOFF, D.S. (1976). - Species turnover and equilibrium island biogeography. *Science*, 194, p. 572-578.

SIMBERLOFF, D.S. (1976). - Trophic structure determination and equilibrium in an arthropod community. *Ecology*, vol. 57, p. 395-398.

SIMBERLOFF, D.S. et WILSON, E.O. (1969-1976). - Experimental Zoogeography of islands.
      1° Defaunation and monitoring techniques. *Ecology*, vol. 50, 1969, n° 2, p 267-278 ;
      2° The colonization of empty islands. *Ecology*, vol. 50, 1969, n° 2, p. 278-296 ;
      3° A model for insular colonization. *Ecology*, vol. 50, 1969, n° 2, p. 296-314 ;
      4° A two-year record of colonization. *Ecology*, vol. 51, 1970, n° 5, p. 934-937 ;
      5° Effects of island size. *Ecology*, vol. 57, 1976, n° 4, p. 629-648.

WALLACE, B. (1975). - The biogeography of laboratory islands. *Evolution*, 29, p. 622-635.

WILSON, E.O. et TAYLOR, R.W. (1967). - An estimate of the potential evolutionary increase in species density in the Polynesian ant fauna. *Evolution*, 21, p. 1-10.

VUILLEUMIER, F. (1973). - Rapports entre l'écologie et la génétique des populations. *Terre et Vie*, vol. 27, p. 179-231.

3° Problèmes relatifs aux récifs coralliens

STODDART, D.R. (1969). - Ecology and morphology of recent coral reefs - *Biological Review*, vol. 44, p. 433-498.

Synthèse tenant compte des résultats acquis jusqu'en 1968 (480 références en bibliographie), complétant et élargissant l'ouvrage suivant, centré sur la Micronésie.

WIENS, H.L. (1962). - *Atoll environment and ecology.* New Haven, Yale University Press, 532 p.

Par la suite les résultats des recherches sur le complexe récifal corallien ont été présentés dans les symposiums sur les récifs coralliens :

Proceedings of the symposium on coral reefs (Dec. 1972). Edited by MUKUNDAN, C. and GOPINADHA PILLAI. Cochin, The Marine Biological Association of India, 591 p.

Proceedings of the second international symposium on coral reefs (Dec. 1974). 2 vol. Brisbanne (Australia), The Great Barrier Committee, 630 + 753 p.

Proceedings third international coral reef symposium (May 1977). Vol. 1 : Biology, Vol. 2 : Geology. Miami, University of Miami (Florida), 630 + 753 p.

The reef and man. Proceedings of the fourth international coral reef symposium. (1981). Edited by GOMEZ, E.D. ; BIRKELAND, C.E. ; BUDDEMEIER, R.W. ; JOHANNES, R.E. ; MARSH, J.A. ; TSUDA, R.T. Jr. 2 vol. Quezon City, Philippines, Marine Sciences Center, University of the Philippines, 725 + 785 p.

Par ailleurs un ensemble de contributions importantes ont été réunies dans :

Biology and Geology of Coral Reefs (1973). - Edited by JONES, O.A. ; ENDEAU, R. 2 vol. New York, Academic Press, 480 + 435 p.

Des monographies traitant d'atolls ou de formations insulaires présentent de nombreux aspects du milieu physique et biologique, fournissant des exemples concernant la Polynésie française mais ayant souvent une portée générale. On pourra ainsi consulter :

Cahiers du Pacifique. Publication de la Fondation Singer Polignac, (Paris) : vol. 12, 1969, p. 169-201 : MURUROA ; vol. 18, 1974, p. 9-119 : GAMBIER ; vol. 19, 1976, p. 169-201 : TAIARO.

Journal de la Société des Océanistes, Musée de l'Homme, (Paris) : vol. XXXV, 1979 p. 1-74 : TAKAPOTO.

Mémoire Océanographie, ORSTOM, (Paris) : vol. 38, 1969, p. 1-103 : MOPELIA et BORA-BORA.

Notes et Documents Océanographie, ORSTOM, (Papeete) : n° 22, 1984, 146 p. : TIKEHAU.

1984

Mots clés : Insularité - Indice côtier - Indice d'isolement - Indice d'endémisme. Au vent - Sous le vent - Petites îles - Récifs coralliens - Grandes Terres.

Résumé : L'insularité peut être objectivement quantifiée grâce à divers indices (côtier, d'éloignement, d'endémisme). Ce sont les caractères zonaux structuraux, climatiques, hydrologiques et biologiques qui donnent les caractères distinctifs aux paysages insulaires tropicaux. Les différenciations proviennent des effets du relief. Edifices volcaniques et récifs coralliens sont les éléments typiques des petites îles dont la simplicité s'oppose à la complexité des grandes terres.

Title: *TROPICAL ISLANDS NATURE: UNITY AND DIVERSITY.*

Key words : Shoreline index - isolation index - endemic index - typhoons - Windward - Leeward - Coral reefs - Small islands - Grandes Terres.

Abstract : Shore line index, isolation index and endemism index are distinctive for islands criteria. Structural, climatic, oceanic and biological zonation give tropical islands landscape changing with the relief. Volcanos and coral reefs are basic elements for small islands. Complexity is distinctive for Grandes Terres.

Collection «ILES ET ARCHIPELS», n° 3 : Nature et Hommes dans les îles tropicales ; CEGET-CRET - 1984.

LES MÉCANISMES CLIMATIQUES DES ILES INTERTROPICALES A TRAVERS L'EXEMPLE DE L'ARCHIPEL GUADELOUPÉEN

par Gilbert CABAUSSEL
Ingénieur de Recherche au CEGET-C.N.R.S.

Traitant de l'« Unité et diversité des caractères naturels des îles tropicales », F. DOUMENGE nous précise que « c'est bien évidemment le caractère du climat qui apporte aux îles intertropicales l'élément principal de leur différenciation ». L'auteur ne considère par là que les grands types de climats « conditionnés par la latitude », c'est-à-dire en relation avec leur position géographique par rapport à la ZIC d'une part et aux anticyclones subtropicaux d'autre part.

Mais à l'intérieur de ces grands ensembles climatiques, de très fortes disparités sont liées à la morphologie et à l'importance même de chaque île par l'intermédiaire des mécanismes thermopluviométriques. Le cas de l'archipel guadeloupéen peut nous permettre de montrer ces mécanismes locaux replacés dans le contexte plus général des processus climatiques intertropicaux ; ceux-ci sont localement corrigés au point de rencontrer dans ce même archipel, à la fois les conditions quasi équatoriales des basses pentes de la Basse-Terre (Guadeloupe) et l'aridité de la station de Gustavia (île de Saint-Barthélemy).

Les conditions thermiques moyennes des régions intertropicales n'entrent en ligne de compte que pour les distinguer des climats des zones extra-tropicales (Ch. Pierre PEGUY les classe dans les climats à différenciation pluviothermique). Les températures sont d'une très grande régularité, les moyennes thermiques fort peu significatives et les variations amplitudinales tellement liées au cycle diurne qu'elles traduisent difficilement, en l'état actuel des données et des méthodes d'études, les nuances saisonnières. Par contre, ce sont les données pluviométriques qui permettent le mieux de caractériser et de différencier les nuances climatiques. En outre, il a été reconnu très tôt (de MARTONNE) que la durée de la période pluvieuse est plus importante à considérer que la quantité d'eau précipitée.

I. – LA CIRCULATION DE L'EAU DANS L'ATMOSPHÈRE

A - L'EAU VECTEUR ÉNERGÉTIQUE DE LA BIOSPHÈRE

L'énergie nécessaire à la vie sur le globe provient pour sa plus grande partie, du soleil. Elle se manifeste sous deux formes principales : soit la chaleur directement sensible, soit une chaleur latente mise en réserve par un processus biologique, chimique ou physique tel que celui de la transformation de l'eau liquide en vapeur d'eau. Celle-ci, au moment de la condensation, la restitue au milieu ambiant sous forme calorique.

La surface de la Terre reçoit, quelle que soit la latitude (sauf la région des pôles) un excédent d'énergie qui constitue une source de chaleur ; par contre, à toutes les latitudes, l'atmosphère perd plus d'énergie qu'elle n'en reçoit.

Lié à la longueur du jour et à l'incidence des rayons, l'apport d'énergie solaire est maximal entre les tropiques. La conséquence est que l'ensemble « Terre-Atmosphère » a un bilan positif aux latitudes, Nord ou Sud, inférieures à 35° (latitude approximative de Los Angeles, Gibraltar, Chypre, Pékin dans l'hémisphère Nord ; de Buenos Aires, du cap de Bonne-Espérance et de Sydney dans l'hémisphère Sud). Donc, si de part et d'autre de cette latitude il ne s'opérait pas de transferts d'énergie, nous assisterions à un refroidissement continuel d'un côté et à un réchauffement permanent de l'autre.

Il s'opère deux types de transferts d'énergie : l'un vertical, de la terre (ou de l'eau) vers l'atmosphère, l'autre horizontal, des zones tropicales vers les hautes latitudes. Les moyens mis en œuvre sont, d'une part les courants marins qui représentent 20 à 25 % des transferts ; d'autre part, les courants aériens. Ceux-ci agissent de deux manières différentes : sous forme de chaleur sensible que véhiculent les vents chauds mais surtout sous la forme de chaleur latente que représente la vapeur d'eau (soit environ 80 % de l'énergie).

La circulation atmosphérique générale est donc fondamentalement déterminée par des causes thermiques de transferts d'énergie et l'essentiel de ces transferts s'opère par l'intermédiaire du puissant vecteur physique que constitue la vapeur d'eau. Pour se transformer en vapeur, l'eau absorbe d'énormes quantités d'énergie sous forme de chaleur latente ; les vents transportent cette chaleur dans des zones plus froides qui provoqueront sa condensation (donc des pluies) et la libération de l'énergie thermique véhiculée.

1° Structure de la troposphère

Une surface d'équilibre entre le rayonnement terrestre et le rayonnement solaire se situe au niveau de ce que l'on appelle la TROPOPAUSE, qui sépare la couche inférieure, ou TROPOSPHÈRE, du reste de l'atmosphère.

Dans cette TROPOSPHÈRE qui a une épaisseur moyenne de 12 km (6 km aux pôles et 17 km vers l'équateur), la température décroît avec l'altitude d'environ 0,6° par 100 mètres, et les 3/4 de la vapeur d'eau sont localisés dans les premiers 4 000 mètres.

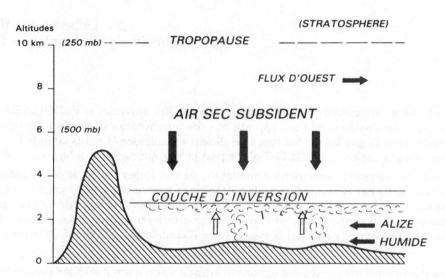

Fig. 1 — Structure de la troposphère.

La circulation générale comporte des brassages horizontaux et verticaux, qui assurent une constance relative de composition dans cette troposphère. On peut globalement y distinguer trois niveaux dont l'épaisseur varie dans l'espace mais aussi dans le temps selon les saisons.

Les deux couches extrêmes sont les plus importantes en épaisseur, alors que la plus mince, en position intermédiaire, joue un rôle fondamental sur la répartition géographique de l'humidité atmosphérique et donc de la pluviométrie. La couche inférieure dont l'épaisseur peut varier selon les saisons et la disposition relative des masses continentales et océaniques, correspond à une fourchette de 1 000 à 3 000 mètres. C'est la couche des interfaces air/mer ou air/terre ; celle des alizés, des transferts hydriques, des ascendances thermiques. C'est en elle que se situent les divers climats. A l'autre extrémité, en altitude à partir de 4 à 6 000 mètres, une couche d'air tropical, subsident et sec, et qui est réexpédié des hautes pressions subtropicales.

La couche intermédiaire, appelée **« couche d'inversion »,** est d'une importance capitale pour les conditions hygrothermiques de la couche bioclimatique inférieure.

2° La couche d'inversion, piège de l'humidité

La couche dite « d'inversion » de l'alizé est le siège de plusieurs modifications des phénomènes météorologiques propres à la couche inférieure. Elle est aussi appelée couche d'inversion thermique car elle coiffe soudainement d'air plus chaud et plus sec les couches situées immédiatement au-dessous. La raison principale de cette inversion tient au renversement de subsidence à ce niveau-là : l'air sec de la couche supérieure, venu des hautes pressions subtropicales, se comprime et donc se réchauffe. C'est aussi la strate d'accumulation de la chaleur libérée par les condensations de la « mer de nuages » située immédiatement au-dessous. Simultanément, l'humidité passe de 90 ou 100 % à 30 ou 50, les vents subissent d'importantes modifications et les nuages y sont rares.

Cette couche présente par ailleurs des variations d'altitude ; variations saisonnières en fonction de la position de l'équateur météorologique et des hautes pressions subtropicales ; variations aussi par rapport aux masses océaniques et continentales. Plus basse à l'Est des Océans (500 à 1 000 mètres sur les côtes africaines), elle atteint plus de 2 000 mètres à l'Ouest (côte sud-américaine). Dans le sens méridien, elle se relève depuis les hautes pressions subtropicales vers l'équateur météorologique où elle disparaît.

Sur les reliefs, le rôle de la couche d'inversion est fondamental, car il ne peut s'y produire de précipitations qu'avec un apport permanent d'air humide. En s'opposant constamment à la déperdition de l'humidité en altitude, comme un véritable « couvercle », l'inversion transforme l'alizé en un « vecteur » d'humidité de l'océan vers l'intérieur des continents. Un processus d'auto-entretien de cette humidité s'établit par évaporation-condensation. Les baisses thermiques de fin de nuit provoquent les averses matinales qui, tombant sur l'océan ou sur la forêt tropicale, sont reprises par évaporation diurne pour être convoyées plus loin par l'alizé. Mais ces précipitations quotidiennes sont insuffisantes à combler l'évaporation diurne comme en témoignent les bilans hydriques de toutes petites îles plates sur lesquelles aucun autre processus de pluviogenèse ne se produit souvent. Ainsi, ne pleut-il que très faiblement sur l'océan et l'on parle d'immenses « déserts océaniques » plus vastes que les déserts continentaux.

Pour que des précipitations importantes se produisent, il faudra des facteurs externes puissants tels que les perturbations, des phénomènes de thermoconvection ou, surtout, les processus orographiques déclenchés par les montagnes.

B - DIFFICULTÉS DE L'APPROCHE THERMOMÉTRIQUE DES CLIMATS

Énergie et vapeur d'eau ont des interactions physiques simples qui sont à la base de réalités climatiques complexes dont nous ne percevons que les conséquences sensibles : pluies et températures ; mais celles-ci ne sont pas mesurables de manière comparable. Les premières le sont en quantités cumulables. Les secondes le sont en « qualité ponctuelle dans le temps » (Ch. P. PEGUY), c'est-à-dire qu'aucune opération mathématique qui leur serait appliquée n'a de sens. (Ainsi la relation $P = 2T$ ou $4T$ n'est qu'un artifice graphique commode mais sans réels fondements physiques).

1° Températures moyennes et amplitudes thermiques

Très constantes et très régulières sous l'aspect de leurs moyennes (diurnes, mensuelles ou annuelles), les températures sont très peu significatives à l'intérieur de l'ensemble des îles tropicales. Il est beaucoup plus intéressant de les considérer du point de vue de leur dynamisme : d'une part dans le temps sous l'aspect du rythme diurne, d'autre part dans l'espace, en altitude (gradients thermiques à l'air libre ou en montagne). C'est par là que nous verrons de plus près leurs rapports avec la pluviosité.

L'amplitude diurne l'emporte sur l'amplitude saisonnière au point que l'opposition saisonnière n'est plus ici d'ordre thermique comme dans les climats extra-tropicaux (été-hiver), mais d'ordre pluviométrique (saison sèche-saison humide). Comme la saison humide est en relation avec la position zénithale du soleil, elle correspond à l'été de la zone tempérée du même hémisphère, la saison sèche à l'hiver ; mais c'est la saison humide qui est appelée ici « hivernage ». L'énergie solaire par unité de surface est maximale et constante toute l'année alors qu'en zones extratropicales, la saison hivernale correspond à un ensoleillement diurne très court et à un plus faible apport lié à l'obliquité des rayons.

2° Le gradient thermique altitudinal

Il est bien connu que la température diminue avec l'altitude. En air libre, le gradient adiabatique est de 0,5° à 0,6° par 100 mètres. Si on part de 25° à la base, il faut atteindre 5 000 mètres pour obtenir 0°, c'est-à-dire la neige. En Afrique tropicale, trois montagnes dépassent cette altitude (le Ruwenzori, 5 119 mètres ; le mont Kenya, 5 194 mètres ; le Kilimandjaro, 5 693 mètres). Dans les îles intertropicales, seule la Nouvelle-Guinée culmine à plus de 5 000 mètres.

L'altitude, en diminuant l'épaisseur du matelas atmosphérique, rend l'air de montagne (qui est plus sec et raréfié) plus « transparent » aux radiations thermiques, qu'elles viennent du soleil ou du sol.

Ainsi, cet air de montagne joue, beaucoup moins qu'en plaine, le rôle de volant thermique et la baisse de température moyenne avec l'altitude est le résultat d'un double processus :

  a) les températures maximales diurnes augmentent avec l'altitude ; ainsi, le jour, la stratification des températures maximales de l'atmosphère se relève à l'approche immédiate de la montagne ;

  b) inversement, les températures nocturnes s'abaissent plus rapidement qu'en atmosphère libre et la stratification des températures minimales prend une allure plongeante par rapport au relief.

Nous verrons que ce double dispositif est extrêmement favorable aux processus pluviogéniques. Cependant, l'abaissement nocturne de la température étant en valeur absolue plus faible que l'augmentation diurne, il en résulte en définitive un adoucissement des températures moyennes et une augmentation des amplitudes diurnes (ainsi, sur la dorsale camerounaise, vers 2 115 m, les températures annuelles sont de 16° avec 2° d'amplitude, alors que l'amplitude diurne atteint plus de 10°).

3° Étagement thermique dans les reliefs

Bien que cette notion de gradient (c'est-à-dire taux de variation) soit assez peu significative, car elle ne tient pas compte des inversions ou des variations saisonnières, le calcul d'un gradient moyen de décroissance des isothermes annuelles montre qu'il est plus faible en zone montagneuse qu'en atmosphère libre.

Il en résulte que le rôle fondamental du relief est de ralentir le refroidissement consécutif à l'augmentation d'altitude. Il y a donc en général bénéfice thermique dû au relief.

Ce phénomène, associé à celui de l'augmentation de l'amplitude diurne, entraîne une « continentalisation » climatique des terres élevées. Cet aspect est très important par les répercussions sur l'hygrométrie (climat plus supportable) mais aussi sur la distribution du champ barométrique qui commande la circulation (cet aspect a conditionné et favorisé le peuplement d'origine européenne et la mise en valeur des Hautes-Terres du Kenya, par exemple).

Aux altitudes supérieures, l'absence de saisons thermiques entraîne que l'isotherme 0° est à la même altitude toute l'année. Mais cette isotherme a tendance à descendre en climats très humides par rapport aux climats secs ; il s'ensuit que ce n'est pas à l'Équateur que la limite inférieure des neiges est la plus haute, mais vers les Tropiques (elle se situe à 4 500 m au Ruwenzori, c'est-à-dire en climat humide et à 5 700 m au Kilimandjaro, à climat plus sec).

Enfin, l'exemple de l'étagement thermique dans les Andes montre l'assimilation abusive qui a été faite avec les successions climatiques latitudinales par référence à des moyennes annuelles. Les valeurs mensuelles soulignent bien que la confusion n'est pas possible car les amplitudes diurnes sont, plus qu'à basse altitude, supérieures aux amplitudes saisonnières. Végétation naturelle et agriculture attestent de cette différence fondamentale.

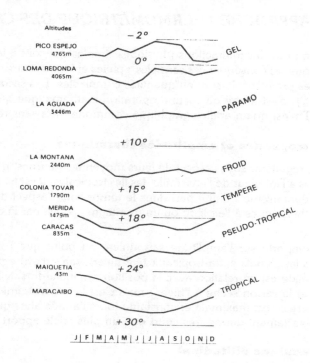

Fig. 2 — L'étagement thermique altitudinal (Ex. des Andes).

C - LA PLUVIOGENÈSE ET LES DIVERS TYPES DE PRÉCIPITATIONS

1° Flux d'humidité et pluviogenèse

Nous allons voir qu'un optimum pluviométrique existe sur tous les reliefs suffisamment importants et qu'il se situe à la base de ce que l'on appelle la couche humide. Mais il faut pour cela bien préciser que l'on nomme « couche humide » la tranche de troposphère (située au-dessous de la couche d'inversion) dont l'humidité est proche de la saturation. L'alimentation de l'atmosphère en vapeur d'eau s'opère par sa base, par le truchement de l'évaporation et de la convection du domaine océanique.

Sur l'océan, la vapeur d'eau s'élève dans l'atmosphère jusqu'au moment où, rencontrant des couches supérieures déjà saturées, elle sature à son tour et progressivement du haut vers le bas des strates d'air de plus en plus basses. La couche humide saturée, bloquée à la partie supérieure par la couche d'inversion, voit sa base s'abaisser au fur et à mesure que l'alimentation se poursuit. Dans les zones tropicales, cette alimentation est telle que la couche humide occupe pratiquement toute l'épaisseur atmosphérique concernée par les alizés. Seule, l'extrême base, assez peu épaisse, peut présenter pour des raisons de convection thermique un air non complètement saturé tant que sa température est suffisamment élevée. Dans les zones extra-tropicales, la couche humide moyenne peut se situer assez haut ou même disparaître par l'absence d'alimentation par la base.

Un air humide engendre des condensations, et donc des précipitations, s'il est soumis à des baisses de pression (cas des ondes dépressionnaires) ou si sa température baisse (refroidissement nocturne, fronts froids) et à plus forte raison si les deux phénomènes se conjuguent : ce qui est le cas de la thermoconvection et des conséquences de l'altitude.

Les baisses de pression responsables des pluies des régions tempérées ou de la zone équatoriale prennent, dans le monde intertropical, un caractère aléatoire lié aux saisons. Nous verrons le cas des cyclones de la région ouest-atlantique.

2° Les averses d'alizés

C'est le type de pluies le plus constant et le plus régulier de l'interface alizés-océan. Il concerne l'océan libre et les petites îles dont ni la surface, ni le relief ne sont suffisamment importants pour créer l'apparition d'autres processus.

Provoquées par le refroidissement dû au rayonnement nocturne, elles se déclenchent avant le lever du jour. Très constantes toute l'année, leur nature fait qu'elles interviennent partout dans les diagrammes pluviométriques diurnes. C'est dans une station telle que Gustavia (Saint-Barthélemy) et surtout pendant l'hiver (Carême) qu'on parvient le mieux à les isoler (fig. 3).

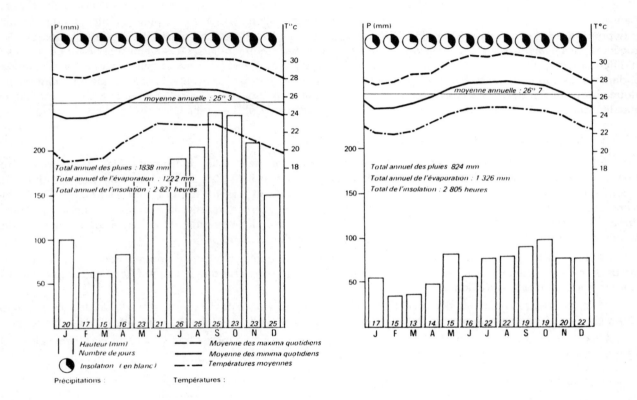

Fig. 3 — Pluies, températures et insolation à Point-à-Pitre et à Gustavia.

3° Les pluies de thermoconvention

Caractéristiques de la saison des pluies, elles sont essentiellement diurnes avec un maximum étalé de 11 à 16 heures. L'air échauffé directement par le sol se détache sous forme de « bulles » successives remplacées par de l'air frais à la base. C'est principalement la diminution de la pression atmosphérique avec l'altitude qui provoque une dilatation de la bulle d'air et donc un refroidissement de l'ordre de 1 °C par 100 mètres. Cette bulle présente rapidement une température inférieure à celle de l'air environnant et son individualisation dans l'atmosphère se matérialise dès qu'en son sein, la tension de vapeur saturante étant atteinte, les condensations se déclenchent.

Dans l'archipel guadeloupéen, c'est sur Marie-Galante ou sur la Grande-Terre qu'elles peuvent le mieux être observées au moment des intersaisons (fig. 3).

4° Les précipitations orographiques

La particularité climatique des reliefs est de soumettre l'air qui les baigne à l'ensemble des divers processus de pluviogenèse qui, sur l'océan ou sur les basses terres, agissent souvent isolément. Le déclenchement est plus tardif dans la journée que le précédent car la température de l'air est plus basse.

L'altitude entraîne deux types opposés de modifications thermiques de l'air situé au contact du sol : élévation thermique diurne et refroidissement nocturne. Mais ces deux processus ne sont que des mécanismes de déclenchement des condensations qui ont besoin pour se poursuivre de s'auto-entretenir. Le déclenchement libère de la chaleur latente qui, à son tour, provoque des ascendances nourries de nouvelles arrivées d'air humide. Si la masse d'air baignant les reliefs est initialement sèche (Harmattan par exemple), elle est incapable de libérer la chaleur latente nécessaire à la poursuite des mouvements ascendants : le processus se trouve bloqué.

Pour qu'un relief déclenche les précipitations, plusieurs conditions doivent être remplies ; il faut :
— qu'il reçoive de l'air humide (ce qui est valable pour toutes les îles intertropicales) ;
— qu'il soit assez important et fasse obstacle au flux d'air humide pour que celui-ci n'ait pas tendance à « tourner » le relief ;
— que la vitesse du vent soit suffisante pour qu'il prenne un mouvement ascendant et que se renouvelle ainsi le potentiel hydrique d'auto-entretien.

D - L'HYPERHUMIDITÉ DES RELIEFS INSULAIRES

Une longue controverse a opposé les tenants d'une aggravation progressive de la pluviosité avec l'altitude et ceux qui pensaient, au contraire, qu'à partir d'un certain niveau (variable selon les régions), la pluviométrie diminue. En fait, les deux hypothèses sont conciliables à condition de ne pas confondre les termes de « pluviosité » et de « pluviométrie ». Les phytogéographes avaient raison d'estimer que la pluviosité croît constamment jusqu'à la limite supérieure des arbres car il s'agit d'hygrométrie, de plus grande permanence dans le temps du caractère pluvieux et très humide. Des climatologues, se fondant sur les quantités mesurées d'eau précipitée, sont en droit de situer à une altitude assez basse un optimum pluviométrique au-dessus duquel la quantité d'eau tombée va en diminuant. Au-dessus de cet optimum, la pluviométrie diminue en quantité mais au bénéfice d'une pluviosité prenant un caractère de plus en plus fréquent.

1° L'optimum pluviométrique

L'humidité ne peut être apportée à un relief que par la couche humide de l'atmosphère. En supposant (ce qui n'est pas le cas) que la quantité d'eau véhiculée horizontalement par les filets d'air de l'alizé soit uniforme sur toute la tranche humide, il ne peut tomber en un point quelconque du relief que l'eau présente dans l'air qui le surmonte. Donc plus on s'élèvera, moins le potentiel hydrique sera important ; mais plus on redescendra, plus la quantité d'eau pouvant précipiter sera grande et la pluviométrie sera proportionnelle à l'épaisseur de la couche humide. Il est donc évident que le maximum pluviométrique d'une région donnée se situe à la base de la couche humide.

Dans les îles et les régions côtières tropicales soumises aux alizés, la couche humide commence immédiatement au-dessus du niveau de la mer avec quelques nuances diurnes ou saisonnières que nous prendrons en compte par la suite (altitude de l'optimum pluviométrique).

Mais, en réalité, la quantité d'eau véhiculée par l'atmosphère n'est pas uniforme selon l'altitude, et un autre phénomène vient s'ajouter au précédent pour décupler les précipitations des basses altitudes et freiner celles des hautes pentes.

L'existence d'un maximum pluviométrique à la base des reliefs, exposés aux vents humides, procède aussi du simple mécanisme de la formation des gouttes de pluie (schéma de la fig. 4).

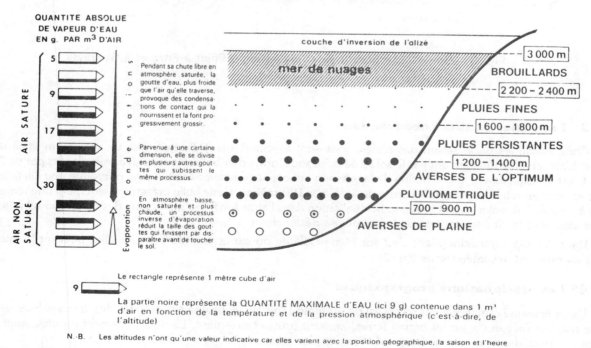

Fig. 4 — Schéma du mécanisme de l'optimum pluviométrique.

Par le jeu combiné du gradient des températures et des pressions en fonction de l'altitude, c'est à la base de l'atmosphère (c'est-à-dire où la température comme la pression atmosphérique sont les plus élevées) que la tension maxima est la plus forte ; ce qui signifie que le stock de vapeur d'eau (quantité absolue de vapeur) par cm³ d'air y est le plus élevé de l'ensemble de la colonne d'air humide. Ainsi il peut y avoir, pour toute une couche humide saturée, plus de 30 g d'eau par cm³ à la base et seulement 5 à 10 g par cm³ à 2 000 mètres.

A partir des condensations, qui généralement s'amorcent en altitude (cristaux de glace des nuages supérieurs, poussières, etc.), les fines gouttelettes qui se forment commencent à descendre par gravité et grossissent au fur et à mesure de leur chute car elles rencontrent constamment un air saturé se condensant sur elles par un phénomène thermique de contact. Il y a donc un grossissement continuel de la goutte d'eau qui, lorsqu'elle a atteint son maximum (limite de tension superficielle), peut se diviser et donc multiplier par deux le mécanisme de chute et ainsi de suite. C'est donc à la base de la couche humide que les gouttes d'eau seront à la fois les plus grosses et les plus nombreuses : c'est le niveau du maximum pluviométrique.

En somme deux mécanismes s'ajoutent, indépendamment l'un de l'autre, pour que les reliefs et particulièrement les reliefs insulaires qui sont complètement plongés dans l'atmosphère humide des alizés présentent, dès leur base, un maximum pluviométrique qui s'atténue avec l'altitude. Mais du point de vue bioclimatique, le résultat est inverse car l'humidité est de plus en plus permanente à mesure que l'on s'élève.

2° Les averses de Piémont

Que se passe-t-il aux altitudes inférieures à celles de la base de la couche humide, c'est-à-dire au-dessous de l'optimum pluviométrique ?

En raison des phénomènes thermiques de rayonnement, de convection et de ventilation, donc en relation avec l'heure de la journée et avec la saison, les couches les plus basses, celles du piémont et de la plaine, ne sont pas toujours saturées (fig. 4). Ainsi, la goutte d'eau qui a traversé la zone de l'optimum ne rencontre plus des couches saturées : le processus inverse d'évaporation à sa surface se déclenche. Son volume va diminuer puisqu'elle cède de l'eau à l'air et si le trajet est suffisant, elle peut disparaître avant d'avoir touché le sol. Mais cette situation est très instable.

A la dynamique thermique vespérale qui va faire diminuer progressivement le niveau de tension maxima de vapeur d'eau et donc abaisser la base de la couche humide, il s'ajoute un grand nombre de phénomènes aléatoires qui peuvent provoquer rapidement un effet comparable. Ainsi, l'alizé peut apporter des modifications subites de température et de pression (donc d'humidité relative) consécutives soit à une modification de la vitesse du vent, soit au passage dans une zone d'ombre portée créée par les nuages qui se forment et s'accumulent à l'approche des reliefs (nous avons vu que les isothermes des minima plongent à l'approche des reliefs).

Un autre processus situé à la base même du relief et en dessous de l'épaisse couche de nuages et d'averses de l'optimum va tendre à abaisser progressivement le niveau de cet optimum. La baisse thermique consécutive à l'occultation locale du soleil est accentuée par l'évaporation des gouttes d'eau qui tendent à descendre de plus en plus bas ; en outre, l'alizé heurtant la base du relief est projeté vers le haut entraînant une détente de l'air et donc une baisse du point de saturation.

Toutes ces conjonctures suffisantes en elles-mêmes ou réunies provoquent l'irruption d'une averse jusqu'à la base du piémont. Un auto-entretien de cette averse peut se maintenir un certain temps si des conditions favorables comme la fin du jour interviennent, mais il peut aussi être plus ou moins assez rapidement stoppé. En milieu de journée par exemple, les condensations libèrent de l'énergie et la chaleur entraîne le blocage de l'averse. Les vents peuvent apporter un air moins humide de zones plus chaudes ; la base de la couche humide va remonter. Des averses successives caractérisent donc cette zone de piémont située sous la couche d'optimum pluviométrique. Il s'y développe un équilibre instable de condensation et d'évaporation. La pluviométrie y est plus faible qu'au-dessus où la saturation est permanente.

3° Altitude de l'optimum

Pour un relief donné, l'altitude de l'optimum se situe, comme nous venons de le voir, à la base de la couche humide que lui apportent les vents. Elle est donc fonction de l'altitude propre de cette base de couche, c'est-à-dire de l'altitude à partir de laquelle l'atmosphère est saturée d'humidité.

Ce niveau de saturation atmosphérique est variable d'une part en fonction de l'heure de la journée et aussi de la saison ; mais aussi, d'autre part, en fonction de la situation géographique du relief par rapport à l'origine des masses d'air humide et de leur proximité. En effet, dans le « tunnel » situé sous la couche d'inversion, la continentalisation du flux humide, c'est-à-dire la perte d'humidité, s'opère de bas en haut du fait de la chaleur réfléchie par l'océan mais surtout par le sol quand il est déboisé.

Pour des raisons simples d'existence de mesures précises et fiables, et en outre parce qu'il est situé à proximité immédiate de l'océan comme s'il était dans une île, prenons l'exemple du Mont Cameroun (fig. 5). Nous constatons que l'optimum pluviométrique moyen annuel de 12 mètres se situe un peu au-dessous de 1 000 mètres ; le piémont ne reçoit que 10 mètres d'eau environ. A 2 000 mètres d'altitude, la tranche d'eau n'est plus que de 4 mètres ; de 2 mètres à plus de 3 000 mètres et enfin, au sommet, de 1 m seulement. Cette partie sommitale ne reçoit de pluies qu'en saison humide car c'est l'époque où la couche d'inversion est la plus haute et surmonte la montagne. En saison sèche, l'inversion se situe à un niveau plus bas que le sommet : celui-ci dépasse la couche humide.

Dans des reliefs très continentalisés tel que le Ruwenzori, l'optimum remonte vers 2 200 mètres et 2 450 mètres au Kenya, ce qui traduit l'assèchement de la mousson par sa base. En somme, plus les conditions d'humidité sont fortes comme dans les zones côtières ou les îles, plus l'optimum pluviométrique est bas ; plus elles sont faibles (éloignement ou absence d'alizé humide), plus il remonte en altitude. Cette dernière situation se présente aussi au Mont Cameroun sur la face « sous le vent », c'est-à-dire qui n'est pas fouettée par la mousson humide : l'effet de foehn fait remonter l'optimum qui n'est plus que de 3 mètres sur cette face, à l'altitude de 2 000 mètres (fig. 5).

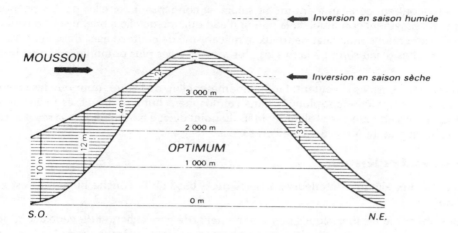

Fig. 5 — Schéma de la répartition altitudinale de la pluviométrie.

Enfin, cette variabilité de l'altitude de l'optimum confirme que le relief n'est qu'un catalyseur de pluviogenèse, à partir d'un flux d'humidité dont les conditions de circulation sont déterminées par une dynamique propre à la basse atmosphère.

Le climat d'averses de l'optimum correspond donc à la conjonction des conditions pluviométriques des tropiques humides et de la montagne, qui aboutit aux plus fortes pluviométries du globe, de l'ordre de plus de 10 mètres par an (base occidentale du Mont Cameroun ; la Réunion), ou de 8 mètres à la Guadeloupe. Il descend à 800 mètres à Java, à 700 aux Hawaii, entre 600 et 900 à Fernando Pô.

Domaine de la forêt ombrophile de l'étage submontagnard à **Podocarpus,** fougères arborescentes et nombreuses épiphytes, l'homme y a parfois installé cultures et pâturages, et surtout plantations de thé ou de café.

4° Le climat des pluies persistantes

Au-dessus de l'optimum pluviométrique, les pluies perdent progressivement leur caractère d'averses tropicales pour devenir de type persistant dont l'analogie avec des zones tempérées a fait utiliser le vocable assez impropre de « tierras templadas » pour l'Amérique tropicale. En effet, les régimes thermiques sont très variables selon le degré de continentalisation, mais toujours de style tropical sans saison froide et saison chaude, ce qui les distingue des régions tempérées.

Avec la progression altitudinale, les gouttes d'eau deviennent de plus en plus petites jusqu'à pouvoir distinguer une partie supérieure à « pluies fines ».

Niveau des pluies persistantes et niveau des pluies fines correspondent globalement aux forêts dites « pluviales » où l'humidité est maximale (mais non la quantité d'eau tombée ou pluviométrie). Ce caractère d'humidité permanente concerne une tranche altitudinale très importante d'un millier de mètres parfois et débutant, selon la situation géographique, de 1 300 à 2 400 mètres.

Parallèlement à la grosseur des gouttes de pluie, la végétation forestière de cet ensemble permet de distinguer à la base un étage montagnard de la forêt brumeuse ou moussue d'où la fougère arborescente est absente et comportant moins de lianes et d'épiphytes que la forêt ombrophile. C'est là que se situent la forêt de bambous et les prairies montagnardes où se fait essentiellement de l'élevage.

A la partie supérieure, celle des pluies fines, correspondent généralement des forêts de type arbustif à Éricacées, dont les bruyères arborescentes ; une adaptation sclérophylle y est fréquente.

5° Le climat des brouillards (fig. 6)

A partir du niveau moyen de 3 000 mètres, l'ensemble des forêts pluviales fait place à un paysage plus ouvert répondant à de nouveaux facteurs limitants qui correspondent en Amérique tropicale aux « tierras frias ».

C'est la zone de stagnation des nuages qui provoque les grosses pluies des étages inférieurs ; la nébulosité s'y installe depuis les heures matinales jusque vers le milieu de l'après-midi. La nuit est moins nuageuse que le jour, la brise de montagne s'établit vers 21 heures, le minimum thermique avec « point de rosée » apparaît vers 4 à 5 heures du matin.

Cet étage de type « subalpin » est toujours brumeux mais froid ; le vent a une influence desséchante surtout si les sommets sont à cette altitude. L'atmosphère est raréfiée et les radiations solaires à ondes longues commencent à faire sentir une action de contrastes.

La végétation s'adapte par une xéromorphie très poussée : c'est le domaine des « savanes altimontaines » (J. PORTECOP - Guadeloupe) et « paramos » (des Andes).

6° Les climats de rayonnement

Au-dessus de 4 000 mètres, en zones continentales, mais rabaissés à 3 000 mètres au Mont Cameroun, s'installent des climats où la pluviosité est faible et limitée à quelques orages d'instabilité. L'action desséchante du vent devient un facteur limitant, rayonnement et radiations solaires créent des contrastes extrêmes éliminant pratiquement toute végétation sauf quelques plaques de mousses et de lichens noirs.

Les températures moyennes de cet étage alpin n'ont plus guère de signification car les contrastes diurnes sont importants entre le froid glacial de l'aube et la chaleur des milieux de journée.

Rappelons, pour mémoire, que vers 5 000 mètres débute l'étage nival. Malgré une humidité assez faible, l'ablation de neige ne parvient pas à compenser l'accumulation en raison du froid nocturne et du rôle d'isolant thermique de la neige superficielle. Enfin, le rôle de l'albedo est très important pendant la phase d'insolation.

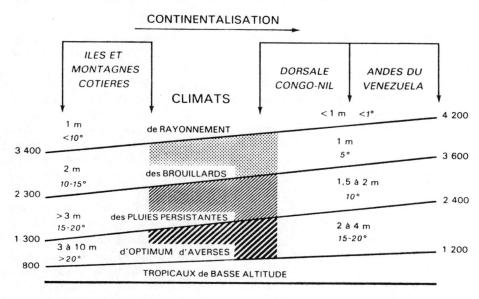

Fig. 6 — Étagement hydrométrique altitudinal et comparaison
avec les montagnes intracontinentales.

7° La variabilité de l'hyperhumidité des reliefs

Un facteur climatique important est lié à la forme et à la vigueur du relief. Ce qui se passe dans un étage donné, tant du point de vue thermique que du point de vue pluviométrique, dépend beaucoup de ce qui se passe dans l'étage au-dessus. Plus le relief est conséquent, plus on assiste à un étalement altitudinal des conditions pluviothermiques ; plus le relief prend un aspect « insulaire », plus la variation est rapide comme si l'ensemble de la succession des trois grands types altitudinaux devait être réalisé et donc contenu entre la base et le sommet.

Lorsque le relief est modeste, de l'ordre de 1 000 à 1 500 mètres, il est pratiquement plongé tout entier à la base de la couche humide et donc au niveau de l'optimum. Dans ce cas, la pluviométrie peut progresser jusqu'au sommet : en Guadeloupe par exemple, seules les parties les plus élevées (au-dessus de 1 200 m) portent une végétation de type xérophile d'adaptation à une très forte ventilation et à des substrats rocheux à très fort drainage ; il s'ajoute localement des radiations solaires à grande longueur d'onde et des contrastes thermiques biologiquement limitants.

Enfin, lorsque les reliefs ne sont plus que de quelques centaines de mètres, ils induisent toujours une aggravation pluviométrique dont le processus orographique est difficilement dissociable d'une thermoconvection renforcée d'une part par l'incidence des rayons solaires sur les pentes et par des ascendances (donc détente) imprimées aux flux atmosphériques.

Les processus de pluviogenèse ont montré que si les îles intertropicales sont toutes plongées dans l'humidité de l'atmosphère océanique, elles ne disposent, en définitive, que d'une pluviosité liée à l'importance de leur surface mais surtout à celle des reliefs qu'elles portent. Les montagnes insulaires constituent donc de véritables « châteaux d'eau » non seulement pour les cours d'eau qui en sont issus mais par les climats qu'ils induisent sur les plaines environnantes tant en amont qu'en aval des flux océaniques heurtant les reliefs (« Distance horizontale d'influence » de G. LASSERRE).

E - LE CYCLONE, SOUPAPE D'ÉCHAPPEMENT ÉNERGÉTIQUE

De tous les cataclysmes naturels, ce sont les cyclones qui entraînent le plus de pertes de vies humaines alors que la prévention peut jouer un grand rôle : 400 000 victimes au Pakistan oriental, le 13 novembre 1970 ; dégâts limités en vies humaines le 12 avril 1983, à Tahiti, grâce aux services météorologiques et à l'action des medias.

La surveillance des phénomènes météorologiques est fondée sur les renseignements satellitaires, les explorations aériennes à partir d'avions de reconnaissance spécialisés et, enfin, les observations de navires. Ces derniers constituent toujours la véritable trame du système de surveillance. Le Centre d'Études de Météorologie spatiale (C.E.M.S.) de Lannion recevait depuis l'été 1974 les informations du satellite géostationnaire SMS-1 stabilisé par 45° W. En novembre 1974, il a été placé par 75° W de façon à rester « en vue » de Lannion. L'écoute de SMS-1 s'est poursuivie jusqu'à son remplacement, début janvier 1976, par le satellite opérationnel GOES-1.

Lorsqu'un cyclone menace les Antilles, un système d'alerte peut être mis en place au Centre de Lannion : les réceptions du satellite sont effectuées à fréquence élevée et un message est adressé toutes les trois heures aux centres météorologiques de Fort-de-France et de Pointe-à-Pitre, donnant la position du centre tourbillonnaire, l'extension des masses nuageuses, le classement du phénomène dans l'échelle « Dvorak ». En cas de nécessité, la cadence des réceptions et des images peut être augmentée.

1° Formation et évolution morphologique des cyclones

Leur formation implique la conjonction de plusieurs conditions fondamentales : une température de la mer en surface (et dans les premières dizaines de mètres) qui soit au moins égale à 27 °C ; une nette instabilité dans la haute troposphère (vers 9 000 m) due à de forts contrastes thermiques entre l'air ascendant et l'air environnant perturbé ; enfin une latitude supérieure à 5° pour que la force de CORIOLIS soit suffisante. Cette formation résulte d'une énorme accumulation d'énergie provoquée par l'évaporation de l'eau océanique de la zone équatoriale. Mais cette énergie, en raison de conditions atmosphériques défavorables, n'arrive pas à être évacuée vers les hautes latitudes et se trouve en quelque sorte piégée. Des réactions en chaîne se déclenchent alors, entraînant un tourbillon atmosphérique initial qui s'auto-entretient et s'accélère en augmentant progressivement son emprise. Lorsqu'une compensation suffisante s'établit grâce aux pluies torrentielles et un refroidissement par des mers moins chaudes, un équilibre s'établit qui est celui de la phase des tourbillons ; les plus dangereux pouvant engendrer des vents de 250 km/heure. Continents ou mers encore plus froides contrarient l'auto-entretien du phénomène qui diminue d'intensité.

L'observation de l'imagerie satellitaire a permis de repérer le degré d'évolution et de qualifier son intensité. On peut distinguer quatre phases morphologiques : la genèse, la période de croissance, la maturité et la dégénérescence.

A l'origine, la masse nuageuse n'a pas de centre de vorticité. En phase de croissance, des bandes nuageuses s'organisent en spirales dont le centre tourbillonnaire est situé à l'extérieur de la masse nuageuse principale. Les divers stades de la phase de maturité voient s'individualiser une large queue en forme de virgule, puis un noyau dense s'entoure de bandes nuageuses concentriques, enfin un œil régulier, circulaire et de teinte très sombre. La dégénérescence est déclenchée par le passage au-dessus d'un continent ou d'une zone océanique à température de surface relativement basse.

2° Trajectoires moyennes et prévision   (Fig. 7 — Carte des risques cycloniques tropicaux.*)

Le « National Hurricane Center » du National Weather Service (U.S.A.) coordonne les observations des cyclones tropicaux et diffuse les bulletins ou avis d'alerte les concernant. Ce centre dispose d'une vaste documentation portant notamment sur les trajectoires de ces cyclones, stockée sur bandes magnétiques et établie principalement à partir des observations de navires auxquelles se sont ajoutées les informations provenant d'avions de reconnaissance puis des satellites.

Les forces tourbillonnaires créées par le mouvement de la Terre et croissant avec la latitude, les gigantesques appels provenant des zones thermoconvectives, les situations météorologiques rapidement variables s'additionnent ou se contrarient pour assigner aux cyclones des trajectoires capricieuses. Boucles, écarts, rebroussements même les affectent comme ceux des toupies d'enfant. L'intensité du phénomène subit de grandes fluctuations.

La carte mondiale représente le risque cyclonique du monde tropical (fig. 7) et les routes préférentielles moyennes qui n'indiquent en aucune manière celles des cyclones les plus dévastateurs mais seulement les plus fréquents. Ces trajectoires ont été obtenues par superposition cartographique des trajets réels, depuis une dizaine d'années, des cyclones ayant engendré des vents supérieurs à 120 km/heure.

On constate que l'énorme majorité d'entre eux se forment à des latitudes comprises entre 10 et 15° et sévissent exclusivement sur les eaux très chaudes. Il faut bien noter que les trajectoires sont indépendantes de celles des alizés avec lesquelles elles forment souvent un angle important. D'allure globalement parabolique, elles se dirigent d'abord toujours vers les grandes masses continentales qui piègent les eaux chaudes océaniques. Elles s'infléchissent ensuite tangentiellement aux côtes vers les 20 et 25e parallèles pour parvenir à des orientations méridiennes. Enfin, au-dessus du 25e parallèle, apparaît une composante ouest qui entraîne le tourbillon déjà très atténué dans les courants d'ouest des latitudes tempérées.

Le cyclone tropical (nommé « typhon » dans le Pacifique Ouest, « Hurricane » dans l'Atlantique Nord, « Baguios »

* *(Carte hors texte)*

aux Philippines et « Willy-Willy » en Australie) menace essentiellement les îles et les côtes continentales des mers chaudes qui sont précisément fortement peuplées. Par contre, îles équatoriales et grosses masses insulaires ne sont que très peu concernées.

Les cyclones sévissent surtout en période d'hivernage. D'après les services météorologiques, 93 % des cyclones connus en Guadeloupe se sont manifestés entre le 15 juillet et le 15 octobre dont 45 % du 15 août au 15 septembre, 30 % avant le 15 août et 18 % après le 15 septembre.

3° Soupape d'échappement et vecteur de transfert énergétique

Nous avons vu que pour assurer l'équilibre énergétique de la biosphère, des transferts d'énergie des basses latitudes vers les hautes sont nécessaires. Nous verrons que les courants marins et aériens contribuent à accumuler des réserves gigantesques d'énergie latente de la mer vers l'atmosphère tropicale dans les zones très chaudes. Cette énergie, par l'absence de condensations suffisantes dans ces régions, se trouve piégée dans la troposphère inférieure et traduit le déséquilibre évaporation/condensation.

Les cyclones apparaissent comme une soupape d'échappement de ce trop-plein d'énergie qui est évacué vers les hautes latitudes. C'est la libération soudaine de cette énorme énergie latente (de l'ordre d'une explosion thermonucléaire de 20 kilotonnes par seconde) qui en fait une circonstance cataclysmique.

Par contre, la zone équatoriale est préservée de ce phénomène car l'absence de couche d'inversion à basse altitude ne bloque pas les processus pluviogéniques de libération de cette énergie qui est ensuite évacuée vers la haute atmosphère. Par ailleurs, les cyclones tropicaux ne peuvent se diriger vers l'équateur grâce à la déviation vers les hautes latitudes imposée par la force de Coriolis due à la rotation de la Terre.

II. – LA PÉNURIE PLUVIOMÉTRIQUE DE L'INTERFACE ALIZÉS-OCÉAN

Le déficit hydrique des petites îles tropicales conduit à se demander s'il leur est propre et en liaison avec un quelconque blocage local des condensations et de la pluviogenèse ou bien s'il traduit seulement une situation de pénurie générale de l'interface air-mer dans lequel elles sont perdues. Plus que les grandes îles elles sont pourtant plongées dans les alizés porteurs d'une humidité permanente. Nous avons vu que, même saturés, les vents ont besoin d'un catalyseur local (surface importante ou relief suffisant) pour que les précipitations se déclenchent. Quelle est donc la pluviosité de la surface océanique libre de toute terre émergée ? Nous allons prendre l'exemple caraïbe.

A - LE JEU DES MASSES D'AIR OUEST-ATLANTIQUES

La position de l'archipel antillais, par rapport aux masses océaniques et terrestres voisines, lui confère des conditions climatiques spéciales mais comparables à celles d'autres bassins ouest-océaniques.

L'influence du continent sud-américain (qui est peu développé en zones tempérée et polaire), est arrêtée par la barrière équatoriale amazonienne (l'anticyclone du Pacifique Sud voit bien son alizé austral dévié en faible mousson vers l'isthme centre-américain, mais il n'arrive pas à le franchir). Par contre, les processus polaires qui se développent à l'Est du système montagneux Ouest-américain jouent un rôle essentiel sur la structure des centres d'action hivernaux dont dépendent les vents d'altitude de l'archipel antillais. Enfin, les conditions atmosphériques capitales sont sous la dépendance du mouvement général d'Est en Ouest, car les vents s'enroulent autour des anticyclones subtropicaux de l'Atlantique Nord et atteignent les Antilles après 5 à 6 000 km de parcours maritime.

1° Les centres d'action de l'atmosphère

La circulation atmosphérique est liée à l'existence d'une ceinture de hautes pressions située globalement entre les 20e et 40e parallèles Nord. Sur le bord méridional de cette ceinture les alizés d'Est soufflent de manière quasi constante. Deux cellules anticycloniques jouent un rôle prépondérant :

— la première correspond à l'anticyclone des Açores qui émet vers les Antilles un flux d'ENE ou d'E très humide. Suivant les saisons, cette cellule peut se déplacer vers l'Est et, débordant alors largement sur l'Europe et l'Afrique du Nord, les vents induits proviennent d'un air continental sec ;

— la seconde, à l'Ouest de la précédente, est représentée par l'anticyclone des Bermudes. Séparée de la première par un talweg barométrique de direction NE-SW, elle joue un rôle important en hiver (Carême), envoyant sur les Antilles un courant de NE sec et très subsident. Pendant l'hiver boréal, elle peut s'associer aux anticyclones mobiles du continent Nord-américain, commandant alors des alizés de NE plus secs et plus frais.

De direction générale NE à E, les alizés s'écoulent vers l'Équateur de manière progressive, c'est-à-dire qu'au fur et à mesure du déplacement d'est en ouest des masses d'air les vents résultants situés à l'interface océan-atmosphère voient leur direction s'incliner progressivement sur l'axe Est-Ouest et prendre donc une direction de plus en plus « zonale » (figures n° 8 et 9).

Par un mécanisme homologue et symétrique, les alizés de la zone australe soufflant de SE, se relèvent progressivement sur la même direction (zonale) est-ouest. Entre les deux courants d'alizés s'individualise une zone équatoriale dépressionnaire où s'effectue en quelque sorte l'affrontement des deux systèmes de circulation : c'est la Zone Intertropicale de Convergence (Z.I.C.). Celle-ci, large de plusieurs centaines de kilomètres, se déplace au cours de l'année et subit une translation en latitude qui est en relation directe (mais avec un retard d'un à deux mois) avec le mouvement apparent du soleil. A cheval sur l'équateur pendant l'hiver boréal, elle remonte, en été (quelquefois en septembre), jusqu'au 10e et même 12e degré de latitude Nord.

La Guadeloupe (16 à 16,30° de latitude N) échappe donc le plus souvent à l'activité thermoconvective de la Z.I.C. qui ne remonte pas jusque là. Par ailleurs, par sa position à l'extrémité nord-orientale de l'arc antillais (donc en position maritime bien marquée), elle se trouve aussi hors de portée des coulées d'air froid issues de l'anticyclone continental nord-américain. Celles-ci, descendant en hiver la gouttière du Mississipi, peuvent en quelques heures, abaisser la température de plusieurs degrés jusqu'à Cuba.

Ainsi, les saisons climatiques de l'archipel guadeloupéen sont exclusivement liées aux variations de la structure des alizés auxquels il est soumis en permanence.

2° Les situations saisonnières

Les alizés ont une réputation de régularité en force et en direction, mais c'est surtout par opposition aux caprices des vents d'ouest de la zone nord-atlantique. Leur trajectoire n'est pas rectiligne puisqu'elle se moule sur la façade orientale puis méridionale des hautes pressions subtropicales. (La figure n° 9 montre bien l'évolution d'Est en Ouest des directions de ces vents). La constance directionnelle des vents de la zone guadeloupéenne est de 80 % en Carême et de 90 % en Hivernage. Par ailleurs, leur vitesse diminue d'Est en Ouest.

En relation avec la situation de la Z.I.C., on oppose une circulation d'hiver boréal caractéristique de la saison sèche dite de « Carême » et une situation typique de la saison des pluies, ou « Hivernage ».

a) La circulation en saison sèche (Carême)

Le soleil est dans la zone du Tropique du Capricorne et le système des hautes pressions subtropicales - basses pressions équatoriales se trouve décalé vers le sud. Le régime caractéristique du carême est un régime anticyclonique ; entre les cellules des Bermudes et des Açores, apparaît en altitude (entre 400 et 700 mbs) une coupure, un talweg qui se traduit au niveau inférieur des alizés par un accroissement des composantes NE stables et peu humides. Ces vents de NE n'ont pas eu un trajet aussi long à la surface de l'océan que les vents d'est ; moins chauds et moins humides que ceux-ci, ils créent déjà à la base de l'atmosphère des conditions plus fraîches et plus éloignées de la saturation.

Un deuxième phénomène accentue cette prédisposition à un temps sec : durant le carême, la couche inférieure relativement la plus humide, est mince et ne dépasse pas 1 000 - 2 000 mètres, la couche d'inversion thermique étant située à faible altitude. Toutes les ascendances, dans ces conditions, quelle que soit leur origine, sont bloquées et n'atteignent pas de couche suffisamment froide par rapport au coefficient d'humidité, pour déclencher des processus d'instabilité et des précipitations. Même en saison de carême, la cellule anticylonique des Açores peut devenir prépondérante et annihiler les composantes de NE : les vents d'est redeviennent dominants, l'épaisseur de la couche humide s'accroît et les pluies réapparaissent.

D'autres conditions atmosphériques peuvent perturber cette situation de carême, elles sont principalement dues à des interférences entre les deux cellules anticycloniques de l'Atlantique Nord. Il se forme alors des « discontinuités de courant d'alizé » qui engendrent des pseudo-perturbations différentes des perturbations du front polaire (Surge Lines et Shear Lines).

b) La circulation en saison humide (Hivernage)

C'est l'été pour l'hémisphère Nord : la Z.I.C. est remontée vers le 10e degré, tandis que le front polaire n'intervient plus directement. Le noyau des hautes pressions des Bermudes s'est déplacé vers l'Ouest et a rejoint l'anticyclone du Pacifique Nord. Celui des Açores s'est élargi et ordonne toute la circulation atmosphérique des Petites Antilles.

La couche humide des alizés s'épaissit, atteignant 3 000 mètres, devenant ainsi propice aux ascendances génératrices de pluie car la couche d'inversion thermique s'est élevée en altitude (5 000 - 8 000 mètres). Les alizés d'E puis d'ENE dominent nettement.

A cette situation, s'ajoutent des perturbations d'un type particulier : les ondes de l'Est qui prennent naissance dans les couloirs séparant les cellules anticycloniques, dans la région des îles du Cap-Vert ou dans les parages de l'arc antillais en zone de conflit entre alizés austral et boréal. Ces creux barométriques forment des ondes dont l'axe est orienté NE-SW et qui se déplacent vers l'ouest plus lentement que l'alizé qui les porte ; à leur suite on observe orages et lignes de grains successives.

Enfin, les maxima pluviométriques de septembre-octobre correspondent au moment où les basses pressions équatoriales de la Z.I.C. sont au maximum de leur translation vers le Nord. Un vaste marais barométrique, dû à une recrudescence de l'action du front polaire, se forme sur la Caraïbe orientale. La convection est intense, les pluies considérables.

Ainsi, les saisons antillaises sont commandées par la structure des alizés, en fait par l'épaisseur de la couche humide inférieure.

B - LES MÉCANISMES THERMOPLUVIOMÉTRIQUES DE L'INTERFACE

Les petites îles disposent rarement de stations météorologiques, et il n'existe pas de données pluviométriques pour la surface de l'océan. La moyenne annuelle de 910 millimètres (1951-1978) enregistrée à Gustavia (située sur une île relativement petite) est-elle significative de la pluviométrie moyenne normale de l'interface air-mer de l'Océan environnant soumis à l'alizé ? Alors que les vents du large soufflant de manière assez constante et régulière sont toujours proches de la saturation hygrométrique, toutes les petites îles ainsi que les côtes « au-Vent » des grandes et basses, présentent une végétation de type xérophile (cactées, euphorbiacées, épineux, etc.) : signe indiscutable d'un important déficit hydrique. La station de Gustavia présente un bilan d'eau négatif : l'évaporation annuelle (1 528 mm pour la période 1951-1965) l'emporte largement sur les précipitations !

1° Les transferts énergétiques mer-air

Parmi les acquisitions les plus significatives faites par la science météorologique au cours des vingt dernières années, on peut compter une meilleure compréhension de l'influence déterminante que les échanges à l'interface air-mer exercent sur la dynamique et la thermodynamique de l'atmosphère, et donc sur le climat (M. COANTIC-IMST).

Cet auteur indique qu'il est clairement établi que l'ensemble « atmosphère-lithosphère-hydrosphère » constitue une gigantesque machine thermique fonctionnant entre des sources chaudes associées au rayonnement solaire et des sources froides associées au rayonnement de la terre vers l'espace. Dans ce fonctionnement, les océans jouent le rôle central par leur capacité de stocker des quantités considérables d'énergie, de les transférer à l'atmosphère par le mécanisme de l'évaporation dont le bilan est un transfert de chaleur latente qui détermine le comportement de cette atmosphère (l'auteur précise que sur 22 calories/dm²/mn stockées par l'eau et provenant du rayonnement solaire à courtes longueurs d'ondes, 10 calories/dm²/mn sont restituées à l'atmosphère par rayonnement à grande longueur d'onde (infra-rouge). C'est le processus d'évaporation qui apporte à l'air la vapeur d'eau. Celle-ci a un très haut potentiel énergétique qui a été prélevé sur l'Océan et sera transféré ainsi à l'atmosphère.

Il est donc bien posé que c'est l'Océan qui apporte à l'atmosphère non seulement l'humidité, mais aussi la chaleur par le truchement d'un seul et même processus physique, celui de l'évaporation. Selon les conditions des transferts énergétiques de l'interface, le bilan a des conséquences hydriques et thermiques différentes. Si le milieu évolue vers des conditions de plus en plus « chaudes » (nous verrons que c'est le cas général des alizés), l'évaporation continue à transférer de l'énergie de l'Océan vers l'atmosphère qui la stocke sous forme de vapeur d'eau ayant une très forte chaleur « latente » (les thermodynamiciens l'appellent « latente » parce qu'elle est potentielle dans la molécule de vapeur d'eau et non immédiatement libérée sous forme de chaleur « sensible » thermométriquement mesurable).

Cette distinction est absolument nécessaire pour comprendre la différence fondamentale entre interfaces air-mer et air-terre. Sur terre, le transfert énergétique à l'atmosphère se fait plus directement par rayonnement de chaleur sensible et par conductivité : il est plus directement efficace et entraîne les mouvements thermoconvectifs de l'air. Sur mer, le transfert se faisant par la vapeur d'eau, le réchauffement de l'air est moins brutal, la thermoconvection plus faible, moins « turbulente ».

S'il advient que l'interface air-mer évolue vers des conditions plus froides, il se déclenche un processus de compensation thermique par la libération de l'énergie latente de la vapeur d'eau en chaleur sensible : c'est le phénomène de condensation. C'est ce qui se produit en fin de nuit dans le domaine des alizés lorsque la déperdition thermique nocturne est maximale : les averses d'alizé se produisent de bon matin.

Ainsi, chaleur et humidité sont très étroitement associées dans les transferts énergétiques de l'interface : le stockage de l'une entraîne le stockage de l'autre (sous des formes latentes : chaleur latente et vapeur d'eau) ; la libération de l'une entraîne la libération de l'autre (sous des formes sensibles : chaleur sensible et pluie).

Nous allons voir que les circonstances physiques de circulation des alizés les placent dans des conditions moyennes permanentes de stockage : issus de la région des Canaries où ils sont secs et relativement froids, ils parviennent aux Antilles chauds et saturés d'humidité. Des conditions locales seront nécessaires pour renverser la tendance et provoquer des pluies : projection de l'air dans des couches plus froides par thermoconvection ; intrusion de masses d'air froid d'origine polaire dans la région des Grandes Antilles, hyperpluviosité sur les reliefs et enfin... cyclones !

2° Les flux hydroclimatiques de l'interface maritime

a) Sources documentaires et méthodes

De précieuses données hydroclimatiques sont disponibles dans *Climatic atlas of the tropical Atlantic* sous forme de cartes mensuelles moyennes à l'échelle de 1/35 000 000 à l'équateur. Cette documentation sur les pressions, vents, températures de la mer, humidité, fréquence des pluies, etc. provient du traitement « informatique » des observations des navires sur 60 années (1911-1970). L'unité cartographique de représentation des divers éléments est un carré de 1° sur 1° synthétisant les observations effectuées sur son étendue. Le nombre de ces observations utilisées dans chaque carré est situé généralement entre 5 000 et 10 000 ; parfois (centre Atlantique) il n'en concerne que de 1 000 à 5 000.

A partir de ces documents, la figure 8 a été établie pour représenter le champ thermique de l'océan et les régimes des vents à la latitude des Antilles françaises (les courants marins proviennent d'autres sources).

Fig. 8 — Champ thermique et vents de l'Ouest-Atlantique.

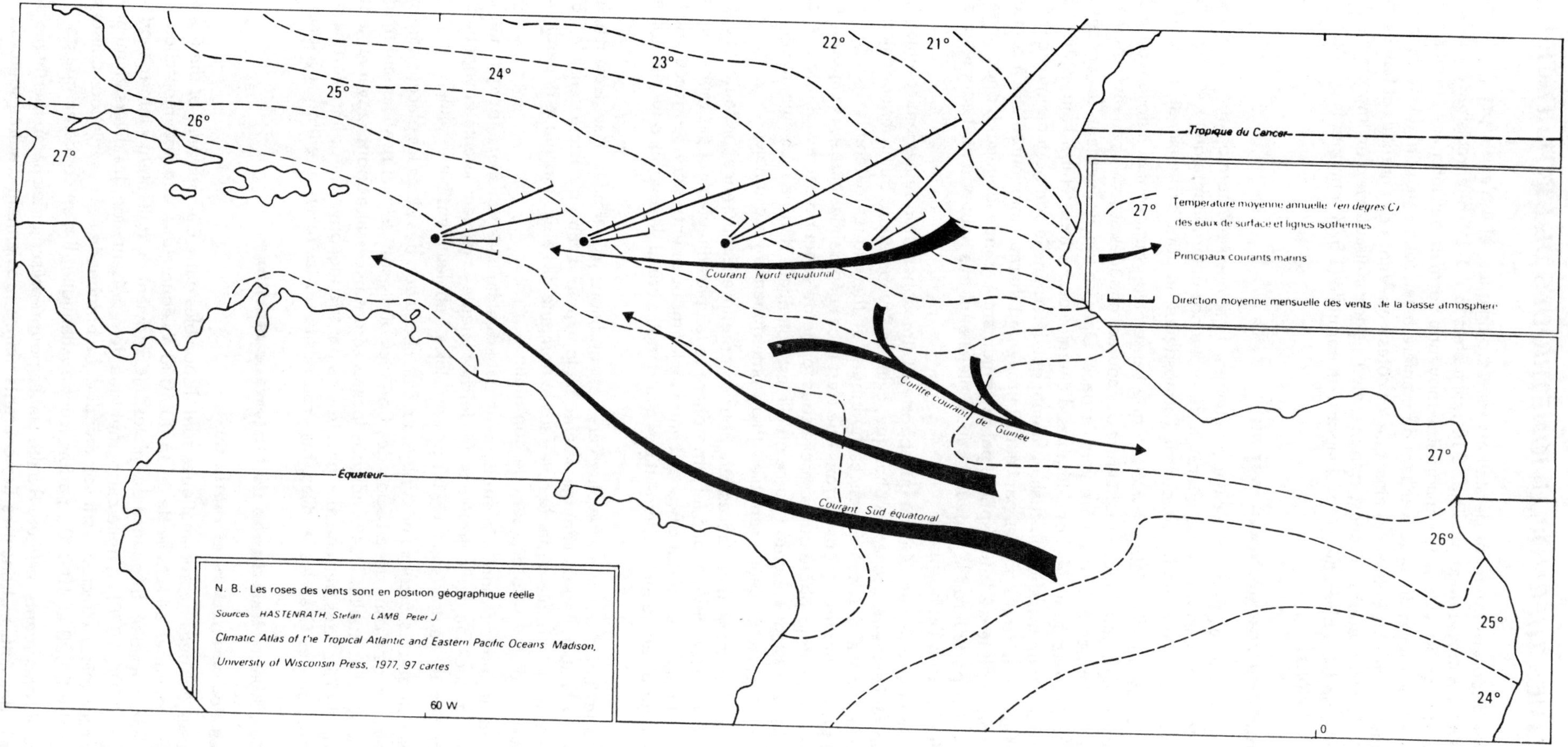

Tropique du Cancer
27°
Température moyenne annuelle (en degrés C) des eaux de surface et lignes isothermes
Principaux courants marins
Direction moyenne mensuelle des vents de la basse atmosphère
21°
22°
23°
24°
25°
26°
27°
Courant Nord équatorial
Contre courant de Guinée
Courant Sud équatorial
27°
26°
25°
24°
Équateur
N. B. Les roses des vents sont en position géographique réelle
Sources HASTENRATH Stefan LAMB Peter J
Climatic Atlas of the Tropical Atlantic and Eastern Pacific Oceans Madison, University of Wisconsin Press, 1977, 97 cartes
60 W
0

(La méthode de synthèse annuelle utilisée à partir de documents cartographiques mensuels pour le champ thermique de l'océan comme pour la planche de pluviométrie annuelle, est celle qui a été mise au point pour la climatologie de l'Atlas de Guyane où elle est exposée : succession d'additions graphiques des isolignes par superposition des cartes.)

Les régimes des vents moyens annuels pour la même période d'observation sont représentés par des diagrammes tirés des cartes mensuelles [un extrait de ces documents mensuels (fig. n° 9) montre la précision et l'intérêt de ces données]. Les positions géographiques des 4 diagrammes des vents ont été choisies pour visualiser cartographiquement l'évolution directionnelle des alizés « en amont » de leur impact sur les Antilles françaises ; ils sont sur un même parallèle (environ 15° N) et à 10° de longitude les uns des autres. Chaque direction représentée comporte autant de segments élémentaires qu'il y a eu de mois de même direction résultante (ce sont donc des lignes de fréquence mensuelle moyenne).

b) Le champ thermique de l'Océan intertropical

La figure 8 montre, avec la précision de son échelle, une disposition moyenne annuelle frappante des eaux de surface : ce sont des bandes grossièrement parallèles à un axe général, le plus chaud, reliant la mer Caraïbe au golfe de Guinée. Il est très important de souligner que cette disposition relative est permanente puisque commune à tous les schémas mensuels dont la figure 8 résulte ; en outre elle est confirmée par l'imagerie satellite actuelle qui permet d'établir directement par radiométrie le champ thermique océanique. Ainsi, la variation saisonnière de l'équateur thermique n'affecte pas ce dispositif et ne se traduit que par une modification progressive des valeurs thermiques dont l'amplitude annuelle ne dépasse pas 4°. La permanence de ce dispositif renforce l'efficacité du rôle climatique que nous lui verrons jouer.

La bande d'hyperthermie centrale (27°) correspond à des valeurs mensuelles extrêmes de 25 et 29 degrés ; selon la position saisonnière du soleil, c'est alternativement la Caraïbe ou le golfe de Guinée qui présente la valeur la plus forte. Un pôle thermique avoisinant 28° de moyenne annuelle se situe au Sud de la Jamaïque ; par ailleurs, vers 30° de longitude Ouest (c'est-à-dire à mi-chemin entre les côtes africaine et américaine là où elles sont le plus rapprochées), un seuil thermique interrompt cette bande et forme une anastomose entre les deux bandes latérales à 26°. Ce seuil est approximativement situé dans la région d'infléchissement central de la dorsale médio-Atlantique séparant le bassin dit du Cap-Vert au Nord, du bassin du Brésil au Sud. Cette coupure thermique est, elle aussi, commune à tous les mois, et correspond assez approximativement à la remontée en surface d'eaux froides profondes (ou « résurgences » du courant froid des Canaries ?) qui s'insèrent dans le contre-courant de Guinée.

c) Les courants marins

La superposition cartographique des flux maritimes et atmosphériques de la surface océanique, à la répartition thermique des eaux superficielles, a pour rôle de souligner la nature des vecteurs du flux climatique global (y compris, on l'a vu, les trajectoires moyennes de cyclogenèse), qui drainent l'Atlantique d'Est en Ouest pour se diriger vers la mer des Antilles où s'accumulent chaleur et humidité relative.

La zone antillaise est sur le point de convergence des deux plus importants courants de l'Atlantique. Ces trajets, dont la représentation est le fruit d'observations séculaires, correspondent aux calculs récents montrant qu'ils sont la résultante cinétique de plusieurs composantes : l'inertie des masses d'eau et la force de Coriolis, l'action des vents, des variations de densité liées à la salinité, enfin la géométrie des bassins.

Il faut avoir navigué en petite embarcation entre Trois-Rivières (Guadeloupe) et l'île des Saintes, pour percevoir la force de ce courant qui franchit le seuil du soubassement immergé de l'arc antillais ; celui-ci ne laisse donc circuler que les parties supérieures, les plus chaudes, de la masse d'eau entraînée d'Est en Ouest.

d) Les vents à la latitude des Antilles françaises

Une remarque préalable est à faire à propos de la figure 9 représentant les vents du mois d'août : la zone intertropicale de convergence (ZIC) est très bien matérialisée à l'intérieur de l'isoligne notée « 2 » (isoligne des vents de force 2 de l'échelle Beaufort) qui recoupe la côte africaine. L'instabilité directionnelle des vents qu'elle entoure est très représentative de cette zone de cisaillement des alizés ; leur force (notée 1) correspond à des calmes relatifs. Nous observons ici la position moyenne au mois d'août de cet « équateur météorologique » légèrement différente de celle de l'« équateur thermique » au même mois.

Observons, sur la figure n° 8, les quatre diagrammes des vents disposés sur un même parallèle à la latitude des Petites Antilles et situés respectivement à 30, 40, 50 et 60° W. Ils permettent de suivre, d'est en ouest, l'évolution des alizés sous deux aspects : direction et importance statistique de ces directions (rappelons que chaque diagramme comporte douze segments mensuels regroupés selon les directions résultantes moyennes des vents). Le vent dominant, qui est du NE, côté Cap Vert, voit progressivement sa direction se rabattre vers une provenance de plus en plus nettement d'est ; en même temps l'importance statistique du vent dominant diminue : de 10 mois sur 12 côté oriental, elle passe à 8 mois, puis 6 et se termine à 4 mois seulement côté occidental. Corrélativement, les composantes secondaires grandissent en longueur mais comme pour la principale, au profit de secteurs toujours plus nettement d'est (passant même à deux mois de secteur ESE côté antillais). En résumé, la dominante du côté africain est liée à la genèse des alizés ; côté antillais on assiste à une diversification des directions élémentaires, mais au profit d'un regroupement et d'un rabattement plus franchement d'est.

On imagine facilement une sorte de synthèse de ces diverses représentations statistiques : le trajet moyen des alizés correspond à un balayage pratiquement « zonal » assez comparable à celui du courant marin nord-équatorial. Mais il faut bien remarquer que ces trajets, tant pour les vents que pour les courants marins, ne sont que des résultantes statistiques à la fois dans le temps et dans l'espace : c'est ce que l'on appelle des « dérives » ; cela signifie que ponctuellement, à un moment donné pour une situation géographique donnée, courants marins et courants aériens ont une intersection des directions qui se fait selon une certaine valeur angulaire. La conséquence est importante, car de cet état de choses il découle une sorte d'affrontement des fluides en contact ; affrontement créateur de turbulences de l'interface air-mer : houles et vagues. Les thermodynamiciens montrent que cette turbulence est particulièrement favorable aux échanges énergétiques.

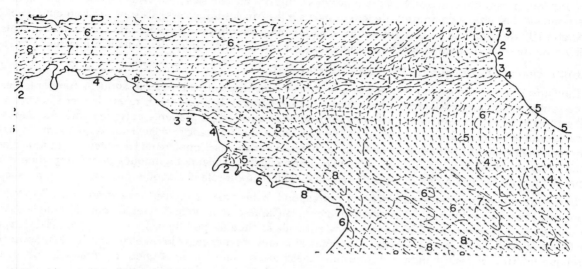

Fig. 9 — Exemple des vents résultants moyens : le mois d'Août.
(Climatic Atlas of the Tropical Atlantic).

C - LE BILAN PLUVIOMÉTRIQUE DÉFICITAIRE DE LA SURFACE OCÉANIQUE

1° Le piège thermique Caraïbe

Les divers flux hydroclimatiques dont nous venons de voir la répartition à l'interface alizés-océan, tendent tous à un fonctionnement de même sens et à cumuler leurs effets pour diriger sur la Caraïbe chaleur et humidité atmosphérique.

La répartition des isothermes marines montre l'efficacité des courants marins, dont seules les couches supérieures les plus chaudes franchissent le seuil de l'arc sous-marin antillais et accumulent dans ce bassin pratiquement fermé aux eaux froides des profondeurs océaniques les calories qui en font, malgré la latitude, un pôle thermique comparable à celui du golfe de Guinée situé à l'Équateur.

Ce piège thermique joue à l'égard de la circulation atmosphérique, le rôle d'une réelle plaque chauffante : les alizés s'y précipitent pour être expulsés vers les hautes couches atmosphériques comme par une véritable cheminée thermique. Ce dispositif aura un rôle régulateur double : sur la direction des alizés, qui sont ainsi canalisés par appel d'air s'ajoutant à la poussée d'ordre « mécanique » qui leur fait contourner la zone anticyclonique subtropicale ; sur la permanence de ces vents en deuxième lieu.

Selon les saisons, cette cheminée thermique présente des « pulsations » quant à son emprise géographique directe jusqu'à porter son influence sur les côtes septentrionales de l'Amérique du Sud (Maracaïbo compris), sur l'Amérique Centrale où elle arrive à contre-balancer l'influence du Pacifique (blocage de l'effet de mousson), sur les côtes méridionales de l'Amérique du Nord où elle atténue l'influence des masses d'air polaire.

Enfin en altitude, n'est-ce pas cette cheminée qui parvient à injecter à la partie supérieure des alizés, la couche d'inversion thermique responsable du Carême hivernal ?

2° Le thermoblocage de la pluviosité

La conséquence la plus importante, du point de vue climatique, des dispositifs précédents, est un processus thermodynamique de blocage de la pluviogenèse maritime sur le domaine Ouest-Atlantique. Le mécanisme est exactement l'homologue, sur le plan horizontal de l'interface, de celui qui fonctionne en hiver, verticalement au niveau de la couche d'inversion des alizés.

Relativement froids et secs dès leur origine orientale, les alizés balaient le champ thermique atlantique en passant systématiquement vers des zones de plus en plus chaudes, des différences thermiques (au profit de la mer) de plus en plus fortes, et des pressions atmosphériques constantes ; l'évolution de l'humidité spécifique souligne le processus. Grâce à l'importance et à l'efficacité thermique des échanges énergétiques d'interface, l'augmentation progressive de la température de l'air élève constamment la valeur de la tension de vapeur saturante, point jamais atteint, du déclenchement des pluies.

Mais ce schéma géographique moyen est cependant nuancé par une évolution diurne. En fin de nuit, les déperditions par rayonnement parviennent à l'emporter sur les apports solaires de la journée, le seuil de condensation est temporairement atteint par baisse thermique : ce sont les averses d'alizé caractéristiques du petit matin (condensations qui transfèrent à l'atmosphère sous forme de chaleur sensible, la chaleur latente accumulée la veille sous forme de vapeur d'eau).

Ainsi l'interface alizé-océan présente dans ces conditions normales de circulation, c'est-à-dire en dehors de toute autre perturbation d'origine dépressionnaire par exemple, un climat relativement déficitaire dans le bilan évaporation-condensation. A Gustavia, le « bilan d'eau » est négatif : la hauteur d'eau évaporée est environ le double de celle des précipitations. Ce ne sont pas des circonstances locales propres aux petites îles ou aux littoraux « Au-Vent » qui détournent les pluies : elles subissent, sans le modifier notablement, le climat maritime général des alizés de l'Ouest-Atlantique.

Seules des perturbations dues à des ondes dépressionnaires d'Est, dont la vitesse de déplacement est d'ailleurs différente de celle des alizés, apportent particulièrement pendant l'été boréal, des chutes supplémentaires mais aléatoires de pluies.

Enfin, en milieu insulaire, à ce processus général qui les plonge dans un air très chaud et très humide, des phénomènes locaux viennent se surimposer. Une île suffisamment grande mais peu élevée peut « débloquer » le processus de pluviogenèse par le truchement de la thermoconvection. Il faut une deuxième circonstance aggravante, celle du relief s'ajoutant à la thermoconvection, pour que des conditions « subéquatoriales » parviennent à s'instaurer comme en Guadeloupe humide.

III. — LA VARIABILITÉ CLIMATIQUE INSULAIRE : L'ARCHIPEL GUADELOUPÉEN

Les Antilles sont réputées très représentatives du climat d'alizés, mais Guy LASSERRE insiste sur l'opposition caractéristique qui se manifeste entre « la constance des températures, celle de l'humidité atmosphérique, la régularité du souffle de l'alizé... » et les précipitations qui « sont l'élément le plus capricieux du climat ».

Avec Pierre PAGNEY il fallait se demander quelle serait la pluviosité sans l'intervention de mécanismes étrangers. Grâce à une documentation appropriée, il a été possible de saisir le comportement pluviothermique de la surface océanique libre de toute rugosité terrestre et de conclure avec Jean DEMANGEOT que « l'alizé maritime apporte son humidité et... ce sont surtout les mécanismes extérieurs qui la font précipiter ». Les pluies d'alizés *(s.s.)* sont donc très modestes, régulières et matinales.

Mais l'originalité profonde de l'archipel guadeloupéen est la très grande inégalité régionale de la pluviométrie qui, s'ajoutant aux variations interannuelles, explique les saisissants contrastes de paysages : depuis les contrées semi-arides à végétation xérophile (Pointe des Châteaux, Saint-Barthélemy) jusqu'à la forêt dense d'affinité équatoriale des pentes volcaniques de la Basse-Terre. Il n'y a pourtant que 25 km de Neuf-Château à l'archipel des Saintes ! (Fig. 10.)

A - LA VARIABILITÉ DANS L'ESPACE : LES PAYSAGES CLIMATIQUES

Les divers paysages guadeloupéens vont procéder de l'aggravation pluviométrique liée d'une part à l'importance de l'île, d'autre part et surtout à la vigueur du relief (carte couleur h.t. « Climatologie II »).

1° Les paysages du déficit de l'interface air-mer

Ce sont essentiellement les petites îles et les littoraux « Au-Vent ».

Au NE de l'archipel, l'île de Saint-Barthélemy comporte la station la plus sèche de l'ensemble guadeloupéen : 824 mm de 1950 à 1969 ; 910 mm de 1951 à 1978. A l'île Saint-Martin, l'isohyète 1 000 n'englobe que la partie sud-ouest. L'archipel des Saintes et les îles de Petite-Terre n'ont qu'un mètre d'eau par an. Avant-poste de la Grande-Terre, la Désirade reçoit à peine 1 250 mm.

Toutes ces îles présentent un aspect semi-aride où la faiblesse du total pluviométrique et les sols squelettiques expliquent les caractères xérophytiques de la végétation qui couvre généralement le sol d'une façon discontinue.

Marie-Galante comporte les mêmes tranches pluviométriques que les petites îles précédentes, mais voit celle de plus de 1 250 mm englober tout le plateau karstique et la partie occidentale. Il semble qu'ici les phénomènes de thermoconvection soient bien développés, le décalage vers l'ouest étant dû au souffle des alizés. La côte orientale Au-Vent, qui porte du coton, reçoit moins de 1 000 mm, tandis que le plateau peut accueillir la canne à sucre.

Le dispositif de Marie-Galante se retrouve en Grande-Terre avec un littoral Au-Vent comparable à celui des îles sèches par sa végétation xérophile. Cette bande est suivie d'une autre en position occidentale et plus interne dont la pluviométrie inférieure à 1 500 mm inclut les plantations de Beauport et Duval qui n'ont pu résoudre leurs problèmes de sécheresse que grâce à des variétés sélectionnées de canne à sucre.

La partie sèche de Grande-Terre ne concerne que les régions Nord, Nord-Est, et Est car l'ensemble Sud-Ouest comprenant les Grands-Fonds, la plaine des Abymes et les environs de Morne-à-l'Eau, ont des précipitations supérieures à 1 500 mm et font partie d'une zone climatiquement intermédiaire entre la Guadeloupe sèche et la Guadeloupe hyper-humide.

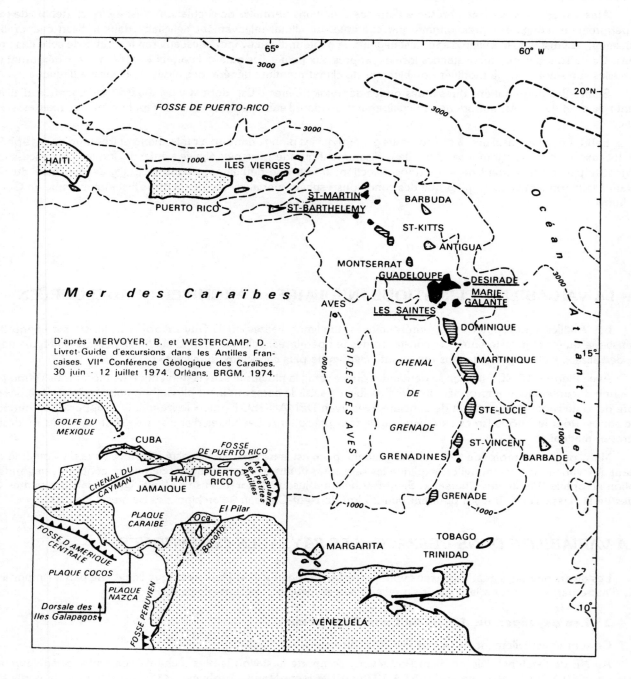

Fig. 10 — L'archipel guadeloupéen.

2° La Guadeloupe humide

a) Les zones de thermoconvection

C'est l'ensemble du plateau de Marie-Galante, mais aussi la plus grande partie de la Grande-Terre.

En position de transition entre la Grande-Terre orientale et la Basse-Terre montagneuse se développe, depuis les Grands-Fonds jusqu'au piémont nord-oriental de la Basse-Terre, toute une zone dont la pluviométrie annuelle se situe entre 1 500 et 2 000 mm. Elle concerne les stations de Blaizet (1 645 mm) et le Raizet (1 784 mm) en Grande-Terre et celles de Sainte-Rose (1 730 mm), Blachon (1 692 mm), Lamentin (1 826 mm), Belcourt et Petit-Bourg (1 958 mm) en Basse-Terre.

L'individualisation de cette zone procède de plusieurs causes. En premier lieu, un caractère méthodologique vient de la nature statistique des données climatiques : entre l'aridité de l'Est de la Grande-Terre et l'hyperhumidité de la Basse-Terre, il se développe une zone de transition car un passage brutal de l'un à l'autre ne saurait se réaliser. Cette zone correspond à des réalités climatiques : la variabilité interannuelle de la pluviométrie est telle que pendant les années très sèches, elle est sèche alors qu'elle peut être très humide en période de forte pluviométrie. Il s'agit en somme d'une zone de transition traduisant une variabilité dans le temps.

Par ailleurs, dans une optique de pluviogenèse, il est certain que les phénomènes de thermoconvection sont ici accentués par l'altitude un peu plus élevée des Grands-Fonds et une morphologie tourmentée qui provoquent des phénomènes de turbulence ; comme ils le sont aussi par les processus d'évaporation et d'évapotranspiration des zones dépressionnaires mouilleuses ou du grand massif forestier de la mangrove.

Enfin, on peut aussi ajouter une autre cause d'aggravation pluviométrique en relation avec l'évolution climatique saisonnière : en période d'hivernage surtout, l'influence du relief de la Basse-Terre peut porter jusqu'au-delà de Pointe-à-Pitre, ce que Guy LASSERRE a calculé comme étant la « distance horizontale d'influence » du massif volcanique (ascendances situées en amont du relief par rapport aux vents).

Ce point de vue est confirmé par Jacques PORTECOP qui rattache les séries de végétation de cette zone à des conditions « méso-hygrophiles » dans sa carte de végétation.

b) Un climat local d'abri : la côte « Sous-le-Vent »

Contrastant avec les sommets très humides, la côte Caraïbe, à l'abri de l'alizé, est relativement sèche. Il tombe trois fois moins d'eau à la station de Basse-Terre qu'à celle de Saint-Claude, alors que les deux villes ne sont distantes que de 5 km. Il faut dire qu'à cet égard, la Guadeloupe volcanique ne fait pas exception dans le monde antillais. Ainsi, lorsqu'on descend le versant caraïbe, les pluies diminuent très vite. La courbe des 1 750 mm coupe le littoral, une première fois au niveau de Pigeon, une deuxième fois à 2 km à l'ouest des Trois-Rivières. Les totaux des pluies s'abaissent vers le littoral pour tomber à 1 618 mm à Basse-Terre, 1 080 mm à Vieux-Habitants. La pointe du Vieux-Fort, par ses caractères phytogéographiques, reçoit vraisemblablement moins de 2 000 mm. C'est le secteur de la côte situé entre Basse-Terre et Bouillante qui est le plus sec.

Ainsi, la sécheresse de la côte caraïbe s'explique par l'écran montagneux haut et continu qui se dresse comme une barrière face aux nuages arrivant de l'Est. Cette situation confère à la côte « Sous-le-Vent » un climat d'abri caractérisé par le foehn. En effet, les masses d'air chaud et humide arrivant de l'océan Atlantique s'élèvent en abordant la chaîne volcanique. L'air subit un refroidissement adiabatique, se sature d'humidité. Puis a lieu le phénomène de condensation. Par contre, sur le versant opposé, l'air redescend, se réchauffe, l'humidité relative diminue.

On remarque cependant que la partie septentrionale de la côte Sous-le-Vent est plus arrosée que la partie Sud. Ceci est une conséquence directe de l'abaissement des reliefs ainsi que de leur discontinuité vers le Nord. Le climat d'abri n'est pas aussi parfait que dans le Sud. L'air atteignant la côte à ce niveau possède encore un degré hygrométrique relativement élevé du fait de l'interruption par endroits de la barrière montagneuse.

3° Les reliefs hyperhumides de la Basse-Terre

Tout le massif volcanique de la Basse-Terre situé au-dessus de 200 mètres reçoit une moyenne annuelle de plus de 2 mètres d'eau ; il faut ajouter à cet ensemble d'hyperpluviosité le piémont situé face au vent, qui comporte des nuances liées d'une part à l'altitude de la chaîne à laquelle il s'adosse, d'autre part à la distance à la côte. Ainsi, au Sud et à l'Est du massif principal (massif Sud culminant à plus de 1 000 m), s'étendant des Mamelles à la Madeleine, l'isohyète de 2 000 mm atteint la côte Est. Pour le piémont du massif septentrional, d'altitudes plus modestes et plus éloigné de la côte, l'isoligne de 2 mètres remonte jusqu'à une trentaine de mètres d'altitude et à une dizaine de kilomètres de l'axe montagneux : il scinde longitudinalement en deux la plaine de Petit-Bourg-Lamentin-Ste-Rose. Au Nord de l'île enfin, la limite inférieure d'hyperpluviosité continue à s'élever graduellement en altitude jusqu'à la courbe des 100 mètres puis jusqu'à celle des 200 mètres dès que la façade occidentale est atteinte. A ce niveau moyen, elle se poursuit jusqu'à l'extrémité Sud et la côte méridionale.

A l'intérieur de cette isohyète, les tranches d'eau augmentent très vite en fonction de l'altitude. A la station de l'IRFA à Neuf-Château (250 m d'altitude), il tombe 3 549 mm par an. Si l'on monte plus haut, à 500 mètres, au Chemin de Féfé, les observations donnent 6 600 mm. L'isohyète 6 000 mm englobe tous les sommets de plus de 1 000 mètres, c'est-à-dire qu'elle s'étend au Nord jusqu'au Piton de Bouillante. Le poste pluviométrique de Moscou installé entre les volcans de la Citerne et de la Madeleine enregistre 8 mètres. Il doit vraisemblablement tomber plus de 10 mètres d'eau vers le sommet de la Soufrière ou de Sans-Toucher selon Guy LASSERRE. L'isohyète 8 mètres englobe les sommets de la Soufrière, du Sans-Toucher, la Montagne Bel-Air ainsi que le Piton de Bouillante.

La forte pluviométrie du massif montagneux provient de l'accumulation locale des trois types de pluviosité que nous avons vus : averses d'alizés et de perturbations, de thermoconvection et pluies orographiques. Les trois types sont liés à l'apport d'humidité par les alizés, aussi la dorsale volcanique crée-t-elle une dissymétrie climatique très importante amplifiée par la dissymétrie morphologique.

Dans sa thèse, Guy LASSERRE a étudié avec précision les relations entre les précipitations et l'altitude, il a pu établir ainsi une intéressante comparaison des gradients pluviométriques entre le versant Au-Vent et le versant Sous-le-

Vent. Il ressort de cette étude que d'une part, à altitude égale le versant occidental (Sous-le-Vent) est plus sec que le versant oriental (Au-Vent) et d'autre part, que le gradient pluviométrique qui diminue en altitude sur le versant Au-Vent continue à augmenter sur le versant Sous-le-Vent. Il est en effet de 4,5 mm par mètre de 20 mètres (Basse-Terre) à 500 mètres (Saint-Claude) et 7 mm au-dessus. Sur le plan cartographique, la conséquence directe est un décalage des isohyètes en altitude entre le versant « Au-Vent » où elles sont plus basses et le versant « Sous-le-Vent » où elles sont plus hautes. La deuxième conséquence apparaît dans la géographie humaine de la région : on comprend que les cultures montent plus haut par exemple dans la commune de Saint-Claude que dans celle de Capesterre où elles sont plus vite limitées par la surabondance des pluies et une carence d'ensoleillement.

Toutes ces observations correspondent parfaitement avec les processus décrits au sujet du Mont Cameroun. La couche d'inversion thermique est plus haute ici et l'optimum pluviométrique noie l'ensemble du relief. Si des mesures précises font défaut à la partie supérieure, les descriptions phytogéographiques de J. PORTECOP confirment cette similitude (cf. atlas de Guadeloupe).

4° La signification des divers paysages climatiques

Une carte de pluviométrie moyenne annuelle (carte couleur h.t. « Climatologie II ») traduit la progressivité géographique des synthèses climatiques auxquelles les biocénoses sont soumises. Ainsi, les milieux à sécheresse accentuée et quasi permanente des tranches pluviométriques moyennes inférieures à 1 250 mm (largement compensées par l'évaporation) correspondent à des séries xérophiles de végétation : rappelons que ce sont les petites îles mais aussi les bandes côtières « Au-Vent » des îles plus importantes mais basses (Grande-Terre ; Marie-Galante). Les cultures sont très localisées dans des bas-fonds.

Par opposition à cette zone de sécheresse, le massif volcanique de la Basse-Terre présente une hyperpluviosité de relief occupée par la forêt pluviale. Ici aussi, les cultures ne sont que faiblement représentées et seulement dans des zones d'abri ou de fort drainage (pentes occidentales).

Entre ces deux extrêmes climatiques et phytogéographiques se disposent plusieurs zones intercalaires traduisant en fait l'éloignement par rapport au relief ou bien un abri dû à ce relief : elles correspondent à une humidité de type intermédiaire que la végétation occupe par des séries que J. PORTECOP (atlas de Guadeloupe) qualifie de mésophiles ou de xéromésophiles. C'est le domaine privilégié des cultures : depuis celle du bananier de la partie la plus humide, en passant par celle de la canne à sucre pour les parties moyennes pour arriver, en position la moins humide, à des cultures fruitières dominantes.

Cette zone intermédiaire traduit, non pas tellement des conditions climatiques de transition entre zone aride et zone pluviale, mais beaucoup plus l'alternance dans le temps de périodes de forte pluviométrie et de périodes sèches. C'est là le caractère essentiel de la fragilité de ces climats ; fragilité d'autant plus grande que l'Homme y a installé de fortes monocultures (alors qu'en climats tempérés d'Europe occidentale, l'adaptation à la variabilité climatique s'est faite par une polyculture traditionnelle que les techniques et moyens modernes permettent d'abandonner : irrigation, sélections, hydridation…). Nous verrons même plus loin que cette inadaptation humaine à des milieux fragiles peut prendre des proportions cataclysmiques : sécheresses (Niger, Brésil) ou inondations.

La carte de pluviométrie annuelle ne délimite pas de manière précise les types de paysage qu'induisent les diverses nuances de l'occupation du sol : elle les place dans leur position relative et souligne le caractère progressif (et donc difficile à délimiter) du passage d'un type à l'autre.

B - LA VARIABILITÉ MENSUELLE SAISONNIÈRE

1° L'approche cartographique des saisons

Guy LASSERRE a fait remarquer que les stations pluviométriques en Guadeloupe atteignent la densité énorme d'un pluviomètre pour 17 km² ! C'est une très précieuse documentation qui ne doit être utilisée qu'avec prudence en raison même de la grande variabilité climatique déjà évoquée. Pour une représentation cartographique valable, il faut une très grande homogénéité dans les conditions de mesure comme pour les périodes utilisées. La documentation est ainsi ramenée à trois stations officielles et 16 postes pluviométriques ; les autres sont utilisées pour nuancer ou faciliter les interpolations cartographiques.

Sur une carte de pluviométrie moyenne annuelle, la plage située entre deux isolignes (isohyètes) consécutives signifie que la tranche annuelle moyenne de précipitations est comparable en valeurs cumulées, mais elle peut correspondre à des répartitions très différentes dans le temps. Beaucoup plus en plaine qu'en altitude, et plus encore en mer qu'en plaine, les précipitations ne sont pas des phénomènes homogènes affectant tout un secteur de même pluviométrie annuelle ; les pluies (grains, averses) sont très localisées dans une portion restreinte du territoire qui constitue seulement la résultante d'un balayage dans le temps utilisé comme référence (journée, mois, saison, année). Discontinuité dans l'espace et discontinuité dans le temps induisent des configurations géographiques de la pluviométrie différentes selon les conditions de l'époque considérée : vents, zones d'abri, température, etc. Ainsi, pour une même valeur moyenne annuelle de 1 000 mm environ, la Pointe des Châteaux et la côte Sous-le-Vent de la région de Vieux-Habitants correspondent à des conditions climatiques très différentes : la végétation naturelle de la première est adaptée par des formes de succulentes et d'épineux à une carence hydrique permanente (mais forte hygrométrie) tandis que celle de la côte Sous-le-Vent est adaptée à une période de sécheresse très sévère de l'ordre de quelques mois seulement : les plantes caducifoliées sont dominantes.

Les réalités climatiques essentielles sont traduites par les cartes mensuelles qui ont été dressées dans un premier temps afin de prendre en compte, pour l'établissement des isohyètes, les vents et les types de pluies (averses d'alizé, thermoconvection, orographie). La carte annuelle a été ensuite obtenue (méthode établie pour la pluviométrie de l'Atlas de Guyane) par synthèse d'ordre uniquement cartographique : superpositions graphiques successives. La configuration résultante des isolignes annuelles diffère assez sensiblement (surtout dans les zones basses) de ce qui eût été obtenu par interpolation à partir de totaux cumulés. (Carte hors-texte mensuelle en couleurs : « Climatologie I ».)

Bien que l'une dérive de l'autre, les deux cartes n'ont pas la même signification. La disposition en boucle fermée de la pluviosité mensuelle fait apparaître nuances et variations saisonnières : celles qui importent le plus pour la physiologie et le comportement humains. La pluviométrie annuelle est beaucoup plus en relation avec le comportement et l'adaptation des biocénoses et de la phytogéographie : c'est-à-dire les « paysages ».

2° Le schéma saisonnier moyen

Les météorologistes, parce qu'ils se réfèrent aux situations générales des mécanismes aérologiques, et les Antillais, parce que c'est aux extrêmes pluviométriques qu'ils sont les plus sensibles, ont l'habitude de distinguer et donc d'opposer une saison sèche et une saison humide. Mais le passage de la première à la seconde est tellement long, avec une pluviométrie très variable dans le temps comme dans l'espace, que J. THEVENOT parle d'une « véritable saison de transition ».

Dans une interprétation « climatique » plus globale ne prenant pas la pluie comme seul critère de référence, la cartographie saisonnière conduit à individualiser une troisième saison essentiellement caractérisée par les vents qui matérialisent la lutte d'influence entre les deux grandes situations météorologiques.

a) Deux pôles saisonniers d'ordre pluviométrique

Deux tendances pluviométriques majeures opposent les premiers mois, secs, de l'année (janvier, février, mars) aux mois humides de la fin de l'été boréal (août, septembre, octobre). Si l'on considère les seuls diagrammes pluviométriques mensuels (figurant, en raison de l'échelle, sur la carte de pluviométrie annuelle), il est difficile d'indiquer avec précision quels sont les mois de Carême et d'Hivernage : les mois de plus faible ou de plus forte pluviométrie varient selon la position géographique.

Février et mars apparaissent comme les deux mois les plus secs du Carême, mais la période des plus fortes pluies se manifeste depuis les mois de juillet-août en Guadeloupe occidentale jusqu'à septembre-octobre au fur et à mesure que l'on se dirige vers l'Est. Ainsi, l'époque précise des deux saisons est-elle assez floue en raison des variations de répartition géographique qui s'ajoutent aux variations quantitatives annuelles.

Cependant, sur les cartes de pluviométrie mensuelle, si nous prenons en compte non seulement les plus fortes ou les plus faibles précipitations, mais aussi leur plus grande extension géographique, deux pôles extrêmes s'individualisent : février pour le Carême, octobre pour l'Hivernage. Dans les mois qui encadrent chacun de ces pôles, les conditions extrêmes sont déjà atténuées.

b) L'évolution géographique des saisons

Considérons d'abord l'impact géographique des deux extrêmes saisonniers, puis voyons comment se fait, toujours dans l'espace, l'évolution de l'un à l'autre.

Le carême

Partout, la pluviométrie et les températures atteignent leurs valeurs les plus basses de l'année (hiver boréal) ; les vents dominants d'Est ont une forte composante ENE. Toutes les petites îles ont moins de 50 mm de pluie par mois, c'est-à-dire les conditions du grand large. Des îles plus vastes mais basses (Marie-Galante, Grande-Terre) présentent une pluviométrie d'arrière-littoral légèrement accrue par des processus assez réduits de thermoconvection.

Seul l'ensemble montagneux de plus de 1 000 mètres d'altitude reçoit d'importantes pluies orographiques de plus de 200 mm par mois. En effet, un rapide coup d'œil sur les diverses répartitions mensuelles de la pluviosité montre que lorsque la thermoconvection joue seule, c'est-à-dire sans l'appoint d'un relief important (comme Marie-Galante toute l'année ou Grande-Terre pendant 10 mois), la tranche mensuelle d'eau correspondante est de 50 à 200 mm. (Il faut un relief pour dépasser 200 mm.)

L'hivernage

Considérons la situation inverse : le mois d'octobre est celui où la plus forte pluviosité concerne la plus grande surface. Les températures sont encore hautes, les vents dominants sont de secteur Est, mais les calmes sont plus fréquents que les vents par rapport au nombre d'observations.

A cette époque la plus faible tranche d'eau concernant les îles les plus petites (les Saintes - Saint-Barthélemy - Saint-Martin - la Désirade) atteint 100 mm : c'est l'apport mensuel en période humide des averses d'alizés et des perturbations d'Est. L'aggravation thermoconvective (partie orientale de Grande-Terre comprise), reste toujours, comme en carême, inférieure à 200 mm.

Par contre, le processus orothermoconvectif de la Basse-Terre s'est considérablement étendu au maximum de la « distance horizontale d'influence ». L'isohyète mensuelle de 200 mm atteint l'ensemble des Grands Fonds et de la Plaine des Abymes.

c) Un 3e pôle saisonnier : celui des vents

— Du Carême à l'Hivernage.

Grâce aux données pluviométriques propres à chacun des divers types d'îles (petites, moyennes ou grandes mais plates ou à fort relief), on peut suivre l'évolution dans l'espace du processus pluviométrique saisonnier depuis la situation de Carême jusqu'à celle d'Hivernage.

A partir du mois d'avril, les vents passent au secteur SSE et n'apportent pendant trois mois qu'une très faible aggravation ne dépassant jamais 100 mm d'eau. Dès le mois de juillet et le rétablissement des vents d'Est, une nouvelle aggravation thermoconvective s'instaure dans les îles assez importantes.

Par contre, on assiste à un élargissement progressif de la zone d'influence du massif montagneux dès que les calmes prennent le pas sur les vents, c'est-à-dire lorsque les alizés ne font plus d'obstacle mécanique à l'influence des reliefs vers l'Est.

En somme, la généralisation de l'hivernage sur l'ensemble guadeloupéen procède d'un double phénomène : une augmentation pluviométrique modeste mais certaine, propre à la circulation générale, mais surtout l'extension régionale de l'effet orographique.

— La saison des vents.

Parmi les phénomènes mesurés dans une station météorologique les vents sont, de tous les éléments aérologiques qui participent à la synthèse climatique moyenne d'une région, ceux qui sont les plus sensibles aux conditions géographiques locales et donc, à des variations aléatoires. En effet, non seulement ils s'inscrivent dans l'ensemble d'une circulation générale, mais ils sont modifiés par des phénomènes secondaires parfois complexes tels que brises de mer, de terre ou de vallée, positions d'abri, effets de thermoconvection... Pour mémoire, mentionnons aussi le handicap majeur de tous les

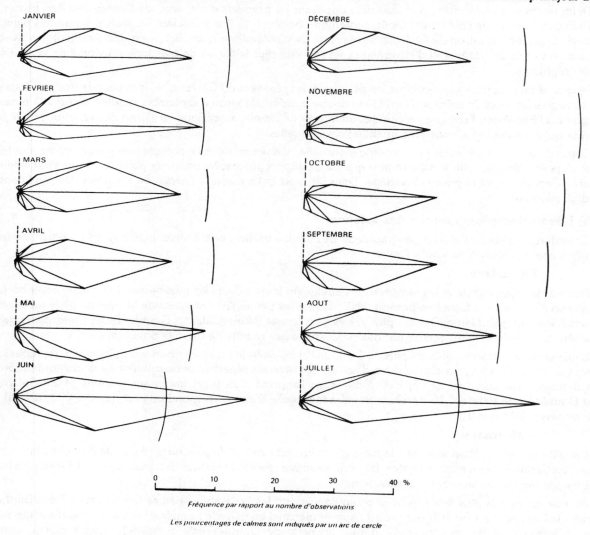

Fréquence par rapport au nombre d'observations

Les pourcentages de calmes sont indiqués par un arc de cercle

Fig. 11 — Fréquence des vents et des calmes à Pointe-à-Pitre.

calculs statistiques basés sur le découpage en périodes artificiellement ramenées à celles du calendrier civil (année, mois, etc.) : les rythmes saisonniers sont énormément brouillés par une sorte de lissage dans le temps.

Aussi, dans l'exemple qui est reproduit ici (fig. 11) ne prendrons-nous en considération que les tendances générales qui relèvent d'un examen global. Les données de la station du Raizet correspondent à huit observations quotidiennes (soit une toutes les trois heures) sur 21 années : 1951-1972. Pour chaque direction de vent, la longueur du segment est proportionnelle au pourcentage qu'elle a présenté par rapport au nombre total d'observations. Les calmes sont indiqués seulement par un arc de cercle dont la distance au point d'origine matérialise le même principe de proportionnalité permettant une comparaison directe avec les vents dominants. Enfin, les polygones correspondant aux 12 mois de l'année sont disposés en boucle afin de mieux représenter l'enchaînement des saisons.

La première observation qui s'impose s'inscrit dans le contexte de circulation générale moyenne déjà mentionnée plus haut au sujet de l'ensemble de l'Atlantique tropical et que nous retrouvons dans la dynamique des masses d'air : c'est l'écrasante prédominance des vents de secteur Est (ENE à ESE). En outre, toute l'année, le vent d'Est *(s.s.)* est largement majoritaire et de valeur supérieure à la somme des autres directions de vents ; seule la proportion des calmes le supplante une partie de l'année. Les trois directions de ce secteur Est (ENE, E et ESE) correspondent à celles des alizés représentées dans la figure 3, dans l'océan au large de la Guadeloupe par 60° W.

Les nuances saisonnières apparaissent très bien et l'on peut opposer deux situations extrêmes correspondant au dualisme « saison sèche - saison humide » :

— les premiers mois de l'année, la proportion des calmes est de l'ordre de celle du vent d'Est, soit environ 30 % et la composante ENE arrive en seconde place relative parmi les vents ; c'est la période sèche dite de Carême pendant laquelle (nous l'avons vu), l'alizé souffle souvent du NE en relation avec un talweg barométrique scindant, en altitude, les deux anticyclones Nord-Atlantique ; c'est aussi la période la moins chaude : l'hiver ;

— les mois de septembre, octobre et novembre sont caractérisés par une très forte proportion de calmes (plus de 50 %) et la composante ESE prend la deuxième place après les vents d'Est ; ceci correspond à la période la plus humide, dite d'Hivernage, et pendant laquelle nous avons vu que la température était la plus haute de l'année. Cet ensemble de circonstances confirme les origines thermoconvectives de la forte pluviométrie locale.

3° La trilogie saisonnière : carême - vents - hivernage

Une caractérisation importante des saisons intermédiaires entre Carême et Hivernage vient de l'observation de l'évolution morphologique des polyèdres mensuels des vents et des calmes à Pointe-à-Pitre (fig. 11). Alors que le passage

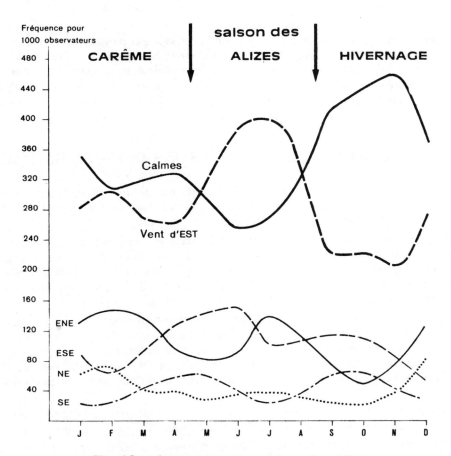

Fig. 12 — Les vents et une saison des Alizés.

du Carême à l'Hivernage s'opère progressivement sur 4 à 5 mois, celui de l'Hivernage au Carême est bref et relativement brutal : 1 à 2 mois. Si les températures (amplitudes diurnes) et la pluviométrie sont de type intermédiaire entre les pôles de février et d'octobre, l'importance exceptionnelle des vents, s'ajoutant à la longueur de cette période (4 mois), conduit à individualiser une 3e véritable saison. Les calmes sont peu fréquents (dans la fig. 11, ils recoupent le polygone des vents) ; on peut donc caractériser cette période comme étant la saison des vents ou des alizés.

La figure n° 12 présente la répartition saisonnière de la fréquence des vents à la station du Raizet (1951-1973). L'évolution mensuelle des vents d'Est et des calmes (qui sont statistiquement les deux manifestations les plus importantes) est caractéristique du partage de l'année en trois périodes dont les deux extrêmes (début et fin de l'année) correspondent exactement aux deux grandes saisons pluviométriques. Ainsi, le Carême voit des fréquences comparables, de l'ordre du 1/3 des observations, pour vent d'Est et calmes ; tandis que l'Hivernage présente une proportion typique de calmes extrêmement importante (approximativement le double) par rapport aux vents d'Est. Mais la période mai-août est très significative : d'abord en opposition avec les deux autres, les calmes sont moins fréquents que les vents ; ensuite le rapport de la dominance de ceux-ci est de l'ordre de 160 %. Ainsi, vents, températures et pression atmosphérique prennent simultanément des valeurs maximales, tandis que la pluviométrie ne présente que des valeurs de transition entre deux situations opposées.

Le diagramme de répartition statistique annuelle des vents confirme et précise donc ce que l'approche cartographique de la répartition régionale des divers facteurs climatiques a esquissé : l'existence, dans le cycle annuel, de trois époques ou « tendances » distinctes conduisant à un schéma saisonnier type.

Une confirmation importante est apportée par la considération des vitesses moyennes des vents : elles atteignent à cette époque leurs valeurs les plus fortes de 5,1 et 5,2 m/s tandis qu'elles ne sont que de 4,4 à 4,7 m/s en Carême et même de 4,2 à 4,5 m/s en saison des pluies.

Il est certain que du point de vue météorologique, l'année est divisée en deux grandes situations correspondant à deux saisons à différenciation pluviométrique ; mais si l'on se place d'un point de vue climatique, c'est-à-dire de l'ensemble des conditions atmosphériques, le passage du Carême à l'Hivernage ne se fait pas au moyen de situations intermédiaires entre deux saisons opposées. C'est ainsi que températures et pressions atmosphériques présentent leurs maxima à cette époque-là ; il en est de même et surtout pour les alizés qui, d'après Guy LASSERRE, rendent « le climat guadeloupéen supportable » et sont donc d'une importance exceptionnelle dans l'environnement climatique de la Guadeloupe.

Enfin, l'existence de cette période intermédiaire s'opposant par sa progressivité et sa durée à la brièveté de l'autre intersaison de fin d'année, se retrouve dans tous les schémas d'évolution saisonnière des autres éléments climatiques : températures, pression, pluviométrie. Étant donné le retard de deux mois par rapport au soleil que présente la remontée de la ZIC vers sa position la plus septentrionale, cette saison des vents correspond à l'approche de cette zone dépressionnaire et des turbulences qui la précèdent dans l'espace.

Par ailleurs, l'opposition entre un Carême très sec et un Hivernage très pluvieux n'est pas un phénomène généralisé à l'ensemble de l'archipel guadeloupéen : les petites dépendances ne passent que d'un Carême très sec à un Hivernage moins sec. Certaines années, le Carême tend à se généraliser sur l'ensemble des saisons et alors, c'est le climat des petites dépendances qui envahit d'autres secteurs géographiques. L'inverse peut aussi se produire (en altitude par exemple). Ainsi, Carême et Hivernage sont seulement des tendances saisonnières à motivation pluviométrique.

C - LA VARIABILITÉ INTERANNUELLE : DES SAISONS D'ORDRE DÉCADAIRE

Le schéma saisonnier précédant conduit à identifier les saisons comme l'alternance dans le temps des grands types climatiques zonaux ; alternance qui résulte d'un « balayage géographique » en relation avec la position du soleil et donc avec les circonstances de la circulation planétaire générale.

La position géographique de l'archipel guadeloupéen le place en zone tropicale, c'est-à-dire, nous l'avons vu dans le premier chapitre, que son climat est la résultante d'un balayage alternatif par deux influences climatiques distinctes. En hiver boréal, l'influence anticyclonique des hautes pressions subtropicales crée la période sèche dans les zones soumises à son emprise géographique ; en été, la remontée de la ZIC et de son cortège de circonstances (équateur thermique, équateur météorologique et dépressions barométriques) crée la période humide.

Mais entre ces deux extrêmes se place une période typiquement « intertropicale » par ces alizés circulant entre les deux zones précédentes. On peut en tirer la succession climatique suivante caractéristique et facilement perceptible dans le cycle annuel, mais beaucoup moins identifiée comme telle dans les cycles interannuels :
— une saison à caractère *subtropical*, c'est-à-dire sec et frais, centrée sur février, avec des vents de fréquence « moyenne » dont la provenance du NE souligne le rôle prépondérant direct des anticyclones nord-Atlantique : c'est le *Carême* ;

— une saison de type *tropical*, à pluviométrie moyenne et normale pour la latitude, centrée sur juin, dont la caractéristique climatique se situe dans la fréquence et la force des vents d'Est : c'est la saison des *alizés* ;

— une saison à tendance *subéquatoriale*, particulièrement chaude et humide, centrée sur octobre, marquée par de nombreuses « pannes d'alizé » qui témoignent de la proximité de la ZIC : c'est l'*Hivernage*.

Selon la position latitudinale, l'une ou l'autre des influences persiste plus ou moins longtemps dans le cycle annuel et la période sèche s'allonge ou se raccourcit en conséquence : d'où les divers climats tropicaux. Mais les Antilles sont situées dans une région de « pincement climatique » où la ZIC remonte très haut en latitude resserrant très fortement la zone intertropicale. Il en résulte que selon les circonstances de la circulation générale, l'emprise du climat subtropical peut persister plus longtemps et créer des années successives de sécheresse (le Carême tend à envahir le cycle annuel) ; l'inverse, c'est-à-dire la persistance de l'influence subéquatoriale, peut provoquer une généralisation de la saison humide. Le diagramme des vents matérialise bien cette lutte d'influences. Ainsi la variabilité pluviométrique interannuelle n'apparaît plus comme un phénomène à caractère plus ou moins aléatoire dans le temps, mais comme un balancement temporaire et normal dans l'espace, de l'emprise effective des deux influences climatiques fondamentales. Les causes premières de cette variabilité dans l'espace, qui pour un point donné se traduit par une variabilité dans le temps selon des rythmes d'ordre décadaire et même séculaire, seraient de nature planétaire et cosmique.

Nous emprunterons à Roger CHESSELET et Jacques MERLE (Le Courrier du CNRS - Planète Océan n° 46 - juillet 1982), sinon une conclusion du moins les directions prospectives pour l'étude des climats.

Le premier auteur, évoquant un magistral programme sur « L'océanographie de demain », écrit : « La planète Océan est en fait une formidable machine qui assure les régulations essentielles nécessaires à la vie. Son rôle dans les transferts d'énergie et de matière est capital pour la conservation du fragile équilibre écologique. » Il ajoute qu'« à l'échelle de temps de dix ans, l'Océan interagit profondément avec l'atmosphère. A l'échelle du mois ou de l'année, l'Océan intervient certainement comme régulateur des conditions limites qui régissent le climat ».

Jacques MERLE, sous le titre « Les interactions océan-atmosphère à grande échelle et le climat », indique que : « L'objectif général est d'arriver à une connaissance suffisante des mécanismes physiques du climat, pour pouvoir envisager d'en prévoir les fluctuations. » Évoquant l'interface océan-atmosphère il précise : « L'océan stocke l'énergie ; l'océan échange cette énergie avec l'atmosphère ; l'océan transporte l'énergie. » Pour cet auteur, « l'un des paramètres les plus importants de l'interaction océan-atmosphère est le vent... (qui) intervient... à la fois dans le bilan net de l'échange énergétique à l'interface, dans l'alimentation en eau de l'atmosphère et dans le transport de masse et de chaleur de l'océan ».

Enfin il fait... « Un pari : observer et comprendre l'océan pour prévoir le climat ».

ORIENTATION BIBLIOGRAPHIQUE

CAMPAN (G.). — *Note sur la climatologie des Antilles et de la Guyane française*. Paris, Météorologie nationale, 1959, 26 p. (Monographies de la Météorologie nationale. 15).

COANTIC (M.). — Les échanges océans-atmosphère : quelques certitudes et incertitudes. *La Météorologie*, 6ᵉ série, n° 16, 1979 : 87-101.

DEMANGEOT (J.). — *Les espaces naturels tropicaux*. Paris, Masson, 1976, 190 p. (Coll. Géographie).

HASTENRATH (S.) ; LAMB (P. J.). — *Climatic Atlas of the Tropical Atlantic and Eastern Pacific Oceans*. Madison, University of Wisconsin Press, 1977, 97 cartes.

LASSERRE (G.). — *La Guadeloupe*. Tome I. Bordeaux, Union française d'Impression, 1961, 448 p., fig., cartes. (Thèse. Lettres. Bordeaux. 1961).

MILAN (B.). — *Climatologie et biogéographie de la Guadeloupe*. Bordeaux, Université de Bordeaux III, UER de Géographie, 1971, 84 p., fig. (TER. Géographie. Bordeaux. 1971).

PAGNEY (P.). — *Le climat des Antilles*. Institut des Hautes Études de l'Amérique latine, 1966, 2 vol., 377 p. + 19 tabl., 304 fig. (Travaux et Mémoires de l'Institut des Hautes Études de l'Amérique latine. 15).

PÉGUY (C. P.). — *Précis de climatologie*. 2ᵉ éd. Paris, Masson, 1970, 468 p., 119 fig.

THÉVENEAU (A.). — *Le climat de la Guadeloupe*. Paris, Météorologie nationale, 1965, 105 p., (Monographies de la Météorologie nationale. 50).

THÉVENEAU (A.) ; MARTIN (R.) ; SINTHE (G.). — *Types de temps aux Antilles françaises*. Paris, Météorologie nationale, 1964, 64 p. (Monographies de la Météorologie nationale, 1964, 64 p. (Monographies de la Météorologie nationale, 31).

Autres sources :
Bulletin climatologique mensuel de la Guadeloupe (Pointe-à-Pitre).
Met-Mar (Paris).

1984

Mots clés : Climat tropical - Milieu insulaire - Troposphère - Pluviogenèse - Optimum pluviométrique - Saisons - Variabilité climatique - Étagement thermique - Guadeloupe.

Résumé : L'étude des mécanismes climatiques montre que la vapeur d'eau est le principal vecteur énergétique de la biosphère : évaporation, circulation de l'humidité et précipitations, sont les aspects physiques de ces transferts fondamentaux des régions chaudes vers les zones froides. Des nuances climatiques dans l'espace et dans le temps résultent du dosage de ces trois phénomènes. L'archipel guadeloupéen montre que si les conditions thermiques et les vents sont deux facteurs d'ordre zonal qui peuvent susciter de véritables déserts océaniques où sont plongées les petites îles tropicales, les nuances climatiques essentielles tiennent aux processus de pluviogenèse liés à l'importance de l'île et à la vigueur du relief. La variabilité dans le temps est non seulement saisonnière et donc liée à la position du soleil mais s'inscrit aussi dans des oscillations et des cycles d'ordre décadaire et/ou séculaire qui, à l'échelle humaine, sont perçus comme des phénomènes cataclysmiques.

Title : CLIMATIC MECHANISMS OF TROPICAL ISLANDS: THE GUADELOUPEAN ARCHIPELAGO CASE STUDY

Key-words : Tropical climate - Island environment - Troposphere - Rain formation - Rain optimum - Seasons - Climatic variability - Thermic altitudinal tiers - Guadeloupe.

Abstract: *Study of the climatic mechanisms shows that water vapour is the main energetic vector in the biosphere. Evaporation, circulation of humidity and precipitations are the physical manifestations of these fundamental transfers from hot zones to cold ones. The climatic hires result from the respective influences and the combinations of these three phenomena in space as well as in time. Temperatures and winds are two zonal factors which may create some real oceanic deserts surrounding small tropical islands. But, as testifies the Guadeloupe Archipelago in the French West Indies, the processes of rain formation which are related to the size and the orography of the concerned islands, are in fact the cause of the most important climatic hues. Hence, climatic variability in time is not simply seasonal and linked with the moving position of the sun. This variability is also to be defined with reference to decennal or/and secular oscillations or cycles usually perceived by man as so many cataclysmic phenomena.*

LES CYCLONES DE L'ÉTÉ AUSTRAL 1982-1983 EN POLYNÉSIE FRANÇAISE SEUILS CLIMATIQUES ET VIABILITÉ DES PETITES ILES

François DOUMENGE
Professeur au Muséum National d'Histoire Naturelle

La saison cyclonique exceptionnelle subie par la Polynésie française durant l'été austral 1982-1983 a attiré l'attention sur la rapidité avec laquelle les expressions dynamiques des masses atmosphériques et océaniques peuvent changer dans le Pacifique intertropical.

Grâce aux possibilités d'enregistrement de données plus nombreuses et plus fréquentes par les images transmises par satellite et les émissions de bouées automatiques s'ajoutant aux observations au sol, par sondes atmosphériques et par relevés à bord des navires, la vaste zone du Pacifique intertropical commence à être mieux observée et les composants des échanges eau-atmosphère peuvent y être maintenant quantifiés.

Il est ainsi possible d'essayer d'intégrer dans un système global des manifestations apparemment aussi aberrantes que celles des cyclones ayant éprouvé la Polynésie française durant l'été austral 1982-1983.

L'analyse des observations et l'effort de réflexion menés par les services de la section météorologique de l'aviation civile de Polynésie française et les spécialistes de l'ORSTOM de Tahiti et de Nouméa pour le Pacifique Sud, d'une part ; les documents de synthèse et l'approche théorique élaborés par la branche des analystes et prévisionnistes du climat de la NOAA de Washington pour l'ensemble Pacifique, d'autre part, permettent d'insérer ces phénomènes paroxismiques exceptionnels que sont les cyclones affectant la Polynésie française dans un plus vaste ensemble intéressant non seulement les mécanismes hydroclimatiques du Pacifique intertropical mais ayant des liaisons bien plus lointaines et complexes avec les centres de la dynamique atmosphérique du Sud-Est asiatique et de l'océan Indien.

Dans cette optique les cyclones polynésiens de l'été austral 1982-1983 sont à regrouper avec les catastrophes naturelles qui ont éprouvé bien d'autres régions intertropicales durant cette même période (pluies diluviennes sur le littoral aride équatorien et nord-péruvien et sur les îles de la dorsale sèche des îles de la Ligne, précocité et activité exceptionnelle de la saison cyclonique du Sud-Ouest pacifique, sécheresse sans précédent en Australie et Indonésie, dérèglement des moussons indiennes, etc. (1).

Un colloque a réuni en Australie à la fin juillet 1983 de nombreux experts pour confronter observations, analyses et diagnostics face à ces cataclysmes (2).

Ces calamités ont été partout ressenties durement par l'agriculture et la pêche mais aussi par les infrastructures urbaines résidentielles et les réseaux de communication. Les peuplements végétaux et animaux de larges secteurs océaniques, insulaires ou continentaux ont été profondément affectés et l'on peut se demander si, au-delà d'un certain seuil critique d'intensité et de durée des phénomènes, les équilibres de la couverture végétale et des stocks du peuplement animal pourront être reconstitués.

Des notes de synthèse rédigées en mai 1983 alors que les phénomènes venaient de se produire et que l'ensemble des déséquilibres hydroclimatiques persistait encore, ont permis de rendre compte des premières observations (3).

Fin février 1984, le retour aux équilibres considérés comme classiques semble en bonne voie, bien que les manifestations des anomalies hydroclimatiques aient persisté sur une large zone du Sud-Est pacifique durant le mois de juillet 1983 et se soient même prolongées au-delà au large des côtes Andines (4). Un atlas couvrant l'ensemble de l'épisode 1982-1983 publié en novembre 1983 (5) permet désormais d'avoir une vue compréhensive des phénomènes à l'échelle du monde.

Pour nous il s'agit d'apporter une réflexion sur certains des problèmes qui ont été soulignés par l'ampleur exceptionnelle de ces phénomènes sur les archipels des Tuamotu et des îles de la Société en Polynésie française.

Les cyclones de l'été austral 1982-1983 en Polynésie française

Suivis et étudiés tout spécialement par le service de la météorologie de l'aviation civile de Tahiti, ils ont fait l'objet de publications préliminaires permettant d'avoir une idée précise des phénomènes et de leurs conséquences (6).

Par ailleurs, ils ont été situés dans leur contexte historique, répertoriés et décrits dans le numéro de juillet 1983 de *Météorologie maritime* (7).

Le réseau d'observation au sol qui couvre la Polynésie française a été densifié en particulier sur l'archipel des Tuamotu pour satisfaire aux besoins de prévision couvrant non seulement la navigation maritime et aérienne, mais aussi les opérations propres au Centre d'Expérience Atomique français. L'appui des bâtiments de la flotte militaire permet de suivre en mer le déplacement de l'œil du cyclone. Enfin, la couverture des images de satellites permet, malgré certaines défaillances des relais, de disposer des phénomènes de la couverture nuageuse.

A l'exception de la première dépression de la saison (mi-décembre 1982) — Lisa — qui a affecté l'ouest de l'archipel de la Société et qui s'apparente aux phénomènes de la zone des îles Cook, toutes les autres perturbations cycloniques ont pris naissance entre 9° S et 11° S dans le secteur des îles Marquises.

Comme il est indiqué par les météorologistes de Tahiti (8) : « Au début, on décèle un amas nuageux très dense, aux contours incertains ; des bandes fortement convectives semblent converger vers cet amas, elles suggèrent l'amorce d'un mouvement tourbillonnaire ; celui-ci s'accentue, la pression est en baisse régulière et les vents se renforcent autour du centre. Pendant cette phase, le centre de la dépression est généralement excentré. Progressivement, la masse nuageuse prend une forme régulière quasi circulaire très caractéristique. Le stade de dépression tropicale forte est alors atteint, la pression continue à baisser et les vents atteignent des vitesses de l'ordre de 100 km/h près du centre. Il pleut abondamment, surtout dans la moitié est. Peu de temps après, l'œil se dessine au centre de la masse nuageuse ; plus de doute, il s'agit bien d'un cyclone (vent supérieur à 115 km/h). »

Dans cette phase initiale de creusement de la dépression, le mouvement général est vers l'ouest d'abord à 15-20 km/h puis le stade cyclone apparaît vers le 15° S avec un ralentissement à 5-10 km/h. A ce moment crucial, la trajectoire de la dépression se creusant en cyclone peut devenir sinueuse et décrire une boucle serrée en quelques heures (William, le 17 avril) ou très large en quelques jours (Orama, du 19 au 22 février). Le renversement de trajectoire peut ne pas produire de recoupement et prendre alors l'allure d'une véritable épingle à cheveux (Reva, du 9 au 12 mars) (fig. I).

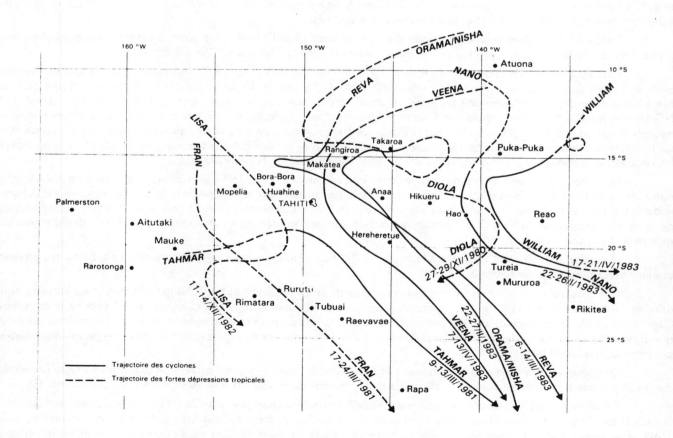

Fig. I — Trajectoires des cyclones et des fortes dépressions tropicales ayant traversé la Polynésie française ou son voisinage de 1980 à 1983.

(d'après Service Météorologique de la Polynésie française) (6).

Vers le 16° S le cyclone s'oriente franchement vers le sud-est, son trajet prenant une allure parabolique. Il conservera sa force durant 2 ou 3 jours avant d'aller se perdre au sud du 25° S après avoir augmenté sa vitesse de déplacement à 30-40 km/h pour rejoindre le courant perturbé d'ouest des latitudes moyennes. Les trajets suivis (fig. I) ont balayé les archipels des Tuamotu et des Gambier, les trajectoires des cyclones n'affectant que les abords des îles de la Société.

Cette famille de cyclones est donc à mettre en parallèle avec les trajectoires des perturbations restées fameuses par leurs conséquences catastrophiques (6-7 février 1878, 14-15 janvier 1903, 23-26 mars 1905, 6-8 février 1906) (fig. II).

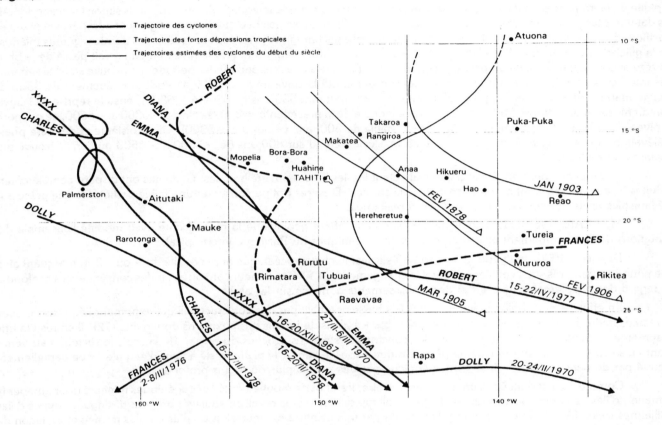

Fig. II — Trajectoires des cyclones et des fortes dépressions tropicales ayant traversé la Polynésie française de 1966 à 1978.

(d'après Service Météorologique de la Polynésie française) [6].

Par contre, toutes les trajectoires de cyclones et dépressions tropicales ayant affecté la Polynésie française de 1966 à 1978 (fig. II) et jusqu'en décembre 1982 (à l'exception de la petite dépression Diola) (fig. I) se rattachent semble-t-il à un système décalé plus à l'ouest d'une dizaine de degrés. Ces perturbations affectant l'archipel des îles Cook touchent les îles Australes quand la fin de leur course parabolique se tend vers l'est.

La « famille » des cyclones de 1983 est donc apparemment tout à fait spécifique d'une génération dans la zone de l'archipel des Marquises qui subit alors des précipitations exceptionnelles de 5 à 12 fois supérieures aux moyennes décennales (Atuona dans l'île de Hiva Hoa a reçu en 1983 : 883 mm en janvier, 1 021 mm en février et 644 mm en mars, contre 100 mm, 86 mm, 111 mm pour les moyennes mensuelles 1961-1982).

La phase active et désastreuse de la vie du cyclone affecte de plein fouet les Tuamotu et se répercute sur les îles de la Société par des phénomènes venant des secteurs est et nord. Au contraire, dans le cas des perturbations générées de 10° à 20° plus à l'ouest qui passent sur les Australes, les îles de la Société sont affectées par les secteurs ouest et sud.

Par leur répétition et leur puissance, mais aussi leur trajectoire, les cyclones de l'été austral 1982-1983 apparaissent donc fort différents de ceux des années précédentes. Ils s'apparentent aux séries destructives de 1877-1889 et 1901-1906 qui sont restées tristement célèbres par leurs ravages sur les îles basses (9).

Mais ce qui est encore plus exceptionnel, c'est la concentration de 6 perturbations cycloniques sur le territoire durant une seule saison d'été alors que l'on n'avait jusqu'à présent observé que deux passages cycloniques au maximum durant une saison troublée.

Ce record prend toute sa signification si l'on considère par ailleurs que de 1831 à 1981, soit sur 150 ans, on ne semble pas avoir enregistré plus d'une trentaine de cyclones ou fortes dépressions tropicales à l'est du 155° ouest.

Un tel choc n'a pas manqué d'être traumatisant pour les hommes et la nature et il soulève de nombreuses interrogations quant à l'avenir des équilibres biologiques et socio-économiques considérés jusqu'à présent comme viables.

Les effets cycloniques sur les îles basses

Les équilibres écologiques des atolls sont précaires car il n'ont pu encore se stabiliser faute de durée. On doit garder à présent à l'esprit que les archipels du Pacifique intertropical ont subi des bouleversements profonds par la suite de la rapidité de la transgression flandrienne caractérisant la dernière période interglaciaire où nous nous situons. En considérant les datations les plus fiables présentées par GIBB, 1983 (10) et qui semblent actuellement largement admises, le niveau du Pacifique Sud se serait relevé rapidement en plusieurs phases enregistrant les fusions finales des derniers grands inlandsis de la glaciation würmienne. En 5 500 ans (de − 10000 à − 4500 avant notre ère) le niveau marin serait passé de − 55 m au zéro actuel, soit une élévation moyenne de un mètre par siècle avec cependant des périodes de relative stabilité séparant des intervalles de relèvement rapide. La succession aurait été la suivante : − 10000 à − 6800, relèvement de 33 m du niveau marin, soit ± 1 m/siècle, puis stabilisation à − 22 m durant 500 ans (− 6800 à − 6300), ensuite reprise de l'élévation du niveau marin durant 600 ans à une vitesse double de la précédente ± 2 m/siècle de − 6300 à − 5600, ce qui porte le niveau à − 10 m durant une seconde période stable de 300 ans (− 5600 à − 5300). Une troisième et dernière phase d'élévation rapide au rythme moyen de ± 1,25 m/siècle s'étend sur 800 ans de − 5300 à − 4500 où l'on se trouve aux environs du zéro actuel.

Durant cette période, les mutations affectant les îles basses ont été brutales. Certaines ont disparu complètement réduites à l'état de bancs submergés proches de la surface. D'autres ont pu conserver une faible partie émergée grâce aux mécanismes actifs des constructions récifales coralliennes.

Mc LEAN, 1980 (11) a souligné combien cette phase géologique la plus récente avait modifié l'ensemble des conditions de l'environnement insulaire pour les îles océaniques du Pacifique intertropical.

Depuis − 4000, soit pendant environ 60 siècles, le niveau océanique aurait oscillé de + ou − 2 m marquant ainsi une période à peu près stable où cependant des changements de niveau mineurs ont pu avoir des conséquences profondes au regard des peuplements naturels et des établissements humains sur les atolls.

En effet, la morphologie émergée des îles basses s'établit par des constructions qui expriment l'équilibre moyen des forces hydrodynamiques des vagues générées par les plans de houles dus aux vents dominants (12). Il en résulte une dissymétrie particulièrement marquée dans les constructions restées proches du niveau de la mer, le secteur « au vent » ayant vu se construire un bourrelet émergé tandis que « sous le vent », le platier resté à fleur d'eau n'est que partiellement occupé par de petits « motus » et se trouve ébréché par des passes plus ou moins profondes.

Comme il s'agit d'un équilibre toujours précaire, il suffira de mouvements épéirogéniques mineurs pour amener la formation d'îles de caractères très divers. Entre l'atoll typique et le bloc corallien soulevé, on peut distinguer 7 types d'îles atolliennes (SALVAT, 1979) (13) qui se distinguent par une ceinture de bourrelets de plus en plus fermée et un lagon de plus en plus sequestré puis comblé ; il suffira d'un mouvement épéirogénique positif de seulement quelques mètres pour que le lagon tende à se fermer puis que la nappe séquestrée soit progressivement asséchée. Ainsi l'on passera d'atolls fermés à bourrelets discontinus (Réao) puis continu (Takapoto) à des îles dont le lagon sableux aura gardé seulement des eaux résiduelles comme Puka-Puka et des îles à lagon comblé et planté maintenant de cocotiers comme Nukutavaké.

Tous ces édifices témoignent dans leur morphologie d'équilibres eustatiques instables, le niveau marin semblant avoir connu une oscillation marquée par un abaissement d'environ 2 m durant le dernier millénaire pour aboutir au zéro actuel succédant à une période de stabilisation à + 2 m entre − 1000 et + 1000 durant laquelle se serait construite la plateforme sur laquelle reposent les formations actuelles. Les ajustements épéirogéniques portant eux aussi sur des mouvements positifs ou négatifs de quelques dizaines de centimètres par siècle expliquent la variété des types d'atolls.

Mais le modèle des caractères actuels résulte par ailleurs des effets de crises paroxysmiques altérant les équilibres physiques, biologiques et socio-économiques des îles. C'est avant tout de l'océan que viennent les cataclysmes susceptibles de produire des phénomènes d'une ampleur exceptionnelle dépassant en intensité toutes les moyennes et ainsi atteignant un seuil critique capable de donner un caractère irréversible aux conséquences.

Les tsunamis engendrés par les foyers sismiques répartis autour de la « ceinture de feu » du Pacifique (14) sont susceptibles de provoquer quelques catastrophes majeures. Ainsi pour l'atoll de Rangirao OTTINO, 1965 (15) peut situer vers 1560 la destruction de la terre de Taeoo sur la partie occidentale de la couronne récifale : les chants et récits des traditions orales décrivent le déferlement terrifiant des vagues balayant tout sur leur passage « sous le soleil mettant des éclairs éblouissants dans les creux des immenses vagues ».

Sans atteindre une telle ampleur, d'autres cataclysmes ont dû être causés ailleurs par des tsunamis provoquant des destructions massives et des transports de sédiments. Cependant, les vagues d'origine sismique des tsunamis sont peu nombreuses et leur action est brève.

Il en est tout autrement des effets des tempêtes cycloniques. Un cyclone provoque par sa dépression une élévation des eaux dite « onde de tempête ». Ce phénomène se situe dans l'hémisphère Sud à l'est de l'œil du cyclone, dans le secteur du « demi-cercle dangereux » (fig. III). Il se forme alors une onde dont le mécanisme interne est le même que celui de la marée atmosphérique, la hauteur dépendant de l'ampleur du creux barométrique et de sa vitesse de déplacement.

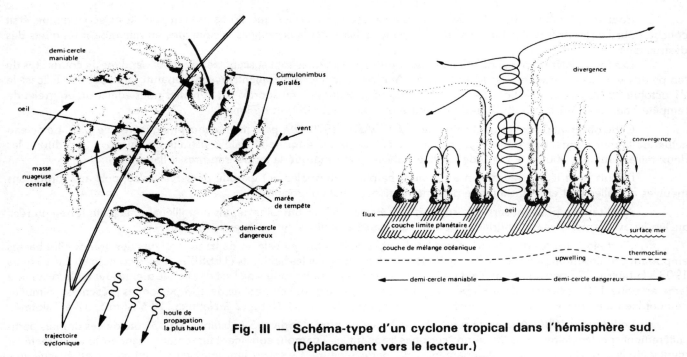

Fig. III — Schéma-type d'un cyclone tropical dans l'hémisphère sud. (Déplacement vers le lecteur.)

(d'après Auzeneau et Darchen) [7].

Par ailleurs, la dynamique du vent lève une « houle de tempête » qui atteint son maximum à proximité du cyclone mais qui se propage très loin, sur plusieurs centaines de kilomètres. Un vent de 80 à 100 km/h agissant pendant 12 heures sur 200 km de surface océanique forme des vagues de 8 m de creux en hauteur caractéristique moyenne. Plus le cyclone est lent — au début de son paroxysme — plus les vents sont forts et affectent pendant une plus longue durée une même surface océanique. Alors les houles peuvent dépasser 10 m et même atteindre 12 m de hauteur caractéristique moyenne.

En marée haute astronomique, la conjugaison de l'onde de tempête et de la houle de tempête peut générer des vagues arrivant à la côte avec une hauteur de plus de 14 m.

Il faut considérer les effets de cette dynamique en fonction de la durée de ces paroxysmes qui peut être de plusieurs heures et de leur répétition dans le temps qui, l'expérience l'a prouvé pour la saison 1983, peut être fort rapprochée.

Suivant les zones les conséquences seront d'ordre divers.

Sur l'édifice récifal et sa pente externe les effets directs de la houle et du déferlement seront d'ordre mécanique. Les transports sur le fond se feront sentir directement jusqu'à 18-20 m — ordre de profondeur que l'on retrouve à peu près partout ailleurs par les cyclones ou les plus fortes tempêtes (golfe du Lion, façade pacifique du Japon, golfe du Mexique, etc.). Les coups de boutoir des vagues déferlantes détruiront directement les constructions soit en les fragmentant en morceaux plus ou moins grossiers, soit en les déplaçant par blocs restés cohérents.

On aura ainsi des destructions directes localisées sur la frange externe depuis le bourrelet algal extérieur quand il existe jusqu'à − 20 m. En dessous et pouvant aller jusqu'à − 50 m, et même plus bas encore, les débris grossiers donneront des cônes d'éboulis plus ou moins complexes en fonction des destructions subies par la frange externe supérieure. Au-dessus, le platier plus ou moins large débarrassé de tous ses éléments meubles sera parsemé de « têtes de nègres » plus ou moins volumineuses et nombreuses suivant la force de la dynamique de la houle qui les aura charriées depuis le bord supérieur de la frange externe.

Il apparaît, d'après les premières observations précises qui ont pu être faites à Tikehau en septembre et octobre 1983 (16) que les atteintes portées aux associations benthiques récifales sont bien plus graves que ce que l'on avait pu penser jusque-là faute de pouvoir établir des comparaisons précises avec l'état antérieur au cataclysme. La poursuite et la systématisation de transects sur les pentes externes jusqu'à au moins 50 m de profondeur, grâce à la plongée autonome, pourront permettre d'établir des bases d'estimations précises de l'impact écologique et morphologique des phénomènes cycloniques sur cette zone qui joue un rôle important dans les mécanismes de l'édification du complexe récifal corallien.

L'action du cyclone sur le platier et le bourrelet émergé de la couronne de l'atoll fait l'objet d'observations multiples et anciennes car les ravages du cataclysme y sont bien plus sensibles dans leur perception directe et vécue par les habitants.

Les îles basses ayant eu à souffrir des cyclones disposent de traditions orales décrivant les phénomènes et enregistrant ses effets (OTTINO, 1965) (15) pour Rangiroa note dans les récits généalogiques dits faatara du sud de l'atoll « la description hullucinante de la montée des vagues toujours plus fortes recouvrant les terres » lors d'une catastrophe cyclonique qui semble avoir détruit tout ce secteur de l'île à la 9e génération des occupants (soit 5 générations avant le Tsunami de 1560), c'est-à-dire vers 1410.

Pour les Marshall, RILEY, 1983 (17) pense pouvoir affirmer que l'organisation sociale et économique était conçue pour l'ensemble de l'archipel de façon à pouvoir faire face aux ravages cycloniques en minimisant les effets des destructions.

Les forces libérées par le déferlement des houles cycloniques sont susceptibles de mobiliser dans de courts laps de temps des volumes considérables de sédiments. Après le cyclone Bebé ayant ravagé Funafuti (archipel des Ellices) le 21 octobre 1972, il a été calculé (18) que 1 400 000 m³ avaient été transportés sur le platier pour édifier un bourrelet de tempête haut de 3 à 4 m ayant 37 m de largeur moyenne sur 19 000 m de long.

Cette observation confirmant celles de STODDART, 1970 (19) peut maintenant être généralisée (20). Le niveau actuel de la mer permet aux houles cycloniques de balayer la plate-forme récifale construite au niveau + 2 m durant les deux millénaires − 1 000 et + 1 000 de relative stabilité ayant marqué le terme transgressif flandrien.

Depuis, une légère régression a permis à ce platier normalement exondé de servir de support aux formations meubles actuelles tout en étant attaqué par une reprise normale d'érosion.

Ainsi tout en pouvant servir de support aux établissements humains depuis un millénaire, la plate-forme du récif ancien lié au dernier niveau flandrien reste très vulnérable aux effets cycloniques.

C'est ainsi que les déferlements des houles cycloniques ont pu balayer de larges secteurs des grandes îles basses emportant certains motus avec le sol, la végétation, les habitations et les habitants (TESSIER, 1969, cf. note 9). Le 16 mars 1903 à Hihueru, 377 personnes ont été ainsi balayées et noyées sur les motus de l'est de l'île ; le même jour à Marokau une lame emporte 112 personnes dont 95 périssent noyées (sur une population totale de 183 personnes présentes). Simultanément bien d'autres îles sont aussi touchées et l'on compte 5 morts à Hao, 12 à Napuka, 12 à Raroia, 12 à Takumé.

Le 8 février 1906, Anaa submergée par la houle du nord, perdait 95 habitants. Mais à côté de ces drames particulièrement spectaculaires, tous les grands cyclones frappant les Tuamotu entraînent un remaniement profond du matériel meuble du bourrelet envahi par le déferlement de la mer extérieure. Le sol est emporté, le sable lui-même est évacué vers le lagon et les résidents sont frappés par les cercueils remis au jour dans les cimetières et la disparition jusqu'aux fondations d'édifices bâtis en pierre.

Compte tenu de la progression des trajectoires cycloniques allant généralement du nord-ouest au sud-est, ce sont les secteurs « sous le vent » des îles qui sont atteints de plein fouet et qui subissent des altérations d'autant plus profondes que le bourrelet y est moins homogène et moins élevées que sur les secteurs « au vent » affectés par la dynamique moyenne.

Le lagon est lui aussi profondément altéré. Dès que le déferlement du large peut y pénétrer soit en perçant le bourrelet en ouvrant un « hoa » soit en submergeant purement et simplement le platier, les eaux se mettent à gonfler. Tous les observateurs notent la montée progressive et inexorable du plan d'eau du lagon qui peut se gonfler ainsi de plus de 2 m en quelques heures. La houle plus sèche du plan d'eau intérieur prend donc le bourrelet à revers remplissant les habitants du sentiment d'être inexorablement cernés par les eaux montantes. A la rencontre des déferlements du large et du lagon se construit un bourrelet temporaire pouvant bloquer partiellement l'invasion du large.

En pénétrant dans le lagon les eaux du large poussées par les houles cycloniques provoqueront un brassage intense et créeront une chasse violente dans les passes. C'est à ce phénomène qu'est dû le sinistre de Kaukura le 7 février 1878 quand 17 côtres chargés de 118 personnes qui s'y étaient réfugiées, pour éviter d'être noyées sur le bourrelet envahi par la houle déferlante, furent inexorablement entraînées vers l'extérieur où elles périrent toutes sauf une !

Suivant la nature des lagons, les phénomènes de renouvellement seront plus ou moins accusés — d'anciennes communications par des Hoa pourront être réactivées et temporairement de nouvelles passes pourront se rétablir — mais par ailleurs les effets du cyclone seront susceptibles d'accroître fortement la sédimentation contribuant ainsi au comblement de la cuvette par l'accumulation de déblais provenant de la couronne récifale. En fin de compte, les îles à lagon ouvert seront plus affectées par le sinistre cyclonique que celles à lagon fermé.

En dehors de leurs conséquences hydrologiques, les vents du cyclone par eux-mêmes ont des effets plus limités sur les îles basses, ne rencontrant pas d'obstacles ils ne subissent pas d'effets amplificateurs. La végétation subspontanée est déjà adaptée à des conditions difficiles avec un système radiculaire bien accroché au maigre sol. Les vents ne sont véritablement destructeurs que pour les constructions légères et surtout pour les plantations de cocotiers. Au dessus de 100 km/h, les arbres vieillis sont affectés et à partir de 120 km/h tous les sujets adultes peuvent être cassés ou déracinés. Il y a là un effet secondaire dont les conséquences économiques seront d'autant plus graves que le cocotier est devenu bien souvent l'arbre tutélaire non seulement nourricier mais aussi pourvoyeur de ressources monétaires par le coprah.

Les cyclones de 1983 dans les perspectives des Tuamotu

L'ethno-histoire des Tuamotu a été profondément marquée par les grandes catastrophes océaniques d'origine sismique ou cyclonique. L'emprise humaine y est restée pelliculaire car, faute de reliefs, il lui a manqué une profondeur suffisante pour s'enraciner au cours de la dizaine ou douzaine de siècles de colonisation de terres à peine émergées sur lesquelles se sont fait sentir les effets des dernières oscillations mineures du niveau océanique.

L'archipel a toujours comporté un grand nombre d'îles dépourvues d'habitat permanent. Il est remarquable que les pertes de vies humaines, qui ont littéralement saigné la population en février 1878 et en mars 1903, aient touché des groupes en déplacement temporaire hors de leur résidence habituelle, ce qui prouve que seuls certains secteurs particulièrement bien situés peuvent être considérés comme habitables de façon permanente, soit qu'ils émergent nettement à plus de 4 m au-dessus du niveau moyen de la mer, soit qu'ils bénéficient d'une protection grâce à la largeur de l'émergence du platier ou à un effet d'abri dû à l'« ombre » d'une île voisine susceptible de détourner les plans de houle.

Ceci rend particulièrement précaire l'établissement dans les atolls les plus petits ou les plus isolés.

Si les chroniques de l'histoire orale et les observations plus récentes et précises de l'époque contemporaine retiennent surtout les catastrophes survenues dans les grandes îles peuplées, c'est qu'il n'y avait personne sur place pour enregistrer les effets des cataclysmes sur les îles désertes.

Dans cet ordre d'idée, les petits atolls du sud-est de l'archipel ont bien montré par les dégâts qu'ils ont subis en 1983 leur caractère précaire et marginal.

L'alignement Héréhérétué — 3 atolls du Duc de Gloucester — Tematangi a été ravagé par quatre fois (Nano, Orama, Reva, Veena), il a fallu les évacuer complètement. Le départ des 34 habitants de Héréhérétué le 15 avril est un symbole de ce que peut être la destruction totale d'un atoll qui a été submergé en entier par plus d'un mètre d'eau et où toutes les installations ont disparu, en particulier la station météorologique. De même, Tematangi a vu sa morphologie complètement remaniée par des houles déferlantes de plus de 7 m.

Tous les atolls de l'alignement central de Hao à Marutea sud ont été totalement dévastés d'abord par Nano fin janvier et ensuite par William fin avril. Notons à titre d'exemple, lors de Nano, l'observation de vagues déferlantes de plus de 15 m à Hao où les vents ont soufflé à plus de 150 km/h et la destruction complète de la station météorologique de Turéia. De façon générale, le cyclone Nano a provoqué des vents supérieurs à 150 km/h de Fangatou à Turéia dans un rayon de 100 à 180 km.

Pour le cyclone William, les ravages du 19 au 21 avril se situent sur l'axe Fakahina-Marutea sud. Toutes les îles déjà ravagées par Nano sont touchées dans un rayon d'une certaine de kilomètres car si les vents ne dépassent guère 100 km/h par contre les houles sont très fortes et l'on a noté des déferlements de 8 à 9 mètres à Turéia.

Dans les faits, les cyclones de 1983 ont bien confirmé la marginalité de toutes les îles déjà regroupées par RAVAULT, 1978 (21) dans une zone III (cf. fig. IV) qui est maintenant pratiquement dépourvue d'implantations humaines permanentes. Ce secteur sert soit de champ d'expansion aux petites communautés solidement accrochés aux atolls plus vastes et à lagon fermé ou partiellement comblé de la zone II, soit aux expérimentations nucléaires (logistique à Hao zone II et champs de tir à Mururoa et Fangataufa zone III), soit encore à des activités perlières plus ou moins pionnières.

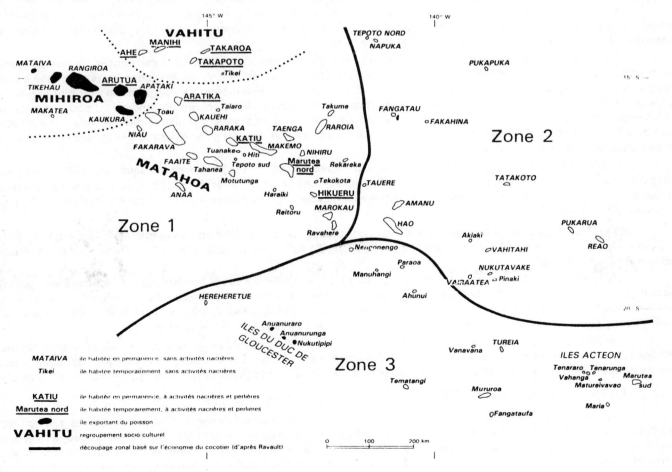

Fig. IV — La zonation socio-économico-culturelle de l'archipel des Tuamotu en 1982.

Si les implantations du « centre d'expérimentation du Pacifique » ont subi avec succès l'épreuve des éléments, les pistes d'aérodromes de Hao et Mururoa ayant pu être facilement dégagées et être réouvertes très vite après le passage des perturbations, il n'en a pas été de même des nouvelles plantations de cocotiers effectuées sous la vigoureuse impulsion de missionnaires catholiques dans le groupe Acteon (COPPENRATIH, 1982) (22) et à Tematangi, et surtout des implantations aquacoles (Nukutipipi, Marutea sud) qui ont beaucoup souffert et qui auront bien du mal à être reconstituées.

Si l'on veut tirer des leçons des épreuves de 1983, il convient de faire en sorte que la protection des petits atolls par leur rempart naturel du bourrelet émergé soit conservée et si possible renforcée au lieu d'être affaiblie par des défrichements intempestifs ou des constructions nécessitant des nivellements et des déblais. De toutes les façons, dans l'état actuel de l'équilibre des facteurs eustatiques et hydroclimatiques, l'ensemble des îles du sud-est de l'archipel des Tuamotu restera une marge de l'œkoumène où l'on ne pourra pas, sauf à consentir d'énormes investissements — et encore ! — établir l'emprise humaine au moyen d'une organisation économique cohérente.

Les perspectives de l'avenir immédiat ne font ainsi que confirmer les données de l'ethno-histoire du peuple Paumotu.

La situation est tout à fait différente dans le secteur nord-ouest de l'archipel où les îles possèdent un dynamisme économique et social qui leur est propre (fig. IV). La répartition traditionnelle entre les aires socio-culturelles définies par OTTINO, 1965 (15) se retrouve à travers leurs orientations particulières (RAVAULT, 1978) (21). Les îles du nord (Vahitu) s'orientent nettement vers la periliculture, celles du nord-ouest (Mihiroa) où s'affirme l'influence de Rangiroa, OTTINO, 1972 (23) ayant développé un secteur important de la pêche pour le ravitaillement de Tahiti, tandis que le déclin de l'influence d'Anaa depuis les catastrophes du début du siècle a privé le Matahoa d'un centre moteur indispensable.

C'est donc un secteur en voie d'évolution rapide qui a été frappé de plein fouet par les destructions des cylones qui se sont, fait sans précédent, répétées plusieurs fois dans une seule saison.

« Orama » a eu des effets particulièrement redoutables car il s'est déplacé à très faible vitesse, faisant une large boucle intéressant tout le nord-ouest de l'archipel d'abord sous forme de dépression tropicale les 19-20 et 21 février, puis comme cyclone les 22-23 et 24 février (fig. 1). Toutes les îles du 14° S au 18° S et du 140° W au 150° W ont été affectées pendant presque une semaine par les vents cycloniques. Trois semaines plus tard, à la mi-mars, le même secteur subissait une attaque presque aussi violente par « Reva » qui détruisait complètement toutes les installations de Mataiva et éprouvait sérieusement Anaa. Enfin, un mois après, le 10 avril, « Veena » complète les deux ravages précédents : Tikehau, Mataiva et Rangiroa sont touchés par des vents de 180-200 km/h et des houles cycloniques de plus de 9 m.

Les leçons à tirer des conséquences de ces effets cycloniques seront multiples car la dimension, et la disposition morphologique des grands atolls des Tuamotu du nord-ouest ont des conditions d'impact fort différentes de celles des lagons et des couronnes récifales des petites îles du sud-est.

Il sera possible de déterminer après deux ou trois ans de successions saisonnières dans quelle mesure de grands édifices permettent de mieux amortir ces agressions brutales. On pourra alors voir s'il existe ou non un seuil critique à partir duquel les catastrophes affectant un atoll peuvent produire des effets irréversibles. La comparaison entre les conditions ultérieures d'évolution des principaux types de lagons (ouverts ou fermés, plus ou moins profonds, etc.) pourra permettre, si les observations sont suffisamment nombreuses et précises, d'estimer valablement le niveau des interventions humaines susceptibles de produire des effets de valorisation en vue d'une exploitation du potentiel aquacole ou des conséquences dommageables par des pollutions.

Il sera particulièrement important d'observer dans quelles conditions le peuplement ichtyologique lié au complexe récifal qui semble très affecté par les destructions cycloniques pourra se reconstituer. L'enrichissement du peuplement pélagique procuré par le brassage de la couche océanique superficielle pourra-t-il compenser, et dans quelle mesure, l'appauvrissement benthique ?

De même il sera intéressant de noter si des jeunes nacres perlières (*Pinctada margarifera*) bénéficieront de meilleures conditions de survie et de fixation dans la période postcyclonique comme cela semble avoir été le cas dans les observations de RANSON (24).

Enfin on pourra aussi observer si le repeuplement du récif dans les zones touchées par les destructions cycloniques est suivi par une flambée de ciguatera (Ichtyosarchotoxisme) par suite du broutage par la faune herbivore des algues toxiques faisant partie du recouvrement pionnier colonial attirant les dinoflagellés épiphytes toxiques *(Gambeerdiscus toxicus)*, comme cela devrait théoriquement se produire d'après les schémas actuellement admis (25).

Par ailleurs, la reconstruction en cours devra tenir compte désormais de seuils de sécurité et de résistance des installations des infrastructures bien supérieurs à ceux des normes antérieures. La rénovation économique par l'aquaculture doit aussi être repensée à la lumière des effets qui sont d'ores et déjà enregistrés et qui vont apparaître à court terme.

Le choc cyclonique sur les îles hautes

Les mécanismes de l'action cyclonique sont perturbés et parfois amplifiés par le relief des îles hautes pouvant soit protéger soit au contraire accroître les effets destructeurs. Les îles hautes polynésiennes étant toujours plus peuplées et plus développées économiquement que les îles basses, les effets des dégâts y seront plus importants, quoique au total moins sensibles puisque le volume émergé permettra de rester à l'abri du déferlement des houles cycloniques en dehors de la frange littorale. Les barrières coralliennes faisant office de protection par brise-lame, les dégâts le long du littoral par le déferlement des vagues de tempête seront limités à l'érosion des plages ou à l'affouillement des falaises pouvant parfois emporter quelques ouvrages d'art.

Si les lagons peuvent être envahis par les eaux du large pénétrant par les passes, rien de comparable avec les modifications subies dans les atolls.

Les destructions importantes sur les îles hautes proviendront ainsi non de la mer mais des inondations dues aux ruissellements incontrôlés des pluies de convection sur le relief et surtout de l'effet des vents sur les constructions et les formations végétales.

Les pluies diluviennes se produisent quand le cyclone se rapproche de l'île, la forte convergence du soulèvement synoptique renforcée par un soulèvement mécanique libérant une chaleur latente qui donne une température élevée au-dessus des sommets.

C'est la situation de Tahiti dans la soirée du 11 mars et la nuit du 11 au 12 mars, lors du cyclone « Reva » (fig. V) et exactement un mois plus tard avec « Veena » dans la soirée du 11 avril, la nuit du 11 au 12 et la matinée du 12 avril.

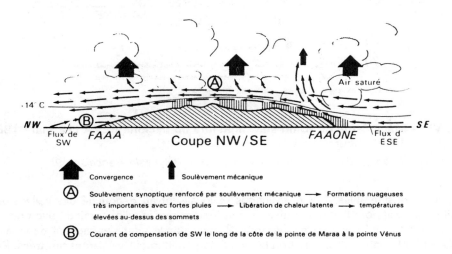

Fig. V — Situation de Tahiti lors du cyclone REVA (11 mars 1983 16 h — 12 mars 1983 6 h, heure locale).

(d'après Service Météorologique de la Polynésie française) [6].

Les précipitations sont énormes, en particulier dans les secteurs d'ascendances.

Pluies en millimètres enregistrées dans les stations de Tahiti

Cyclone	Aéroport FAAA	PAPENOO	TIAREI	PAPARA
Reva : 11-12 mars	105	307	218	241
Veena : 11-12 avril	133	381	420	241

Les dégâts du ruissellement et des inondations sont surtout sensibles au débouché des torrents côtiers sur la plaine littorale, mais à elles seules les précipitations ne peuvent causer de véritables catastrophes.

C'est l'effet de l'action éolienne qui éprouve le plus la nature et l'homme. Les formations végétales des îles hautes sont fragiles car leur système radiculaire se développe seulement en surface, les racines traçantes l'emportant sur les pivotantes par suite de la latéritisation des sols en profondeur. Les arbres sont ainsi déracinés par les coups de vent exerçant une forte pression sur leur système feuillu toujours vert qui donne prise à des poussées particulièrement dangereuses quand elles s'exercent à l'inverse des flux dominants.

La végétation arbustive se met généralement à l'abri du relief et organise son adaptation morphologique pour faire face aux vents venant de la mer. Il en résulte des dommages considérables, pouvant aller jusqu'à déraciner les plus gros arbres, quand les vents violents du type fœhn se produisent occasionnellement en sens inverse en dévalant de l'intérieur le long des pentes en relief.

Ces effets de fœhn ont été une des originalités du cyclone Reva sur Tahiti du milieu de la matinée à la fin de l'après-midi du 12 mars (fig. VI et fig. VII).

Alors que le cyclone s'éloigne de l'île vers l'est-sud-est, le relief entre dans la zone d'affaiblissement synoptique. L'air arrivant refroidi au sommet est repris alors par la subsidence synoptique et dévale les pentes opposées prenant de la vitesse et faisant sentir un fort réchauffement accompagné de sécheresse. Ces brutales rafales de fœhn ne durent que quelques heures et elles cessent aussi brutalement qu'elles ont commencé.

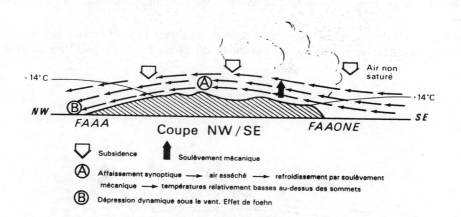

Fig. VI — Mécanisme du fœhn sur Tahiti lors du cyclone REVA (12 mars 1983 : 9 à 17 h., heure locale).

(d'après Service Météorologique de la Polynésie française) (6).

Les dégâts sont considérables. Les destructions se localisent au débouché des vallées du versant opposé du cyclone, ce qui paraît paradoxal pour l'opinion publique considérant que le relief aurait dû avoir un effet protecteur d'abri. C'est d'abord Paéa qui est touché dans la matinée du 12 mars par le vent s'engageant dans la vallée d'Orofero. En quelques heures, plus de 200 maisons (soit environ la moitié du parc immobilier) seront sinistrées. Puis, en fin de matinée et début d'après-midi, le déplacement du cyclone entraîne une rotation des vents de fœhn dévalant par les vallées et les plateaux du versant nord. Fasa et surtout Papeete (165 maisons sinistrées dont 15 totalement détruites) sont sérieusement touchés en début d'après-midi (fig. VII).

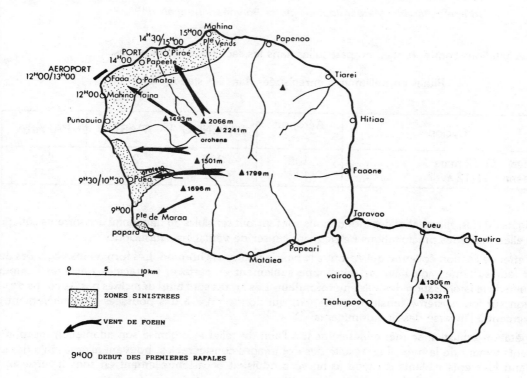

Fig. VII — Effets de fœhn sur Tahiti lors du cyclone REVA (12 mars 1983).

(d'après Service Météorologique de la Polynésie française) (8).

Le manque d'observations précises ne permet pas d'affirmer que les mêmes phénomènes de fœhn se sont produits lors du passage de Reva au large des autres îles hautes de l'archipel de la Société. Cependant, la localisation des dégâts à Moorea (124 maisons sinistrées dont 15 détruites), à Huahine (11 maisons détruites), à Raiatéa-Tahaa (28 et 21 maisons détruites) et même à Bora-Bora laissent supposer que là aussi le relief a fait jouer l'effet de fœhn localisant les dégâts au débouché des vallées du versant opposé au cyclone.

Il semble que l'on ait eu un phénomène semblable lors du cyclone ayant touché Tahiti le 8 février 1906. En effet, TEISSIER, 1969 (cf. note 9), écrit dans sa narration, p. 39, à propos du déroulement des événements à Papeete : « Vers 4 heures du matin, une véritable tornade d'une extrême violence, descendit des montagnes, renversant les arbres ou les détruisant. »

On peut donc dire que le cyclone « Reva » a souligné par ses dégâts à Tahiti le danger potentiel présenté par le débouché des vallées intérieures sur la zone littorale qui est souvent un site fort attractif pour les établissements humains dans les petites îles hautes.

Pour « Veena » qui, aux premières heures du 12 avril, avait la même position que « Reva » au début de l'après-midi le 12 mars (fig. VIII) l'évolution a été différente. En se rapprochant de Tahiti, les effets de convergence ont joué à plein et le vent s'ajoutant aux précipitations torrentielles cause d'énormes dégâts, en particulier dans la presqu'île (destruction complète de Tautira) dans l'isthme de Taravao et sur les côtes est-nord et nord-ouest. Les ravages étant particulièrement considérables sur les hauteurs de Papeete et de Faaa tandis que le secteur sud de Mahina à Papara était le moins éprouvé. Dans ce cas, ce sont les houles de secteur est et les vents du sud qui ont été les plus violent (6f) causant un bilan de catastrophe : 4 000 habitations endommagées dont 2 400 entièrement détruites et, parmi les bâtiments publics gravement sinistrés, 16 églises, 10 écoles, 5 mairies, sans parler de la destruction des réseaux routiers, électriques, téléphoniques et d'une cinquantaine d'embarcations coulées.

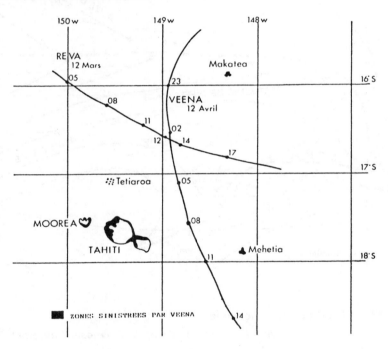

Fig. VIII — Déplacement de l'œil des cyclones VEENA et REVA.

(d'après Service Météorologique de la Polynésie française) [8].

Il a donc suffi d'un angle de 60° dans les trajectoires de déplacement du cyclone pour changer les effets dynamiques sur le relief de l'île haute (fig. VIII), ce qui souligne le caractère hasardeux de la situation dynamique qui peut affecter une île haute en fonction de la position et de la direction du cyclone qui l'affecte.

Dans ce domaine, chaque situation sera originale et il ne peut guère être question de prévoir dans le détail quels seront les effets des phénomènes.

Pour une île haute, il n'y aura que fort peu de chance pour qu'un cyclone soit identique à un phénomène précédent, ce qui accroît la complexité des problèmes de la mise en place de mesures de protection et de prévention.

De toute façon, malgré des effets qui peuvent être fort sensibles sur le plan économique, les destructions provoquées par les cyclones sur les îles hautes seront beaucoup mieux tolérées par les communautés insulaires que dans les îles basses. Malgré des dommages fréquents et sensibles, jamais les petites îles hautes des Lau dans l'archipel fidjien n'ont eu à subir les mêmes traumatismes que les Tuamotu (UNESCO/UNFPA, 1977) (26).

Les cylones de Polynésie dans le système de l'oscillation méridionale El Niño.

Dans le système des alizés, les caractères hydroclimatiques de la Polynésie française bien décrits dans les travaux de l'ORSTOM (27) donnent naissance à une zone de convergence intertropicale située au nord de l'Equateur tandis qu'une zone de convergence secondaire au sud de l'Equateur dite du Pacifique sud se manifeste durant la saison chaude par la génération de cyclones qui restent cantonnés dans le secteur du Sud-Ouest pacifique où l'épaisseur des eaux chaudes de mélange superficiel est suffisante (thermocline entre 60 et 80 m) pour fournir l'énergie indispensable à la manifestation de ces phénomènes. Ce type de situation qui est considéré comme normal (fig. IX) est lié à la persistance des alizés dont les effets se traduisent par une dissymétrie fondamentale entre la zone intertropicale du Pacifique ouest à eaux superficielles chaudes et thermocline profond et la zone intertropicale du Pacifique est à eaux superficielles froides et thermocline près de la surface ou absent. Le niveau océanique à l'ouest est élevé de 30 à 50 cm tandis qu'il est abaissé de 20 à 30 cm à l'est. Un système de courants superficiels (courant équatorial vers l'ouest - courants nord et sud équatorial vers l'est) s'établit avec des sous-courants de compensation pour maintenir un état d'équilibre dynamique dans la masse océanique.

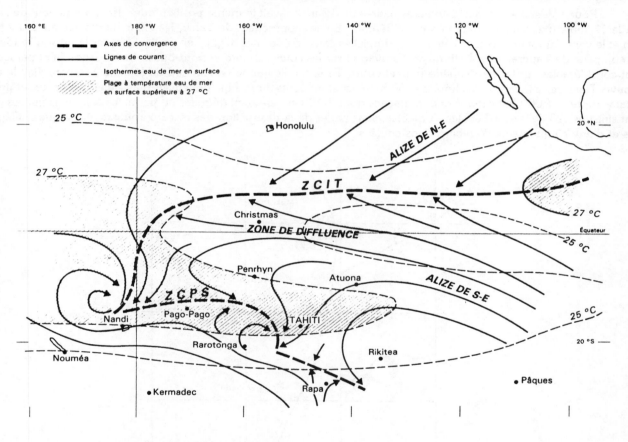

Fig. IX — Configuration normale.

(d'après Service Météorologique de la Polynésie française) (6).

L'oscillation méridionale El Nino se caractérise par la mise en place temporaire d'un autre système qui s'exprime par des réactions en chaîne entraînant le renversement des flux atmosphériques et des courants océaniques. Des vents d'ouest remplacent les alizés tandis que le système des courants équatoriaux est temporairement remplacé par des flux inverses vers l'est dus à la fois aux effets d'onde de Kelvin (28) et au piégeage de phénomènes d'inertie dans la bande équatoriale. Un des effets les plus notables est d'entraîner un basculement de la pente océanique de niveau par rapport à l'équipotentielle s'abaissant à l'ouest et s'élevant à l'est de la cuvette océanique.

Ces phénomènes ont été d'abord envisagés dans leur globalité à partir des observations et des concepts des météorologistes BJERKNES, 1969 (30), WYRTKI, 1975 et 1982 (31), RAMUSSON, 1982 et 1983 (32). Les synthèses qui s'efforcent de proposer un schéma global permettant d'expliquer le déroulement de l'ensemble des phénomènes s'appuient principalement sur les mécanismes atmosphériques et leurs expressions météorologiques : PHILANDER, KAROLY, GODFREY (33). Cependant aucune modélisation satisfaisante n'a encore pu être proposée et il apparaît qu'il convient de faire une part beaucoup plus importante aux phénomènes et aux mécanismes océaniques. En effet jusqu'à présent, ce sont les observations météorologiques qui ont été les plus nombreuses et les plus étendues dans le temps et dans l'espace et qui ont donc servi de base aux réflexions théoriques. Mais au fur et à mesure que les données océanographiques se multiplient on s'aperçoit qu'il convient de reconsidérer certains schémas et que les flux thermiques océan-atmosphère doivent être pris en compte parmi les causes susceptibles de déclencher les phénomènes d'oscillation : WEARE 1983 et CANE 1984 (34). Le débat qui s'instaure ainsi n'est pas un exercice d'école mais au contraire doit conduire à une interprétation globale du phénomène qui pourrait être ainsi l'objet d'une prévision au moins à court terme.

Pour le moment on doit enregistrer la relation étroite entre la configuration météorologique (fig. X) et océanique (fig. XI) qui détermine la genèse des cyclones affectant les îles de la Société et les Tuamotu.

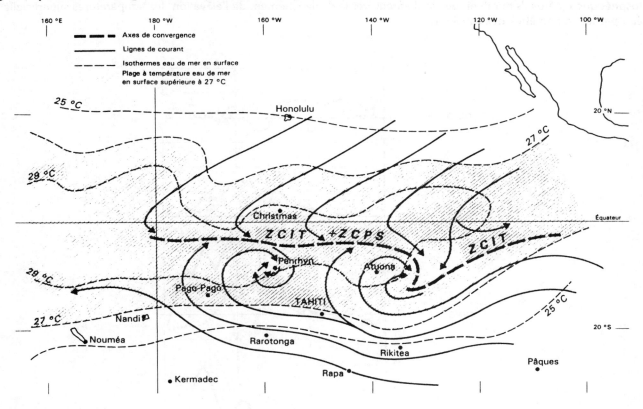

Fig. X — Configuration d'été 1982-1983.

(d'après Service Météorologique de la Polynésie française) [6].

De tout cela, il résulte que les cyclones de la saison 1982-1983 qui ont ravagé la Polynésie française se rattachent à une série de phénomènes dont le mécanisme et l'ampleur sont sans précédents connus.

L'oscillation méridionale El Niño 1982-1983 s'est déclenchée à contre-saison à partir d'avril-mai et non de décembre-janvier, les élévations rapides des températures superficielles se sont d'abord produites dans le Pacifique central et se sont étendus vers l'est, ce qui est l'inverse des phénomènes habituels.

Surtout les anomalies positives des températures ont été bien plus accentuées et se sont prolongées bien plus longtemps que pour la moyenne des derniers épisodes relativement bien connus 1951-1953-1957-1965-1969-1972 (fig. XI).

Pour la Polynésie française, il en est résulté un front particulièrement actif sur les Marquises durant toute la saison chaude. Les cyclones générés par ce front on pu trouver l'énergie thermique nécessaire à leur développement grâce à l'épaisseur des eaux chaudes superficielles qui, du fait des mécanismes hydrologiques liés à l'oscillation, ont occupé largement le secteur sud tropical pendant toute cette période.

Il semble donc que dans un épisode normal, le relèvement des températures superficielles de l'océan se fasse beaucoup moins sentir qu'en 1982-1983 à l'est du 150° W (secteur 3). C'est donc l'élévation au-dessus de 27° des températures moyennes superficielles pendant au moins huit mois (octobre 1982-mai 1983) dans un secteur où elles restent généralement en dessous de cette température (fig. XII) qui a permis le déclenchement à répétition fréquente des cyclones générés exceptionnellement à l'est du 150° W.

Ceci expliquerait la différence dans la localisation géographique de la zone de génération 1982-1983 décalée d'environ 10° vers l'est (fig. II) par rapport aux phénomènes habituels intéressant les îles Cook et les Australes (fig. I).

Conclusion

Il y a dix ans, les conséquences catastrophiques du phénomène dit El Niño sur le secteur aride des côtes andines (35) entraînait la recherche vers une analyse comparative des phénomènes des zones d'Upwelling côtier (36).

Il était tentant, en se basant sur l'effort de réflexion théorique complété par des investigations historiques et des réseaux d'observations atmosphériques et océaniques, d'essayer d'établir à la fois des corrélations spatiales et temporelles entre toutes les formes aberrantes de manifestations cataclysmiques (37).

On doit constater que, comme en 1975-1976 où l'on avait fait des prévisions qui se sont révélées fausses (38), l'on n'a pas su en 1982-1983 sonner l'alarme à temps.

De nombreux météorologistes incriminent les cendres émises par l'éruption du volcan El Chinchon dont le voile stratosphérique d'aérosols aurait empêché d'enregistrer le déclenchement de l'élévation des températures superficielles de l'océan par les radiomètres des satellites.

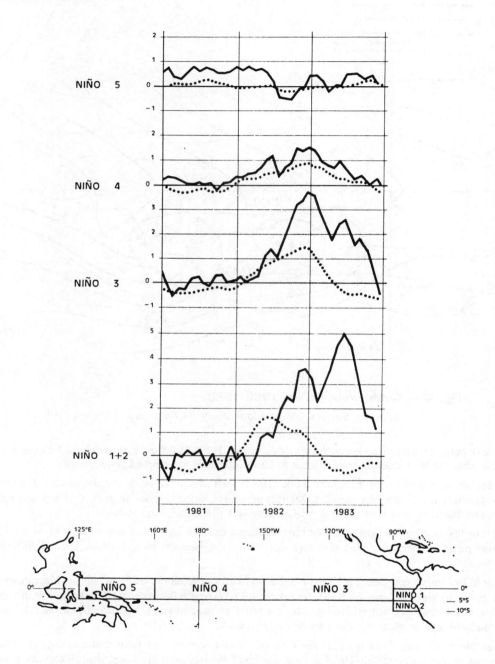

Fig. XI — **Évolution mensuelle des anomalies des températures superficielles dans les différents secteurs touchés par « l'oscillation méridionale
el Niño ».** (d'après croquis de : Climate Diagnostics Bulletin - Nov. 1983, fig. 3).

Les pointillés représentent la référence moyenne d'une évolution « normale » sur deux années consécutives
pour 6 épisodes ; 1951, 1953, 1957, 1965, 1969, 1972.

Il n'en reste pas moins que des signes supposés précéder le phénomène de l'oscillation méridionale El Niño comme le forcissement des alizés précédant une période de latence n'ont pas été mis en évidence et que durant tout l'épisode 1982-1983 les faits se sont complus à sortir des schémas théoriques classiques que l'on avait pu croire convenablement définis. Il convient donc de se garder de toutes généralisations hâtives.

Cependant, on peut observer des phénomènes atmosphériques dont la simultanéité peut laisser présumer une concordance avec le phénomène d'ensemble de l'oscillation.

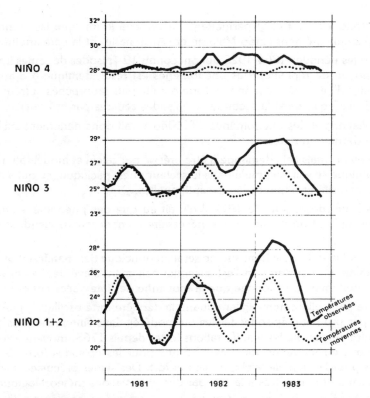

Fig. XII — Températures mensuelles des eaux à la surface dans les secteurs de l'oscillation méridionale El Niño.

(d'après croquis de : Climate Diagnostics Bulletin - Nov. 1983, fig. 4).

La recherche de ces signatures caractéristiques permet d'établir un ensemble de corrélations entre les deux grands épisodes (1968-1969 et 1972) qui ont précédé le phénomène 1982-1983 (fig. XIII).

OSCILLATION MÉRIDIONALE EL NIÑO

PHÉNOMÈNE

LOCALISATION

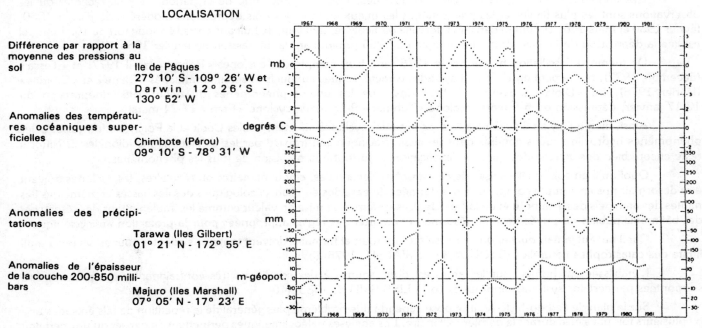

Fig. XIII — Corrélations de changements de pression, de précipitations et de températures océaniques dans le bassin Pacifique Equatorial et Sud-Tropical en rapport avec les oscillations méridionales El Niño. *(d'après QUINN, 1983)* [37 g]

Les recherches historiques (37 f et g) permettent d'avancer à la fois que les grandes altérations des équilibres hydroclimatiques ont frappé simultanément l'Indo-Malaisie et l'Australasie, et la côte andine sud-américaine.

Il apparaît que pour les périodes 1864-1925 qui ont connu 19 épisodes de toutes intensités et 1925-1976 qui en a enregistré 17, le temps moyen de répétition des phénomènes est resté identique à 3 ans 2 mois 2 semaines. Seule différence notable, les épisodes d'intensité moyenne ou forte ont été plus rapprochés et fréquents dans la première phase (16 épisodes séparés de 4,1 ans) que dans la seconde (9 épisodes séparés par 6,4 ans).

L'intensité des oscillations et des phénomènes d'El Niño aurait donc nettement faibli dans les cinquante dernières années ayant précédé le dernier en date.

On peut donc concevoir, mais cela demande à être précisé par calcul et modélisation théorique, qu'un trop-plein d'énergie thermique et dynamique se soit accumulé dans le secteur ouest pacifique, ce qui a amené un retour à l'équilibre par des phénomènes d'une intensité et d'une durée exceptionnelles.

Le fait que depuis l'épisode majeur de 1972 il n'y ait eu que des phénomènes avortés ou de faible intensité (fig. XIII), ce qui entraînerait au bout de dix ans à une nécessaire compensation, viendrait soutenir cette hypothèse de recherche.

Les cyclones ravageant la Polynésie française ne seraient donc que des manifestations liées à une oscillation particulièrement accentuée entraînant un transfert vers l'est exceptionnellement élevé de masses d'eaux chaudes superficielles stockées durant une période nettement plus longue que la moyenne des intervalles entre des épisodes de forte intensité.

Il conviendrait d'être particulièrement vigilant quand la dernière forte oscillation méridionale date depuis plus de dix ans, surtout s'il ne s'est pas produit d'épisodes faibles ou modérés dans l'intervalle. Les tables historiques de Quinn, 1978 (37 f) qui ont pu prendre en compte les manifestations fortes depuis 1763, moyennes depuis 1791 et faibles depuis 1844 établissent des répétitions en moyenne tous les 12,3 ans pour les épisodes forts, 5,4 ans pour ceux d'intensité moyenne et forte et 3,7 ans pour l'ensemble faible, moyen et fort. Des signes précurseurs soulignant la montée du péril cyclonique pourront être facilement enregistrés à la fois par des observations météorologiques et hydrologiques.

L'apparition du danger ne sera jamais fortuite mais résultera toujours de l'établissement d'une situation caractéristique dont l'été austral 1982-1983 a été une remarquable illustration (fortes précipitations de convergence sur les Marquises, eaux superficielles à plus de 27° jusque vers le 22° S s'étendant jusqu'aux abord du 120° W — thermocline en dessous de 60 m).

En examinant les conditions dans lesquelles se sont produits certains grands phénomènes climatiques autour du bassin sud-pacifique, des corrélations significatives peuvent être relevées (37 f et g). Le cyclone de février 1878 est à rattacher à la forte oscillation de 1877-1878 venant treize ans après celle de 1864 (37 f). Ceux de janvier 1903, mars 1905 et février 1906 se produisent lors de deux oscillations moyennes 1902-1903 et 1905-1906.

Cette période de début du siècle correspond aussi à des pluies doubles de la moyenne à Valparaiso. De même, les perturbations de 1940-1941 se situent au cours d'un épisode moyen ainsi que celles de 1970.

Ces corrélations cependant ne sont pas absolues. Pour ne parler que de la période la plus récente, où les observations sont les plus fiables et les phénomènes les mieux connus, les trois dépressions modérées de janvier 1960, février 1960 et mars 1961 se situent dans un intervalle particulièrement long de huit ans entre l'épisode fort de 1957 auquel est liée la dépression de janvier 1958 et le moyen de 1965 provoquant la dépression de janvier 1966.

De même si l'oscillation moyenne de 1976 rend bien compte des cyclones « Robert » (avril 1977) et « Tessa » (décembre 1977), on ne peut enregistrer d'épisodes caractéristiques auxquels se seraient rattachés « Diane » et « Charles » (février 1978), ou « Diola » (novembre 1980) ainsi que les quatre phénomènes du début 1981 (dépression du 12-17 janvier, dépression du 5-8 mars, cyclone « Tahmar » 9-13 mars, cyclone « Fran » 17-24 mars).

Ainsi, bien qu'il y ait d'évidentes liaisons entre les cyclones affectant les îles Cook et la Polynésie française, et les phénomènes hydroclimatiques générés dans le bassin Pacifique sud-tropical par les oscillations méridionales El Niño, il reste encore bien des incertitudes quant à l'explication et surtout à la prévision de tous les phénomènes.

Quoi qu'il en soit, qu'il s'agisse de catastrophes décennales, cinquantenaires ou séculaires, les cyclones doivent être désormais pris en compte comme une des données de base des équilibres écologiques des îles basses et même des îles hautes des archipels des Tuamotu et de la Société. Les systèmes de mise en valeur comme les implantations des réseaux et des bâtiments publics ou privés doivent désormais comporter des règles appropriées pour la protection anticyclonique.

Car il ne faut jamais oublier que les systèmes naturels et humains doivent toujours s'adapter pour survivre au seuil limite des catastrophes naturelles (STODDART et WALSH, 1975) (39).

L'établissement humain sur les atolls est donc soumis à des conditions très contraignantes qui peuvent être surmontées par certains systèmes appropriés (BAYLISS SMITH, 1983) (40).

Sur le plan de l'ethno-histoire, il se pose cependant le problème plus général de la répétition de tels épisodes une ou plusieurs fois par siècle durant le dernier millénaire. Les analyses paléoclimatiques permettent de penser qu'une certaine stabilité aurait prédominé jusque vers 1250 alors que par la suite et jusqu'à nos jours, les dérèglements du climat dans le Pacifique sud se seraient multipliés (BRIDGMANN, 1983) (41) sous l'effet de pulsations plus accentuées des alizés, de dérèglements de la cellule de Walker et des émissions massives de produits d'éruptions volcaniques.

Ces dérèglements donnant des périodes érosives nettement marquées au nord de la Nouvelle-Zélande permettraient de situer dans le temps les phases de crises hydroclimatiques durant les périodes 1270-1370, 1530-1620, 1780-1830, 1870-1900 (GRAND, 1983) (41).

Les îles basses soumises à ces crises cycloniques n'ont pu dès lors fournir des supports stables pour être des foyers de civilisation dynamique. Il convient donc de les considérer comme de simples relais plus ou moins permanents pouvant fonctionner entre deux phases cataclysmiques. Les crises mortelles peuvent les affecter en un laps de temps très bref en relation avec des phénomènes hydroclimatiques dont la périodicité est pour le moment imprévisible mais dont les effets peuvent apparaître en seulement quelques mois, bouleversant l'ensemble des conditions bioclimatiques.

Étant donné la démonstration qui a été faite de la rapidité avec laquelle l'« oscillation méridionale El Niño » pouvait modifier les conditions climatiques et océanographiques de tout le Pacifique intertropical, on doit admettre que les changements épisodiques des flux des mases d'air ont eu des répercussions telles sur les stocks biologiques et les conditions de survie dans les milieux des îles basses que celles-ci n'ont pu fixer des associations stables. A l'échelle du Pacifique, les Marshall, les Gilbert et Ellice, les îles de la Ligne, les Tuamotu soumises aux oscillations des fronts intertropicaux doivent être réunies dans un même ensemble biogéographique et ethnohistorique où les manifestations des crises cycloniques sont des limites de seuils critiques irréversibles susceptibles d'être atteints à l'occasion d'oscillations hydroclimatiques liées aux grands mécanismes des cellules de l'atmosphère.

BIBLIOGRAPHIE

(1) - CANBY, T.J. — El Niño's ill wind. *National geographic*, 165 (2), 1984, p. 144-184.

(2) - *Colloquium on the Significance of the Southern Oscillation. El Niño phenomena and the need for a comprehensive ocean monitoring system in Australasia. Canberra 27-28 july 1983.* Belconnen, Australian Marine Sciences and Technologies Advisory Committee, 1983.

(3) - DOUMENGE, F. Déséquilibres hydroclimatiques et catastrophes dans le Pacifique intertropical, juillet 1982-avril 1983. *Annales de géographie* (Paris), 512, juillet-août 1983, p. 403-413.
MERLE, J. ; TOURRE, Y. — El Niño 1982-1983 et ses conséquences climatologiques. *Météorologie maritime* (Paris), 120, juillet 1983, p. 31-39.
ROUGERIE, F. ; WAUTHY, B. — Anomalies de l'hydroclimat en Polynésie en 1982 et 1983. *Météorologie maritime* (Paris), 121, 4ᵉ trimestre 1983, p. 27-40.

(4) - N.O.A.A. Climate Analysis Center. Washington. — The 1982/1983 Pacific Warm Episode. Falling Sea Surface Temperatures in the Eastern Equatorial Pacific. *Special Climate Diagnostics Bulletin*, 13 juillet 1983, 6 pages, 12 figures.

(5) - ARKIN, P.A. ; KOPMAN, J.D. ; REYNOLDS, R.W. — *1982-1983 El Niño Southern Oscillation Event Quick Look Atlas.* Washington, N.O.A.A., National Weather Service, National Meteorological Center, Climate Analysis Center, Novembre 1983, 94 pages, 120 cartes et figures.

(6) - POLYNÉSIE FRANÇAISE. Aviation civile. Service de la Météorologie. Papeete.
a) Note sur Lisa, dépression tropicale (11 au 13 décembre 1982). *Bull. Météo. Mensuel*, décembre 1982, p. 31-35.
b) Cyclone Nano (20-27 janvier 1983). *Bull. Météo. Mensuel*, janvier 1983, p. 36-39.
c) *Le cyclone Orama/Nisha (22 au 27 février 1983). Compte rendu préliminaire.* Papeete, 2 mars 1983, 3 p., 2 fig.
d) *Le cyclone Reva (6 au 14 mars 1983). Compte rendu.* Papeete, 21 mars 1983, 7 p., 6 fig.
e) *Le cyclone Reva : ses effets particuliers à Tahiti.* Papeete, 19 septembre 1983, 6 p., 8 fig.
f) *Le cyclone Veena (7 au 14 avril 1983). Compte rendu.* Papeete, 2 mai 1983, 6 p., 6 fig.
g) *Le cyclone tropical William (15 au 21 avril 1983). Compte rendu.* Papeete, 3 mai 1983, 4 p., 3 fig.

(7) - AUZENEAU, S. ; DARCHEN, J. — Autour de la saison 1982-1983 des perturbations tropicales en Polynésie française. *Météorologie maritime* (Paris), 120, juillet 1983, p. 14-30.

(8) - BERGES, R ; CAUCHARD, G — *Anomalie climatique en Polynésie. Les cyclones de l'été 1982-1983.* Papeete, Aviation civile, Service de la Météorologie, 10 mai 1982, 9 p., 5 fig.

(9) - TESSIER, R. — Les cyclones en Polynésie française (1878-1903-1905-1906). *Bull. Sté Etudes océaniennes* (Papeete), Tome XIV, n° 5 et 6, n° 166 et 167, mars et juin 1969. Réédition, octobre 1977, 48 p.

(10) - GIBB, J.G. — Sea Levels during the past 12 000 years from the New Zealand region. *In :* 15th Congress Pacific Sci. Assoc., Dunedeen, 1983, (Abstract).

(11) - Mc LEAN, R.F. — Spatial and temporal variability of external physical controls on small island ecosystems. *In :* Population-Environment relations in tropical islands : the case of eastern Fiji. UNESCO-MAB. Technical notes, 13, 1980, pp. 149-175.

(12) - ROBERTS, H.H. — Variability of reefs with regard to changes in wave power around an island. *In :* Proc. Second Internat. Symp. on Coral Reefs, 2, 1974, pp. 497-512.

(13) - SALVAT, B. — Scilly, atoll de l'archipel de la Société, Polynésie française. *Muséum national d'Histoire naturelle. Antenne de Tahiti, Bull.*, n° 1, juin 1979, 15 p. (Repris dans : La faune benthique du lagon de l'atoll de Scilly (Archipel de la Société), à paraître dans *Journal de la Société des Océanistes* (Paris), Année 1984).

(14) - DAVIES, J.L. — *Geographical variation in coastal development.* Edimburg, Oliver and Boyd, 1972.
IIDAK, COX D.C. ; PARADAS-CARYAMMIS, G. — *Preliminary catalog of tsunamis occuring in the Pacific Ocean.* Honolulu (Hawaï), Institute of Geophysics, 1967 (Document IG-67-10).

(15) - OTTINO, P. — *Ethno-histoire de Rangiroa.* Papeete, centre ORSTOM, 1965, 167 p.

(16) - HARMELIN-VIVIEN, M.L. ; LABOUTE, P. — Preliminary data on underwater effects of cyclones on the outer reef slopes of Tikehau island (Tuamotu, French Polynesia) and its fish fauna. *In :* International society for reef studies. Colloque annuel Biologie et Géologie des récifs coralliens, Université de Nice, 8-9 décembre 1983.

(17) - RILEY, Th.J., 1983 — Settlement pattern and settlement strategy in the Marshall islands : a reconstruction for early historic times. *In :* 15th congress Pacific Sci. Assoc., Dunedeen (Abstract).

(18) - BAINES, G.B.K. ; BEVERIDGE, P. ; MARAGOS, J. — Storms and island building at Funafuti atoll, Ellice Islands. *In :* Proc. Second Inter. Sympos. Coral Reefs 2, 1974, pp. 485-496.

(19) - STODDART, D.R. — Coral reefs and islands and catatrophic storms. *In :* STEERS, J.A. (Ed) Applied coasted geomorphology. London, Mc Millan Co, 1970, pp. 155-197.

(20) - HERNANDEZ-AVILA, M.L. ; ROBERTS, H.H. ; ROUSE, L.J. — Huricane generated waves and coastal boulder rempart formation. *In :* 3rd intern. Coral Reefs Symp. 2, 1977, pp. 72-73.

(21) - RAVAULT, F. — *Structures foncières et économie du coprah dans l'archipel des Tuamotu.* Papeete, Centre ORSTOM, 1978, 151 pages.

(22) - COPPENRATH, Mgr M. — Tenararo. *Journal de la Société des Océanistes*, Tome XXXVIII, n° 74-75, 1982, p. 241-252.

(23) - OTTINO, P. Rangiroa — *Parentée étendue, résidence et terres dans un atoll polynésien.* Paris, Cujas, 1972, 530 p.

(24) - RANSON, G. 1953. Restauration des bancs d'huîtres perlières dans les établissements français de l'Océanie. *Bull. Pacifique Sud* (Nouméa), 5 (3), Juillet 1953, p. 58-65.

(25) - COMMISSION DU PACIFIQUE SUD. Nouméa. — *Comité d'experts sur la ciguatera, Suva (Fidji). 26 février 1981. Rapport de conférence.* Nouméa (Nouvelle-Calédonie), 1981, 26 p.

(26) - UNESCO/UNFPA. — *The hurricane hazard : Natural disaster and small populations.* Canberra, Australian National University for Unesco, 1977 (Island Report. 1).
  a) BROOKFIELS, H.C. Editorial introduction, pp.1-8.
  b) MC LEAN, R.F. The hurricane hazard in the eastern islands of Fiji : an historical analysis, pp. 9-63.
  c) BAYLISS-SMITH, T.P. Hurricane Val in north Lakeba : the view from 1975, pp. 65-97.
  d) BROOKFIELD, M. Hurricane Val and its aftermath : report on an inquiry among the people of Lakeda in 1976, pp. 99-147.
  e) CAMPBELL, J.R. Hurricanes in Kabara, pp. 149-175.

(27) - ROUGERIE, F. ; MAREC, L. ; GOURIOU, Y. — *Caractéristiques hydroclimatiques de la zone marine de Polynésie française pendant l'année 1979.* Papeete, centre ORSTOM, novembre 1980, 64 p., 38 fig. (Notes et documents d'océanographie, 1980/28.)
  ROUGERIE, F. ; MAREC, L. ; GOURIOU, Y. — *Caractéristiques hydroclimatiques de la zone marin polynésienne pendant l'année 1980.* Papeete, centre ORSTOM, juillet 1981, 72 p., 9 fig. (Notes et documents d'océanographie. 1981/13.)
  ROUGERIE, F. ; MAREC, L. ; PICARD E.P. — *Caractéristiques hydroclimatiques de la zone marine polynésienne pendant l'année 1981.* Papeete, centre ORSTOM, 1982, 74 pages, 10 figures (Notes et documents d'océanographie. 1982/18.)

(28) - O'BRIEN, J.J. ; BUSALACCHI, J.A. ; KINDLE, J. — Ocean models of El Niño. *In :* GLANTZ, M.H. ; THOMPSON, J.D. (Eds). Ressource management and Environmental Uncertainty. New York, Wiley Interscienne, 1981, pp. 159-212.

(29) - GONELLA, J. — Océanographie dynamique. Les courants d'inertie du voisinage de l'Equateur et leur structure zonale. *C.R. Académie des Sciences* (Paris), série II, tome 297, 14 novembre 1983, p. 721-724.

(30) - BJERKNES, J. — Atmospheric teleconnections from the equatorial Pacific. *Monthly weather Review,* 97, (169) p. 163-172.

(31) - WYRTKI, K. — El Niño. The dynamic response of the Equatorial Pacific Ocean to atmospheric forcing. *Journal of physical oceanography,* tome 5, 1975, p. 572-584.
  WYRTKI, K. — The "southern oscillation" ocean atmosphere interaction and El Niño. *Marine technology society Journal,* vol 16, 1982, p. 3-10.

(32) - RASMUSSON, E.M. ; CARPENTER, T. — Variations in tropical sea surface temperature and surface wind fields associated with the Southern Oscillation — El Niño. *Monthly Weather review,* tome 110, 1982, p. 354-384.
  RASMUSSON, E.M. ; WALLACE, J.M. — Meteorological aspects of the El Niño/Southern Oscillation. *Science,* 222, 16 décembre 1983, p. 1195-1207.

(33) - PHILANDER, S.G.H. — El Niño Southern Oscillation phenomena. *Nature,* 302, 24 mars 1983, p. 295-301.
  KAROLY, D.J. — A global picture of the Southern Oscillation. *In:* Colloquium... (voir note 2), p. 15-24.
  GODFREY, J.S. — Review of the ideas on the physical mecanism of the southern oscillation involving the oceans. *In :* Colloquium... (voir note 2), p. 27-42.

(34) - CANE, M.A. — Oceanographic events during El Niño. *Sciences,* 222, 16 décembre 1983, p. 1189-1195.
  WEARE, B.C. — Interannual variation in net heating at the surface of the tropical Pacific Ocean. *Journal of physical oceanography,* Vol. 13, may 1983, p. 873-885.
  WEARE, B.C. — El Niño and tropical Pacific Ocean surface temperatures. *Journal of physical oceanography,* Vol. 12, January 1983, p. 17-27.

(35) - CAVIEDES, C.N. — El Niño 1972. Its climatic, ecological, human and economic implications. *Geographical Review.* 1975, p. 493-509.

(36) - GLANTZ, M.J. ; THOMPSON, J.D. (Eds). — *Ressource management and environmental incertainty lessons for coastal upwelling fisheries.* New York, John Wiley and Sons, 1981, 520 p. (Wiley Interscience publication.)

(37)
  a) QUINN, W.H. — Monitoring and predicting El Niño invasions. *J. appl. Meteorol.,* 13, 1974, p. 825-830.
  b) QUINN, W.H. — Use of Southern oscillation indicès to assess the physical environment of certain tropical Pacific fisheries. *In :* Proceeding of the NMFS/EDS Workshop on climate and fisheries, Colombia (Mo), april 26-29 1976. Washington, US Dep. Com., N.O.A.A., National Mar. Fish. Serv./Environ. Data Serv., pp. 50-70.
  c) QUINN, W.H. — The 1976 El Niño and recent progress in monitoring and prediction. *In :* GOULET, J.R. Jr ; HAYNES, E.D. (Eds). Ocean variability in the U.S. fishery conservation zone, 1976. Washington, U.S. Dep. Com., NOAA, 1979, pp. 93-110 (Tech. Rep. NMFS Circ. 427).
  d) QUINN, W.H. — Monitoring and predicting short term climatic changes in the South Pacific Ocean. *Invest. Mar.* (Valparaiso), 8 (12) 1980, p. 77-114.
  e) QUINN, W.H. — The false El Niño and recent related climatic changes in the Southeast Pacific. *In :* Proceeding of the Fourth annual climatic Diagnostics Workshop, Madison (Wis.) octobre 16-18 1979. Invest. Environ. Studies (Madison) 1980, p. 223-224.
  f) QUINN, W.H. ; ZOFF, D.O. ; SHORT, K.S. ; KUOYANG, T.W. — Historical trends and statistics of the southern oscillation El Niño and Indonesian droughts. *Fishery Bulletin,* Vol. 76, 1978, p. 663-678.
  g) QUINN, W.H. ; NEAL, V.T. — Long term variations in the southern oscillation El Niño and chilean subtropical Rainfall. *Fishery Bulletin,* 81 (2) 1983, p. 363-374.

(38) - RAMAGE, C.S. On predicting El Niño. *In :* GLANTZ, M.H. ; THOMPSON, J.D. (Eds). Ressource Management and Environmental Uncertainty. Lessons from Coastal Upwelling fisheries. New York, Wiley Interscience, 1981, pp. 439-448.

(39) - STODDART, D.R. ; WALSH, R.P.D. — Environmental variability and environmental extremes on factors in the island ecosystem. *In:* 13th Pacific Science Congress, Vancouver 1975 (Abstract).

(40) - BAYLISS-SMITH, T. — Atoll Productions systems : limits to growth ? *In :* 15th Congress Pacific Sci. Assoc., Dunedeen, 1983 (Abstract).

(41) - BRIDGMANN, H.A. — Could climatic change have influenced the Polynesian migrations ? *In :* 15th Congress Pacific Sci. Assoc., Dunedeen, 1983 (Abstract).

(42) - GRANT, P. — Recently incrated storminess and its effects on the north island. New Zealand in the perspectives of time and space. *In :* 15th Congress Pacific Sci. Assoc., Dunedeen, 1983 (Abstract).

1984

Mots clés : Cyclones, Fœhn, Oscillation méridionale El Niño, Atolls, Polynésie française, Tuamotu.

Résumé : L'été austral 1982-1983 a été marqué en Polynésie française par six cyclones ayant ravagé les Tuamotu et les îles de la Société. Les effets de ces phénomènes sur les établissements humains et les communautés biologiques soulignent l'instabilité chronique de la vie sur les atolls tout au long de la période protohistorique. Le système hydroclimatique de « l'ondulation méridionale El Niño » fournit l'explication globale de ces phénomènes et permet même d'en faire des prévisions plausibles à court terme.

Title: *1982-1983 AUSTRAL SUMMER HURRICANES IN FRENCH POLYNESIA: CLIMATIC THRESHOLDS AND VIABILITY OF THE SMALL ISLANDS.*

Key-words : Hurricanes, Fœhn, El Niño Southern Oscillation, Atolls, French Polynesia, Tuamotu.

Abstract: *Six strong hurricanes blasted Tuamotu and Society islands during the 1982-1983 Austral Summer. Heavy destructions, not only on the human settlements but also on the coral reefs and lagoons communities, underlined atolls lack of stability during the last millenium. "El Niño Southern oscillation" system integrates such unusual phenomenon. It will be possible to give short term probabilities by monitoring the hydroclimaties datas on the Southern Equatorial belt.*

LES ILES, LABORATOIRES NATURELS

Spécificité et contraintes biologiques des milieux insulaires

Recteur Renaud PAULIAN

Le domaine d'action de la SEPANRIT qui, par un choix délibéré, recouvre les régions inter-tropicales d'expression française, présente un caractère profondément insulaire avec les Antilles, les Mascareignes, la Mélanésie et la Polynésie étendues comme une ceinture autour de la Terre.

La première question à laquelle les protecteurs de la Nature, réunis sous l'égide de la SEPANRIT, ont à répondre est celle de savoir dans quelle mesure le domaine insulaire possède une spécificité écologique.

Les îles ne sont elles que des fragments de continents, soumis aux mêmes lois que ceux-ci, où ont-elles des particularités qui les distinguent des masses continentales et qui justifient une attention, des recherches et des approches particulières ?

Ce sont cette spécificité, ces particularités, que nous voudrions mettre en lumière ici, en montrant qu'elles font des îles de véritables laboratoires naturels, d'un intérêt exceptionnel.

Rappelons que l'étude des problèmes biologiques posés par les îles, et singulièrement par les îles tropicales, a été marquée par trois grands moments de l'histoire de l'Homme.

Dans la seconde moitié du XVIIIe siècle, avec le siècle des Lumières et la découverte, par l'Europe cultivée, du monde océanien, les îles ont fourni l'image d'un univers paradisiaque où fleurs, soleil, poissons, accueil souriant et vie simple recréent l'âge d'or, cette période idyllique dont les philosophies de l'époque postulaient l'existence avant que l'humanité n'ait été gâtée par les idées de profit et de rendement. Cette image est encore profondément gravée dans la littérature comme dans la pensée subconsciente contemporaine, et n'a pu être effacée par la connaissance ultérieure de la réalité médicale et de la vérité sociale.

La remarquable iconographie qui accompagnait les récits des découvreurs, la passion que l'époque portait aux Sciences de la Nature, sans doute aussi le souvenir encore très vivant des famines accompagnant les hivers très froids du début du siècle en Europe occidentale, et la mode du retour à la vie simple, ont, chacun pour sa part, contribué à donner à cette interprétation partielle, et partiale, de la vérité une exceptionnelle force de conviction.

Au milieu du XIXe siècle, l'étude scientifique des îles et des archipels menée, entre autres, par Darwin aux Galapagos et par Wallace dans l'archipel malais, a révélé l'originalité du milieu insulaire tropical et a montré que sa connaissance pouvait éclairer bien des problèmes posés par l'histoire de la Terre. Mais les biologistes en étaient alors à la phase du premier inventaire des formes vivantes et les problèmes spécifiques des îles ne se dégageaient pas clairement d'études encore esentiellement descriptives.

Enfin, au milieu du XXe siècle, la Seconde Guerre Mondiale fait découvrir à une élite de chercheurs américains, ignorants jusque là du monde tropical et appelés à servir dans le Pacifique, les aspects complexes et souvent contradictoires du monde insulaire pacifique. Ces chercheurs ont été brusquement projetés dans un milieu dont les difficultés et l'hostilité étaient exacerbées par le voisinage d'un ennemi acharné et mieux qu'eux préparé à survivre dans ces conditions particulières. Ils ne pouvaient plus, dans ces conditions, se contenter d'une vision passive, statique en quelque sorte, du monde nouveau qui les entourait et leur curiosité, éveillée, a donné naissance à un effort de recherche organisée d'une ampleur exceptionnelle, poursuivi bien après la fin des hostilités qui l'ont fait naître.

Ces recherches occupent les quinze années qui suivent la défaite japonaise, si bien qu'au Dixième Congrès Scientifique du Pacifique, tenu à Honolulu en 1961, Fosberg peut tenter de proposer une définition synthétique des écosystèmes insulaires tropicaux et de la place que l'homme y tient.

Les quelques lignes de sa définition vont devenir la base de toute réflexion sur l'écologie des îles du Pacifique et sont souvent étendues aux autres domaines insulaires tropicaux :

"quelques-unes des caractéristiques les plus significatives de l'écosystème insulaire sont l'isolement relatif, la dimension limitée (l'espace disponible limité), la limitation ou même l'absence de certaines autres ressources, la limitation de la diversité biologique, la faible concurrence interspécifique, la protection contre la concurrence extérieure et, ce qui en découle, la conservation de formes archaïques, bizarres ou, éventuellement même, mal adaptées, une tendance à la constance climatique, une extrême fragilité ou une tendance à une grande instabilité quand l'isolement est rompu, et une tendance à une croissance très rapide de l'entropie lorsque le changement s'établit."

Ce texte, dans sa précision, peut sembler définir avec netteté les particularités des écosystèmes insulaires (encore que Fosberg emploie le singulier et parle de "l'écosystème insulaire", ce qui n'est pas exactement la même chose) et, par là, l'univers insulaire du Pacifique. Il se résume en deux termes :

limitation des ressources,
fragilité.

C'est déjà là de quoi alerter les protecteurs de la Nature.

Mais une lecture plus attentive dégage le caractère composite, artificiel, de ce catalogue. Il place sur le même plan des facteurs physiques élémentaires et indépendants les uns des autres, des facteurs primaires en quelque sorte, tels que la dimension, l'éloignement (l'isolement), et des facteurs secondaires qui découlent inévitablement de ceux-ci (l'atténuation des variations climatiques et la limitation des ressources naturelles) ; enfin il introduit des facteurs qui peuvent être induits par les uns ou les autres (la faiblesse de la concurrence vitale).

Une seconde remarque s'impose ; Fosberg, généralisant à l'excès, semble-t-il, les caractéristiques des atolls et des autres îles basses - qui, pour être fort importantes ne sont cependant qu'une partie du domaine insulaire - insiste beaucoup sur la faiblesse de la diversité organique des îles, assimilant diversité spécifique et variabilité écologique d'une part, îles basses et îles hautes de l'autre.

Pour toutes ces raisons il s'avère indispensable, si l'on veut conserver les propositions de Fosberg, de les reprendre en les ordonnant et les illustrant d'exemples, en y introduisant une véritable hiérarchie et en en éclairant les rôles respectifs.

C'est ce que nous allons tenter de faire ici en examinant successivement les caractères primaires, puis les caractères induits par ceux-ci.

Les écosystèmes insulaires tropicaux sont caractérisés par leurs dimensions réduites

En laissant de côté l'archipel malais, dont le caractère continental est, pour l'essentiel, bien connu, on peut reconnaître :

trois îles dont la surface dépasse 100 000 Km² et qui ont un certain caractère continental :
Madagascar 587 000 Km²
la Nouvelle-Zélande (archipel il est vrai, mais très compact) 270 000 Km²
Cuba 114 524 Km²
une île dont la surface est comprise entre 100 000 Km² et 50 000 Km² :
Hispaniola 76 150 Km²
et quatre îles d'environ 10 000 Km² :
la Nouvelle-Calédonie 17 000 Km²
la Jamaïque 11 434 Km²
l'île de Hawaii dans l'archipel du même nom 10 478 Km²
Porto Rico 8 897 Km².

Toutes les autres îles, c'est-à-dire la quasi totalité du domaine insulaire intertropical, n'atteignent pas une surface unitaire de 3 000 Km², et parmi elles, toute une poussière d'îles ne dépassent pas quelques dizaines de kilomètres carrés.

Le domaine insulaire intertropical est donc bien formé, dans son ensemble, d'unités de très faible surface.

Les écosystèmes insulaires sont caractérisés par leur isolement

Parmi ces îles, certaines sont à plus de 3000 Km de la terre la plus proche et des distances de l'ordre de 500 Km sont très fréquentes.

Ces deux premières caractéristiques : dimensions restreintes et isolement marqué, ont une première conséquence dans le domaine climatique. L'environnement marin de ces petites terres isolées entraîne un amortissement des variations des températures, tant journalières qu'annuelles. Le climat des îles sera plus tempéré et plus constant que le climat des masses continentales placées sous les mêmes latitudes. Malgré l'environnement marin cependant, et en partie de son fait, parce qu'il induit des courants aériens réguliers, les îles hautes peuvent offrir une fort grande variété de climats, atteignant parfois des types extrêmes, tant d'humidité que de sécheresse.

Reprenant les deux premiers caractères du domaine insulaire : dimensions restreintes et éloignement, nous pouvons en déduire certains caractères quant à la richesse de ses écosystèmes et quant à l'originalité des éléments qui les peuplent.

I - LA RICHESSE FAUNISTIQUE ET FLORISTIQUE DES ECOSYSTEMES INSULAIRES

Les relations mathématiques générales établies par Preston entre la richesse faunistique et la surface d'un territoire donné ont été appliquées et affinées par Mac Arthur et Wilson au domaine insulaire.

Elles établissent que tant les populations animales et végétales que les écosystèmes eux-mêmes seront pauvres dans les îles et d'autant plus pauvres que ces îles seront moins étendues.

La relation de base est de forme :
$$S = CA^z$$

où **S** représente le nombre d'espèces occupant une surface **A** ; **C** est une constante dépendant du groupe systématique considéré et de la région étudiée, **Z** est un coefficient dont la valeur mesurée se situe entre 0,20 et 0,35 et qui serait théoriquement de O,27 pour une distribution parfaitement log-normale.

Notons que les valeurs de **C** sont en gros comprises entre 3 et 1O. Ainsi, dans le cas des Amphibiens et des Reptiles des Petites Antilles, **C** est de 5 (c'est à dire qu'à une réduction des aires de 10 fois correspond une réduction de la faune de moitié).

Bien évidemment une telle relation ne peut s'appliquer, qu'entre des îles appartenant à la même unité biogéographique et ayant eu une histoire sensiblement commune.

Cette première réserve, pour essentielle qu'elle soit, ne suffit cependant pas. Encore faut-il que ces îles soient soumises au même type général de climat et qu'elles aient des reliefs comparables.

La première de ces réserves prend tout son sens lorsque l'on étudie les îles d'un même archipel qui doit à sa position géographique, étalée en longitude ou en latitude, d'offrir un large éventail de climats.

L'exemple des îles Canaries est fort éloquent : on ne peut pas valablement comparer, en les ramenant aux seules surfaces, les faunes des îles orientales subdésertiques de Lanzarote et de Fueteventura, et celle des îles occidentales, beaucoup plus humides, de Gomera et de Hierro. L'ampleur des différences climatiques masque en effet le rôle des surfaces, comme celui du relief.

La seconde réserve tient à ce que l'on peut opposer schématiquement deux types d'îles, particulièrement en région tropicale, les îles basses et les îles hautes.

Les premières sont formées de bancs de sable (cayes) ou d'anneaux coralliens entourant un lagon (atolls) ou encore de tables coralliennes soulevées au-dessus du niveau des hautes mers. Elles sont caractérisées par l'uniformité de leur végétation, par leur relative sécheresse et, même lorsque leur faune terrestre paraît abondante du fait des concentrations d'oiseaux ou de tortues, elle est marquée par une très grande uniformité. Ces îles basses sont, en outre, balayées de façon particulièrement brutale et relativement fréquente par des cyclones.

Les secondes peuvent être formées de fragments de socle ancien (les Seychelles par exemple) ou être nées d'éruptions volcaniques, en général pliocènes ou pleistocènes (Sainte Hélène, les Mascareignes, les Hawaii entrent dans cette catégorie). Elles sont caractérisées par des reliefs escarpés, souvent très brutaux, ainsi la Réunion, avec une surface de 2 500 Km² a un sommet de plus de 3 000m. Ces reliefs définissent en général un versant au Vent et un versant sous le Vent, à climats contrastés.

Les effets combinés du relief et de l'opposition climatique entre deux faces opposées entraînent une diversification souvent très grande des milieux biologiques ,et par suite des écosystèmes. Mais, s'exerçant sur une surface limitée, cette fragmentation du terrain aboutit à réduire encore davantage les surfaces des écosystèmes unitaires. On assiste ainsi à un double mouvement en apparence contradictoire : une diversification accrue, qui devrait entraîner un important enrichissement, et une sérieuse réduction des surfaces des diverses unités biologiques, qui a un effet fortement appauvrissant. Indirectement, l'établissement d'unités écologiques de dimensions très réduites a pour conséquence, comme nous le verrons plus loin, d'accroître sensiblement la fragilité de chacun de ces écosystèmes.

Même avec ces réserves de caractère général, l'application des relations quantitatives établies par Preston, Mac Arthur et Wilson ne rend pas compte de tous les cas.

D'une part, s'il est exact, comme le rappelle Darlington, qu'il n'y a pas de valeur absolue d'une surface limite au dessus de laquelle les îles ont une faune continentale complète, tandis qu'au-dessous de cette limite, la faune est brutalement réduite, il n'en reste pas moins qu'au-dessous d'une surface unitaire de l'ordre de 2 ou 3 Km² la réduction de la surface ne semble plus avoir d'action sur l'importance de la faune ou de la flore. A ce niveau, qui intéresse un très grand nombre d'îles, la courbe représentative des relations entre surface et richesse biologique présente une discontinuité et est en plateau pour toutes les très faibles surfaces.

Tout se passe comme si, **au-dessous d'une certaine surface,** il ne peut s'établir qu'un type de faune banal et pauvre, indifférent à un changement dans la surface offerte.

Une seconde exception, qui n'intéresse pas directement les îles tropicales, mais dont la portée théorique justifie qu'elle soit relevée ici, est offerte par les îles subantarctiques.

Gressitt a montré en effet que la faune de ces îles, toutes choses égales d'ailleurs, ne variait pas avec la surface. La rudesse du climat semble avoir une action plus importante que n'en a la surface pour la détermination de la richesse de la faune et de la flore, et elle impose une forte uniformisation.

Il n'est pas exclu que des phénomènes comparables ne jouent dans certaines îles tropicales.

Enfin, si la relation entre la surface et la richesse spécifique reste vraie pour les îles considérées dans leur ensemble, cette relation n'est plus applicable à certains écosystèmes particuliers des îles tropicales hautes. On observe, en effet, dans certains cas, une spéciation explosive - ou rayonnante - affectant certains groupes beaucoup plus massivement que ce n'est le cas dans les stations continentales comparables.

Ceci amène à introduire, dans l'analyse des caractéristiques des écosystèmes insulaires une double échelle des temps :

d'une part, nous l'indiquions plus haut, l'échelle des temps absolus, géologiques. La comparaison entre îles différentes suppose que celles-ci aient des histoires semblables, sinon identiques, ou que nous puissions apprécier les différences d'âge entre deux systèmes avec une précision suffisante, et en tenir compte dans l'analyse ;

d'autre part, nous ne pouvons valablement comparer les divers groupes zoologiques peuplant des systèmes insulaires différents que si ces groupes se trouvent au même moment de leur évolution biologique, de leur histoire évolutive particulière.

Les divergences que l'on observe entre groupes d'îles peuvent tenir, en effet, à ce que tel groupe peuplant les divers éléments du système est ici en phase de diversification et là en phase de régression, voire même d'extinction.

II -RICHESSE SPECIFIQUE ET ENDEMISME

La relation entre richesse et surface s'applique aussi à l'endémisme. Comme la richesse, l'endémisme est très fortement dépendant à la fois de la surface disponible et de la variété des milieux écologiques disponibles. Les courbes représentatives de ces deux relations sont surperposables.

Nous ne savons cependant pas si l'effet de surface est direct ou s'il n'agit qu'à travers la diversité qu'il induit sans la déterminer avec précision. C'est l'un des problèmes dont la solution relève d'études statistiques, tant théoriques qu'appliquées.

Le second des facteurs des facteurs pesant, toutes choses égales d'ailleurs, sur la richesse et sur la diversité spécifiques, comme sur l'endémisme, des écosystèmes insulaires, est leur isolement.

S'il est possible d'utiliser une relation quantitative précise pour définir les rapports existant entre richesse et surface, au prix d'un certain nombre de réserves, il n'en va pas de même entre isolement et richesse. Trop d'autres facteurs : surface, variété des milieux offerts, histoire, relief, mais aussi régimes des courants et des vents, modulent les chances d'arrivée accidentelle sur un territoire insulaire isolé donné, comme les chances d'installation et de survie, pour permettre de proposer une relation simple.

En se limitant cependant à des groupes d'îles aussi homogènes que possible, Mac Arthur et Wilson ont pu proposer une relation linéaire entre la distance séparant l'île de la zone de départ des éléments qui la peuplent, et le logarithme du nombre des espèces installées sur l'île.

Les deux relations ainsi établies entre distance, surface et richesse doivent être considérées comme s'appliquant en situation d'équilibre entre les introductions et les extinctions. Elles supposent donc que, dans la majorité des cas, les systèmes insulaires actuels se trouvent dans cette situation d'équilibre, ce qui, à son tour, implique que les situations d'équilibre, doivent être durables et non momentanées.

Si nous passons de la réflexion purement théorique et mathématique sur l'établissement de cet équilibre entre arrivées et disparitions, à l'étude des cas concrets, nous constatons que nous ne disposons que de peu de situations permettant d'analyser avec certitude le jeu de l'un ou de l'autre de ces mécanismes.

Aussi, la reconstitution de la flore et de la faune d'un territoire dévasté par un cataclysme naturel revêt-elle un intérêt exceptionnel.

Diverses études de ce genre pourraient être citées ici et il est bon de rappeler qu'actuellement une équipe de botanistes suit la reconstitution du couvert végétal du volcan de la Soufrière à la Guadeloupe, à la suite de l'éruption de 1978.

Le travail le plus complet est celui qui a été consacré à la reconstitution de la flore et de la faune des îles du groupe du Krakatau.

On sait qu'un cataclysme d'une ampleur tout à fait exceptionnelle détruisit en 1883 pratiquement toute vie sur ces petites îles de l'archipel malais. Une éruption volcanique les recouvrit en effet d'une épaisse couche de cendres brûlantes.

Depuis cette destruction, six inventaires successifs de la végétation se sont échelonnés de 1886 à 1934. Les résultats de ces inventaires sont donnés dans le tableau ci-dessous :

Reconstitution de la flore des îles Krakatau

Groupe	Nombres d'espèces observées					
	1886	1897	1908	1920	1928	1934
Dicotylédones	11	35	83	106	123	153
Monocotylédones	11	16	19	42	47	64
Ptéridophytes	4	13	12	35	42	52
Gymnospermes	0	0	1	1	2	2
Total	26	64	115	184	214	271

Ainsi, au cours des cinquante et une années qui ont suivi sa totale destruction, la flore des Krakatau a montré une progressive reconstruction. Malgré la proximité des autres îles de l'archipel malais, la reconstitution, continue, a été très lente et, malgré l'apparente facilité d'une recolonisation par le vent et par les courants, l'équilibre est très loin d'avoir été atteint.

Quoiqu'il en soit de la vitesse de colonisation d'une place vide, en l'absence de données historiques précises, les naturalistes ont coutume de considérer les îles qu'ils étudient comme ayant atteint une situation d'équilibre entre les arrivées et les disparitions, seul moyen de comparer valablement les faunes et les flores de ces îles entres elles.

S'il est difficile d'envisager une autre approche, du moins doit-on formuler un certain nombre de réserves.

La première est qu'il faut que l'action déséquilibrante de l'homme, soit directe, soit par l'intermédiaire de l'un ou de l'autre des constituants du cortège animal et végétal qui accompagne tous ses déplacements, ne se soit pas fait sentir de façon trop marquée. Nous connaissons un certain nombre d'exemples de cette action atteignant des limites catastrophiques, tels ceux des îles Ascencion et Sainte hélène dans l'Océan Atlantique. Mais dans bien d'autres cas l'action de l'homme, moins visible, n'en a pas moins détruit tout équilibre naturel.

La seconde réserve est que l'île n'ait pas subi de catastrophes naturelles relativement récentes qui, antérieures à la période historique, nous seraient demeurées inconnues. Et il ne faut pas oublier que tant pour le Nouveau Monde que pour le Pacifique, l'époque historique ne débute qu'avec le XVIᵉ siècle.

Une comparaison entre les faunes entomologiques de la Guadeloupe et de la Martinique nous permet de montrer l'importance de ces catastrophes antérieures à la période historique. Avec des surfaces, des reliefs et des climats comparables, appartenant au même système insulaire, les deux principales Antilles françaises ont des faunes entomolgiques très différentes, celle de la Guadeloupe étant incomparablement plus riche et plus diversifiée que ne l'est celle de la Martinique. Or nous savons par un ensemble de recherches récentes, qu'au cours du Quaternaire, des émissions répétées de cendres volcaniques ont, à plusieurs reprises, recouvert différents secteurs de la Martinique ; l'éruption historique de la Montagne Pelée en 1902 nous a appris que ces éruptions s'accompagnaient d'émissions violentes de gaz à très haute température, ayant un très fort pouvoir de destruction. Les éruptions de la Soufrière ont des effets beaucoup plus limités et plus localisés. Il ne semble pas invraisemblable, dans ces conditions que la pauvreté actuelle de la faune entomologique de là Martinique ne soit que le reflet de ces destructions répétées et non encore compensées par de nouvelles arrivées.

Cet exemple nous montre avec quelle prudence nous devons utiliser les résultats des études de faunisitique ou de floristique insulaires, et combien les comparaisons entre îles sont délicates à mener à bien.

III - CARACTERES DE L'ENDEMISME INSULAIRE

Les endémiques insulaires, comme ceux que l'on observe dans les régions continentales, peuvent se répartir en deux catégories distinctes :

a) des endémiques appartenant à de très anciennes lignées qui semblent avoir disparu ailleurs depuis plus ou moins longtemps. On parle de **reliques.** L'isolement insulaire favorise la conservation de telles formes. L'un des exemples classiques, mais de loin pas le seul, est celui des Ratites, ces oiseaux privés du pouvoir de vol, souvent géants, qui subistent en quelques espèces en Amérique du sud, en Afrique et en Australie, mais qui comptaient de nombreuses espèces en Nouvelle-Zélande et à Madagascar et étaient représentés aussi en Nouvelle-Calédonie, trois territoires isolés depuis le Crétacé. Ces formes n'ont en général pas survécu à l'irruption de l'homme dans leur habitat jusque là protégé, mais elles paraissent avoir été en voie d'extinction dès avant cette arrivée.

Bien d'autres exemples d'endémiques reliques insulaires sont connus, en particulier parmi les Vertébrés. Citons simplement ici le *Hatteria* de Nouvelle-Zélande, le Kagou de Nouvelle-Calédonie, le *Solenodon* de Cuba, les *Tenrecidae, Nesomyinae,* Viverridés et Lémuriens de Madagascar, pour nous en tenir aux plus connus.

S'il est plus difficile de vérifier le caractère de relique des endémiques observés parmi les Invertébrés, cela tient à ce que leur histoire paléontologique est beaucoup plus mal connue et que leurs lignées sont en général beaucoup plus anciennes.

Ces endémiques reliques sont, par définition, des endémiques par conservation ; il ne faudrait pas croire, pour autant, qu'ils sont nécessairement restés identiques à la forme pionnière qui leur a permis de s'établir dans l'île où ils vivent actuellement.

Ils ont, très souvent, subi d'importantes évolutions après leur isolement et sont fréquemment atteints d'hypertélie. L'allongement du museau avec la réduction de la denture du *Viverridae* malgache *Eupleres,* devenu mangeur de Vers et d'Insectes, l'allongement démesuré d'un doigt et des oreilles des *Daubentonia,* Lémuriens malgaches, eux aussi largement insectivores, le gigantisme des Lémuriens malgaches subfossiles, nous fournissent de bons exemples de ces évolutions hypertéliques.

Par ce pouvoir d'évolution, les endémiques reliques se rapprochent des néoendémiques formés par la simple évolution sur place de formes à plus ou moins vaste distribution extérieure au domaine insulaire.

b) des éléments, dérivant directement de formes vivant ailleurs et ayant atteint, par une évolution sur place, au rang de taxon individualisé correspondent aux néoendémiques, beaucoup plus nombreux et beaucoup plus largement répandus que les endémiques reliques ne le sont. Si cette seconde catégorie d'endémiques diffère des endémiques reliques par le fait que les formes dont ils dérivent existent encore dans le monde environnant, elle montre, comme eux, toute une gamme de très larges évolutions aboutissant à les distinguer de façon parfois très marquée de leur souche originelle.

La distinction entre endémiques reliques et néoendémiques a une grande importance pour l'étude de l'histoire du peuplement des îles. Mais il est bien évident que les mêmes mécanismes d'évolution s'appliquent également aux deux catégories : il est donc possible de chercher à mettre en évidence d'éventuelles manifestations particulières de l'évolution due à l'habitat insulaire.

Dans une telle analyse, il faut distinguer entre ce qui pourrait être considéré comme un véritable "effet insulaire" tenant à la seule insularité et se retrouvant, peu ou prou dans toutes les populations insulaires, et l'effet de caractéristiques particulières de tel ou tel autre système insulaire.

Dans le premier cas, les caractères seraient de véritables réponses au fait insulaire, dans le second, les caractères seront aussi variables qu'il y a de types d'îles et de groupes zoologiques ; ils feront alors la joie des collectionneurs et des systématiciens mais ne permettront que d'étendre le catalogue, toujours incomplet, des formes vivantes et n'aident pas à la définition d'évolutions préférentielles.

Au cours des premiers inventaires des faunes et des flores insulaires, au XIXe siècle, deux caractères ont été retenus comme des réponses à l'"effet insulaire" et ont apporté une contribution importante à la construction de la pensée transformiste.

Ces deux traits sont le nanisme et la perte du pouvoir du vol.

Le nanisme (l'exemple classique en est celui des éléphants nains de Malte, mais aussi ceux des Poneys des Shetlands et des races de petite taille des Chevaux d'autres îles de l'Atlantique, et de plusieurs autres races naines de Mammifères domestiques insulaires) était considéré comme la réponse à une situation de pénurie critique et chronique : pas assez d'espace et pas assez de nourriture.

La perte du pouvoir du vol (et la notion d'aptérisme insulaire est si bien établie qu'aucune étude de faunistique insulaire n'omet d'inclure un chapitre consacré à l'évaluation de l'importance de l'aptérisme dans la population étudiée) était rattaché à l'effet nuisible que le vol pouvait avoir pour la survie d'une population occupant un territoire peu étendu et entouré d'eau de toutes parts, battu par les vents. Dans cette optique, des généticiens sont allés jusqu'à comparer les taux de survie de deux populations de Drosophile, l'une volant et l'autre ne volant pas, lâchées sur le littoral ; ils ont montré que la forme qui ne volait pas survivait mieux que l'autre.

Certains auteurs, cependant, ont rappelé que des formes aptères se trouvaient en proportions appréciables en d'autres milieux : en haute montagne d'abord, mais les stations de haute montagne ont un certain caractère insulaire, mais aussi dans les grottes et dans le sol. Ils ont alors pensé que la perte du pouvoir du vol était la conséquence d'une modification de la physiologie de l'espèce, liée aux caractères physiques des milieux habités, et non à l'insularité en soi. L'humidité élevée, la constance des températures ont été invoquées pour expliquer la perte du pouvoir du vol.

Quoiqu'il en soit des explications, il est certain que la perte du pouvoir du vol affecte de façon marquée tant les faunes insulaires que les faunes de haute montagne ; mais un examen rapide de la distribution de ce caractère dans les populations insulaires et montagnardes des divers groupes normalement ailés va nous montrer l'extrême complexité du phénomène.

C'est ainsi que l'on ne connaît aucune Chauve-Souris incapable de voler. Parmi les oiseaux, la perte du vol caractérise l'ensemble des Ratites, qui sont aussi bien continentaux qu'insulaires, mais aussi de nombreuses lignées de Carinates insulaires, en particulier parmi les Rallides, les Perroquets et les Pigeons (auxquels se rattachent les Raphides des Mascareignes). Mais cette tendance, évidente dans les îles tropicales et tempérées, ne se retrouve pas dans les îles antarctiques (à l'exception, bien entendu du grand groupe des Manchots dont tous les représentants sont incapables de voler), et pas davantage dans la faune de haute montagne.

Parmi les Insectes, les Lépidoptères et les Diptères des îles subantarctiques et des hautes montagnes donnent naissance à de nombreuses formes incapables de voler, mais pas ceux des îles tropicales, sauf sur quelques sommets élevés. Les formes aptères de Diptères que l'on rencontre, en dehors de cela, dans les îles tropicales, appartiennent à des groupes comme les Phorides qui donnent naissance à des formes aptères dans les milieux continentaux les plus divers.

Les Névroptères fournissent, aux îles Hawaii, et là seulement, un contingent de formes ayant perdu le pouvoir du vol. Mais ils constituent un cas isolé et d'une très grande portée générale. En efet, les Névroptères Hawaïens incapables de voler montrent une profonde transformation de leurs ailes antérieures en un étui corné couvert d'épines ou d'autres phanères et évoquant les élytres de l'ordre voisin des Coléoptères. Il ne s'agit plus, dans leur cas, de la perte d'une fonction mais de l'acquisition d'une fonction nouvelle.

Les Coléoptères, enfin - mais que ne peut-on attendre de cet ordre immense et infiniment diversifié - montrent une tendance à la perte du vol dans les îles tropicales, tempérées et subantarctiques, mais aussi dans les hautes montagnes, les grottes, la zone intertidale et le sol. C'est dans ce groupe que l'on observe le plus large éventail de types de réduction du pouvoir du vol.

Ce rapide survol suffit à établir sa complexité et à montrer que l'on ne peut retenir l'équation :

aptérisme = vie insulaire

Nous savons aussi, depuis les études de l'école de R. Jeannel sur les faunes cavernicoles, que la perte du pouvoir du vol, parfois associée à la perte de la vue, est liée, tantôt à une dégénérescence des muscles du vol (dégénérescence qui peut ne se manifester qu'à un moment particulier de la vie de l'Insecte adulte ou même n'être que temporaire et réversible),tantôt à une atrophie plus ou moins marquée de la membrane alaire, tantôt à une combinaison de ces deux phénomènes. Nous savons aussi que l'atrophie de l'appareil du vol peut se manifester dès le stade nymphal, ou au contraire se limiter à l'état adulte et enfin que dans certains cas elle est accompagnée d'une profonde modification de l'exosquelette thoracique et d'une coaptation étroite entre les deux élytres qui sont alors soudés entre eux.

Enfin l'étude des Hémiptères aquatiques gymnocérates et de certains Coléoptères Curculionides, montrant les uns et les autres un fort polymorphisme alaire, a établi le caractère héréditaire de ce type de réduction de l'appareil du vol.

Dans ces conditions, tout en reconnaissant que l'isolement insulaire peut favoriser la survie de lignées ayant perdu le pouvoir du vol, et que certains caractères climatiques du milieu insulaire peuvent favoriser cette évolution, il est impossible d'attribuer au "fait insulaire" un effet spécifique sur la perte du pouvoir du vol.

Une réflexion analogue s'impose à l'étude du "nanisme insulaire". Celui-ci présente deux aspects différents.

D'une part, en effet, il est statistiquement normal que les faunes des îles isolées montrent une proportion élevée de formes de petite taille. Ce sont en effet ces formes qui sont le plus aisément transportées par les agents du transport accidentel des espèces : vents, courants, produits manufacturés, stocks de fourrage, etc. On peut ajouter que ces formes ayant en général un cycle biologique plus court que celui des espèces de grande taille, ont de ce fait plus de chances de réussir leur établissement dans un nouvel habitat.

D'autre part, on a décrit des formes insulaires nettement plus petites que les formes continentales auxquelles on peut les rattacher. Ces formes naines ont surtout été reconnues parmi les Vertébrés occupant des îles proches d'une masse continentale de climat tempéré. Mais si ces cas sont indiscutables, la présence,dans de nombreuses îles,de formes géantes dérivant de formes continentales de plus petite taille, montre que la nanisme des formes insulaires ne peut être attribué à un "effet insulaire". Parmi ces formes géantes les exemples peut être les plus éclatants sont les Raphides des îles Mascareignes, les Dinornis et les Aepyornis de Nouvelle-Zélande et de Madagascar, les Lémuriens subfossiles de Madagascar, le Varan de Komodo, le Dynaste Hercule de la Guadeloupe.

Ce gigantisme traduit simplement la conservation, dans les îles, de formes géantes, lignées sans doute mal adaptées à la concurrence vitale dans les conditions de vie des continents. Nous savons qu'au Pleistocène de nombreuses lignées de Vertébrés,occupant diverses régions du globe,avaient atteint des dimensions considérables et se sont éteintes depuis.

Si nous écartons, tant pour le nanisme que pour l'aptérisme insulaire une intervention d'un "effet insulaire" il nous faut rechercher un autre mécanisme explicatif.

Ce mécanisme, ou plutôt ces mécanismes, ont été dégagés par Mayr et les auteurs qui l'ont suivi, à partir de deux notions, celle de la dérive génétique et celle de l'effet du fondateur.

Deux mécanismes jouent dans le peuplement d'une île.

Lorsqu'il s'agit d'une île continentale, c'est-à-dire d'une île formée par l'isolement d'un territoire jusque là réuni à une masse continentale, celle-ci, au moment de son isolement, possède une fraction de la population continentale des diverses espèces présentes. Cette fraction ne conserve qu'une partie du pool génétique total de l'espèce : elle est génétiquement appauvrie. A chaque génération, le brassage génétique n'affectera qu'une partie des allèles possédés par la population totale.

Lorsqu'il s'agit d'une île océanique, c'est-à-dire d'un territoire qui n'a jamais été en continuité avec une masse continentale et qui, en fait, est de formation plus récente que ne le sont les masses continentales voisines, le peuplement est réalisé par des apports accidentels qui, vu les difficultés des transports, ne peuvent intéresser qu'un petit nombre d'individus à chaque fois, et à la limite, par l'arrivée réussie d'une unique femelle gravide. Il est évident que la réduction du pool génétique de cet élément fondateur sera encore beaucoup plus forte qu'il ne l'est dans le cas des îles continentales.

La limitation du nombre des allèles intervenant à chaque brassage reproductif, favorise l'apparition de nouvelles combinaisons de gènes et peut permettre le maintien de certains caractères, même si la valeur de concurrence des formes résultantes est inférieure à celle dont elles dérivent, la réduction de la concurrence vitale dans les conditions de relative pauvreté du milieu insulaire favorisant cette conservation. Ainsi peuvent se dégager progressivement de nouvelles lignées et celles-ci peuvent-elles être affectées par des hypertélies fragilisantes.

Comme l'arrivée de nouveaux éléments de la même espèce, venant enrichir le pool génétique localement disponible, est d'autant moins fréquente, ou moins probable, que l'île considérée est plus isolée, cette dérive génétique sera d'autant plus accentuée que l'île sera plus isolée et les chances d'apparition d'endémîques y seront d'autant plus grandes.

Les auteurs qui ont proposé les notions de dérive génétique et d'effet du fondateur ne semblent pas avoir mesuré que ce double effet est considérablement renforcé, dans une population isolée, par le jeu synergique de deux séries de caractères portés par deux chromosomes voisins ; ils ont toujours raisonné sur les gènes considérés isolément. Cette action synergique est pourtant évidente.

Elle peut être de très grande importance. Si, en effet, tel caractère A, porté par le chromosome I n'est représenté que par un de ses allèles dans la population considérée, celle-ci manifestera ce caractère, qu'il soit favorable ou pas. Mais tel autre caractère B, porté par le chromosome II, et présent dans la population insulaire, peut favoriser, ou défavoriser, les individus porteurs du caractère A. L'absence ou la réduction du brassage génétique amplifie les effets de la dérive génétique et contribue à expliquer les évolutions insulaires hypertéliques, surprenantes au premier abord.

Bien entendu, dans la mesure où ces nouvelles combinaisons génétiques s'y trouvent prédisposées ou préadaptées, elles pourront à la fois prospérer dans les nouveaux écosystèmes isolés qui se développent dans les îles sous l'effet des changements climatiques généraux d'une part et sous celui des attaques que subissent les écosystèmes initiaux de l'autre, et donner ainsi naissance à des formes nouvelles s'éloignant profondément des types ancestraux.

En toute hypothèse, cependant, la dérive génétique et la formation d'endémiques insulaires prend du temps, ce qui nous ramène à la considération des isochronies déjà évoquée,

Beaucoup d'auteurs ont cherché à évaluer le temps nécessaire à la formation des diverses catégories systématiques utilisées par les naturalistes : classes, ordres, familles, genres et espèces.

Hennig et son école, se fondant en partie sur le fait qu'aucune classe et fort peu d'ordres sont apparus au cours des dernières périodes géologiques, ont proposé des temps très considérables pour la formation des diverses catégories envisagées.

L'étude de l'endémisme insulaire ne nous permet pas de conserver ces notions, du moins sans de très expresses réserves, pour ce qui concerne les Insectes et les Oiseaux. Rappelons cependant que les diverses écoles de naturalistes n'accordent pas le même rang à certaines divisions naturelles et que les limites que nous fixons aux genres, aux ordres, et même aux espèces ont une large part d'appréciation arbitraire.

Nous savons que certains archipels, et en particulier ceux des Mascareignes et des Hawaii ne datent que de la fin du Pliocène ou du Pleistocène (un âge d'une dizaine de millions d'années). Or nous constatons que ces archipels abritent chacun au moins une famille d'Oiseaux endémiques et de nombreux genres très tranchés d'Insectes endémiques.

D'autre part, parmi les îles qui composent ces archipels,certaines n'ont que de 1,5 à 3 millions d'années ; elles aussi abritent des genres, et bien entendu des espèces endémiques, ne se retrouvant pas dans les autres îles du même archipel. Citons ainsi à l'île Maurice, entre bien d'autres, *Nesosisyphus, Nesovinsonia, Chalcopauliania* qui sont inconnus à la Réunion ou à Rodriguez ; mais nous trouverions à la Réunion *Amneidus, Diastrophella, Morronus*, et bien d'autres, qui, à leur tour, font défaut à l'île Maurice.

Enfin, dans un archipel aussi récent que celui des Comores, où l'île la plus récente n'a que quelques dizaines de milliers d'années, un certain nombre de genres, en particulier parmi les Lépidoptères et parmi les Coléoptères, ont donné des formes vicariantes, endémiques sur chacune des îles.

Quelques cas, à la vérité exceptionnels et qu'il est toujours délicat de cerner avec précision, montrent même que la formation d'espèces peut être l'aboutissement d'une évolution portant sur un petit nombre de siècles seulement.

Nous pouvons en citer ici deux cas.

A Tristan d'Acunha, P. Viette a décrit une Noctuelle, étroitement apparentée à une forme européenne, mais sans parents dans la faune africaine. Il nous faut bien admettre que les ancêtres de la forme islaise n'ont pu être introduits sur place que par les navigateurs européens, donc à partir du XVIe siècle.

L'autre exemple est celui d'une Tenthrède malgache, strictement inféodée aux Crucifères cultivées. C'est la seule Tenthrède de la faune malgache et elle est extrêmement proche d'une forme européenne ayant la même biologie. Or la forme européenne a été introduite au Cap de Bonne Espérance et s'y est établie, sans y subir de modifications. L'introduction de l'espèce à Madagascar n'a pu avoir lieu, au plus tôt, qu'au cours du XVIe siècle, en même temps qu'étaient introduits les légumes cultivés sur lesquels elle vit.

D'autres observations, moins précises cependant, parlent dans le même sens. Ainsi, dans le Nord- Ouest de Madagascar, les lambeaux de forêts subsistant encore (mais dont la fragmentation ne remonte guère au-delà du XVIe siècle), abritent chacun une sous-espèce bien tranchée de la même espèce du genre de Scaritide *Pilades*. Enfin la comparaison entre les récoltes effectuées à trois quarts de siècle de distance dans une forêt du Sud Malgache montrent que la population d'une autre espèce de Scarite s'est sensiblement modifiée, sans que l'évolution ait atteint le niveau d'une quelconque catégorie taxonomique.

A ces phénomènes d'évolution rapide, qu'il est très important de ne pas négliger, s'opposent les cas classiques de ce que l'on a nommé les fossiles vivants, c'est-à-dire des formes, bien isolées en général, demeurées inchangées au cours de très longues périodes de temps, pouvant atteindre 70 à 100 millions d'années.

C'est assez dire que l'emploi du facteur temps est à la fois indispensable et fort malaisé, et que toute généralisation risque de méconnaître les réalités.

IV -LA FRAGILITE DES ECOSYSTEMES INSULAIRES

Depuis bien des décennies, l'attention des naturalistes a été retenue par des cas de destruction brutale d'écosystèmes naturels. Ces destructions sont particulièrement visibles, et par là sensibles, dans les écosystèmes continentaux : la désertification par salure du bas cours de l'Indus, la constitution du "bol de poussière" dans le centre sud des Etats Unis en sont de bons exemples.

Parfois, la transformation des écosystèmes naturels tient à la destruction, ou à la multiplication excessive d'une espèce : le Bison des plaines centre américaines, le Lapin en Australie , les Rhytines et certaines Baleines.

Les îles n'ont pas échappé à ce double type de destructuration.

Ainsi les Raphides et les Tortues géantes des Mascareignes ont été détruits par l'homme en un peu plus d'un siècle ; les chèvres introduites à Saint Hélène en ont pratiquement effacé la végétation native.

D'un autre côté l'occupation des îles tropicales s'est presque partout accompagnée d'une mise en culture des milieux de basse altitude, côtiers, au point qu'il est impossible, bien souvent, de retrouver trace de ces écosystèmes primitifs.

La destruction d'un écosystème peut être obtenue sans intention. Ainsi, la formation des Bois de Couleurs, tant de la Réunion que de l'île Maurice, a été exploité pour un certain nombre d'espèces qui fournissaient un excellent bois d'ébénisterie. Les surfaces étant très limitées, certaines essences ont disparu et beaucoup d'autres sont réduites aujourd'hui à quelques individus âgés, répertoriés et protégés avec soin, mais qui ne donnent plus de graînes ou dont les graînes ne germent plus et dont la disparition, du fait de quelque cyclone, ou du simple vieillissement, est chose inévitable. Ces disparitions, pourtant sélectives, ont déséquilibré les Bois de Couleurs et les ont rendus très vulnérables à la pénétration d'espèces exotiques qui ont accéléré la disparition d'autres essences au point de se substituer à elles à Rodrigue.

La destruction des écosystèmes insulaires tropicaux est donc très fortement engagée et s'accélère rapidement. Il semble bien que ces écosystèmes soient plus fragiles que la plupart des écosystèmes continentaux, qu'ils présentent une fragilité intrinsèque.

Trois causes de fragilité peuvent être invoquées pour expliquer cette particularité.

D'une part, la faible surface unitaire de la plupart des écosystèmes insulaires tropicaux rend particulièrement redoutable toute attaque et lui donne facilement un caractère irréversible. En effet, l'absence d'une "zone de réserve" d'une surface suffisante pour fournir les éléments réparateurs, s'oppose à la reconstitution de l'écosystème attaqué lorsque la cause de l'attaque vient à disparaître. Elle ne permet pas non plus une sorte de "cicatrisation" permanente accompagnant l'attaque et en limitant les effets.

D'autre part, la relative pauvreté tant en nombre d'individus qu'en diversité spécifique, de ces écosystèmes, les prive de tout mécanisme régulateur, par lequel une espèce peut venir empiéter sur le domaine d'une autre espèce et maintenir une situation d'équilibre, au prix d'un simple réajustement. Toute disparition d'un élément du dispositif risque d'entraîner la destruction du système tout entier.

Enfin, de par leur isolement prolongé et leur évolution dans des conditions de faible concurrence naturelle, et du fait des mécanismes génétiques qui ont permis leur formation, les éléments constitutifs des écosystèmes insulaires tropicaux sont mal adaptés à une concurrence ouverte et ne résistent pas à l'entrée d'éléments nouveaux formés au niveau de concurrence règnant dans les formations continentales.

Cette fragilité est telle qu'elle marque même des formations insulaires à peine séparées des aires continentales voisines ; les naturalistes qui ont étudié la flore et l'avifaune des cayes de Floride ont été frappés par le très rapide renouvellement des espèces qui les constituent et ont observé un taux de disparition très supérieur à celui que l'on observe sur le continent.

Pour le biologiste et pour le Protecteur de la Nature, à cette fragilité intrinsèque, constitutive en quelque sorte, s'ajoute, dans l'évaluation des risques et des conséquences des destructions dans les faunes insulaires, le fait que les éléments de celles-ci ont un caractère "unique", constituent une combinaison génétique qui ne se retrouve nulle part ailleurs , et appartient par conséquent à une sorte de trésor génétique unique.

La valeur des éléments constituant les écosystèmes insulaires tropicaux est encore accrue du fait que, si les écosystèmes insulaires - qui ne sont après tout que des ensembles de populations articulées les unes sur les autres dans un milieu donné de façon à constituer une unité fonctionnelle et relativement stable, au contact d'autres ensembles occupant les milieux voisins - sont par définition d'une grande fragilité, si le renouvellement de leur faune et de leur flore est, pour l'essentiel, plus rapide qu'il ne l'est sur les masses continentales voisines, si, enfin leur évolution, sous l'effet des agents extérieurs présente en général un entropie galopante, il ne faut pas oublier que, lorsque leur isolement physique est suffisant, ils sont aussi dotés d'un rôle conservateur très accentué.

Ce dernier caractère est hautement sélectif et ne touche jameais que quelques-uns des éléments formant l'écosystème considéré, parmi tous ceux qui y vivent et s'y présentent en flux ou en reflux. Il aboutit à la conservation de reliques insulaires, de types peu nombreux mais du plus haut intérêt.

*   *

*

De ce qui précède, nous pouvons conclure que les écosystèmes insulaires tropicaux, fragiles, pauvres, mais doublement originaux, par la conservation de types archaïques disparus ailleurs et par l'apparition de types nouveaux dus au jeu d'une dérive génétique dans des conditions de concurrence particulières fonctionnent bien à la manière d'un laboratoire naturel dans lequel les mécanismes généraux qui ont abouti au peuplement de la Terre et à l'interorganisation de ses différents écosystèmes, s'exercent à échelle réduite et sont donc plus accessibles à l'observation et même, étant donné leur caractère clos, à l'expérimentation.

Leur intérêt, dans ces conditions tient à leur infinie diversité, associée à une dimension en général suffisamment réduite pour qu'il soit possible d'en entreprendre une étude complète avec une précision acceptable. Elle tient aussi à ce que les phénomènes s'y déroulent à plus grande vitesse que dans les régions continentales et sont donc plus accessibles à nos observations.

D'autre part, la destruction de ces écosystèmes prive l'homme, non seulement d'une exceptionnelle possibilité d'expérimenter, mais d'un ensemble de lignées génétiques originales, dont les ressources sont loin d'avoir encore été exploitées de façon satisfaisante.

L'HOMME ET LES ECOSYSTEMES INSULAIRES TROPICAUX

Tout ce qui précède s'applique à des écosystèmes insulaires tropicaux naturels, c'est-à-dire inhabités, ou ne subissant que les premiers effets d'une occupation humaine qui, dans bien des cas, liée à l'apparition de la navigation, n'a été que tardive.

Il est cependant nécessaire d'étudier les effets de cette occupation humaine, comme aussi les effets que l'insularité peut, en retour, avoir sur le devenir des sociétés humaines, celles-ci constituant elles aussi un type d'écosystème particulier.

Voyons d'abord les conséquences de l'implantation humaine dans un univers insulaire.

Dans une première phase, l'intervention de l'homme s'est traduite par l'association d'une activié de cueillette et d'une agriculture traditionnelle, basée sur une polyculture en mosaïque, affectant une frange des systèmes naturels et, en particulier, les zones basses et humides, sans cependant les détruire et sans mordre sur la plupart des autres écosystèmes.

Mais, très rapidement, la population, enfermée dans des limites étroites, par son accroissement, puis par son insertion dans un système d'échanges à distance, a modifié son impact sur le milieu et a eu une action destructrice plus ou moins marquée sur l'ensemble des systèmes compris dans son territoire.

Cette action correspond bien à la définition de Fosberg et est marquée par une entropie rapidement croissante.

Quelques exceptions, par exemple les cocoteraies des "îles à huile" et les plantations de canne des "îles à sucre", montrent pourtant que l'homme peut substituer aux écosystèmes naturels de nouveaux systèmes, artificiels, d'une grande stabilité, en bloquant en quelque sorte la perte d'énergie progressive du milieu naturel attaqué , voire en relevant ce niveau d'énergie. La productivité de ces écosystèmes artificiels paraît relativement élevée et est stable ; l'exemple récent des vicissitudes du plan brésilien consacré au pétrole vert, montrent cependant que cette productivité se situe à un niveau qui reste modeste.

En règle générale cependant, l'action de l'homme n'a eu qu'un effet destructeur, sans contre-partie.

Cette destruction prend un triple aspect :

a) tout d'abord, des prélèvements excessifs, mais hautement sélectifs sur certaines des ressources de l'écosystème naturel ; on pense ici aux bois précieux, aux Tortues terrestres géantes, aux Raphides, à certains Perroquets et à bien d'autres Oiseaux endémiques, etc ... Cette surexploitation a entraîné la disparition de nombreuses espèces et de familles entières et le Livre Rouge de l'UICN énumère une longue liste de taxa menacés de disparition aujourd'hui encore.

b) ensuite, l'introduction, volontaire ou accidentelle, d'espèces étrangères dont la rapide multiplication, dans un milieu où elles ne rencontrent pas d'ennemis spécifiques, met en danger la survie des espèces autochtones, que les espèces introduites s'attaquent aux formes indigènes, ou consomment les mêmes ressources alimentaires qu'elles, ou occupent les mêmes stations. Ces introductions portent aussi bien sur des Plantes (l'Avocat marron, la Jacinthe d'eau, le *Leucaena,* le *Lantana,* la Gerbe d'Or, le Séneçon de Jacob et tant d'autres) que sur des Animaux (à commencer par le cortège des Rats, Souris, Chats et Chiens et à continuer par les Insectes phytophages, Mélolonthides, Cochenilles, Pucerons, Chrysomélides, par les Mollusques, tels les Achatines, et par des formes prédatrices comme les Fourmis).

Dans beaucoup d'îles tropicales certains écosystèmes ont été détruits par le jeu combiné d'éléments étrangers introduits, et constituant de nouvelles associations envahissantes : ainsi à l'île Rodriguez, l'association d'une Fourmi et de l'Avocat marron.

c) enfin, par la destruction directe ou indirecte du couvert végétal. Celle-ci peut être due à l'exploitation minière (ainsi sur roches ultrabasiques en Nouvelle-Calédonie), mais aussi à des défrichements volontaires pour une mise en culture industrielle (les labours effectués par le Pool du Lin sur les Hauts Plateaux malgaches autour d'Ambositra et ceux accompagnant le plan de culture arachidienne en Tanzanie sont devenues classiques) ou à la destruction du couvert naturel boisé par surexploitation comme bois de feu, bois d'œuvre, ou comme au Sahel, comme fourrage, ou encore par le feu associé à des techniques d'élevage ou d'agriculture, ou enfin par de grands travaux de génie civil (aéroports, routes, et l'on ne peut oublier le problème de la transamazonienne).

Cette destruction du couvert végétal entraîne la disparition du sol et la mise à nu de la roche mère d'une part ; en aval elle provoque des inondations catastrophiques, destructices à leur tour, et sur de bien plus vastes surfaces, du sol et de la végétation. Au niveau du littoral, cet apport brutal et massif d'alluvions peut stériliser les eaux côtières, souvent particulièrement riches, modifier le cours des fleuves en s'opposant à leur libre débouché dans la mer et en créant des zones lagunaires, à pathologie particulière ; un seul chiffre suffira à donner une idée de l'ampleur du phénomène : les alluvions de la Basse Betsiboka, sur la côte Ouest malgache, représentent depuis le début du siècle, des dépôts d'une épaisseur d'un mètre par an.

Enfin la destruction du couvert végétal entraîne une modification du climat local, supprimant une source constante de vapeur d'eau et accentuant les phases de sècheresse et de pluviosité. Ces modifications sont d'autant plus sensibles qu'elles uniformisent un climat se présentant dans les conditions naturelles comme une mosaïque hautement différenciée.

Il serait aisé de multiplier les exemples de destructions de milieux insulaires s'inscrivant dans les schémas que nous venons de décrire.

Mais il est très remarquable que, quelque soit l'ampleur des destructions entraînées par la présence de l'homme, elles n'aient jamais provoqué la disparition de cette présence elle-même.

Ceci revient à dire que, et quelque soit le niveau de destruction des écosystèmes naturels atteint par l'homme, celui-ci, établi dans un milieu insulaire tropical, y crée autour de lui un nouvel écosystème doté d'une remarquable durée et dont l'entropie ne doit donc pas être galopante.

Cette particularité tient, entre autres, à ce que l'établissement de l'homme dans l'île donne à la mosaïque des écosystèmes naturels initiaux une autre échelle, leur fait perdre une partie de leur individualité et tend à créer, à partir d'eux, un écosystème unique, englobant l'ensemble du territoire insulaire et dotant chacune de ses parcelles de nouvelles fonctions. Les moyens techniques de l'homme et sa mobilité naturelle l'amènent en effet à agir, directement ou indirectement, sur tous les écosystèmes naturels, à resserrer leurs liens fonctionnels, voire a créer de tels liens là où ils n'existaient pas.

Aussi, après avoir analysé les caractères et l'évolution générale des écosystèmes insulaires naturels, est-il nécessaire d'étudier les conditions d'évolution de l'écosystème unitaire créé par la présence de l'homme.

Cette étude peut porter sur les divers aspects de la production, et elle est présentée au cours de notre Colloque, par les auteurs qui décriront les effets des mises en valeur des ressources minières, halieutiques ou agricoles des îles tropicales.

Mais elle peut aussi, constatant l'existence de sociétés humaines insulaires, laisser de côté les aspects économiques et s'interroger sur les possibilités d'évolution de ces sociétés en tant que telles, compte tenu des caractéristiques de ces milieux insulaires et des lois qui les régissent.

L'Histoire nous montre que les îles ont constamment évolué entre l'isolement dans une indépendance affirmée, et la fusion au sein de systèmes fédératifs ou coloniaux. Elle est aujourd'hui engagée dans une voie qui semble mener à une indépendance absolue de chaque territoire insulaire, considéré comme un individu de droit divin. Il n'est pour s'en persuader que d'observer l'éclatement progressif des Antilles britanniques en une poussière d'états microscopiques (Montserrat, Grenade, etc ...) ou de suivre les revendications des habitants de l'île Rodriguez, prenant leurs distances vis à vis de leur métropole, en l'occurrence l'île Maurice.

Dans les cas les plus favorables (les Seychelles par exemple) l'unité politique acceptée est formée par un archipel, mais surfaces et populations restent très modestes.

Les lois de la biologie insulaire, que nous venons de rappeler, nous permettent de condamner de façon très vigoureuse, l'application aux sociétés humaines insulaires d'une interprétation étroitement territoriale du concept d'indépendance. Sans méconnaître le droit absolu à l'indépendance dont les populations disposent, force est de constater que son application stricte engage ces sociétés dans une voie sans issue.

En effet, de par leurs dimensions limitées, les sociétés insulaires se trouvent privées d'un potentiel interne d'autorégulation ; de par leur isolement physique renforcé par l'isolement politique, elles sont dépourvues d'un pouvoir externe de renouvellement par échanges et apports extérieurs.

Présenté autrement, mais toujours dans le strict respect des mécanismes que nous venons de mettre en évidence, on peut dire que les sociétés insulaires, dès lors qu'elles se définissent comme des unités indépendantes et introduisent ainsi un élément supplémentaire d'isolement dans leur situation, se vouent à un double danger :

a) d'une part, une dérive vers des structures hypertéliques, caricaturales, absurdes, puisqu'aucun contre-poids à l'évolution interne n'est apporté par les éléments extérieurs ;

b) d'autre part, à la mort pure et simple, à l'occasion du moindre accident politique d'une société n'ayant ni une ampleur ni une diversité suffisantes pour absorber ces accidents.

On est amené à reconnaître que l'immense majorité des îles tropicales (ces îles dont la surface est inférieure à 10 000 Km²) n'ont pas une dimension suffisante pour pouvoir exercer durablement leur droit légitime à l'indépendance.

Les exigences de celle-ci condamnent les sociétés qui en jouissent à réduire l'ampleur de leurs échanges et à souffrir plus que d'autres de la limitation de leurs ressources naturelles.

Ceci, qui se vérifie dans le domaine économique, est encore plus vrai dans le domaine génétique. L'inévitable consanguinité entraîne un appauvrissement génétique progressif, une fragilité croissante et une moindre résistance aux chocs d'origine interne ou externe.

Le très brillant succès de tel ou tel domaine insulaire au cours de l'histoire du monde ne doit pas masquer cette dure réalité. Il n'a été obtenu que lorsque l'île est devenue le centre d'une thalassocratie ouverte sur un empire extérieur, militaire, politique ou commercial, c'est-à-dire a cessé de fonctionner comme un système indépendant et unitaire et a atteint une dimension qui n'avait plus rien de commun avec l'unité insulaire.

Il est remarquable que la plupart des sociétés insulaires sont relativement récentes (tel est le cas dans le Pacifique central et oriental) et que les brillantes civilisations nées dans les îles, pourtant moins isolées, comme le sont les îles méditerranéennes, n'ont eu qu'une brève durée. Lorsque plusieurs phases de civilisations brillantes y ont été observées, donnant parfois une impression de continuité, il apparaît à l'analyse que celles-ci ont été séparées par de brutaux changements dans la composition de la population, ou du moins dans celle de la classe dirigeante.

Ainsi, bien au-delà des difficultés d'ordre économique tenant au caractère limité des ressources dont elles disposent et du marché qu'elles offrent, les îles qui prétendent à l'indépendance peuvent certes espérer réaliser des expériences originales, enrichissantes pour l'histoire des institutions humaines, mais ne peuvent finalement déboucher que sur un profond appauvrissement et, à terme, sur une disparition totale.

C'est entre l'écueil d'une perte de personnalité et celui d'une indépendance qui ne peut être que stérilisante, que se situe l'étroit chemin au long duquel une communauté insulaire peut trouver une voie durable vers une prospérité digne.

C'est sur un chemin aussi étroit que se situe l'équilibre à établir entre la préservation des écosystèmes insulaires naturels sous les tropiques et le développement des îles qui les portent.

1981

Mots clés : Iles, isolement, diversité des espèces, diversité écologique, action anthropique, sociétés insulaires.

Résumé : Caractéristiques des milieux insulaires : isolement, faible concurrence vitale, conservation de lignées archaïques, différenciation de formes hypertéliques protégées par l'absence de concurrence. Leur intérêt biologique. Les effets prévisibles de l'isolement insulaire sur les communautés humaines.

Title: *ISLANDS NATURAL LABORATORIES: BIOLOGICAL SPECIFICITIES AND CONSTRAINTS OF INSULAR ENVIRONMENTS.*

Key words: *Islands, isolation, diversity of species, ecological diversity, anthropic action, island societies.*

Abstract: *Islands are characterized by their isolation, the low level of natural selection, preservation of relict groups, hypertelic speciation allowed by the low level of selective pressure. The biological importance of these traits is discussed, and the conclusions are applied to the future of human settlement on islands of limited area.*

Collection «ILES ET ARCHIPELS», no 3 : Nature et Hommes dans les îles tropicales ; CEGET-CRET - 1984.

AFFINITES FLORISTIQUES DES PHANEROGAMES DE LA FORET DENSE HUMIDE NEO-CALEDONIENNE

*PH. MORAT, J.M. VEILLON (Centre ORSTOM de Nouméa)
et H.S. Mac KEE (Nouméa)*

Traduction et adaptation d'une communication présentée au 13e Congrès international de Botanique : Sydney, 21-28 août 1981.

I - INTRODUCTION

La Nouvelle-Calédonie a depuis longtemps fait l'objet d'analyses phytogéographiques (BRONGNIART 1874, BROUSMICHE 1884, BERNARD 1895, GUILLAUMIN 1921, 1924, 1928, 1934, 1954, 1964, VIROT 1956, BAUMANN-BOGENHEIM 1956, THORNE 1965, 1969, VAN BALGOOY 1960, 1971).

Les premiers botanistes ayant étudié sa flore en ont très vite remarqué l'originalité, ce qui a été confirmé au fur et à mesure des progrès effectués dans l'exploration botanique du Territoire et de l'ensemble des terres émergées du Pacifique : le taux d'endémisme de sa flore s'affirme tant sur le plan spécifique : 76% (GUILLAUMIN 1921), 90% (BAUMANN-BODENHEIM 1956, GUILLAUMIN 1964), que générique : 1% (BRONGNIART 1874), 13,5% (THORNE 1969), 16% (VAN BALGOOY 1960), tandis que des relations floristiques plus ou moins étroites avec principalement l'Australie et la Nouvelle-Guinée (THORNE 1965, VAN BALGOOY 1960, 1971) sont mises en évidence. En même temps la présence d'un grand nombre de formes archaïques (Gymnospermes et Angiospermes primitives) incite les auteurs travaillant à l'échelle du Pacifique à donner à la Nouvelle-Calédonie une place privilégiée dans le découpage phytogéographique de cette région : "région canaque" (GUILLAUMIN 1928, 1934), "New Caledonian region" (GOOD 1953, VAN BALGOOY 1960, 1971), "Sub region" (THORNE 1963) ou "Sub Kingdom" (TAKHTAJAN 1969).

Mais depuis la publication des plus récents travaux (THORNE 1965 et VAN BALGOOY 1971) qui s'appuyaient en fait sur des données bien antérieures (GUILLAUMIN 1948 et BAUMANN-BODENHEIM 1956) les progrès dans la connaissance de la botanique néo-calédonienne et du Pacifique en général ont été si importants que le moment semble opportun de reconsidérer les affinités biogéographiques de ce Territoire. Ce sera le premier but de ce travail.

Mais plutôt que d'envisager la flore dans son ensemble d'où il est difficile de discerner la part d'introduction récente de l'élément autochtone, nous nous sommes limités à la forêt dense humide.

Outre sa richesse floristique, cette formation présente, pour le but recherché, l'avantage incontestable d'avoir préservé mieux qu'ailleurs les reliques du monde végétal pour des raisons climatiques et paléoclimatiques évidentes. De plus, tant qu'elle est préservée à peu près intacte, elle se défend de toutes intrusions allochtones. Les affinités floristiques réelles y sont donc moins masquées.

Ces forêts occupent en Nouvelle-Calédonie des biotopes divers et croissent en particulier sur des substrats variés : calcaire, basalte, schiste, gneiss, granite, grauwacke, argilite et surtout les roches ultrabasiques (péridotites et serpentinites) auxquelles le pays doit sa richesse minière.

Sur ce dernier type de roches, la présence de conditions édaphiques très particulières conditionnant toute la nutrition minérale de la plante (excès de Mg et de métaux lourds : Ni, Cr, Mn, carence en P et K) est évidemment un des facteurs de l'originalité de la flore (endémisme). Mais c'est aussi un argument souvent avancé (VIROT 1956, THORNE 1965, JAFFRE 1980) dans l'explication de la conservation et l'abondance de formes relictuelles ancestrales.

Le deuxième but de ce travail sera donc de vérifier ou d'infirmer cette hypothèse par une analyse numérique des expèces en les classant selon leurs conditions stationnelles.

II - METHODE D'ETUDE

Pour des raisons évidentes de simplification, seuls les Phanérogames ont été pris en considération.

Afin de mesurer l'importance de la flore forestière et son taux d'endémisme en regard de la flore néo-calédonienne prise dans son ensemble, nous avons dû réactualiser toutes les données disponibles pour dresser un inventaire complet des Phanérogames recensés sur le Territoire et en éliminer les taxons douteux ainsi que les espèces introduites pour ne conserver que la flore autochtone.

2.1 La forêt dense humide

Le cadre de ce travail est la forêt dense humide, telle que cette formation a été définie et représentée dans l'Atlas de la Nouvelle-Calédonie (MORAT, JAFFRE, VEILLON et Mac KEE 1981). Elle recouvre donc sous leur faciès peu ou pas secondarisé les subdivisions suivantes : les "forêts denses sempervirentes de basse et moyenne altitude", les "forêts denses d'altitude" ainsi que les variantes édaphiques représentées par les "forêts sempervirentes sur calcaires" à l'exclusion de toutes autres formations forestières ou paraforestières (forêts sclérophylles, forêts marécageuses, mangrove, maquis paraforestiers, forêts-galeries etc...). Elle représente 300 000 ha sur la Grande Terre auxquels s'ajoutent les 100 000 ha des Iles Loyauté et de l'Ile des Pins, soit en tout 22% de la surface totale de la Nouvelle-Calédonie et Dépendances et cela du niveau de la mer aux plus hauts sommets (1 642 m.).

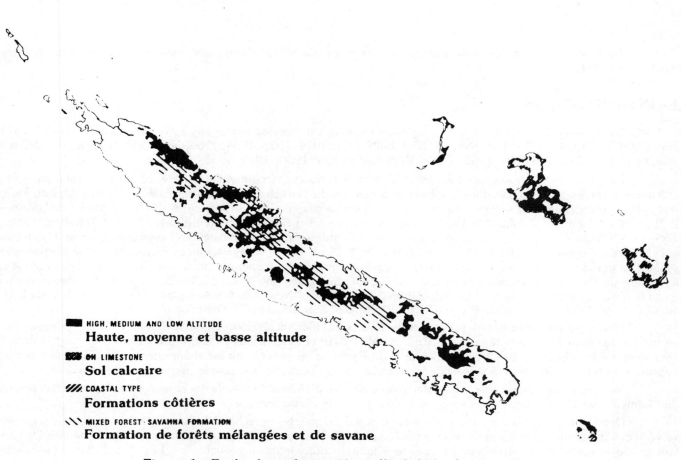

■ HIGH, MEDIUM AND LOW ALTITUDE
Haute, moyenne et basse altitude

▨ ON LIMESTONE
Sol calcaire

▨ COASTAL TYPE
Formations côtières

╲╲ MIXED FOREST - SAVANNA FORMATION
Formation de forêts mélangées et de savane

Figure 1 - Forêts humides en Nouvelle-Calédonie

2.2 Les espèces de la forêt dense et humide

Ont été retenues commes espèces de forêt dense humide toutes celles qui indépendamment de leur abondance, de leur biomasse ou de leur appartenance à une strate ou à un type biologique quelconque existent de façon certaine et constante, exclusivement ou non, en forêt dense humide non dégradée.

Cette dernière restriction implique que toutes les espèces dites "secondarisées" colonisant les lisières, les chablis et pénétrant fortuitement ou temporairement à la faveur d'un accident à l'intérieur de la forêt, ont été exclues dans la mesure où elles ne préexistaient pas, même de façon rare, au sein de la formation primitive. *Rubus moluccanus* par exemple, taxon très probablement indigène mais connu seulement en stations dégradées et ouvertes de la forêt dense humide, n'a pas été pris en compte. Toutes les espèces héliophiles n'ont pas pour autant été éliminées mais sont de ce fait peu nombreuses à avoir été retenues. Tel est le cas de *Duboisia myoporoides*, arbre ou arbuste héliophile qui abonde chaque fois qu'une ouverture (piste, défrichage) est pratiquée mais dont la présence dans la formation intacte, bien que rare, a été vérifiée avec certitude.

D'autres taxons trouvant leur optimum écologique maximal dans des formations adjacentes : fourrés littoraux, forêts-galeries, pénètrent parfois en forêt dense. Mais leur présence, résultat d'une introduction accidentelle ou d'un état transitoire (avancée rapide d'une lisière forestière) n'est que sporadique. Ces espèces ont été exclues. Tel est le cas de *Eriaxis rigida* (Orchidées), *Gahnia neocaledonica* (Cypéracées), *Joinvillea spp.* (Flagellariacées), *Allophylus cobbe* (Sapindacées), *Malaisia tortuosa* (Moracées), *Gouania leratii* (Rhamnacées), *Lindenia vitiensis* (Rubiacées), *Heliconia sp.* (Musacées) etc …

Très conscients des difficultés et de la subjectivité engendrées par la délimitation dans l'espace entre formations adjacentes, surtout quand il y a présence de types transitionnels (où commence et finit la forêt dense humide quand elle passe progressivement aux maquis paraforestiers, aux forêts-galeries ou aux faciès de dégradation ?), nous avons analysé chaque taxon douteux et retenu ceux qui répondaient le mieux aux critères choisis et cela à la lumière de la littérature existante, de l'examen critique des annotations d'herbier et surtout de nos propres observations et réflexions.

Parmi les espèces de forêt dense humide une espèce est dite **strictement forestière** (F) si elle existe en forêt dense humide de façon exclusive. Si son amplitude écologique lui permet de croître aussi dans d'autres formations (forêts secondarisées, maquis, savanes, etc …) elle sera **dite mixte** (M).

	U	A	I
F	FU	FA	FI
M	MU	MA	MI

Pour discerner le rôle des substrats dans la richesse floristique et le taux d'endémisme, les distinctions suivantes ont été faites :
- espèces ne croissant que sur substrats ultrabasiques exclusivement (U)
- espèces ne croissant qu'en dehors des roches ultrabasiques exclusivement (A)
- espèces indifférentes croissant sur l'une et l'autre catégorie de substrat (I).

Les sous-espèces n'ont pas été prises en compte. L'existence de sous-espèces de statut édaphique différent (U ou A) au sein d'une même espèce font que cette dernière est classée en I.

Selon que les espèces sont strictement forestières (F), ou à la fois en forêt et dans une ou plusieurs formations (M) nous aurons les catégories suivantes :

Pour les épiphytes (e), le substrat intervient peu ou pas dans la répartition. Les liens support-épiphytes qui peuvent éventuellement exister sont trop mal connus pour que des conclusions édaphiques significatives puissent être tirées.

Les parasites (Loranthacées) par contre, dont les liens avec leurs hôtes sont beaucoup plus étroits, ont le statut édaphique de ces derniers.

Comme pour les données précédentes, il a été parfois difficile d'attribuer avec certitude un statut édaphique précis à chaque espèce, (cartes géologiques non établies avec grande précision pour certaines régions ou hétérogénéité non signalée). Là aussi les références d'herbiers et les renseignements stationnels dans la littérature ont été utilisés avec beaucoup de précaution, de façon critique et corrigés en fonction de nos propres observations. Dans le doute, certaines espèces n'ont pas de statut édaphique.

2.3 Genres et familles de forêt dense humide

A partir des espèces retenues comme appartenant exclusivement (F) ou partiellement (M) à la formation étudiée, il est facile de définir les genres et éventuellement les familles de la forêt dense humide, comme ceux ayant au moins une espèce répondant à la définition choisie. A noter que certains genres comme *Acridocarpus, Erythroxylum, Grevillea, Isachne* etc … bien que présents en Nouvelle-Calédonie sont ici totalement dépourvus d'espèces forestières alors qu'ils en possèdent ailleurs.

Pour toutes les raisons avancées par VAN BALGOOY (1971) (homogénéité dans les comparaisons, relative stabilité numérique à des dates diverses, connaissance des espèces encore très imparfaites etc …) nous avons aussi adopté le genre comme unité de travail dans les analyses phytogéographiques. Dans quelques cas cependant, les sous-genres ou sections ont été utilisés quand ils étaient plus significatifs que le genre lui-même pour établir une relation floristique. Exemple : sous-genre *Antholoma* au lieu de *Sloanea*. Section *Scaevola* amputée de ses deux espèces pantropicales du bord de mer au lieu du genre *Scaevola*. Dans d'autres cas au contraire les limites de certaines conceptions génériques étant peu précises, les genres ont été regroupés : *Caryophyllus* et *jambosa* avec *Syzygium*.

Il existe une certaine discordance entre la liste des genres et celle des espèces correspondantes due au fait suivant :

Une synonymie au niveau générique (ou un nouveau genre) était publiée (ou en voie de l'être) (ou un ancien genre délaissé rétabli) sans que les combinaisons spécifiques correspondantes le soient : *Gymnostoma* (Casuarinacées) pour certaines espèces de *Casuarina* (JOHNSON, 1980) ; *Eucarpha* et *Virotia* (Protéacées) pour certaines espèces de *Knightia* et *Macadamia* (JOHNSON ET BRIGGS 1975) ; *Cassine* (Célastracées) pour *Elaeodendron* (DING HOU 1962) ; *Authocarapa* (Méliacées) rétabli au lieu de *Amoora* (PENNINGTON 1975) ; *Pisonia* (Nyctaginacées) pour *Calpidia* (STEMMERIK 1964) ; *Lethedon* (Thyméléacées) pour *Microsema* (KOSTERMANS 1963) etc … ou encore la synonymie n'en était que suggérée par le spécialiste du groupe : *Médicoma* (Rutacées) pour *Mélicope p.p.* (1), rétablissement de *Tristaniopsis* (Myrtacées) pour *Tristania* (2) etc … Dans un cas comme dans l'autre, il ne nous appartenait pas de faire ces combinaisons à la place des auteurs. Aussi, ces taxons figurent-ils sous leurs anciens binômes dans la liste spécifique et sous leur nouvelle appellation dans la liste générique de répartitions phytogéographiques. Cette discordance entre les 2 listes n'altère en rien les résultats quantitatifs, car ceux-ci ont été obtenus séparément.

III - LES SOURCES D'INFORMATION

Trop nombreuses pour être citées, nous n'avons mentionné que les principales. En ce qui concerne le statut nomenclaturel des taxons et leur répartition en Nouvelle-Calédonie selon les conditions stationnelles, elles furent de trois sortes : la littérature existante, l'herbier du Centre ORSTOM de Nouméa et bien sûr nos observations personnelles.

La littérature : elle est très vaste et disséminée dans un nombre considérable de revues, flores, listes et index divers. Nous avons tout d'abord pris en considération les Flores et Révisions les plus récentes à savoir : **la Flore de la Nouvelle-Calédonie et Dépendances** dont 16 familles : 4 familles de Gymnospermes, les Sapotacées, Protéacées, Lauracées, Epacridacées, Orchidacées, Solanacées, Acanthacées, Bignoniacées, Symplocacées, Flacourtiacées, Icacinacées, Corynocarpacées, concernées par notre travail sont déjà parues et auxquelles viennent s'ajouter 7 autres familles : Elaeocarpées, Apocynacées, Triméniacées, Monimiacées, Atherospermatacées, Chloranthacées, Amborellacées, sous presse et dont les manuscrits ou des informations nous ont été communiqués.

D'autre part, un grand nombre de familles ayant des représentants en forêt dense humide ont récemment fait l'objet d'études complètes ou partielles. Ce sont : les Anacardiacées, (*Euroschinus*), Araliacées (*Arthrophyllum*), Balanopacées, Célastracées (*Salaciopsis*), Chrysobalanacées, Cunoniacées (*Acsmithia*), Cypéracées (*Baumea, Costularia, Gahnia*), Euphorbiacées (*Austrobuxus, Baloghia, Bocquillonia*), Fagacées, Loganiacées (*Geniostoma*), Meliacées, Mimosacées (*Albizia, Pithecellobium, Serianthes*), Moracées, Myricacées, Myrtacées (Leptospermoïdées), Oncothécacées, Palmiers, Pandanacées, Pittosporacées, Rutacées, Rubiacées (*Tarenna*), Wintéracées. Au total les révisions sérieuses et récentes représentent globalement 65% environ de la flore de notre sujet.

Pour le reste, nous avons puisé avec toutes les précautions d'usage dans les résultats de la mission Franco-Suisse (GUILLAUMIN 1957, 1962, 1964b, 1967, 1974) puis, remontant aux sources, dans les nombreuse contributions diverses de SCHLECHTER, BAKER, MOORE, RENDLE, VIROT, THORNE, etc … en corrigeant les erreurs manifestes par exemple le genre *Merismostigna* (Rubiacées) créé par S. Moore, n'est en fait qu'une espèce de *Coelospermum Blume*.

L'herbier du Centre ORSTOM de Nouméa, très représentatif de la flore locale avec ses 40 000 échantillons, utilisé là aussi de façon critique, et complété par nos observations personnelles, fut une source appréciable d'informations sur la répartition des espèces en fonction des conditions stationnelles. Son appoint ne fut pas négligeable non plus pour les mises à jour nomenclaturales grâce aux nombreuses déterminations effectuées par les spécialistes de familles ou de groupes non encore parus dans la Flore de la Nouvelle-Calédonie.

Pour la répartition phytogéographique des genres néo-calédoniens retenus, il n'a été fait appel qu'à la littérature. La base de départ a été le remarquable travail de VAN BALGOOY (1971) modifié et mis à jour en fonction de toutes les nouveautés taxonomiques parues depuis et déjà citées ci-dessus ainsi que les derniers volumes de la Flora Malesiana, du Pacific Plant Areas et du premier Tome de la Flora Vitiensis Nova. En dernier lieu, et rarement, la 8e édition du Dictionnaire de Willis et le Dictionnaire des genres australiens (Burbidge 1963), ont permis de combler quelques lacunes restantes.

IV - LES DIVISIONS GEOGRAPHIQUES

Ce travail étant centré sur la Nouvelle-Calédonie seulement et non sur tout le Pacifique, les unités phytogéographiques de VAN BALGOOY (1971) ont été modifiées en conséquence.

4.1 Afrique comprenant tout le continent africain, Madagascar, les Mascareignes et les Seychelles, ces dernières îles étant différenciées par un chiffre quand un genre néo-calédonien n'existe dans cette subdivision que dans l'une ou certaines de ces îles.

4.2 Asie tout le continent asiatique (y compris le Japon) mais à l'exception de la presqu'île Malaise.

4.3 Malaisie groupant l'aire géographique de la Flora Malesiana (y compris les Philippines) à l'exception de la Nouvelle-Guinée, l'archipel Bismarck, et les îles d'Aru.

4.4 Nouvelle-Guinée avec l'archipel Bismarck et les îles d'Aru.

4.5 Australie (avec la Tasmanie)

4.6 Pacifique :
- Salomons avec Bougainville (qui géographiquement en fait partie)
- Nouvelles-Hébrides au sens géographique du terme, c'est-à-dire regroupant l'actuel Vanuatu et Santa Cruz.
- Lord Howe

- Norfolk
- Nouvelle-Zélande avec toutes ses dépendances (Stewart, Kermadec, Chathar)
- Fidji
- Pacifique Nord, unité conventionnelle dans laquelle ont été regroupées les îles Bonins, Carolines, Mariannes, Marshall, Tuvalu, Phoenixl, Tokelau et Hawaï
- Polynésie correspondant à la Polynésie française et les îles Cook
- Samoa et Tonga incluant Niue et Wallis et Futuna.

4.7 Amérique comprenant tout le continent américain (les 2 parties du continent américain ont été regroupées car elles interviennent peu en dehors des genres pantropicaux).

Les îles Marshall, Tuvalu et les atolls coralliens de Phoenix et Tokelau ont été regroupées dans le Pacifique Nord, d'abord par leur situation géographique, et aussi par ce que les genres néo-calédoniens concernés par cette étude qui peuvent y exister se retrouvent aussi dans les Mariannes ou les Carolines (3).

V - LES REPARTITIONS

Avec les modifications de répartition dues aux récentes mises au point taxonomiques et surtout l'optique différente du sujet dont le cadre est plus limité, les catégories définies par VAN BALGOOY (1971) et ce qu'elles renferment ont aussi subi quelques modifications.

5.1 Les genres endémiques (E) dont les limites de répartition ne dépassent pas la Nouvelle-Calédonie ou ses Dépendances, en particulier : îles Loyauté, île des Pins.

5.2 Les genres néo-calédoniens (subendémiques) (B) pour lesquels la Nouvelle-Calédonie est un centre de diversification primaire, c'est-à-dire qu'elle possède la très grande majorité des espèces (en général plus des 3/4 du total) : *Meryta* 19/25, *Hedycarya* 9/12, *Coronanthera* 9/11, *Dizygotheca* 17/17 dont une espèce existe aussi aux Nouvelles-Hébrides etc ...

La répartition de ces genres est en général centrée sur la Nouvelle-Calédonie (*Balanops*, *Meryta*, *Baloghia*) mais il arrive que ce Territoire soit parfois excentré (*Coronanthera*, *Acianthus*) ou même en limite d'aire (*Artia*, *Delarbrea*).

Par contre, d'autres genres, bien qu'ayant un grand nombre d'espèces en Nouvelle-Calédonie (Centre de diversification secondaire) ne sont pas pour autant "néo-calédoniens" soit parce que leurs aires sont si vastes et si disjointes qu'on ne peut raisonnablement croire que la Nouvelle-Calédonie soit leur centre de dispersion : *Araucaria* 13/19 ; *Soulamea* 7/14 (avec une espèce aux Seychelles, une en Malaisie et une en Polynésie) ; *Euroschinus* 4/6 ; *Agathis* 5/20 ; *Neisosperma* 6/18 ; *Campynema* 1/2 ; *Arthrophyllum* 10/31 ; ainsi que *Dianella*, *Geniostoma*, *Pittosporum*, *Phyllanthus*, etc ... soit parce que leur origine est probablement ailleurs : *Geisois*, *Argophyllum*, *Austrobuxus*, etc ...

5.3 Les genres Pacifiques (L) existant dans un ou plusieurs groupes d'îles du Pacifique et absents ou presque en Amérique, Australie, Nouvelle-Guinée, Malaisie ou Asie.

Exemples : *Cyphosperma* ou *Earina*.

Cependant, par extension, les genres suivants : *Ascarina* dont une espèce existe en Australie et en Malaisie et une autre à Madagascar (JEREMIE 1980), *Dracophyllum* avec 50 espèces dont 2 existent en Tasmanie et 1 en Australie Continentale, *Storckiella* avec 5 espèces dont 1 existe en Australie (4), *Astelia* dont quelques rares représentants existent en Australie, Nouvelle-Guinée ou Amérique du Sud, *Drymoanthus* genre de 3 espèces dont 1 existe en Australie, *Tapeinosperma* dont 39 et 11 espèces existent respectivement en Nouvelle-Calédonie et aux Fidji avec 2-3 autres espèces en Nouvelle-Guinée, Malaisie et Australie, la section *Scaevola* du genre *Scaevola* (les 2 espèces littorales exclues) qui est extra-australienne mais dont 2 espèces existent en Malaisie et Nouvelle-Guinée, entrent dans ce type de distribution.

Plus compliquées sont les distributions de *Serianthes* et *Austromyrtus* ; *Serianthes* avec 13 espèces dont 4 en Nouvelle-Calédonie, 5 dans le reste des îles du Pacifique (Salomons, Nouvelles-Hébrides, Fidji, Polynésie ...) a encore 4 autres espèces en Nouvelle-Guinée ou en Malaisie, *Austromyrtus* possède 9 espèces australiennes et 28 autres pacifiques (dont 12 en Nouvelle-Calédonie). Etant donné le "poids" des espèces pacifiques, les genres ont encore été maintenus dans ce groupe. De même *Campynema* avec 2 espèces dont 1 endémique en Nouvelle-Calédonie et 1 autre endémique en Tasmanie est plus à sa place ici que dans les genres australiens.

5.4 Genres pacifiques subantarctiques (J) à répartitions disjointes existant en Nouvelle-Calédonie et dans les montagnes des Andes, de la Nouvelle-Zélande et de l'Australie. Par sa position subtropicale et son manque de hautes montagnes, la Nouvelle-Calédonie en possède peu.

Nothofagus et *Araucaria* en sont les plus représentatifs avec aussi *Decussocarpus*, *Dacrydium* et *Libocedrus* (8 espèces dont 2 en Nouvelle-Zélande, une dans les Andes, 2 en Nouvelle-Guinée et 3 en Nouvelle-Calédonie).

5.5 Genres subantarctiques (K) dont la répartition du Pacifique s'étend au Sud de l'Océan Indien comme *Cordyline*, *Dianella*, *Podocarpus*, ce dernier genre étant assimilé à ce type malgré sa répartition très vaste. *Soula-*

mea avec une espèce aux Seychelles, une en Malaisie, une en Polynésie et les 7 autres en Nouvelle-Calédonie est aussi classée dans ce groupe de même que *Cunonia* avec sa répartition extravagante (20 espèces en Nouvelle-Calédonie et une seule : *C. capensis* en Afrique du Sud). Ils font très probablement partie d'un élément gondwanien très ancien.

5.6 Genres australiens (H) centrés sur l'Australie comme *Hibbertia* ou *Styphelia, Duboisia* et *Niemeyera* avec chacun respectivement 2 espèces en Australie contre 1 seule en Nouvelle-Calédonie méritent encore à l'extrême cette appellation.

5.7 Genres australo-papous (I) existant en Australie et en Nouvelle-Guinée, comme *Sphenostemon, Agathis, Corynocarpus, Flindersia, Euroschinus. Cupaniosis* malgré ses 26 espèces décrites de Nouvelle-Calédonie sur les 60 existantes appartient à cette catégorie car un grand nombre d'espèces existe en Nouvelle-Guinée et quelques-unes en Australie.

5.8 Genres Malesiano-papous (G) ayant leur centre de diversification en Malaisie ou Nouvelle-Guinée (avec Salomons, Fidji) ou les 2 à la fois et avec peu ou pas de représentants en Asie, Australie ou Polynésie.

Exemples typiques : *Neuburgia, Bureavella.*

5.9 Genres Indo-malais (F) centrés sur l'Asie et la Malaisie. Ils sont peu ou pas représentés en Australie et au-delà dans le Pacifique. La Nouvelle-Calédonie ou les Fidji sont souvent l'extrême limite de leur aire de répartition. Curieusement ce groupe renferme beaucoup d'orchidées (12 genres).

Exemples : *Procris, Dacrycarpus, Acanthephippium, Appendicula, Coelogyne.*

5.10 Genres Indo-australiens (D) présents en Asie, Malaisie, Australie et le Pacifique mais avec peu ou très peu de représentants en Afrique comme : *Desmos, Neisosperma, Pachygone, Agapetes* sensu Sleumer (Flora Malesiana 1966).

5.11 Genres paleo-tropicaux (C) qui existent sur tous les continents, sauf l'Amérique.

5.12 Genres pantropicaux (A)

VI - LES RESULTATS

Selon les critères retenus, la forêt dense humide de Nouvelle-Calédonie renferme 1 499 espèces décrites de Phanérogames réparties en 365 genres et 108 familles.

La comparaison avec l'ensemble de la flore phanérogamique autochtone est donnée par le tableau 1. On voit que :

- la forêt dense humide représente respectivement 46% du total des espèces et genres et 66,7% des familles. C'est la formation la plus riche du Territoire (près de la moitié des espèces),
- le taux d'endémisme est de l'ordre de 76% pour l'ensemble de la flore phanérogamique autochtone, chiffre

Tableau I - Flore de la forêt humide par rapport à la flore endémique totale

	Species			Genera			Families	
	Total	Endemic	Endemic %	Total	Endemic	Endemic %	Total	Endemic
Native flora	3256	2476	76.0	787	108	13.7	182	5
Rain-forest flora	1499	1345	89.7	365	82	22.4	108	5
Rain-forest flora as % of total flora	46.0			46.4			66.7	

nettement en dessous des estimations faites jusqu'à présent (90% pour GUILLAUMIN 1960 et BAUMANN-BODENHEIM, 1956, estimation exagérée souvent reprise par la suite). Pour la forêt dense humide, le taux d'endémisme est plus élevé à tous les niveaux, ce qui est logique. C'est précisément à cette formation qu'appartiennent les 5 familles endémiques.

6.1 Les affinités floristiques

La forêt dense humide est composée à 45,4% de genres à large répartition (A,C,D,). Les genres malais (F,G,) représentent 9,4% du total tandis que l'élément australien (H) est peu important : 3% (5). Si on y ajoute les genres australo-papous, le total atteint 10,4%, élément non négligeable.

L'absence totale de genres américains est à signaler, car cet élément bien que peu abondant existe cependant dans la flore de Nouvelle-Calédonie : *Lindenia* (Rubiacées) mais il est absent de la forêt dense humide. Les genres austraux (pacifiques-subantarctiques et subantarctiques) sont surtout représentés par des Gymnospermes : *Araucaria, Libocedrus, Dacrydium, Decussocarpus, Prumopitys, Podocarpus.* C'est manifestement un élément ancien gondwanien relictuel préservé en forêt dense humide et une preuve de relations très anciennes entre les terres où ils sont présents aujourd'hui. Les genres pacifiques sont peu représentés (4,4 %). Mais le résultat le plus remarquable du tableau est le nombre considérable de genres endémiques (82, soit plus de 22% de l'ensemble !). Si on y ajoute les 15 genres "néo-calédoniens" ou subendémiques, on arrive à un total de 97 genres (26,5 %) confinés ou centrés sur la Nouvelle-Calédonie et appartenant précisément aux groupes ou familles les plus primitifs : Monimiacées, Wintéracées, Palmiers, Amborellacées, Myricacées, Oncothécacées, Protéacées, Paracryphiacées ... etc ...

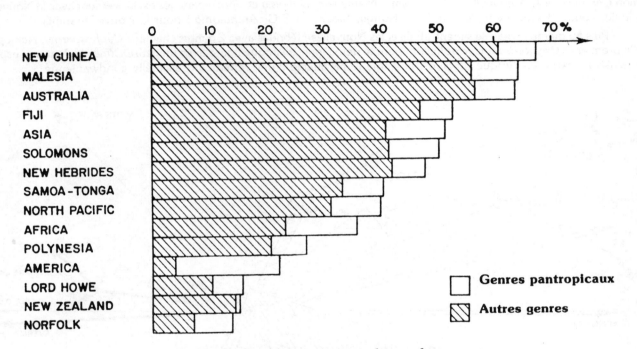

Figure 2 - Représentation graphique des genres

Certains genres endémiques possèdent une grande diversité d'espèces (*Myodocarpus, Zygogynum, Basselinia*) suggérant que l'évolution s'est poursuivie durant un temps très long en condition d'isolement. Mais la plupart sont au contraire représentés par très peu d'espèces, souvent une seule, indiquant une fin de phylum (état relictuel).

Il y a plusieurs façons d'aborder le problème des affinités floristiques. D'abord on peut considérer le nombre de genres que partage la Nouvelle-Calédonie avec différents territoires.

Le nombre des genres communs est très élevé avec la Nouvelle-Guinée (246), la Malaisie (235) et l'Australie (233) et secondairement avec l'Asie (Inde et Sud-Est Asiatique : 188), Fidji (192) et les Nouvelles-Hébrides (175).

Ces chiffres particulièrement élevés sont alourdis par les 69 genres pantropicaux qui masquent les affinités réelles.

La présence d'un tel genre indique en effet généralement son efficacité de dispersion plutôt que des liens floristiques réels.

On peut donc essayer d'améliorer les résultats en supprimant tous les genres pantropicaux.

La comparaison (figure 2) met en évidence une baisse générale dans la proportion des genres partagés quand on ne tient conpte de l'élément pantropical. Mais cette baisse n'est pas uniforme. Elle est de :
- 18% pour l'Amérique qui régresse de la 12e à la 15e place
- de 10-12% pour l'Afrique, l'Asie et le Pacifique Nord
- de 7-8% pour la Malaisie, la Nouvelle-Guinée, l'Australie, les Salomons, les Nouvelles-Hébrides, Fidji et Tonga-Samoa qui subissent quelques réajustements entre eux dans le classement faisant progresser les 6 premiers en tête.
- de 5% avec Lord Howe, Norfolk et la Polynésie
- de 1% seulement avec la Nouvelle-Zélande.

Ces derniers chiffres s'expliquent aisément, puisqu'ils concernent des territoires essentiellement extratropicaux, où les taxons pantropicaux occupent une place modeste. Réciproquement, il y a des affinités floristiques relativement plus élevées avec (dans l'ordre) la Nouvelle-Guinée (60%), l'Australie (56,7%), la Malaisie puis secondairement Fidji (45%), les Salomons (42%), les Nouvelles-Hébrides (40%). La Nouvelle-Zélande vient assez loin derrière avec 14,5%.

On pourrait envisager de continuer de la même façon en supprimant progressivement d'autres éléments de large répartition comme les genres paléotropicaux par exemple, encore que l'absence d'un taxon de tout le continent américain ait déjà une signification biogéographique importante, aussi cette voie est-elle limitée.

Une constatation s'impose : plus l'aire de répartition d'un taxon est réduite ou limitée à un nombre restreint de territoires, même s'il y a disjonction, plus elle est significative des affinités floristiques existantes. A l'extrême, un genre présent exclusivement dans 2 territoires A et B indiquent des liens floristiques plus profonds entre A et B, qu'un autre genre commun à ces territoires et à d'autres régions surtout si ces dernières sont vastes et géographiquement éloignées. L'autre façon d'aborder ces problèmes sera donc d'analyser les genres partagés exclusivemnt entre la Nouvelle-Calédonie et les autres unités phytogéographiques retenues.

Contrairement aux résultats précédents, c'est l'Australie qui vient en tête avec 7 genres : *Campynema, Canarium* (section *Canariellum*), *Argophyllum, Medicosma, Niemeyera, Duboisia* et *Virotia* partagés exclusivement avec la Nouvelle-Calédonie, contre 3 seulement *Periomphale, Hunga, Sloanea* (S.G. *Antholoma*) pour la Nouvelle-Guinée.

Puis au même niveau se situent : Fidji et les Nouvelles-Hébrides avec 2 genres chacun : *Cyphosperma, Acmopyle* pour le premier et *Dizygotheca, Cyclophyllum* pour le deuxième. L'Afrique figure avec un genre *Cunonia* dont une espèce *C. capensis* L. existe en Afrique du Sud : exemple remarquable d'une répartition relictuelle gondwanienne.

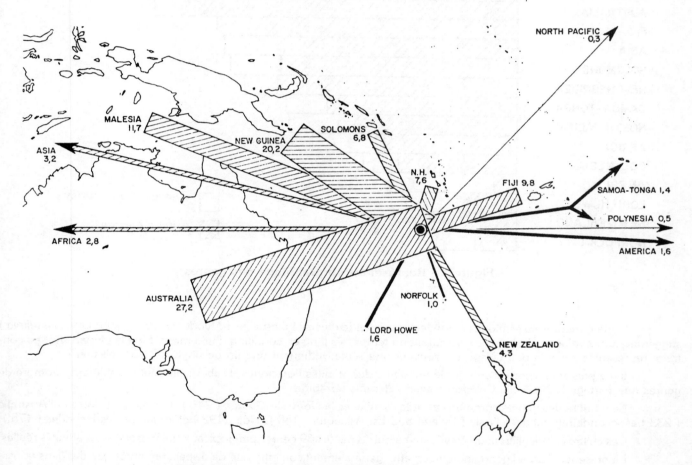

Figure 3 - Relations floristiques de la forêt humide néo-calédonienne

On peut essayer de chiffrer les affinités entre différents territoires en affectant un coefficient de corrélation proportionnel d'une part au nombre de genres partagés en commun, et inversement proportionnel d'autre part au nombre de territoires dans lesquels ils sont présents.

Par exemple, 5 genres : *Euroschinus, Anthocarapa, Eustrephus, Geijera, Sphenostemon* sont communs exclusivement à 2 territoires : l'Australie et la Nouvelle-Guinée, en dehors de la Nouvelle-Calédonie. Chacun de ces territoires est affecté du coefficient 5/2 = 2.5.

En additionnant tous les coefficients obtenus par chacun des territoires concernés, on obtient des chiffres qui peuvent être ramenés en % pour une figuration graphique (Fig.3).

Les places de l'Australie (27%) de la Nouvelle-Guinée (20%) ne font que se confirmer comme pays ayant les affinités floristiques les plus étroites suivies d'assez loin par la Malaisie (11,7%) puis Fidji et les Nouvelles-Hébrides

(9,8% et 7,6%). La Nouvelle-Zélande (4,3%) vient assez loin derrière même les Salomons (6,8%). On est peu surpris de voir confirmées et même amplifiées des conclusions qui avaient été faites pour l'ensemble de la flore néo-calédonienne (THORNE 1965).

Si on condidère maintenant la provenance des taxons, en dehors de l'élément austral gondwanien (pacifique-subantarctique et subantarctique) la grande majorité a une aire de répartition située à l'Ouest de la Nouvelle-Calédonie : 2 genres seulement *Crossostylis* et *Earina* sont situés à l'Est de la Nouvelle-Calédonie et suggèrent une origine insulaire pacifique.

En conclusion, ces résultats confirment que les taxons de la forêt dense humide proviennent en très grande majorité du Nord-Ouest et que les affinités floristiques sont privilégiées avec l'Australie et la Nouvelle-Guinée et secondairement avec la Malaisie, Fidji, les Nouvelles-Hébrides, les Salomons, la Nouvelle-Zélande ne venant qu'au 7e rang.

6.2 Le peuplement de la Nouvelle-Calédonie

Pour pouvoir interpréter ces résultats et tenter d'expliquer le peuplement de la Nouvelle-Calédonie, il est nécessaire de rappeler les grandes étapes géologiques de sa formation.

L'Histoire géologique de ce territoire longtemps restée obscure et énigmatique s'éclaire d'un jour nouveau grâce aux récents travaux de synthèse et notamment celui de PARIS (1981).

Les grandes lignes en sont les suivantes : ce qui correspond aujourd'hui à la ride de Norfolk se présentait au permien (date des plus anciennes roches datées de la Nouvelle-Calédonie) et durant tout le secondaire sous forme d'un arc insulaire reliant de façon discontinue (chapelet d'îles plutôt que connexions terrestres) la Nouvelle-Guinée à la Nouvelle-Zélande.

Grâce au paléo-magnétisme, on sait que cet arc était situé au large du Queensland à peu près parallèlement au récif de la Grande Barrière actuelle, donc plus au Nord et beaucoup plus près de l'Australie que de nos jours.

Au crétacé inférieur avec l'ouverture de la Mer de Tasman et la "Rangitata Orogeny" il subit des mouvements tectoniques intenses : dislocations suivies de plissements et métamorphismes divers au cours desquels émerge le bâti de l'actuelle chaîne centrale suivie par le reste de la Nouvelle-Calédonie d'aujourd'hui.

Le tertiaire est marqué par une succession de submersions en particulier au paléocène et à l'éocène moyen (date des premières formations récifales qui sont la preuve d'un réchauffement) alternant avec des réémersions généralisées. Pendant les périodes de submersions même totales, il devait exister en permanence à proximité de la Nouvelle-Calédonie des terres émergées de taille variable, pouvant servir de relais et refuge à la végétation.

A l'éocène supérieur se produit un évènement important : la mise en place des péridotites qui recouvrent presque toute la Grande Terre actuelle sur près de 2 000 mètres d'épaisseur. Ce phénomène très lent, commencé sous l'eau et se poursuivant à l'air libre, s'est produit il y a environ 38 millions d'années avec des conséquences très importantes pour la biosphère. Plusieurs faits peuvent être soulignés.

1) L'absence totale, et cela depuis au moins le Permien de connexions terrestres entre la Nouvelle-Calédonie et d'autres masses continentales émergées, ce qui explique l'absence de mammifère terrestre indigène (excepté les chauve-souris) et la très grande pauvreté de certains groupes zoologiques : poissons d'eau douce, amphibiens, reptiles et certains invertébrés terrestres (STEVENS, 1977).

2) La proximité immédiate de l'Australie (surtout celle du Nord-Est) et des montagnes de la Nouvelle-Guinée durant tout le Permien et la majeure partie du Secondaire (jusqu'au Crétacé inférieur), période pendant laquelle tout l'élément gondwanien (les ancêtres de nos Gymnospermes et de la plupart de nos Angiospermes primitives(6) a pu facilement se disséminer sur cet arc insulaire et cela jusqu'en Nouvelle-Zélande (7) par des mécanismes de dispersion à courte distance puisque les nombreuses terres émergées assuraient autant de relais à travers tout l'archipel. Ainsi se trouve expliqué l'aspect "continental" d'une grande partie de la flore néo-calédonienne. Ces rapports phytogéographiques étaient déjà pressentis dans une étude (FOURNIER 1874) des affinités floristiques des fougères néo-calédoniennes.

3) Le très long isolement qui a suivi les dislocations et mouvements orogéniques du Crétacé coupant les routes de migration quelqu'en soit le sens (migration par le Nord ou par le Sud selon les conditions climatiques du moment) qui s'est traduit depuis par un endémisme élevé et une spéciation active et surprenante chez certains genres en regard de la faible taille de la Nouvelle-Calédonie : (*Agathis, Araucaria, Nothofagus, Xanthostemon, Argophyllum, Geissois, Stenocarpus, Psychotria, Phyllanthus, Pittosporum*, etc...) et qui explique l'absence ou la très grande pauvreté ici de nombreux taxons typiquement australiens comme *Banksia*, une dizaine de genres forestiers de Protéacées de l'Est et surtout du Nord-Est du continent, *Eucalyptus, Macrozamia, Acacia* à phyllodes, ou de taxons communs à l'Australie et à la Nouvelle-Guinée comme les Himantandracées, les Eupomatiacées, où encore venant de plus loin, mais présents dans ces derniers territoires : Myristicacées, Ochnacées, Hamamelidacées, Theacées, Cochlospermacées, etc...

A partir du Crétacé inférieur, les apports nouveaux ne seront plus dûs qu'à des transports à longues distances qui viendront se superposer à l'élément ancien déjà très diversifié par une forte radiation adaptive.

4) La mise en place des péridotites au début du tertiaire et l'importance du recouvrement de ce substrat très sélectif, qui a d'une part éliminé une grande partie de la flore ancienne, et entravé l'implantation de certaines familles d'origine récente pourtant bien adaptées aux transports à longue distance (diaspores légères, anémochores) comme les Graminées et les Composées au détriment d'autres taxons plus rustiques ou mieux préadaptés comme les Cypéracées, et d'autre part induit une nouvelle phase de spéciation.

6.3 Rôle du substrat dans la richesse, l'endémisme et la conservation des formes archaïques

6.3.1. Richesse floristique

Sur les 1 499 espèces existant en forêt dense humide, 77 sont des épiphytes et 64 ont un statut édaphique douteux par manque d'informations précises. Les conditions édaphiques stationnelles sont connues pour 1358 espèces : sur ce lot 30,4% des espèces sont inféodées aux roches ultra-basiques (U), 41,3% aux autres types de roches (A), et 28,3% sont indifférentes à ce facteur(I).

La flore des forêts sur roches ultrabasiques (U + I) est plus pauvre que celle des formations similaires en-dehors de ce type de roches (A + I).

Si on ne considère que les espèces forestières strictes (FU, FA ou FI) c'est-à-dire en éliminant toutes les espèces de type MA, MU ou MI qui ont une amplitude écologique assez large pour croître dans d'autres formations et appartiennent de ce fait à un mélange de flores, cette dominance ne fait que s'accentuer : 535 espèces de type FA contre 291 de type FU.

Cette relative pauvreté floristique des forêts sur roches ultrabasiques peut-être rapportée dans une certaine mesure à la surface moindre que cette formation occupe en Nouvelle-Calédonie (8). Mais cet argument est insuffisant pour expliquer une telle disproportion (presque deux fois moins d'espèces si on ne considère que les taxons strictement forestiers) d'autant plus que les milieux sont aussi variés dans les deux cas (topographie, altitude, pluviométrie ...).

Comme conséquence, on peut dire que la flore de type A est écologiquement plus spécialisée puisque 26 espèces seulement sont partagées avec les forêts secondarisées, brousses, savanes, forêts sclérophylles ou littorales, etc ...

Au contraire, la flore de type U n'a pas d'individualité aussi marquée car 122 espèces se retrouvent dans d'autres formations, principalement les maquis. Cette parenté floristique entre le maquis et les forêts denses sur roches ultrabasiques est un argument pour l'existence d'un lien génétique entre ces deux types de formation : les maquis étant une forme dérivée (maquis d'altitude) ou plus ou moins dégradée des forêts sur roches ultrabasiques.

6.3.2. Originalité et endémisme

Si le taux d'endémisme est légèrement plus faible, traduisant en cela une moins grande originalité globale, dans la flore forestière de type A que dans celle inféodée aux roches ultrabasiques : 89,4% au lieu de 98,3% pour l'ensemble (F + M), et 90,4% au lieu de 97,9% pour les taxons exclusivement forestiers (F), il reste néanmoins très élevé, supérieur ou égal à 90%. Et la comparaison du nombre des espèces endémiques dans l'un et l'autre cas montre encore une très nette majorité pour la flore de type A : 487 contre 285, soit près du double !

Les espèces non endémiques sont aussi plus nombreuses (49) dans cette flore que dans celle située sur roches ultrabasiques (6).

Dans le détail, si on considère la répartition des espèces en fonction des substrats (A, U ou I) au sein des 108 familles forestières on constate que ces dernières peuvent être divisées en 5 groupes.

1) 30 familles où les espèces forestières sont majoritairement ou en totalité (9) indifférentes (I) aux substrats. Ce sont :

Agavacées, **Alangiacées, Alseuosmiacées, Amaryllidacées,** Ampélidacées, Anacardiacées, **Aquifoliacées, Atherospermatacées, Corynocarpacées,** Dilléniacées, **Flindersiacées,** Guttifères, **Hernandiacées,** Icacinacées, **Liliacées,** Linacées, Ménispermacées, Oléacées, Orchidacées, **Paracryphiacées, Passifloracées, Philésiacées,** Podocarpacées, Rhamnacées, Rutacées, Santalacées, Simaroubacées, **Smilacacées,** Solanacées, Violacées.

2) 48 familles où les espèces forestières appartiennent majoritairement ou en totalité (9) au type A. Ce sont :

Acanthacées, **Amborellacées,** Apocynacées, Aracées, Araliacées, Asclépiadacées, Bischofiacées, Célastracées, Césalpiniacées, Chrysobalanacées, Commélinacées, Cypéracées, **Dioscoréacées,** Ebenacées, Elaeocarpacées, **Ericacées,** Euphorbiacées, Flacourtiacées, Graminées, Hippocratéacées, Lauracées, Lecythidacées, Loganiacées, Méliacées, Monimiacées, Moracées, Myrsinacées, Myrtacées, Nyctaginacées, Palmiers, Pandanacées, Papilionacées, Pipéracées, Pittosporacées, Rhizophoracées, Rubiacées, Sapindacées, Sapotacées, Saxifragacées, Sterculiacées, Symplocacées, **Taxacées, Tiliacées, Triméniacées, Ulmacées,** Urticacées, Verbénacées, Winteracées.

3) 19 familles où les espèces forestières appartiennent majoritairement ou en totalité (9) au type U. Ce sont :

Araucariacées, Balanopacées, Burséracées, Casuarinacées, Cunoniacées, **Cupressacées,** Epacridacées, Escalloniacées, Fagacées, Flagellariacées, Loranthacées, Mimosacées, **Myricacées, Nepenthacées, Oncothécacées,** Phellinacées, Sphenostemonacées, **Strasburgeriacées,** Thyméléacées.

4) 2 familles (Goodeniacées et Triuridacées) ont un nombre égal d'espèces de type A et U.

5) 8 familles sont pour diverses raisons, difficiles à assigner au type A, I ou U. Ce sont : Annonacées, Balanophoracées, Bignoniacées, Capparidacées, Connaracées, Cucurbitacées, Gesnériacées et Protéacées.

Les familles endémiques se trouvent en majorité dans le 3e groupe Phellinacées, Strasburgeriacées, Oncotheca-cées, mais on en trouve encore une (Paracryphiacées) dans le premier groupe et l'autre (Amborellacées) dans le 2e. De même façon, 22 genres endémiques appartiennent en totalité (en ce qui concerne les espèces forestières) au type U contre 16 genres de types A et 12 du type I (1O).

Si parmi les espèces de type A, les Gymnospermes sont moins nombreux, (4 espèces : Araucariacées, Taxa-cées) que dans les espèces de type U (13 espèces : Araucariacées, Cupressacées, Podocarpacées), ils sont par contre très bien représentés dans les espèces indifférentes (11 espèces : Araucariacées, Podocarpacées). Cette carence est d'autre part largement compensée dans les espèces de type A par la très grande abondance de Monocotylédones primitives (Palmiers, Pandanacées) et surtout le grand nombre de représentants de familles archaïques à bois homoxyle ou à vaisseaux primitifs que sont les Winteracées, Amborellacées, Atherospermatacées, Monimiacées, Chloranthacées, Trimenia-cées, Pipéracées, Annonacées, Menispermacées, considérées comme de véritables fossiles vivants (TAKHTAJAN, 1969) 29 espèces appartiennent au type A, contre 18 au type U et 12 sont indifférentes.

En conclusion, si le recouvrement lent et massif des péridotites en Nouvelle-Calédonie a indéniablement été un facteur d'originalité floristique et d'endémisme en induisant une nouvelle phase de spéciation (espèce U), son rôle dans l'enrichissement floristique est plus discutable. En effet, sur la flore en général d'abord, il n'est pas certain que l'apparition de taxons nouveaux engendrés par la mise en place de ce nouveau substrat ait numériquement compensé la disparition d'une partie de la flore prééocène qui a été obligatoirement éliminée faute de n'avoir pu s'adapter. Cette flore ancienne déjà très diversifiée a montré qu'elle était capable de potentialités évolutives multiples quand on constate la richesse floristique, l'endémicité et l'abondance de formes originales qui existent de nos jours dans les forêts situées en-dehors des roches ultrabasiques, et cela malgré les vicissitudes géologiques subies (recouvrement presque complet de la Nouvelle-Calédonie par les péridotites).

Ensuite, sur un plan strictement comparatif, les analyses floristiques mettent en évidence que les péridotites par leurs particularités chimiques très sélectives, sont plutôt une cause d'appauvrissement relatif non seulement en ce qui concerne les groupes récents (Graminées, Composées, Labiées, Scrophulariacées, Bouraginacées, etc ...) mais aussi pour le nombre total d'espèces, le nombre d'espèces endémiques et aussi de formes archaïques, ce qui amène à douter de leur rôle quant à la préservation de types ancestraux au cours de l'évolution, qui a souvent été avancé (VIROT, 1956, THORNE, 1965, JAFFRE, 1980). Si ce rôle existe sans doute dans les formations ouvertes (maquis), en forêt, par contre, il parait singulièrement limité. La persistance et l'abondance de telles reliques dans tous les types de forêts denses, quelqu'en soit le substrat, est plutôt une conséquence du phénomènal isolement qu'a connu la Nouvelle-Calédonie au cours de son histoire géologique.

★ ★ ★ ★ ★

Toutes les données ont été traitées par ordinateur HP 9845 et nous remercions M. HOFF, botaniste au Centre ORSTOM de Nouméa, pour leur saisie et l'élaboration des programmes. Les spécialistes suivants nous ont aimablement fourni des renseignements inédits sur leurs groupes respectifs : Allorge, L. (P) : Apocynacées ; Dawson, J.W. (WELTU) : Myrtocées (Leptospermoïdées) ; Forman L.L. (K) : Ménispermacées ; Jérémie, J. (P) : Amborellacées, Athérospermatacées, Chloranthacées, Monimiacées, Triméniacées ; HARTLEY, T.G. (CANB) : Rutacées ; Hürlimann, H. (Z) : *Salacia (Dicarpellum), Salaciopsis* ; Nielsen, I (AAU) : Mimosacées ; Show, H.K. (K) : *Austrobuxus, Balozhia, Bocquillonia, Coceonerion* : Stone B. (KLU) : Pandanacées ; Tirel, C. (P) Elaeocarpacées.

(1) Communication personnelle de T.G. HARTLET
(2) Communication personnelle de J.W. DAWSON
(3) *Hemigraphis, Ochrosia, Epipremnum, Macaranga, Calophyllum, Hernandia, Intsia, Calpidia, Pandanus, Guettarda, Morinda, Allophylus, Planchonella.*
(4) Communication personnelle de B.P. HYLAND
(5) Chiffre qui n'est pas représentatif des liens floristiques entre les 2 territoires comme on le verra plus loin.
(6) *Homoxylon neocaledonicum* dicotylédone primitive (BOUREAU 1952) découverte dans le Carnien de l'Ouest néo-calédonien, repousserait au Trias, l'origine des dicotylédones.
(7) ou inversement de Nouvelle-Zélande à la Nouvelle-Guinée puisqu'à cette époque la Nouvelle-Zélande devait être très proche de l'Antarctique et de l'Amérique du Sud (hypothèse des migrations par le sud de CRANWELL 1964, RAVEN et AXELROD 1974. Cependant les affinités floristiques dominantes avec l'Australie, la Nouvelle-Guinée et la Malaisie renforcent l'hypothèse de la prépondérance des migrations par le Nord.
(8) Sur la Grande Terre, on peut estimer qu'un 1/3 à 2/5 des surfaces forestées sont situées sur péridotites. Les Iles Loyauté interviennent peu : la flore y est appauvrie et beaucoup d'espèces sont communes avec la Grande Terre.
(9) Celles qui sont en caractères gras.

(10) **Type A** : *Amborella, Depanthus, Kibaropsis, Alloschmidia, Cyphophoenix, Kentiopsis, Lavoixia, Mackeea, Moratia, Veillonia, Rhopalobrachium, Gongrodiscus, Pichonia, Austrotaxus, Exospermum, **Pyriluma, Leptostylis**.*

      Type U : *Cerberiopsis, Apiopetalum, Botryomeryta, Hachettea, Cocconerion, Dendrophyllanthus, Neoguillauminia, Gastrolepis, Canacomyrica, Arillastrum, Pleurocalyptus, Oncotheca, Coilochilus, Pachyplectron, Actinokentia, Campecarpus, Clinosperma, Pritchadiopsis, Morierina, Daenikera, Sebertia, Strasburgeria.*

      Type I : *Campynemanthe, Strobilopanax, Nemuaron, Clematepistephium, Chambeyronia, Cyphokentia, Paracryphia, Parasitaxus, Sleumerodendron, Sarcomelicop, Zieridium, Amphorogyne.*

1981

Mots clés : Affinité floristique, chorologie, facteur édaphique, endémisme, milieu insulaire, forêt dense humide, Phanérogames, Nouvelle-Calédonie et dépendances.

Résumé : L'étude statistique des espèces, genres, familles des phanérogames des forêts denses humides de Nouvelle-Calédonie et dépendances a permis de définir les affinités floristiques et l'historique du peuplement végétal de ces îles, ainsi que le rôle du substrat (ultrabasique, calcaire) dans la richesse, l'endémisme et la conservation des formes archaïques.

Title: FLORISTIC AFFINITIES BETWEEN PHANEROGAMS IN THE EVERGREEN FOREST OF NEW CALEDONIA.

Key words: Floristic affinities, chorology, soils, endemism, evergreen forest, phanerogams, insular environment, New Caledonia and its dependancies.

Abstract: A statistical study of the species, the genus and the families of phanerogams in evergreen forest of New Caledonia and its dependancies has permitted to establish the floristic affinities and the history of the vegetation in those islands. The correlation between the calcareous or ultrabasic substratum and the multiplicity, the endemism and the preservation of archaic forms has been underlined.

LE MONDE DES ATOLLS ET DES ILES BASSES

Alain HUETZ de LEMPS
Professeur à l'Université de Bordeaux III
UER de Géographie

Dans cette mise au point, nous insisterons particulièrement sur les atolls et les îles basses du Pacifique non seulement parce que le voyage de la SEPANRIT a lieu cette année en Océanie mais aussi parce que c'est dans l'Océan Pacifique que les atolls sont les plus nombreux et les plus variés. E.H. Bryan (1) a dressé une liste de quelque 400 atolls : les trois quarts se trouvent en Océanie : 136 en Polynésie, 92 en Micronésie et 66 en Mélanésie. Une quinzaine sont situés dans l'archipel indonésien, 73 se localisent dans l'Océan Indien, et 27 se trouvent dans l'Atlantique, tous sauf un dans la mer caraïbe.

Ces atolls sont parfois complètement isolés : c'est le cas de Wake dans le Pacifique Nord occidental, et de Clipperton à 1 000 km des côtes du Mexique. Mais le plus souvent ils se groupent en véritables archipels, telles les îles Tuamotu qui comprennent 75 atolls (908 km² de terres émergées) ou les îles Marshall qui sont formées de 30 atolls et de 5 îles basses coralliennes. Deux Etats indépendants sont même constitués uniquement d'îles de corail : Kiribati et Tuvalu, mais la superficie de ces îles étant très faible, il s'agit de très petits Etats insulaires : Kiribati qui regroupe les îles Gilbert, Phoenix et Line a une superficie totale de 690 km² et Tuvalu ne dépasse pas 26 km² ! Il s'agit donc de "micro-Etats" dont l'originalité est incontestable.

D'autres Archipels Océaniens englobent à la fois des îles basses coralliennes et des îles hautes d'origine volcanique. Ainsi les îles Carolines ont une quarantaine d'atolls et d'îles basses, mais elles comptent aussi des îles volcaniques simplement entourées de récifs coralliens : c'est le cas de Ponate, de Truk, de Yap.

Dans un certain nombre d'archipels du Pacifique, les îles hautes, volcaniques ou sédimentaires constituent les terres les plus importantes et les quelques atolls qui s'y trouvent ne jouent qu'un rôle marginal.

Ainsi les îles de la Société (Polynésie française) sont essentiellement volcaniques mais elles comptent plusieurs petits atolls, Mopelia, Scilly, Bellingshausen. Il en est de même pour les Hawaï, les Cook, les Salomon ... La partie orientale de l'archipel Fidjien (îles Lau) comporte toute une série d'îles coralliennes mais ce sont rarement de véritables atolls, plus souvent d'anciens récifs plus ou moins soulevés.

En effet, les îles coralliennes présentent une assez grande diversité et il est indispensable de définir les principaux types d'atolls et d'îles basses.

I - LES PRINCIPAUX TYPES DE CONSTRUCTIONS CORALLIENNES

Les récifs coralliens sont construits par des animaux de l'embranchement des Cnidaires et il existe quelque 2 500 espèces de coraux. Ces polypes secrètent autour d'eux une carapace calcaire qui les protège mais des des tentacules leur permettent de capter leur nourriture dans la mer. Les Polypes constituent de véritables colonies, l'animal initial émettant des excroissances qui deviennent à leur tour de nouveaux individus et donnent au corail les formes les plus variées. Les polypes ont également une reproduction sexuée qui engendre des larves ou planules : flottant dans l'Océan, ces dernières iront fonder de nouvelles colonies.

Les coraux ou madrépores ne peuvent vivre que dans des eaux chaudes, d'une température supérieure à 20°, avec un optimum entre 23 et 28° (2). Ainsi la température de l'eau autour des récifs de Hao (Tuamotu) est de 25°5. Les coraux ne peuvent évidemment pas supporter de fortes variations saisonnières de température et la plupart des espèces se localisent essentiellement dans la zone intertropicale. Ces eaux chaudes doivent avoir une teneur en chlorure de sodium assez élevée et la croissance est particulièrement rapide dans les eaux bien oxygénées : le développement des coraux varie donc considérablement le long d'un même récif ; si les conditions favorables se maintiennent, certaines colonies peuvent progresser de 0,5 à 2 mètres par siècle, d'après Kuenen (3) alors que d'autres sont pratiquement stationnaires. Les polypes ne vivent qu'à de faibles profondeurs, moins de 40 mètres, car au delà l'eau n'est plus suffisamment oxygénée et surtout la lumière devient insuffisante. En effet, les polypes vivent en symbiose avec des algues microscopiques (zooxanthelles) qui ont besoin de lumière comme tous les végétaux à chlorophylle. Les récifs coralliens ne sont d'ailleurs pas constitués uniquement de polypes. Diverses algues jouent un rôle important dans l'édification et la consolidation des récifs de même que des vers tubicoles, des mollusques ...

Les coraux peuvent donc construire des édifices partout où les eaux sont chaudes et salées, peu profondes et bien oxygénées. En bordure des continents et des grandes îles tropicales, on peut trouver soit des récifs frangeants, le long même du rivage, soit des récifs barrière, séparés de la côte par un lagon. Ainsi la côte du Queensland est bordée par la Grande Barrière australienne, la Nouvelle-Calédonie est entièrement encerclée par un magnifique récif barrière. Mais ces récifs barrière ou frangeants sont étroitement liés aux îles hautes voisines et ne sont pas l'objet de cette mise au point qui est consacrée aux véritables îles coralliennes.

L'île corallienne typique est l'**atoll**. Il s'agit d'un anneau (ou couronne) de coraux sur lesquels repose un nombre plus ou moins grand d'îles et d'îlots émergés et qui encercle un lagon communiquant éventuellement avec l'Océan par une ou plusieurs "passes".

Il ne saurait être question ici de reprendre longuement les différentes théories qui ont été proposées sur l'origine des atolls. Rappelons seulement que dès 1842, Darwin avait émis l'hypothèse que les atolls se trouvaient à l'emplacement d'anciennes îles volcaniques : frangés de récifs coralliens, ces anciens volcans se seraient ensuite progressivement affaissés mais avec une lenteur suffisante pour que les coraux aient pu se maintenir près de la surface grâce à leurs seules constructions. Plus tard, en 1910, Daly a fait intervenir les mouvements eustatiques, les variations du niveau de la mer. Au moment des grandes glaciations du Quaternaire, le niveau des Océans a baissé d'au moins 50 ou 60 mètres ; les récifs auraient alors émergé et auraient été arasés par les vagues à ce niveau ; ensuite la remontée des eaux postglaciaires aurait été suffisamment lente pour que la croissance des polypes puisse maintenir les constructions coralliennes près de la surface.

Les recherches récentes montrent en fait que ces deux théories doivent être combinées. La théorie de l'affaissement progressif proposée par Darwin, complétée et modifiée par Dana et Silvester, a été confirmée : les sondages effectués à Eniwetok en 1953 ont montré que le socle volcanique était atteint à 1266 et 1383 mètres de profondeur ; au dessus, on a une énorme accumulation de coraux morts, la subsidence ayant commencé dès le milieu de l'ère tertiaire. A Mururoa, où l'activité volcanique a cessé il y a 6 millions d'années, le sondage Colette a atteint le socle volcanique à 438 mètres de profondeur (4).

Mais à ces lents mouvements de subsidence s'ajoutent les variations récentes et beaucoup plus rapides du niveau de la mer. Ainsi à Mururoa, on ne trouve pas de coraux dans la couronne récifale entre 500 000 et 200 000 ans avant le présent, c'est à dire au moment où la glaciation de Riss provoquait un important abaissement du niveau de la mer, et l'émersion d'une île bordée de falaises ; de plus pendant le maximum glaciaire l'activité des coraux a dû être plus limitée par suite d'un certain rafraîchissement de la température de l'eau. Après une remontée du niveau de la mer, dans la période interglaciaire le même phénomène d'émersion s'est reproduit au moment de la glaciation würmienne, entre 100 000 et 8 000 ans : c'est une nouvelle période d'érosion marine et subaérienne. Avec la fin de la période glaciaire, la remontée des eaux s'est accompagnée d'une reprise d'activité des coraux sur la couronne, en particulier sur sa bordure extérieure où l'eau est très oxygénée par les brisants du récif. Il y a environ 3 000 à 4 000 ans, au moment de la période xérothermique ou optimum climatique postglaciaire, le niveau de la mer a même dépassé de 2 ou 3 mètres le niveau actuel mais au cours des trois derniers millénaires, on a constaté une légère régression marine : les couronnes sont constituées en grande partie de coraux morts légèrement soulevés et les coraux vivants se localisent surtout sur la bordure des récifs.

La prise en compte des mouvements du soubassement et des variations du niveau de la mer nous permet alors de distinguer plusieurs types d'îles coralliennes :

1 - Les atolls véritables

Ce sont ceux où les mouvements de subsidence ont été beaucoup plus lents que les dernières variations eustatiques. Ils ont les caractéristiques classiques des atolls, c'est-à-dire la couronne de récifs et d'îles entourant un lagon mais ils présentent en fait une très grande diversité. Ils se différencient :

a) par leur taille. Certains n'ont que quelques kilomètres de tour et leur lagon a une superficie très faible. C'est le cas d'un certain nombre d'atolls des Tuamotu.

D'autres au contraire sont très vastes : la longueur de l'anneau à Rangiroa, le plus vaste atoll des Tuamotu, est d'environ 220 km ; il enserre un lagon de 1 640 km² qui constitue donc une véritable petite mer intérieure. Mais le plus vaste du monde est celui de Kwajalein dont le lagon a une superficie de 2 172 km². Il a 312 km de tour ; il y a 125 km de l'Ouest à l'Est et une quarantaine du Nord au Sud.

b) par leur forme : contrairement à une opinion très répandue, les atolls circulaires sont relativement peu fréquents et sont généralement de petite taille. Les grands atolls ont des formes plus ou moins complexes, ils sont allongés, parfois triangulaires ou quadrangulaires, leur forme générale étant liée surtout aux caractéristiques du substratum sous-marin sur lequel ils sont édifiés.

c) par l'étendue des terres qui émergent sur la couronne récifale dont la largeur est le plus souvent de 300 à 500 mètres et excède rarement 2 km. Sur les 125 atolls étudiés par Wiens (5), 55 ont moins d'un tiers de leur anneau occupé par des îles, 34 entre un tiers et la moitié, 22 entre la moitié et deux tiers et sur seulement 6 atolls les terres émergées occupent la quasi totalité de la couronne récifale. Ces île sont beaucoup plus nombreuses côté au vent (Est) que côté sous le vent (Ouest). Entre les îles les récifs sont balayés par les vagues à marée haute et pendant les tempêtes. Donc la plupart des atolls sont en fait constitués par de nombreuses îles et îlots séparés par des morceaux de la couronne encore submergés à marée haute. Dans les Marshall, la plupart des atolls sont constitués d'une vingtaine d'îles au moins et l'ensemble de l'archipel, constitué de 35 atolls, comporte en 1 152 îles différentes. Les très grands atolls peuvent avoir de très nombreuses îles : Jaluit (dont le lagon a une superficie de 690 km²) a 84 îles, Kwajalein en a 95 mais le record doit appartenir à Rangiroa dont les 241 îles couvrent environ 1/3 de la longueur de l'anneau. Mais ces îles sont petites et même les très grands atolls ont des superficies émergées faibles : 14,5 km² pour KWAJALEIN, 20 km² pour TARAWA, 79 km² pour RANGIROA.

Certains atolls ne sont constitués que d'un très petit nombre d'îles et parfois même une seule terre encercle complètement le lagon : c'est le cas de certains petits atolls fermés des TUAMOTU. Il existe également des îles coralliennes sans lagon dont les récifs et îlots émergés présentent des caractéristiques comparables à celles des véritables atolls.

d) par le nombre des "passes" qui mettent en communication les eaux du lagon avec celles de l'Océan. Il faut distinguer les "passes pour pirogues" de faible profondeur des "passes profondes", accessibles aux bateaux de haute mer. Ces dernières sont moins nombreuses qu'on ne le croit : Wiens (6) a dressé une liste de 118 passes profondes dans les atolls du Pacifique dont 44 aux Marshall, 34 aux Carolines, 33 aux Tuamotu. Dans ce dernier archipel, 10 atolls ont deux passes, mais pas toutes très profondes, 21 ont une seule passe et 47 sont des atolls fermés, sans véritable passe.

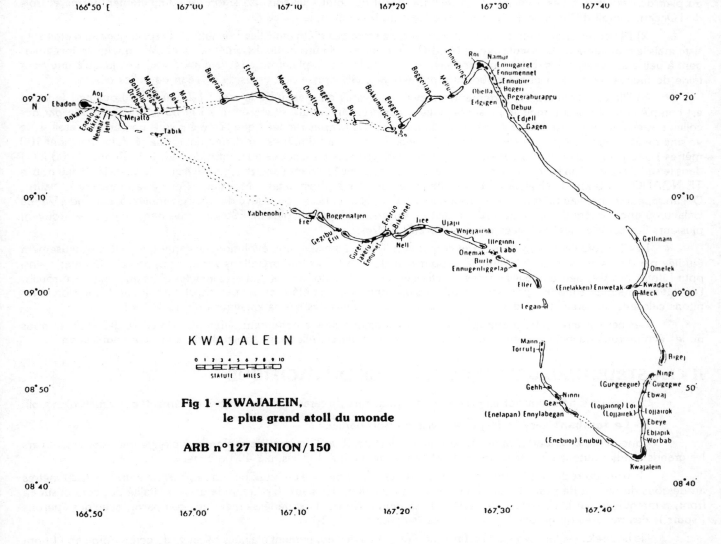

Fig 1 - KWAJALEIN,
le plus grand atoll du monde

ARB n°127 BINION/150

Les passes se localisent généralement sur le côté "sous le vent" de l'atoll : en Micronésie, 85% des passes se localisent sur les parties Ouest et Sud Ouest des atolls. Côté au vent(Est), les passes sont rares car la croissance des madrépores est plus active dans les eaux plus agitées et plus oxygénées. Par exemple, pour Kiribati, on a des passes dans la partie occidentale des atolls de Makin, Abaiang, Tarawa, Maiana, Abemama, Canton, Tokelau. A. GUILCHER a souligné la très forte dissymétrie des atolls des Gilbert (7). L'origine et le maintien de certaines passes constituent d'ailleurs des problèmes mal élucidés.

e) par la profondeur du lagon : en général, cette profondeur ne dépasse pas quelques dizaines de mètres et les plus grands lagons ne sont pas forcément les plus profonds : celui de Rangiroa ne dépasse pas 50 mètres, celui de Kwajalein 60 mètres. Des lagons beaucoup plus petits peuvent dépasser ces chiffres : à Nukuoro, petit atoll des Carolines, de 7,5 × 5,7 km, la sonde est descendue jusqu'à 114 mètres. (Le chiffre record de 159 m 40 donné pour Ngatik serait douteux).

Au total pour 56 atolls des Marshall et Carolines, 12% ont des lagons d'une profondeur inférieure à 30 mètres, 59% des lagons de 30 à 60 mètres de profondeur, et 28% des lagons de 60 à 90 mètres.

2 - Les atolls et récifs submergés

A la différence des véritables atolls, il n'y a pas d'île mais simplement des constructions coralliennes proches de la surface de la mer et constituant des hauts-fonds (shoals des Carolines) avec parfois de redoutables brisants. On compte ainsi 11 atolls submergés dans les Carolines occidentales ; ils sont dus à une subsidence isostatique récente et rapide.

3 - Les atolls et récifs soulevés

Des mouvements récents de soulèvement ont fait émerger l'atoll, mais selon l'ampleur de soulèvement on peut distinguer plusieurs types :

1) le soulèvement étant limité, l'atoll garde encore sa caractéristique essentielle d'anneau entourant un lagon mais la couronne récifale forme un bas plateau calcaire nettement émergé et bordé vers l'extérieur par de véritables falaises : au pied de ces falaises s'est développé un récif frangeant de coraux vivants. Le lagon est complètement fermé et isolé de l'Océan. L'atoll d'Olosenga (Swain's Island) est un bon exemple de ce type.

2) l'île corallienne a été faiblement basculée : c'est le cas d'Ouvea (Iles Loyauté) : l'aspect général d'atoll subsiste mais le mouvement de bascule vers le Nord-Ouest donne à l'île une nette dissymétrie : au N.W., quelques îlots émergent à peine au-dessus des récifs ; au contraire au S.E. du lagon, la plateforme récifale a été soulevée jusqu'à une trentaine de mètres de hauteur et sur sa bordure méridionale, elle dresse au-dessus de l'Océan de belles falaises.

3) l'île corallienne a été fortement soulevée au-dessus du niveau de la mer : à Lifou (Iles Loyauté) le lagon est complètement asséché mais la présence d'une dépression intérieure située entre 25 et 35 mètres entourée par des collines atteignant 60 à 70 mètres et dominant la mer par des falaises rappelle que l'île a été jadis un véritable atoll. L'île voisine de Maré est encore plus soulevée (ancien lagon vers 40 à 50 mètres, ancienne couronne récifale atteignant 100 mètres) ; son originalité tient à l'existence de deux pointements basaltiques au centre de l'île. L'île Rennel (800 km) dans le sud des Salomon est également une île corallienne soulevée ; dans l'ancien lagon se trouve le vaste lac d'eau douce TE NGANO (130 km²). Niue, à l'Est des Tonga, et les "îles à phosphates", Makatea (Polynésie Française), Nauru, Océan, appartiennent au même type. Dans les îles Lau (Fidji orientales) on trouve des types complexes, comme à Vanua Balavu où une barrière de corail de 130 km de tour enserre un lagon de plus de 500 km² mais dans ce lagon se trouvent plusieurs îles coralliennes soulevées entre 50 et 250 mètres.

Les îles coralliennes soulevées ont connu depuis leur émersion une évolution karstique qui a été soigneusement étudiée par divers auteurs, tel F. Doumenge pour Makatea (8). Les interprétations sont parfois assez différentes : ainsi pour Lifou Chevalier pense que les formes structurales de l'ancien atoll sont à peu près intactes alors que pour Bourrouilh, l'évolution karstique a été très poussée : la dépression centrale aurait été excavée par dissolution depuis l'émersion et les pitons calcaires ne seraient pas d'anciens pinacles de lagon mais des pitons karstiques résiduels (9).

Ces îles calcaires offrent aux insulaires des conditions de vie nettement différentes de celles des atolls et nous ne les évoquerons qu'incidemment. Quant aux richesses minières, elles sont l'objet d'une autre communication.

II - LA STRUCTURE D'UN ATOLL TYPIQUE DU PACIFIQUE

Une coupe schématique et simplifiée va nous permettre de caractériser les différents éléments constitutifs d'un atoll.

1 - Le tombant vers le large se divise en trois parties :

- une pente extérieure (outer slope) qui au delà de 15 à 20 mètres de profondeur plonge très rapidement vers les grands fonds ; autour des atolls, la pente atteint en moyenne 45° jusqu'à 400 mètres.

- le front du récif (reef front) est souvent séparé de la pente extérieure par un replat situé entre 15 et 20 mètres au-dessous du niveau de l'eau. La faible profondeur, l'agitation des eaux expliquent la grande vitalité des coraux sur ce front, remarquable par la richesse et la variété de sa faune. Ce front est généralement très complexe, avec des éperons (spurs), des rainures ou gorges (grooves), des surplombs … (10)

- le bourrelet récifal (seaward reef margin) est dû au développement d'algues calcaires du genre *Porolithon* (nom scientifique plus exact que celui de *Lithoman nion*, très souvent utilisé). Cette crête algaire est particulièrement développée sur la côte au vent constamment battue par les vagues. Elle est plus ou moins large (2 à 15 mètres à Raroia, 15 à 30 mètres à Onotoa) et s'élève à 50 cm, parfois 1 mètre au-dessus du niveau du platier. Elle n'est pas continue, certaines gorges du front se prolongeant vers l'intérieur par des chenaux plus ou moins profonds. Elle semble beaucoup plus rare aux Gilbert qu'aux Tuamotu.

2 - la plateforme récifale est la partie de la couronne encore atteinte par les vagues à marée haute et pendant les tempêtes mais elle émerge en grande partie à marée basse et pendant les périodes de calme. L'amplitude des marées est généralement faible (90 centimètres à Mururoa, 1,90 mètre en vive eau à Tarawa), mais le niveau est modifié par les conditions barométriques et par le vent (rafales sous les grains). On distingue généralement dans cette plateforme une bande extérieure, le platier proprement dit, situé derrière le bourrelet récifal et très partiellement exondé à marée basse et une bande intérieure atteinte seulement à marée haute. La présence de plusieurs niveaux est liée aux variations récentes du niveau de la mer et à l'action érosive de la mer.

Ainsi aux Tuamotu (Mururoa, Raroia) la plate-forme récifale comprend deux niveaux séparés par une microfalaise d'une trentaine de centimètres de hauteur :

- le platier est une surface d'érosion qui a de 50 à 100 mètres de largeur à Mururoa et qui résulte de l'abrasion par la mer du ocnglomérat récifal ancien. Dans le détail, la topographie est très accidentée, avec cupules, alvéoles où l'eau se maintient à marée basse et où s'accumulent les éléments détritiques. Les chenaux qui entaillent le bourrelet récifal, se terminent souvent dans le platier par des grottes, des tunnels et "trous du souffleur" où les vagues viennent se briser. Des colonies de coraux, en particulier du genre *Heliopora* constituent à la surface des édifices circulaires appelés improprement micro-atolls. Parfois s'élèvent d'énormes blocs : ils représentent des morceaux du front du récif projetés sur le platier au moment des grandes tempêtes. Certains à Jaluit (Marshall) ou à Aratika et Napuka (Tuamotu) pèsent plusieurs tonnes. On trouve aussi des roches en forme de champignon, témoins du niveau supérieur.

Ce dernier constitue une dalle corallienne que la dissolution des calcaires hétérogènes a transformé en un dédale de trous, de crêtes en lames de couteau, où il est souvent encore plus difficile d'avancer que sur le platier proprement dit. La roche est souvent couverte d'algues bleues.

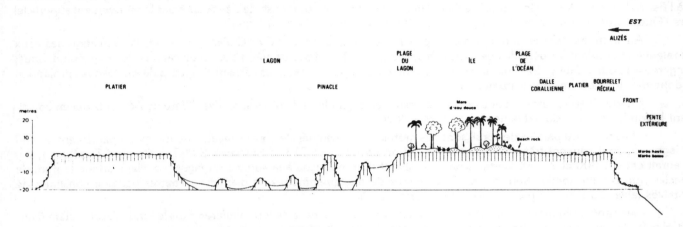

Fig 2 : COUPE D'UN ATOLL

La largeur de la plate-forme récifale est variable ; elle est généralement de 300 à 500 mètres mais peut dépasser un ou deux kilomètres). S'il n'y a pas d'îles, elle s'étend jusqu'à la bordure du lagon ; c'est souvent le cas du côté sous-le-vent. Très fréquemment, les terres émergées forment seulement des petits îlots séparés par les couloirs balayés par la mer à marée haute et appelés Hoa en Polynésie : l'eau de la mer peut ainsi entrer dans le lagon mais elle ne peut en ressortir par ces mêmes Hoa sauf en cas de fort vent contraire. Les échanges importants entre le lagon et l'océan se font essentiellement par les véritables "passes" qui échancrent la couronne récifale.

3 - Les terres émergées sont constituées de sédiments détritiques accumulés au moment des tempêtes. La formation de ces îles a été favorisée par la légère régression marine qui a légèrement soulevé les couronnes récifales au-dessus du niveau moyen de l'océan. Ainsi en Micronésie, de nombreuses îles ont comme support les restes du niveau dunkerquien situé à 1 ou 2 mètres d'altitude.

Les îles sont particulièrement nombreuses et importantes du côté au vent où les vagues accumulent les débris d'origines variées, fragments de madrépores, sables de foraminifères, et d'algues calcaires, coquilles de mollusques ... Elles sont fréquentes aussi près des passes où, les interférences de courants sont très propices aux dépôts. Ces matériaux détritiques constituent souvent plusieurs cordons littoraux successifs, correspondant aux grandes tempêtes, cyclones et raz de marée. Ainsi sur les îlots de Kapingamarangi (Carolines) Wiens signale l'existence de 3 cordons laissés probablement par 3 cyclones. A Mururoa, il y aurait aussi trois cordons, le plus récent datant du grand cyclone de 1906. L'altitude de ces cordons est toujours faible, 2 ou 3 mètres seulement en général. A Raroia (Tuamotu), on arrive à 6 mètres et à Bikini (Marshall) la hauteur de 23 pieds (près de 8 mètres) est considérée comme un record. Le rôle du vent est secondaire mais il existe quelques dunes, souvent situées sur la rive du lagon faisant face au vent dominant, c'est-à-dire à l'ouest : les éléments fins sont pris sur la plage côté lagon.

Les îles sont en effet bordées de plages qui sont en général plus continues et plus étendues du côté intérieur (lagoon beach) que du côté de l'océan (seaward beach) et qui sont constituées de matériaux plus fins provenant des débris des foraminifères du lagon. C'est surtout du côté de la mer que l'on trouve les bancs des grès de plage (beach rock) dus à la cimentation des sédiments détritiques. Leur dureté et leur épaisseur sont très variables ; certains bancs sont de formation très récente puisqu'on y a trouvé des morceaux de bouteilles et autres objets contemporains. Lorsqu'il y a érosion de la plage, le beach rock affleure sous forme de petites falaises, plus ou moins rapidement déchaussées. Du côté intérieur, la plage plonge parfois directement vers le fond du lagon mais fréquemment, la plate-forme récifale réapparait et dans les lagons ouverts, émerge à marée basse.

La largeur des îles est faible puisqu'elle est liée à celle de la plate-forme récifale, quelques centaines de mètres, rarement plus de 1 ou 2 kilomètres. Elles présentent un relief ondulé de collines correspondant aux anciens cordons littoraux et de dépressions. Celles-ci sont parfois occupées par des mares d'eau saumâtre ; celles des Tuamotu sont envahies par des algues bleues ou vertes. Dans d'autres, qui correspondent parfois à d'anciens "hoa" on trouve des mares d'eau douce. Il existe en effet à l'intérieur de la masse détritique une nappe phréatique alimentée par les pluies qui repose sur la nappe d'eau salée qui imbibe la plate-forme récifale. Cette "lentille de Ghyben-Herzberg" a une eau généralement très pauvre en chlorure de sodium mais riche en calcium et en magnésium ; on trouve souvent au-dessus de la nappe, sur environ 20 centimètres d'épaisseur, des encroûtements de calcite. C'est la présence de cette eau douce qui a rendu possible la vie humaine sur les atolls.

4 - les lagons présentent des aspects très divers selon leur profondeur et l'importance des communications avec la mer. Dans les atolls très ouverts, les courants de marée par les passes et les apports d'eau par les "hoa" s'ajoutent aux mouvements dus au vent dominant d'Est ce qui permet une excellente oxygénation des eaux et la croissance des coraux. Ainsi à Bikini, une couche d'eau de 5 à 20 mètres d'épaisseur est entraînée par les vents dominants de l'Est vers l'Ouest ; une partie s'écoule par les passes, le reste fait retour par le fond du lagon grâce à un contre-courant de vitesse plus faible et à l'Est du lagon un "upwelling" ramène l'eau vers la surface pour compenser le déficit créé par le mouvement superficiel vers l'Ouest. Les coraux gardent une grande vitalité à l'intérieur même du lagon.

Au contraire dans les atolls plus ou moins fermés, les échanges avec l'Océan diminuent, la circulation des eaux est ralentie et pendant les périodes de vent faible, on peut même avoir de véritables stratifications de l'oxygène dissous, dangereuses pour la faune. Les coraux deviennent de plus en plus rares, mais certaines espèces de mollusques prolifèrent et donnent au lagon un aspect particulier.

Chaque lagon présente donc des caractéristiques originales et la répartition des différents éléments qui en constituent le fond, varie considérablement d'un atoll à l'autre.

- Les pâtés ou patates de corail sont des monticules constitués de coraux vivants ou morts qui parsèment le fond du lagon. Ils sont souvent très nombreux : à Bikini on en a repéré 913, à Eniwetok 2 293, à Raroia (Tuamotu), il y en aurait entre 1 500 et 2 000. Certains pâtés s'élèvent du fond jusqu'à la surface du lagon : on leur donne le nom de pinacles ; un certain nombre sont de véritables pitons de quelques mètres de diamètre, d'autres peuvent constituer de véritables tables au sommet plat et supportent parfois un îlot.

- les dépôts sédimentaires, détritiques sur les pentes, fins à base de foraminifères dans le fond, s'accumulent d'autant plus facilement que les échanges avec l'océan sont limités. A Mururoa, on trouve peu de sédiments très fins, parce qu'ils sont évacués vers l'océan par les passes ; par contre dans des atolls fermés comme Tureia et Reao, le faible hydrodynamisme permet la décantation des eaux et le dépôt de véritables vases blanches (12). De même, dans les parties profondes du lagon de Kapingamarangi, s'accumulent des boues calcaires.

- les bancs de mollusques lamellibranches se développent surtout dans les eaux relativement calmes et riches en carbonate de calcium où la compétition des espèces est déjà plus faible, donc dans les lagons d'atolls sans passe, où les échanges se limitent à des apports d'eau par quelques "hoa" au moment des hautes mers et des tempêtes. Chaque lagon a ses caractéristiques propres : les bancs d'huîtres perlières sont caractéristiques de certains atolls des Tuamotu ; à Fangataufa domine *Pinctada maculata*. Au contraire à Reao, les grands bénitiers (*Tridacna maxima*) occupent 90% du substrat. Ces mollusques jouent un rôle essentiel dans le comblement progressif du lagon comme à Pukapuka (Tuamotu) où leur accumulation est telle qu'ils constituent des cordons dont la hauteur dépasse le niveau moyen du lagon (13).

- lorsque le lagon est en voie de complet assèchement par suite d'un mouvement de soulèvement du sol, comme à Starbuck (Iles de la Ligne, Kiribati) ou Sydney (Phoenix, Kiribati), le lagon se morcelle progressivement et dans les cuvettes s'accumulent des dépôts salins ou des vases avec envahissement par une végétation marécageuse dont la pourriture dégage une odeur nauséabonde. Dans certains cas, le comblement du lagon est à peu près achevé (Howland, Baker) et lorsque le soulèvement a été plus marqué, on passe à un autre type, celui des îles coralliennes soulevées.

III - LA VEGETATION DES ATOLLS

La végétation des atolls du Pacifique est relativement pauvre en espèces : la flore de toutes les îles de Micronésie comprend à peine 1 300 espèces alors que l'archipel voisin des Philippines en possède plus de 8 500.

Cette pauvreté est évidemment liée à la dispersion et l'isolement des îles au milieu de l'immense océan. Les plantes qui ont pu atteindre les atolls ont été disséminés par le vent, par les oiseaux, par la mer et bien entendu par les hommes. Le vent a joué un rôle important, en particulier pour certains végétaux inférieurs, telles les fougères dont les minuscules spores peuvent être transportées sur de grandes distances par les courants atmosphériques. Les oiseaux ont également assuré la diffusion de certaines plantes : ainsi *Pisonia grandis*, un arbre fréquent dans les atolls du Pacifique central a des fruits couverts d'une substance visqueuse qui colle aux pattes et aux plumes des oiseaux, ce qui assure leur transport d'une île à l'autre.

Certains fruits ont la possibilité de rester dans l'eau pendant plusieurs semaines ou même quelques mois sans perdre leur pouvoir de germination : c'est le cas des fruits du *Pandanus tectorius* et dans une moindre mesure des noix de coco. Le rôle des grands courants a été, semble-t-il essentiel dans la diffusion de plusieurs espèces, en particulier celui du contre-courant équatorial (5 à 8° de latitude Nord) dirigé d'ouest en est de part et d'autre des courants Nord Equatorial et Sud Equatorial qui s'écoulent vers l'Ouest. Au moment des tempêtes, certains fruits peuvent être rejetés sur les hauts des plages et ils vont ensuite pouvoir germer à l'abri des embruns.

Les populations océaniennes puis européennes ont, volontairement ou non, introduit dans les atolls une bonne partie des plantes qui s'y trouvent actuellement, mais inversement ont détruit plus ou moins complètement la végétation naturelle pour y substituer leurs plantes cultivées. Le rôle de l'homme dans la diffusion des plantes est parfois difficile à saisir. Ainsi le *Pandanus* semble avoir atteint la plupart des îles grâce aux courants marins ; cependant certaines variétés dont les fruits sont de meilleure qualité, auraient été diffusées volontairement par les Océaniens.

Pour le cocotier (*Cocos nucifera*), la diffusion dans certains atolls par flottage des noix est possible, bien que le pouvoir de germination semble se perdre plus rapidement que pour les fruits du pandanus. Ainsi dans quelques atolls comme Christmas et Fanning, les premiers explorateurs, les Capitaines Cook et Fanning, ont vu des cocotiers mais n'ont repéré aucun établissement humain. Cependant il est incontestable que dans beaucoup d'îles, les cocotiers ont été introduits par les hommes soit avant la découverte par les Européens, soit après.

Un handicap supplémentaire pour la végétation a été la pauvreté des sols, basses plateformes calcaires ou cordons de sable. Sur les petits îlots, l'importance des embruns liés à la forte houle océanique ne permet souvent que le développement de plantes capables de supporter une certaine salinité. Les plus grandes îles, qui ont plusieurs centaines de mètres de large , parfois plus, ont une végétation beaucoup plus riche et variée et qui s'ordonne souvent en plusieurs bandes parallèles au rivage :

- Côté océan, en haut de la plage, apparaissent de basses plantes pionnières, halophiles, en particulier des *Scaevola*.

- ensuite se développent des fourrés de buissons et d'arbustes qui peuvent pousser sur des sols très peu fertiles et supportent encore un peu de chlorure de sodium : c'est le cas des *Pandanus Guettardia, Morinda, Messerschmidia*. Ces derniers forment des bois impénétrables de 9 à 12 m de haut dans certains atolls des Carolines. Le scrub de Pandanus et Messerschmidia est également fréquent dans les atolls de Kiribati, où il a été souvent conservé pour protéger les cocoteraies de l'intérieur. (14)

- le cœur des terres émergées est occupé par une forêt d'arbres qui peuvent être très peu halophiles. On trouve par exemple le *Cordia*, l'*Ochrosia* et surtout le *Pisonia grandis* qui constitue parfois de véritables futaies d'arbres d'une trentaine de mètres de haut, par exemple dans le Nord des Marshall ou dans l'île de Rose, le seul atoll des Samoa (15), mais qui, par contre, est rare aux Tuamotu. Cependant cette forêt a été fréquemment remplacée par des Cocoteraies et d'autres arbres plantés par les insulaires, tels que l'arbre à pain. La forêt vient parfois jusqu'en bordure de la plage qui frange le lagon car les embruns sont de ce côté moins redoutables. Sur la plage même, on retrouve quelques plantes pionnières telles que *Ipomoea* ou *Scaevola*, parfois même des *Guettardia* et des *Messerschmidia*.

- dans de petites baies plus ou moins remplies de sédiments fins, se sont installées des mangroves où dominent *Rhizophora* et *Sonneratia* et dans des trous d'eau saumâtre, on trouve des *Bruguiera* parfois mélangés à des Pandanus. Wiens signale que dans les atolls micronésiens, de nombreux trous de bombes datant de la Seconde guerre mondiale ont été ainsi occupés par des "mangroves" miniatures (16).

La richesse de cette végétation dépend en outre de l'abondance plus ou moins grande des précipitations. Dans l'ensemble, les atolls sont nettement moins arrosés que les îles hautes situées dans la même zone climatique. Les longs cortèges de cumulus entraînés par les alizés donnent peu de précipitations, quelques grains isolés, et les grosses pluies ont lieu surtout pendant les mois où la présence de la convergence intertropicale provoque de puissants mouvements de convection et des tempêtes accompagnées de vents d'ouest.

Les véritables cyclones sont heureusement rares dans le Pacifique Central et dans ces archipels proches de l'Equateur mais ils sont particulièrement redoutables car ces îles très basses peuvent être entièrement balayées par la mer en furie et la forêt comme les plantations complètement détruites. Depuis 1900, les îles Marshall ont connu 4 cyclones, en 1905, 1951, 1958, 1967, les Gilbert (Kiribati) deux cyclones en 1900 et 1927. Aux Tuamotu, 2 cyclones au début du siècle ont été particulièrement dévastateurs : celui de 1903 a fait 517 morts, 10% de la population de l'archipel, celui de 1906, 150 morts.

Mais les périodes de sècheresse sont elles aussi redoutables et affectent avec une particulière gravité les îles les moins arrosées. Dans les îles Gilbert (Kiribati) les sècheresses de 1917-19, 1924-25, 1937-39, 1949-51 ont été particulièrement longues. Ainsi l'atoll d'Abemama a reçu d'avril 1924 à Mai 1925, c'est à dire en une année, 150 mm seulement.

La plus ou moins grande abondance des précipitations a naturellement des conséquences non seulement sur l'aspect de la végétation naturelle mais également sur les possibilités de développement agricole. Ainsi le grand ensemble d'atolls qui s'étend de Wake au Nord jusqu'au Sud de l'archipel des Gilbert présente en fait 9 bandes successives dans lesquelles les conditions du milieu varient en fonction du total pluviométrique (17).

1- au Nord, à Wake ou Taonga, l'atoll le plus septentrional des Marshall, le climat est trop sec (1 mètre de pluie en moyenne) pour que les cocotiers puissent pousser normalement : la végétation naturelle est un "scrub", un fourré médiocre, comportant peu d'espèces : en 1923, on avait recensé 16 espèces seulement de plantes vasculaires.

2- vers 12° - 13° de latitude Nord, bande dans laquelle se trouve l'atoll de Bikar, les précipitations approchent de 1250 mm et la végétation dominante est constituée, sur les îles suffisamment vastes, par la forêt de Pisonia. Les cocotiers se développent mais ne produisent pas de noix normales.

3- vers 11° - 12° Nord, bande où se localisent 7 atolls, dont Eniwetok, Utirik ... les pluies sont comprises entre 1 500 et 2 000 mm ; la forêt est plus variée avec *Pisonia, Cordia, Pemphis* ; les *Pandanus* sont nombreux mais les cocotiers n'ont pas encore leur plein développement.

4- entre 8°30 et 11° Nord, une douzaine d'atolls (Likiep, Kwajalein, Maloelap) reçoivent environ 3 000 mm de pluie : la forêt est belle, avec en plus des espèces précédentes, quelques boisements purs d'*Ochrosia*, mais elle a été souvent remplacée par des cocoteraies dont la production est satisfaisante et par des arbres à pain qui n'atteignent pas encore leur optimum.

5- entre 6°30 et 8°30, la 5e bande comprend 7 atolls (Namu, Ajunglaplap, Majuro, Arno) qui sont très arrosés (4 000 mm). Les cocotiers et les arbres à pain atteignent leur développement maximum et dépassent souvent 30 mètres de haut. Le nombre d'espèces augmente ; à Arno, on en a recensé 125 mais la moitié aurait été introduite au cours des cent dernières années.

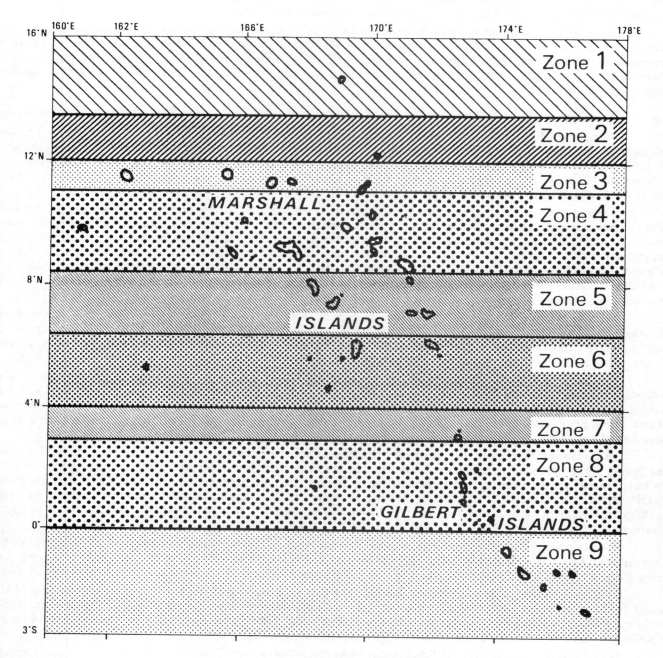

Fig 3
ARB N° 127 BINION p. 321

VEGETATION ZONES IN THE MARSHALL AND GILBERT ISLANDS
Zone with similar shading have comparable vegetation

6- les six atolls les plus méridionaux des Marshall (Jaluit, Mili, Namorik, Ebon ...) sont les plus arrosés (plus de 4 500 mm de pluie par an) parce que situés entre 4° et 6°30 de latitude Nord, ils se trouvent particulièrement soumis à la convergence intertropicale, légèrement décalée vers le Nord par rapport à l'Equateur. La végétation est ici particulièrement luxuriante.

7- les cocoteraies sont encore très belles dans les atolls situés entre 3 et 4° de latitude Nord tels que Makin (Nord de l'archipel des Gilbert, Kiribati). Les précipitations atteignent 3 mètres par an.

8- la décroissance des précipitations vers le Sud est très rapide et dans la 8e zone située entre 0 et 3° de latitude

Nord, il tombe en moyenne entre 1 500 et 2 000 mm par an. Les 8 atolls (Abaiang, Tarawa, Abemama ...) ont encore une végétation dense.

9- mais lorsque l'on passe au Sud de l'Equateur, entre 0° et 3° de latitude Sud, les précipitations deviennent inférieures à 1 500 mm et les atolls tels que Nonouti, Beru, Onotoa connaissent de redoutables périodes de sècheresse : les arbres à pain les supportent difficilement, les cocoteraies elles-mêmes sont moins belles, et leur sous-bois s'appauvrit.

Cet exemple suffit à montrer que les atolls sont loin de présenter tous les mêmes possibilités de mise en valeur.

IV - LES CULTURES TRADITIONNELLES DES ATOLLS

Il sortirait du cadre de cette présentation d'insister sur les extraordinaires expéditions qui amenèrent les Océaniens à s'installer dans la plupart des archipels éparpillés à travers le Pacifique. Leur survie dans les atolls ne fut possible que par une utilisation intelligente des ressources fournies par un milieu ingrat. La végétation naturelle offrait peu d'espèces utilisables pour l'alimentation et les insulaires durent apporter avec eux les plantes qu'ils cultivaient, à l'exception peut-être des pandanus et du cocotier dans certaines îles.

Ces deux dernières ont constitué les plantes-providence de la plupart des atolls. Ils sont capables de pousser sur les sols les plus médiocres, les sables les plus pauvres. Le Pandanus peut se développer sur des terres plus salées que le cocotier mais celui-ci arrive à pousser sur de petits îlots sableux où la nappe d'eau douce est insignifiante car son réseau de racines extrêmement dense lui permet d'absorber très vite une grande quantité d'eau de pluie.

Les fruits du Pandanus, qui sont comestibles, ont été très utilisés dans toutes les îles où il y avait peu ou pas de cocotiers. C'était encore le cas d'une bonne partie des îles Gilbert au début du 20e siècle et en 1934, Grimble pouvait parler de "Pandanus people" (18). Mais dans la plupart des îles, la consommation des noix de coco s'est substituée peu à peu à celle des fruits du pandanus. Les noix fournissent à la fois une boisson et un aliment, accompagnant presque obligatoirement tous les plats. Barrau (19) estime que dans les atolls, chaque personne consomme au moins 5 ou 6 noix par jour. On utilise aussi le bourgeon terminal comme salade et la sève qui s'écoule de l'inflorescence coupée fournit un liquide qui est bu immédiatement dilué dans l'eau ou que l'on laisse fermenter une quinzaine d'heures pour obtenir une boisson légèrement alcoolisée, le **toddy**, à 6% d'alcool. Le pandanus et plus encore le cocotier fournissent également du bois pour les constructions, des feuilles pour la couverture des maisons ou pour la vannerie, etc ...

Au cours de leurs migrations, les Océaniens ont apporté dans les atolls, les tubercules qui constituent la base de leur alimentation. Ils ne pouvaient guère cultiver de céréales sur leurs sols pauvres et le riz introduit dans les îles volcaniques des Mariannes n'a jamais joué un rôle important dans les atolls. Les tubercules permettaient au contraire d'obtenir des rendements très élevés sur des superficies très faibles, mais ils exigeaient un aménagement du sol tout à fait particulier.

Ces tubercules sont surtout des taros (Aracées), en particulier *Colocasia esculenta* qui est le taro proprement dit, *Alocasia macrorrhiza* qui nécessite une très longue cuisson pour éliminer les cristaux d'oxalate et *Cyrtosperma chamissonis*, remarquable par sa taille (3 m 50 de haut parfois), ses énormes feuilles et dont les rendements sont plus élevés que ceux de Colocasia mais qui ne peut guère être récolté qu'au bout de trois ans. L'arrowroot polynésien (*Tacca leontopetaloides*), assez répandu jadis, est peu utilisé aujourd'hui. L'igname est rare ; quant à la patate douce (*Ipomoea batatas*), son origine américaine a suscité de nombreuses controverses. La plante a été probablement introduite avant les premières expéditions espagnoles du XVIe siècle, ce qui prouverait de précoces relations entre la côte américaine et les îles océaniennes ; son rôle est secondaire dans les atolls.

Les taros, en particulier les Cyrtosperma, sont cultivés dans des fosses soigneusement creusées dans le sable jusqu'au niveau de la nappe d'eau douce : ces plantes exigent une grande quantité d'eau mais ne supportent pas le sel. Certaines fosses sont de simples trous d'un ou deux mètres de diamètre mais dans certaines îles des Gilbert (Mokil, Nukuoro) et à Kapingamarangi (Carolines), elles atteignent quelques centaines de m² et même dépassent parfois un hectare (20). Le cultivateur met autour de chaque pied un panier d'humus et de compost pour favoriser la croissance de la plante : c'est un véritable jardinage.

Les fosses à taro ont été pour la plupart abandonnées aux Tuamotu et aux Marshall ; elles sont alors envahies par la végétation, en particulier par les pandanus. Aux Carolines, elles restent plus étendues, en particulier à Kapingamarangi où elles occupaient, vers 1954, 9% de la superficie des terres émergées de l'atoll.

L'arbre à pain (*Artocarpus altilis*) constitue également une plante alimentaire très caractéristique des atolls ; sa diffusion dans le Pacifique Central est liée certainement aux migrations des Océaniens car il est propagé non pas grâce à ses fruits mais grâce à des boutures prélevées sur les jeunes rejets qui se développent à partir des racines de l'arbre-mère.

L'arbre à pain supporte mal le sel et on le trouve donc surtout dans les îles les plus larges, et plutôt du côté du lagon. Il a besoin de beaucoup d'humidité et il supporte mal les longues périodes de sècheresse : il tient une place particulièrement importante dans certains atolls très arrosés des Carolines ou du Sud des Marshall. Par contre, dans le Sud des Gilbert (Kiribati) il souffre de l'irrégularité des pluies : ainsi dans l'atoll de Abaiang, deux années particulièrement sèches, 1950 et 1951, ont entraîné la mort de 60% des arbres (Catala p.61).

On plante souvent les Artocarpus près des villages, sur les sols les plus fertiles, ou en bordure des fosses à taro. On place parfois un petit morceau de fer au pied de l'arbre pour éviter le jaunissement des feuilles par chlorose. Dans les atolls humides, ils peuvent dépasser 25 mètres de haut ; là où les conditions sont moins favorables, ils ont seulement de 9 à 15 mètres. Dans certaines îles comme Arno (Marshall), le fruit de l'arbre à pain constitue la base de l'alimentation.

Depuis la découverte par les Européens de nombreuses plantes ont été introduites, mais par suite des exigences particulières du milieu elles n'occupent pas la même place que dans les îles hautes. On trouve quelques papayers, des orangers, un peu de manioc et des plantes ornementales variées.

Pour essayer d'enrichir le sol et d'améliorer la culture, on peut faire venir de la terre des îles hautes voisines. Cette méthode fut utilisée aux Marshall pendant la période japonaise. De même, les commerçants qui apportaient le coprah des Tuamotu à Papeete ramenaient dans les atolls de la terre qui servait en même temps à lester leurs goëlettes. Mais l'influence européenne s'est surtout marquée par le développement des plantations de cocotiers, aux dépens non seulement de la végétation naturelle mais aussi des autres activités agricoles.

V -LES PLANTATIONS DE COCOTIERS

Dans la plupart des atolls, le coprah constitue la seule ressource commerciale importante. Aussi le cocotier a-t-il été systématiquement planté dans tous les archipels dès la fin du XIXe siècle. Dans les îles où il existait déjà, il a été largement étendu aux dépens de la forêt ; ce fut le cas dans les atolls des Gilbert, Carolines et du Sud des Marshall ; les problèmes fonciers sont souvent très complexes et aboutissent parfois à de graves dissensions, comme à Arno en 1904 et 1947. Dans de nombreux atolls inhabités, le cocotier a été introduit par les habitants des îles voisines. Ainsi aux Tuamotu, plusieurs atolls comme les îles Acteon et Tamatagi ont été plantées de cocotiers sous l'impulsion des Missionnaires. Dans certains cas, des groupes de populations se sont installés dans des îles désertes jusqu'alors ; souvent elles restent inhabitées et les habitants des îles voisines s'y installent temporairement pour la récolte des noix et la préparation du coprah.

Aux Tuamotu, le développement des plantations a conduit les insulaires à organiser à partir de 1873 un contrôle très strict de l'exploitation pour éviter les vols ; par le système du "rahui", chaque atoll a été divisé en secteurs ouverts à l'exploitation pendant des périodes de temps limité, deux ou trois mois par exemple ; en dehors de ces périodes, il était interdit de pénétrer dans la cocoteraie. Ce système du "rahui" obligeait les insulaires des Tuamotu à des migrations continuelles de secteur en secteur et multipliait donc les déplacements hors du village. Au cours des années 1960, l'adoption de pirogues rapides à moteur hors-bord a permis les retours quotidiens et le "rahui" a été abandonné dans la plupart des îles (21)

Dans les îles les plus isolées, les plantations ont été réalisées par des Européens qui ont dû faire venir de la main-d'œuvre d'autres archipels. Ainsi dans les îles Phoenix, les plantations de Gardner, Sydney, Hull, ont été réalisées par les grandes sociétés Lever, Arundel ... avec une main-d'œuvre de Gilbertins (22), tandis que les premières plantations des îles de la Ligne (Fanning, Christmas, Washington) furent réalisées par un Français, le Père Rougier, avec une main-d'œuvre de Tahitiens et reprises ensuite par les Britanniques (23).

Les cocoteraies présentent des aspects divers, en fonction des conditions climatiques (les arbres sont moins grands et plus espacés dans les îles menacées par la sècheresse comme celles du Nord des Marshall), des conditions pédologiques et édaphiques (les cocoteraies sont médiocres sur les sols les plus pauvres et les plus secs) et des conditions humaines : âge des arbres, entretien des plantations ... En 1956, Catala (24) avait été frappé de l'aspect de forêt de la plupart des cocoteraies des Gilbert : le renouvellement des arbres se faisait soit par plantation individuelle soit bien souvent spontanément, par germination des noix tombées sur le sol. Par suite les plantations comportaient des arbres d'âges très divers, 20, 40, 60 ans ou même plus ... Or la production d'un cocotier décline au bout d'une cinquantaine d'années. Le sous-bois était souvent très dense avec un enchevêtrement de jeunes cocotiers et d'arbustes divers. Cet aspect de fouillis se retrouve dans beaucoup d'autres atolls aux Carolines ou aux Tuamotu où le nettoyage du sous-bois est trop souvent négligé. Par contre, dans les plantations réalisées par les grandes sociétés et les replantations effectuées après la seconde guerre mondiale, les arbres sont mieux alignés et plus homogènes.

La densité des cocotiers est souvent excessive : alors que certains spécialistes recommandent de ne pas dépasser 137 arbres/ha, on arrive parfois à plus de 200 : 231 à Tarawa et 234 à Abemama aux Gilbert d'après Catala, 237 à Arno (Marshall) et même 290 à Kapingamarangi (Carolines), d'après Wiens qui rappelle cependant qu'il s'agit d'évaluations incertaines.

Les archipels du Pacifique central, Tuamotu, Kiribati, Marshall ... ont échappé au redoutable "rhinocéros" (*Oryctes rhinoceros*) qui a ruiné les plantations de certaines îles (Wallis par exemple) ; les dégâts causés par les crabes, les rats, divers insectes (cochenilles, chenilles, orthoptères ...) ne sont pas en général catastrophiques. On utilise rarement des engrais mais pour éviter la chlorose, les Gilbertins mettent un bout de fer à côté de chaque noix qu'ils plantent ; aux Tuamotu, les plus soigneux utilisent un peu de sulfate de fer.

Les noix sont ouvertes et le coprah est séché au soleil. Aux Gilbert un arbre fournit en moyenne chaque année de 5 à 8 kg de Coprah, mais dans certains atolls, on peut descendre beaucoup plus bas. Aussi le rendement à l'hectare est-il très variable, le plus souvent faible, entre 200 et 800 kg/ha. En 1977, pour l'ensemble de la Micronésie américaine, la moyenne a été de 447 kg/ha, mais l'année précédente, on n'avait pas dépassé 285 kg/ha. La commercialisation a été améliorée par la création de Coopératives d'achat. Aux Gilbert, ces dernières, reconstituées en 1944 après l'occupation japonaise, constituent les intermédiaires entre le producteur et les Compagnies de Commerce et pendant les périodes de prix élevé, elles ont constitué le fonds de stabilisation précieux. Il en est de même aux Marshall et aux Carolines, où le "Coprah Stabilization Board" joue un rôle important dans le stockage et la commercialisation sous la marque recherchée "Micronisian Sundried". Une huilerie a été récemment mise en service à Majuro (Marshall). Le coprah des Tuamotu est traité à Tahiti.

Au total, la production de coprah des archipels coralliens n'est pas très élevée, en comparaison de celle des grandes plantations des Philippines, d'Indonésie, de Nouvelle-Guinée. Aux Tuamotu, elle stagne autour de 10 000 tonnes. Les Marshall ont produit en 1977, 8 733 tonnes ; les atolls des Carolines fournissent 2 000 à 3 000 tonnes. Aux Gilbert, après la laborieuse reconstitution des plantations, on est revenu aux chiffres d'avant-guerre (4 000 tonnes environ) ; la production des Ellice (Tuvalu) est insignifiante, 500 tonnes environ.

Or il s'agit de la ressource essentielle de ces îles. La dépendance envers le coprah est d'autant plus grande que les insulaires ont eu tendance à développer les cocoteraies aux dépens des autres activités agricoles : beaucoup ont abandonné leurs fosses à taro d'un entretien pénible : l'élevage se limite généralement à quelques porcs ou poulets et les chiens ne sont plus guère consommés aux Tuamotu. Certes la vente du coprah permet d'acheter les produits alimentaires nécessaires à la vie quotidienne mais l'utilisation du sucre, de la farine, des conserves provoque des déséquilibres alimentaires, soulignés en particulier par la détérioration de la dentition. Toutefois, la forte consommation de produits frais de la mer permet d'éviter certaines carences.

VI -LES RESSOURCES DE LA MER

Bien que l'on puisse voir dans certaines îles des boîtes de conserves de poissons importées, l'essentiel de la consommation des produits de la mer provient du lagon et de la couronne de récifs qui l'entoure. Par beau temps, les insulaires n'hésitent pas à aller pêcher dans leur pirogue à balancier sur le rebord extérieur du récif, où ils peuvent attraper à la ligne de gros poissons de rochers, mais bien souvent ils se contentent de pêcher dans le lagon, à la ligne autour des pinacles ou à la senne sur les plages, ou même de ramasser sur le platier à marée basse, poissons, crustacés et mollusques. Sur de nombreux atolls, des pièges à poisson ont été aménagés : certains, en palmes de cocotier sont amovibles et installés lors des migrations des bancs de petits Scombridés (par exemple à Abaiang aux Gilbert). D'autres sont fixes, construits en blocs de corail : aux Tuamotu, Echinard a recensé 78 parc à Aratua, 43 à Kaukura … mais beaucoup sont plus ou moins bien entretenus (25).

Les mollusques constituent parfois une part importante de l'alimentation locale. Ainsi les habitants d'Onotoa (Gilbert) consomment 35 espèces différentes. Dans quelques îles isolées les coquillages peuvent même devenir une des bases de la nourriture : c'est le cas à Hao avec les gros bénitiers (*Tridacna maxima*) dont les qualités gastronomiques sont assez douteuses : "un beau coquillage, en vérité, mais qui tient de la chambre à air arrosée de teinture d'iode" précise T'Serstevens (26). On consomme aussi des Cephalopodes du genre *Octopus* que l'on sèche au soleil sur des piquets de bois.

En plus de leur rôle alimentaire, les coquillages ont été également utilisés pour leur nacre. Aux Tuamotu, la plonge dans certains lagons, par exemple dans celui d'Hikueru, permettaient jadis de récolter d'importantes quantités d'huîtres nacrières (*Pinctada margaritifera*). La production de l'archipel a atteint son maximum en 1924 (1329 tonnes) ; depuis, c'est le déclin par suite de l'épuisement des bancs, de la concurrence des boutons en plastique et du manque de plongeurs, ces derniers étant attirés par les métiers moins rudes que leur offraient Papeete et le Centre d'Expérimentation du Pacifique. La production est aujourd'hui à peu près nulle (7 tonnes en 1975). Cependant on continue à récolter des coquillages pour la confection sur place de colliers expédiés ensuite à Papeete, pour la fabrication d'objets artistiques en nacre et pour la vente aux collectionneurs.

La pêche en haute mer avait progressivement décliné, au fur et à mesure que les Océaniens perdaient leur science de la navigation. Ainsi aux Gilbert, vers 1950, les pêcheurs quittaient rarement leur île de vue ; de temps en temps, ils partaient en pirogue pour capturer quelques thons ou bonites, ou des poissons volants. La pêche des requins dépendait de la demande d'ailerons des Chinois de l'île d'Océanie. Quelques déplacements plus lointains avaient lieu mais ils avaient généralement pour but des îles inhabitées où on pouvait ramasser les œufs des innombrables oiseaux qui y nichent ou y font escale, et où on pouvait capturer des tortues : les atolls inhabités jouent parfois un rôle complémentaire important pour les atolls peuplés.

La possibilité de conserver le poisson par le froid, donc de l'expédier vers des centres de consommation éloignés a provoqué un certain renouveau de la pêche dans quelques îles. Ainsi aux Tuamotu depuis le début des années 1960, l'organisation d'un service de goëlettes spécialisées dans le "poisson glacière" a permis à une demi-douzaine d'atolls, Rangiroa, Kaukura, Arutua, Tikehau, Apataki, Mataiva d'expédier vers Papeete 1 059 tonnes en 1974, 1 360 en 1976 … Dans les archipels de Micronésie, les pêcheurs de petits atolls envoient du poisson aux îles les plus peuplées.

Cette activité de pêche reste pour l'instant assez médiocre, mais les possibilités de développement sont considérables et vont être évoquées dans une autre communication de ce Colloque. Rappelons seulement ici que grâce à l'adoption d'une "zone réservée" de 200 milles marins à partir du rivage, les archipels du Pacifique se trouvent maîtres d'énormes superficies maritimes. Ainsi le nouvel Etat de Kiribati, constitué d'une poussière d'îles dispersées à travers le Pacifique central, exerce son contrôle sur une zone maritime de 3 550 000 km², près de 7 fois la superficie de la France !

VII -L'EVOLUTION DE LA POPULATION

La plupart des atolls, dont les terres émergées ont des superficies réduites, sont habités par des communautés d'importance limitée, entre quelques dizaines et quelques centaines d'habitants. Aux Tuamotu, deux atolls seulement approchent les 1 000 habitants ; la plupart ont une population inférieure à 300 personnes. Aux Marshall, 4 atolls seulement dépassent 1 000 habitants. Aux Gilbert par contre la population moyenne par île est nettement plus élevée (1 700 habitants) et 3 atolls seulement ont moins de 1 000 habitants chacun.

Les habitants des atolls ont vécu pendant des siècles dans un grand isolement vis-à-vis du reste du monde et il existe encore de nombreuses îles qui ne sont visitées chaque année que par de rares goëlettes. Cependant la plupart des groupes humains gardait des contacts avec les habitants d'autres îles du même archipel ou d'archipels voisins, sans oublier les expéditions à longue distance qui amenèrent la découverte et le peuplement de nombreuses îles. Au début du 19e siècle, les Paumotus des Tuamotu visitaient fréquemment Tahiti. Il y avait une mobilité plus grande qu'on ne le suppose, ce qui complique d'ailleurs la reconstitution de l'histoire du peuplement, car certaines îles furent à plusieurs reprises occupées puis délaissées.

De nombreux atolls sont actuellement inhabités. Aux Tuamotu, près de la moitié ne sont pas peuplés de façon permanente. Aux Marshall, sur 34 îles 9 n'ont pas de population fixe. Dans son cours au Collège de France de 1961-62, Pierre Gourou a signalé le problème posé par l'absence de population dans les îles de la Ligne au moment de la découverte par les Européens alors que les conditions climatiques sont favorables (pluies abondantes, absence de cyclones …).

Il est très difficile d'avoir une idée précise de la population des archipels coralliens au 19e siècle car les chiffres fournis par les Missionnaires, les navigateurs et les fonctionnaires coloniaux sont souvent contradictoires. Il semble cependant que la dépopulation liée au contact avec l'Occident ait été dans l'ensemble moins grande dans les atolls que dans les archipels d'îles hautes, commes les îles Marquises. Ainsi les minutieuses recherches de l'équipe de Bedford sur les Gilbert et Ellice (27) montrent que l'accroissement de la population de ces archipels était limitée jadis par les pénuries alimentaires liées aux années sèches, par les guerres entre îles avec à Kiribati un cannibalisme occasionnel, par les avorte-

TUAMOTU : POPULATION 1977

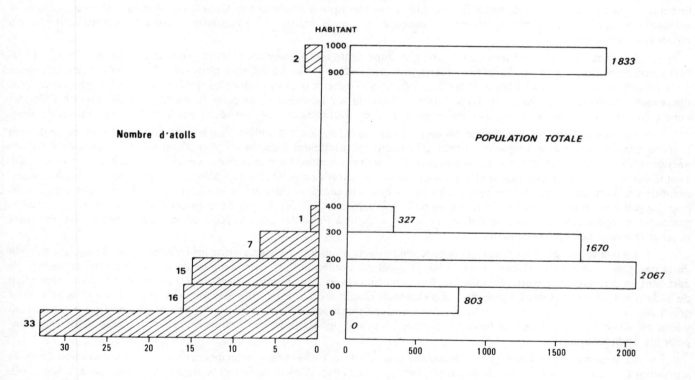

ments et parfois même les infanticides comme à Tuvalu dont la population aurait oscillé autour de 3 000 habitants pendant tout le XIXe siècle. La découverte des îles par les Européens a été suivie de l'introduction de nouvelles maladies, dysenterie, influenza, pneumonie et tuberculose souvent liées à des refroidissements avec des vêtements mouillés, mais il ne semble pas qu'il y ait eu d'épidémies catastrophiques grâce au relatif isolement des groupes et à la présence d'une population saine. Plus grave fut le recrutement de travailleurs : entre 1847 et 1895, 9 300 adultes des Gilbert allèrent travailler aux Fidji, Samoa, Pérou, mais sauf ceux de ce dernier pays, ils rentrèrent pour la plupart au bout de quelques années d'absence. Aux Tuamotu, il semble que la dépopulation ait été surtout sensible au début du XXe siècle : d'après les recensements, la population de l'archipel est passée de 5 550 hab. en 1887 à 3 177 en 1921.

La reprise démographique a commencé dans les années 1920 et s'est accentuée ensuite, à la fois par baisse de la mortalité et accroissement de la natalité. La population des Tuamotu a atteint 7 097 hab. en 1962. Dans les atolls de Micronésie, la présence japonaise et la guerre ont naturellement créé de profonds bouleversements ; ainsi aux Marshall, l'île de Betio à Tarawa a été l'objet de combats acharnés, l'atoll de Mili a été pilonné par l'aviation américaine ; par contre Arno a peu souffert et des habitants des îles plus exposées s'y sont réfugiés. Après la guerre en 1946, la population autochtone de Bikini (160 personnes) a été évacuée mais 3 000 travailleurs ont participé aux installations militaires avant que l'île ne soit abandonnée aux explosions atomiques. Des expériences ont également eu lieu eu Eniwetok. Plus tard, l'installation du Centre d'Expérimentation du Pacifique en Polynésie Française a profondément modifié les conditions de vie dans le Territoire : de grands travaux effectués à Mururoa, à Fangataufa et dans les bases arrière, en particulier à Papeete ont attiré de nombreux insulaires qui ont déserté temporairement ou définitivement leur atoll.

Certaines îles, trop isolées, se sont gravement dépeuplées : aux Tuamotu, Ahe avait 200 habitants en 1956, 109 en 1977, Amanu 249 en 1897, 172 en 1956 et 99 en 1977, Fakarava, 604 en 1897, 286 en 1962, 204 en 1977. D'autres, après avoir connu un certain déclin, ont bénéficié récemment de retours après l'achèvement des grands travaux d'infrastructure du CEP et aussi du développement d'activités lucratives comme la pêche : ainsi à Apataki, la population était passée de 208 habitants en 1956 à 108 en 1967 mais elle est revenue à 204 en 1978. Le phénomène est encore plus net pour Rangiroa : 822 hab. en 1956, 616 en 1962, et 931 en 1977 : l'aérodrome a été ouvert en 1964, et l'atoll joue de plus en plus le rôle de capitale de l'archipel.

Le développement de l'aviation et la construction d'aérodromes dans les îles les plus importantes contribuent à favoriser la concentration de la population et à aggraver les déséquilibres créés par l'émigration des petites îles vers les grandes. Ce phénomène est très caractéristique dans les îles Marshall. Dans cet archipel, entre 1948 et 1963, la population avait augmenté dans 20 atolls sur les 25 habités, mais dans la période suivante 1963-1973, elle a diminué dans 19 atolls, alors que l'accroissement était spectaculaire dans deux atolls, Majuro et Kwajalein. Le premier est passé de 1 473 hab. en 1948 à 4 612 en 1964 et 10 290 en 1973.

Kwajalein avait 1 043 habitants en 1948, 2 663 en 1964, 5 469 en 1973. Ces deux atolls regroupaient donc dés 1973 60% des habitants des Marshall (population totale de l'archipel 25 000 hab.) ; Majuro attire même des habitants de certaines îles des Carolines, Ponape, Kusaie par exemple. C'est dans ces îles facilement accessibles par avion que se trouvent les rares hôtels, donc les quelques touristes. En 1975, les Marshall ont reçu 2 919 visiteurs, pour les trois quarts de véritables touristes, dont 207 Nord-Américains : c'est insignifiant en comparaison des grands archipels volcaniques comme les Hawaii. Aux Tuamotu, les hôtels de Rangiroa, Apataki, Hao ... ont un nombre de chambres très réduit et le tourisme ne peut constituer qu'une ressource très complémentaire.

Les possibilités de développement économique de la plupart des atolls sont extrêmement limitées. Les 56 000 hab. de Kiribati sont presque tous concentrés dans les 16 atolls des Gilbert ; leurs exportations se limitent au coprah, à quelques objets d'artisanat (nattes de Béru, paniers de Makin ...) et surtout aux phosphates de l'île d'Océan qui fait partie du nouvel Etat ; mais le gisement s'épuise et il faudra trouver de nouvelles ressources, peut-être dans l'exploitation de la mer. Les 7 400 habitants du minuscule Tuvalu ont un budget en bonne partie alimenté par la vente de timbres-poste aux collectionneurs.

L'excédent des naissances sur les décès provoque dans beaucoup d'atolls une surpopulation redoutable. J. W. Coulter a bien décrit les gràves problèmes du petit atoll de Pingelap aux Carolines (28). Un archipel comme celui des Gilbert est surpeuplé : certains atolls ont des densités supérieures à 600 hab/km² ; de plus la population se concentre souvent sur une petite partie des îles de la couronne récifale, les autres restant désertes.

L'accroissement de la population conduit de plus en plus les habitants des atolls à émigrer. Certains s'établissent définitivement dans d'autres archipels : ainsi des Gilbertins se sont installés à Christmas, Fanning Washington dans les îles de la Ligne, et après l'échec de la mise en valeur des Phoenix, d'autres se sont établis dans les îles Salomon. Le mouvement migratoire est souvent temporaire : des centaines d'habitants des Gilbert travaillent dans les mines de phosphates de Nauru et Océan ; de nombreux Paumotus, après avoir séjourné quelques années à Tahiti, rentrent ensuite dans leur atoll. Mais la réadaptation à un genre de vie tout différent n'est pas toujours facile.

Au total, la diversité des situations est considérable, chaque île présente son originalité propre et toute étude d'ensemble devrait être complétée par de nombreuses monographies d'atolls.

✱ ✱ ✱ ✱ ✱

(1) - E.L. Brian, Check list of Atolls. **Atoll Research Bulletin** n°19, 1953, p.1-38. La publication **Atoll Research Bulletin** de la Smithsonian Institution de Washington fournit de nombreuses monographies d'atolls.

(2) - F. Doumenge. L'homme dans le Pacifique Sud.Paris, Pub.Soc.Océanistes n°19, 1966, 636 p.

(3) - P.H. Kuenen. Marine Geology, New York, John Wiley, 1950.

(4) - G. Deneufboug. Les forages de Mururoa. **Cahiers du Pacifique** n°13, mai 1969 p.47-58.

(5) - H.J. Wiens. Atoll Environment and Ecology. Yale University Press, 1962, 532 p.

(6) - Wiens, op. cit. p. 32

(7) - A. Guilcher. Les îles Gilbert comparées aux Tuamotu. **Journal Société Océanistes**, t.23, déc. 1967, p. 101-113.

(8) - F. Doumenge. L'île de Makatea et ses problèmes. **Cahiers du Pacifique** n°5, sept. 1963, p. 41-68.

(9) - Atlas de la Nouvelle-Calédonie et dépendances, Paris, Nouméa, ORSTOM, 1982.

(10) - Société des Océanistes. Le monde vivant des Atolls (Polynésie française, Tuamotu, Gambier), Paris, 1972, 148 p. (2° éd. 1981). J.P. Chevalier et B. Salvat. Etude géomorphologique de l'atoll fermé de TAIARO. **Cahier du Pacifique** n°19 sept. 1976, p. 169-226.

(11) - A. Guilcher. *Précis d'hydrologie marine et continentale.* Paris, Masson, 1965, 369 p. et A. Guilcher, L. Berthois, F. Doumenge ... *Les récifs et lagons coralliens de Mopelia et de Bora-Bora.* Mém. ORSTOM n°38, 1969, 103 p.

(12) - B. Salvat et Renaud-Mornant : *Etude écologique du Macrobenthos et du Mesobenthos d'un fond sableux du lagon de Mururoa.*

(13) - B. Salvat. *Importance de la faune malacologique dans les atolls polynésiens.* **Cahiers du Pacifique** n°11, déc. 1967, p. 7-50.

(14) - F.R. Fosberg. *Vegetation of Central Pacific Atolls.* **Atoll Research Bull** n°23, sept. 1953.

(15) - M.H. Sachet. *A summary of information on Rose Atoll.* **Atoll Research Bull** n°29, mai 1954, 29 p.

(16) - H.J. Wiens, op. cit. p. 392.

(17) - A. Binion Amerson. *Ornithology of the Marshall and Gilbert Islands.* **Atoll Research Bull** n°127, mai 1969, 348 p. (p.321).

(18) - Grimble A. *The migrations of a Pandanus people.* **Journal of the Polynesian Soc.** vol.42, 1933 et vol.43, 1934.

(19) - Barrau J. *Subsistence Agriculture in Polynesia and Micronesia,* **Bernice P. Bishop Museum Bull 223,** 1961, 94 p.

(20) - Catala R. *Report on the Gilbert Islands : some aspects of Human Ecology.* **Atoll Research Bull** n°59, 1957, 187 p. et Wiens H. *The Geography of Kapingamarangi atoll.* **Atoll Research Bull.** n°48, 1956.

(21) - F. Ravault. *Structures foncières et économie du coprah dans l'archipel des Tuamotu.* ORSTOM. Centre de Papeete, 1978, 165 p.

(22) - H.E. Maude. *The colonization of the Phoenix Islands.* **Journal polynesian soc.** vol.61, n°1-2, 1952. p. 62-89.

(23) - F. Doumenge, op. cit. (note 2), p. 344.

(24) - R.L.A. Catala. *Report on the Gilbert Islands : some aspects of human ecology.* **Atoll Research Bull** n°59, 1957, 187 p.

(25) - M. Echinard. *La pêche dans le lagon en Polynésie par le système des parcs à poissons.* **Journal Soc. Océanistes** n°37, déc. 1972, p. 345-353.

(26) - A.T. Serstevens. *Tahiti et sa couronne.* Paris, Albin Michel, p. 349, 1950, t.2.

(27) - Bedford et al. *Kiribati and Tuvalu Population.* **Journal Polynesian Soc.** vol.89 n°2, juin 1980.

(28) - J.W. Coulter. *The Pacific Dependencies of the United States.* New York Macmillan, 1957, 388 p.

1981

Mots clés : Atoll, récif, lagon, milieu insulaire, économie, migration internationale, Océanie.

Résumé : Cette mise au point est consacrée aux îles coralliennes de l'océan Pacifique. La première partie décrit les principaux types de constructions coralliennes : les véritables atolls, très divers par leur taille, leur forme, la superficie des terres émergées, la profondeur du lagon et le nombre des passes entre le lagon et l'Océan, les atolls et récifs submergés et, au contraire, les atolls et récifs soulevés. Une coupe schématique permet de décrire les différentes parties d'un atoll. La végétation naturelle de ces terres, basses et isolées, est pauvre en espèces mais malgré la médiocrité du sol sableux et calcaire la forêt s'y était installée ; elle a été remplacée presque partout par des plantations de cocotiers, le coprah étant devenu la principale ressource des îles. Les cultures alimentaires traditionnelles, taro, arbre à pain, sont trop souvent abandonnées et la pêche est en général restée artisanale. L'étude se termine par une présentation de l'évolution de la population et l'exode vers quelques îles privilégiées ou même vers l'étranger.

Title: THE WORLD OF ATOLLS AND OF LOW-LYING ISLANDS.

Key-words: Atoll, reef, lagoon, insular environment, economy, international migration, Oceania.

Abstract: This report is dedicated to the coral islands of the Pacific Ocean. The first part describes the main types of coral constructions: real atolls, quite varied according to size, shape, area of emerged land, depth of the lagoon and number of passes between the lagoon and the ocean, submerged atolls and reefs, and, on the other hand, elevated atolls and reefs. A diagram reveals the different parts of an atoll. The natural vegetation of these islands, low and isolated, is poor in the number of specimens, but in spite of the poor growing conditions due to the sandy and calcareous soil, trees have taken root; they have been replaced almost everywhere with coconut groves, copra having become the principle resource of the islands. The traditional food crops, taro and bread tree, have for the most part been abandoned, while fishing in general has not evolved. The study concludes with a presentation of the growth of population and emigration to islands more richly endowed, or even to foreign countries.

II. – LES HOMMES ET L'AMÉNAGEMENT DES ILES TROPICALES

ACTIVITES ET DEMOGRAPHIE DES POPULATIONS INSULAIRES DU MONDE TROPICAL

Christian HUETZ de LEMPS
Directeur de l'UER de Géographie,
Université de Bordeaux III - Talence

Dans leurs contributions, MM. les recteurs DOUMENGE et PAULIAN ont souligné l'originalité et la diversité des milieux naturels des îles tropicales, et montré combien l'observation de ces domaines insulaires était enrichissante pour le naturaliste. Je voudrais pour ma part me tourner vers les hommes qui peuplent ces îles, définir brièvement les étapes et les caractéristiques de leur implantation, essayer au fond de réfléchir s'il y a une spécificité des populations insulaires du monde tropical comme il y a une spécificité des milieux naturels. Bon nombre des exemples que j'ai choisis se localisent dans le Pacifique, d'abord bien sûr parce que c'est le domaine que je connais le mieux, ensuite parce que c'est là que s'est déroulée l'excursion de travail de la SEPANRIT, enfin et surtout parce que c'est dans ces immensités océaniques que se localise la gamme la plus riche de milieux véritablement insulaires.

Il me semble que trois thèmes essentiels doivent être évoqués pour mieux cerner l'originalité de la population de ces îles tropicales : d'abord celui de l'installation des populations "pré-européennes", ensuite celui de la découverte et de l'insertion de ces îles dans le monde européen, avec toutes les conséquences que cela a entraîné sur le plan de la composition même des populations insulaires, enfin celui de l'évolution récente de ces îles dont l'accès bien souvent à l'indépendance politique ne peut masquer les problèmes démographiques, économiques et parfois ethniques.

I - LA MISE EN PLACE DU PEUPLEMENT PRE-EUROPEEN DES ILES TROPICALES

Il est frappant de constater qu'un grand nombre d'îles tropicales, lorsqu'elles ont été découvertes par les Européens, étaient déjà occupées par des communautés indigènes plus ou moins nombreuses et plus ou moins organisées. Or, qui dit îles dit bien sûr accés par la mer, colonisation par l'homme au travers d'espaces océaniques plus ou moins vastes. L'installation des populations pré-européennes dans les îles tropicales a donc été fonction de plusieurs éléments.

En premier lieu, l'isolement plus ou moins poussé de ces îles, ou en d'autres termes, la plus ou moins grande proximité des masses continentales. Il est bien évident que les innombrables îles de l'arc antillais bénéficient d'une relative proximité de l'ensemble continental américain et constiuent de véritables chaînes dont chaque maillon sert de relais vers les îles voisines. Dans ces conditions, la présence des Indiens caraïbes dans bon nombre d'entre elles au moment de l'arrivée de Christophe COLOMB n'a rien d'étonnant, non plus que leur origine méridionale, si l'on considère le jeu des vents et des courants marins dans cette zone.

De la même façon, lorsque le gentilhomme normand travaillant pour le roi d'Espagne, Jean de BETHENCOURT, découvrit en 1402 - 1404 l'archipel des Canaries, il y trouva une population indigène probablement très anciennement installée, les Guanches, qui par leur habitat dans des grottes et leur niveau technique, étaient proches des hommes de Cro-Magnon. En fait, ces Guanches semblent bien correspondre à l'extrêmité d'une poussée de migration proto-berbère dont on comprend facilement l'extension en considérant que les Canaries ne sont qu'à un peu plus de 100 kilomètres de la côte africaine.

Dans certains cas, le peuplement d'îles ou d'archipels a pu être facilité par les fluctuations du niveau marin rétrécissant les espaces océaniques à franchir : il semble bien que cela ait été le cas pour la diffusion du peuplement mélanésien vers l'Est et le Sud-Est, de la Nouvelle-Guinée vers les Salomons, les Nouvelles-Hébrides, les Fidji et la Nouvelle-Calédonie : le bas niveau marin de la régression pré-flandrienne correspondant à la glaciation wurmienne a probablement aidé à cette expansion du monde mélanésien.

Par contre, un certain nombre d'îles trop isolées dans les immensités océaniques n'avaient jamais été atteintes ou occupées durablement par l'homme et se trouvaient donc désertes au moment de leur découverte par les Européens : c'est le cas des Açores avant l'arrivée du portugais Cabral en 1432, c'est aussi celui de Madère, entièrement vide d'hommes et couverte de forêts - d'où le nom Madeira pays boisé - avant la venue des Portugais et l'incendie qui la ravagea, dit-on, pendant sept ans.

Isolées elles aussi dans l'Océan Indien, les Mascareignes étaient également vides d'hommes lorsque les Portugais y firent leur apparition au début du XVIe siècle. Mais peut on ici faire intervenir seulement l'isolement, puisque les Hovas des Hauts Plateaux de Madagascar appartiennent au grand ensemble indo-malayen et que leurs ancêtres ont donc dû traverser l'Océan Indien. Est-ce le hasard s'ils n'ont pas alors découvert et colonisé les futures Mascareignes, situées peut être trop au Sud par rapport à la grande route de leurs migrations ?

En tout cas, l'exemple du Pacifique montre bien que la distance géographique n'est pas seule en jeu pour expliquer le peuplement ou non des différents îles ou archipels. Nulle part en effet, les espaces océaniques ne sont plus vastes, nulle part l'isolement des ensembles insulaires n'est plus affirmé, en particulier dans le Pacifique central et oriental, et pourtant, à l'arrivée des Européens, tous les archipels et pratiquement toutes les îles de quelque importance étaient peuplés, et parfois densément. C'est le fait d'une des plus étonnantes - sinon la plus étonnante race de navigateurs que le globe ait jamais porté, les Polynésiens. Leur migration est relativement récente, puisqu'il semble qu'elle ait commencé à partir de la Chine du Sud, de l'Indochine et de la Malaisie probablement vers 2000 - 2500 avant J.C., c'est-à-dire en un temps où les Mélanésiens étaient installés déjà dans le Pacifique du Sud-Ouest depuis plusieurs millénaires. Certains groupes de ce qu'on pourrait appeler les proto-polynésiens semblent avoir quitté les Philippines vers l'est entre 1500 et 2000 avant J.C., pour s'installer dans les Carolines, les Marshall, les Mariannes, etc... Ces Micronésiens ont évolué ensuite de façon autonome, sans contact avec les autres courants migratoires.

Les Polynésiens proprement dits, continuant vers le Sud-Est depuis les Philippines sont passés au Nord de la Nouvelle-Guinée, des Salomons et des Fidji, sans s'y implanter puisque ces terres étaient déjà occupées par des Mélanésiens. Seuls, de petits groupes résiduels de Polynésiens vivant dans des petites îles en marge de ces grandes terres témoignent de cette progression des Polynésiens le long des terres mélanésiennes : ainsi dans l'atoll de Ontong-Java au nord des Salomon, de même que dans les îles Rennell au Sud de celles-ci. Ce n'est que vers 1000 à 1500 avant J.C. que les Polynésiens se sont installés à l'Est du domaine occupé par les Mélanésiens, dans l'archipel des Samoa qui devait devenir le centre de dispersion fondamental de la "race polynésienne", méritant ainsi le qualificatif de "nombril du monde" attribué à l'archipel dans la tradition orale polynésienne. C'est de là qu'ils devaient gagner les Tonga, et les Marquises (700 avant J.C.) qui deviendront par la suite un centre de dispersion très important, vers Tahiti (- 100), vers l'île de Pâques (+ 300), vers les Hawaii (+ 750). La colonisation tardive des Australes et surtout de la Nouvelle-Zélande à partir des îles Cook (900 -1200 après J.C.) devait compléter l'immense triangle d'expansion des Polynésiens - Nouvelle-Zélande, Hawaii, Ile de Pâques - Ce qui est frappant ici, c'est que les Polynésiens soient arrivés à découvrir et à coloniser des terres aussi dispersées et isolées dans des espaces océaniques gigantesques. L'échelle des cartes ne doit pas nous tromper : des Samoa à Tahiti par exemple, il y a plus de 3 200 kilomètres. Et que dire de la découverte de ce minuscule point sur l'océan qu'est l'île de Pâques au terme d'une navigation de quelque 4 000 kilomètres depuis les Marquises ? les mêmes Marquisiens ont dû parcourir, vers le Nord cette fois, plus de 3 800 kilomètres avant de toucher les Hawaii, sans rencontrer non plus la moindre terre à l'exception des bien modestes îles Christmas. Plus étonnant encore, cette colonisation s'est propagée pour l'essentiel en sens inverse des grands systèmes de vents généraux et de courants océaniques ! Il y avait là, on le conçoit, de quoi alimenter bien des hypothèses plus ou moins fantaisistes sur l'origine de ces peuples insulaires : celle de Thon Heyerdahl (l'origine américaine des Polynésiens), confortée par l'exploit sportif de sa traversée sur le Kon Tiki, est bien sûr la plus connue. Ce qu'on n'exclut pas totalement aujourd'hui, c'est que des Polynésiens aient atteint la côte américaine et en aient ramené par exemple la patate douce, présente dans de nombreux archipels et dont l'origine américaine semble bien établie. En tous cas, les techniques de navigation des Polynésiens - pirogues doubles, à balancier, etc... - comme leurs connaissances astronomiques ont permis la réalisation de ces découvertes, si étonnantes que certains, comme Andrew SHARP, y ont vu le résultat du hasard et non une volonté délibérée de colonisation.

A cette grande phase d'expansion,de migration, de colonisation, a succédé une longue période de consolidation de l'installation dans les différentes îles ou archipels. Les grands voyages ont cessé, et certaines des techniques qui les avaient permis se sont, semble t-il, perdues. Aux Hawaii par exemple, après la venue des Marquisiens, puis des Tahitiens, et la reprise temporaire des liaisons vers 1 200 entre Tahiti et Hawaii, les horizons se sont rétrécis aux limites de l'archipel et seuls, s'étaient conservés dans la tradition orale les souvenirs de ces grandes épopées maritimes. De ce fait, chaque archipel a évolué en vase clos pendant un certain nombre de siècles. On est loin cependant dans le monde polynésien de l'extraordinaire émiettement du domaine mélanésien, où l'installation humaine est beaucoup plus ancienne. Dans le monde mélanésien, chaque île ou dans les grandes îles, chaque vallée parfois a sa propre langue, souvent totalement distincte de celle du groupe voisin. En Nouvelle-Guinée, on compte ainsi plusieurs centaines de langues, dans le seul archipel des Salomon une cinquantaine et en Nouvelle-Calédonie, pas moins de 40 aires linguistiques elles mêmes subdivisées en dialectes ! Cet émiettement était si profond que le néo-calédonien ne parvenait pas à concevoir le monde au-delà des limites de la plus grande unité territoriale existant pour lui, la grande chefferie polyclanique, qui représentait un morceau d'île. Il n'existait dans les langues indigènes aucun nom pour désigner la Grande-Terre en tant qu'unité insulaire. Rien de comparable dans le monde polynésien où, du fait du caractère très récent de l'installation, s'est conservée une remarquable unité linguistique malgré un début de différenciation dans les divers archipels. Lorsque COOK, en 1778, atteignit pour la première fois les îles Hawaii, quelle ne fut pas sa surprise de constater que les Tahitiens qu'il avait pris à son bord comprenaient pour l'essentiel les Hawaiens bien que, on le sait aujourd'hui, les derniers contacts entre les deux archipels eussent remonté alors à près de six siècles.

Ainsi, on constate, aussi bien dans le Pacifique que chez les Guanches des Canaries par exemple, l'affirmation d'une sorte de phénomène d'endémisme humain lié à l'insularité et à l'isolement, endémisme plus ou moins accentué en fonction de l'ancienneté de l'occupation par les indigènes. Ceci n'est pas incompatible avec la remarquable homogénéité technique et matérielle de ces civilisations insulaires du Pacifique par exemple. Sans animaux de trait, sans métaux, sans roues ni écriture, elles étaient des civilisations du végétal et de la mer, dont l'existence reposait sur des plantes fondamentales comme le cocotier, ou plutôt les taros, l'igname, la patate douce, le bananier, l'arbre à pain, la canne à sucre, etc... Toutes ces ressources constituaient, avec une place variable de chacun des éléments suivant les régions, le complexe vivrier de base aussi bien des Mélanésiens que des Polynésiens. Il s'y ajoute pratiquement partout l'élevage des porcs et la pêche pour les populations littorales. Cette unité n'est que relative pourtant, car d'une part s'opposent les formes de mise en valeur des îles hautes et des îles basses, et d'autre part, lorsque les Polynésiens ont atteint les limites de leur immense champ d'expansion, ils se sont trouvés en même temps confrontés à des milieux ne permettant pas, pour des raisons climatiques par exemple, le recours au complexe vivrier traditionnel : d'où l'originalité de la civilisation maorie de Nouvelle-Zélande. De même, dans le domaine artistique, l'originalité troublante de la civilisation de la pierre de l'île de Pâques n'est-elle pas liée en partie au contact d'un rameau issu de la souche polynésienne avec un environnement naturel très particulier ?

Tel était le monde insulaire tropical lorsque les Européens entrèrent, à des dates bien sûr très différentes suivant les espaces géographiques, en contact avec lui. Certaines îles étaient restées désertes, mais la plupart étaient occupées par des populations indigènes plus ou moins nombreuses, plus ou moins organisées, plus ou moins accueillantes ou repoussantes pour les nouveaux venus. Combien étaient-ils, ces indigènes ? C'est là une question à laquelle il est impossible de répondre de façon précise, mais qui n'est pas sans importance si l'on veut mesurer par la suite l'ampleur de leur effondrement démographique. Disons seulement que bon nombre de chercheurs sont aujourd'hui nettement en retrait par rapport aux évaluations numériques des populations pré-européennes longtemps admises. Pour les Hawaii par exemple, 240 000 habitants à l'arrivée de COOK nous paraît plus vraisemblable que les 300 000 donnés par COOK et constamment repris depuis. Pour la Nouvelle-Calédonie, le chiffre de 60 000 Canaques vers 1840 semble plus proche de la réalité que les 80 à 100 000 parfois avancés. Même observation pour les îles Gilbert où des travaux britanniques récents montrent une population pré-européenne plus faible qu'on ne l'avait cru. Ces réserves faites, il est évident que l'irruption des Européens dans ces domaines insulaires totalement isolés depuis des siècles, voire des millénaires, allait avoir des conséquences décisives sur l'avenir de leur peuplement.

II - L'IMPACT DE LA PENETRATION EUROPEENNE SUR LE PEUPLEMENT DES ILES TROPICALES

A des dates et dans des contextes politiques et économiques certes bien différents, toutes les îles tropicales ont été touchées par l'expansion européenne. Elles ont même été des objectifs privilégiés de cette expansion, puisque celle-ci s'est faite par mer et que l'île constitue une unité géographique facile à cerner juridiquement, à contrôler politiquement, à exploiter économiquement et à défendre militairement. Rien d'étonnant donc à ce que ces ensembles insulaires aient été reconnus, décrits, voire mis en valeur bien avant l'intérieur de continents comme l'Afrique ou l'Amérique du Sud, exception faite il est vrai de la Nouvelle Guinée dont les dimensions même expliquent en partie la méconnaissance jusqu'à une date très récente. Il n'est certes pas de notre propos de refaire ici l'historique de cette conquête, mais seulement d'en évoquer quelques unes des conséquences sur l'évolution des populations insulaires.

A - La première d'entre elles, c'est **le recul démographique des populations indigènes** que l'on constate aussi bien dans les régions de vieille implantation européenne comme les Antilles que dans celles où les contacts ont été beaucoup plus tardifs comme les archipels du Pacifique. Les raisons sont un peu partout les mêmes :

1°) D'abord, le choc de la découverte entre les Européens et les indigènes a parfois été violent : attaques des indigènes, embuscades, représailles, massacres, ont parfois débouché sur de véritables guerres d'extermination. Si Christophe COLOMB par exemple a au départ eu de bons rapports avec les Arawaks des Grandes Antilles, dont la civilisation dite Taïno était relativement pacifique, il n'en fut pas de même lors de son second voyage, lorsqu'il entra en contact dans les petites Antilles avec les Caraïbes, indiens anthropophages et guerriers redoutables. Ceux-ci opposèrent à la domination espagnole - qui pour eux signifie mise en esclavage - une résistance farouche qui aboutit en quelques décennies pratiquement à leur extermination, à l'exception de quelques petits îlots résiduels conservés par exemple dans la Dominique.

Dans le Pacifique également, les Européens ont eu souvent maille à partir avec des indigènes belliqueux pris parfois innocemment par les premiers découvreurs pour de douces créatures vivant à l'heureux état de nature de Jean-Jacques ROUSSEAU. Souvent également, des révoltes indigènes cherchèrent à s'opposer à la progression politique pionnière ou foncière des Européens. Les guerres maories de Nouvelle-Zélande, l'insurrection canaque de 1878 en Nouvelle-Calédonie précédée de nombreux autres conflits, les guerres des îles sous le vent ont bien sûr entraîné des pertes considérables à l'échelle de populations peu nombreuses et déjà fort peu vigoureuses, nous le verrons, sur le plan démographique : l'insurrection canaque de 1878 a ainsi fait 1 000 à 2 000 morts pour une population de 27 000 à 28 000 canaques vivant sur la Grande Terre. Il s'y ajoutait la disparition de certaines tribus, dont les éléments survivants s'étaient réfugiés dans des tribus amies, et dont les femmes et enfants avaient été partagés entre les auxiliaires Canalas et Houailous à titre de butin de guerre. Un millier de Canaques compromis dans l'insurrection avaient de plus été déportés à Belep ou à l'île des Pins. A ces conflits entre Européens et indigènes s'ajoutèrent les transformations apportées par l'utilisation d'armes européennes dans les guerres entre indigènes, qui devinrent de ce fait beaucoup plus meurtrières. L'unification politique des différents archipels du Pacifique s'est faite souvent sous l'autorité du chef qui a su le mieux utiliser armes et auxiliaires européens (matelots déserteurs, etc...) mais ceci au prix de guerres parfois sanglantes. On pourrait évoquer ici l'exemple des Hawaii ou des Tonga.

2°) Cependant, ces guerres sont loin d'être l'élément primordial du déclin démographique des populations indigènes dans les îles tropicales. Les maladies importées ont joué un rôle autrement dévastateur. On le sait pour les Arawaks et les Caraïbes, même s'il est difficile de définir quelles maladies ont frappé à cette époque. On sait beaucoup mieux les ravages de toute une série d'épidémies qui ont atteint les différents îles du Pacifique dans le sillage des Européens. La rougeole a été particulièrement meurtrière : elle a frappé par exemple en 1861 les Nouvelles-Hébrides, entraînant la mort des deux tiers des habitants d'Erromango, touché les Fidji en 1875 - 40 000 morts soit le tiers de la population, les Samoa en 1893 - 10 000 morts, un quart des habitants, etc ... La variole a aussi fait des coupes sombres un peu partout, de même que la coqueluche, les dysentries (variétés de choléra ?) et la grippe (influenza) qui en particulier, a fait plusieurs dizaines de milliers de morts dans l'ensemble du Pacifique en 1918 - 1919.

A la brutalité des épidémies s'est ajoutée l'action plus insidieuse d'autres maladies comme la lèpre - venue probablement d'Extrême Orient : elle était appelée d'ailleurs le "mal chinois" aux Hawaii -, la tuberculose et la syphilis. Cette dernière, rapidement et largement diffusée, en milieu polynésien, notamment par des voies sur lesquelles je ne m'étendrai pas, est responsable non seulement d'une sur-mortalité, féminine surtout, mais aussi d'une stérilisation qui a réduit le taux de natalité. Enfin, l'utilisation immodérée de tous les types d'alcools européens par des populations dont la seule boisson enivrante était jusque là le modeste Kava a contribué aussi à miner les organismes. Très forte mortalité, natalité très faible pour des populations de ce type, tout ceci témoigne d'une étonnante fragilité de ces insulaires face au monde extérieur. N'est-ce pas au fond le résultat de ce que nous appelions précédemment l'endémisme humain de ces peuplades vivant en vase clos, sur elles-mêmes, depuis des siècles ou des millénaires ? Il est vrai que pour elles, le choc n'a pas été que physique : c'est tout une vision, une conception du monde qui s'est effondrée au contact de ce que les indigènes ont immédiatement perçu comme une civilisation infiniment supérieure, notamment sur le plan matériel. De là. un ébranlement psychologique qui s'est traduit par un "mal de vivre", un refus de procréer, faisant pendant pour le Pacifique aux terribles épidémies de suicides qui touchèrent les indigènes des Antilles après la conquête espagnole. De là aussi, la naissance de mouvements millenaristes plus ou moins étrangers aux yeux des Européens, annonçant le retour prochain de l'âge d'or pour les indigènes. Les différents "cultes du cargo" si fréquents en Mélanésie avant, pendant et après la Deuxième Guerre Mondiale ont eu, semble t-il, sous des formes diverses et bien antérieurement, leur pendant dans bien d'autres archipels du monde tropical.

3°) Il reste une cause importante d'effrondrement démographique des populations indigènes que nous n'avons pas encore évoquée, c'est leur utilisation intensive dans des tâches imposées ou proposées par les Européens. Ceux-ci ont en effet entrepris très tôt d'exploiter les richesses des îles. Pour les Espagnols arrivant dans le Nouveau Monde, le premier objectif, c'était l'or, et plus généralement les produits des mines. Christophe COLOMB lui-même imposa aux indiens adultes la livraison périodique de quantités d'or les forçant à un travail intensif, avant que ne soit institutionnalisé le système de l'esclavage des indigènes avec ses conséquences très lourdes sur le plan démographique.

Dans le Pacifique, ce sont les mines (en Nouvelle- Calédonie, ou sur les îles à phosphates) et surtout les plantations (canne à sucre surtout, café, etc ...) qui se développèrent au XIXe siècle, exigeant une main d'œuvre de plus en plus abondante. Cet appel de travailleurs n'était pas d'ailleurs le fait seulement des archipels eux-mêmes, mais des pays bordiers du Pacifique comme l'Australie, pour ses plantations sucrières du Queensland, le Chili pour ses mines, le Pérou pour ses exploitations de guano. Des dizaines de milliers d'indigènes furent ainsi recrutés dans la deuxième moitié du XIXe siècle pour aller travailler au Queensland, aux Fidji, en Nouvelle- Calédonie, etc ... Ce recrutement se fit souvent par contrat, de façon plus ou moins régulière, mais dégénéra parfois en recrutement forcé, voire en véritable traite dans le cas notamment des "négriers" chiliens ou péruviens qui sévirent à l'île de Pâques, aux Marquises, aux Gilbert et jusqu'aux Tonga de 1860 à 1890. Les archipels les plus touchés furent ceux qui ne bénéficiaient pas encore de la protection politique d'une grande puissance. Les Nouvelles-Hébrides et les Salomon furent ainsi véritablement ratissées au point que les régions littorales, facilement accessibles apparaissent aujourd'hui encore comme étonnamment peu peuplées. En tout, on pense qu'environ 150 000 adultes ont été pris dans ces deux archipels, et que 20% au maximum sont revenus. Aux Hawaii, une situation un peu particulière est apparue lorsque l'archipel est devenu, entre 1830 et 1860, la base essentielle de relâche, voire d'hivernage, pour les baleiniers travaillant dans le camp de chasse essentiel du Nord du Pacifique. Or ces baleiniers, 300, 400, 500 faisant relâche chaque année, complétaient leurs équipages dans l'archipel avec des jeunes indigènes souvent enthousiastes à l'idée de cette navigation lointaine. Plusieurs centaines de jeunes gens partaient ainsi chaque année, et dans de nombreux cas pour toujours, soit qu'ils moururent des fatigues et du froid encourus dans cette vie si rude des baleiniers, soit que leurs navires, ne repassant pas aux Hawaii, les eussent laissés dans un quelconque point d'escale américain d'où ils ne pouvaient revenir aux îles.

Au total donc, à la fin du XIXe siècle et au début du XXe siècle, l'avenir de bon nombre des populations insulaires du Pacifique tropical paraissait bien compromis, et l'on supputait ici et là sur la date de la disparition du dernier indigène dans telle ou telle île ou archipel. Il faut dire que l'effondrement avait été spectaculaire. Aux Hawaii par exemple, de 240 000 Polynésiens peut-être à l'arrivée de COOK, on était tombé à 37 500 métis compris, en 1900. Les Nouvelles-Hébrides et les Salomon, qui comptaient vers 1860 entre 150 et 180 000 habitants chacune n'en avaient plus que respectivement 40 et 60 000 vers 1925. Les Marquises sont de même tombées de 25 à 30 000 habitants vers 1840 à 2 255 au recensement de 1926. On pourrait multiplier les exemples, avec quelques exceptions d'îles ou d'archipels qui ont mieux résisté sur le plan démographique, comme les Tonga, les Loyauté, Wallis et Futuna, les Cook du Sud, etc ...

B - L'entrée des îles du monde tropical dans l'oekoumène des Européens se traduisit plus ou moins rapidement par une **modification de la composition de leur population**, aboutissant dans certains cas à une transformation totale de celle-ci par rapport à la période pré-européenne. D'abord, vinrent s'installer dans toutes les îles des Blancs, en nombre variable et appartenant à des catégories sociales très variées. Parmi eux, citons les missionnaires, les marchands, les planteurs et les administrateurs. Les missionnaires ont fréquemment suivi d'assez près les découvreurs, rappelant ainsi que l'expansion européenne avait aussi une motivation chrétienne. Ces missionnaires, catholiques ou protestants, et bien souvent dans le Pacifique, catholiques contre protestants, ont joué un rôle de premier ordre dans l'évolution des sociétés insulaires, moins certes dans le monde antillais et dans celui des îles de l'Océan Indien que dans le Pacifique du fait de la rapide organisation d'une société à structure esclavagiste ne facilitant pas l'action missionnaire. Au XIXᵉ siècle par contre, la physionomie des sociétés insulaires tropicales du Pacifique a largement été modelée par l'action des missionnaires. Cela n'est pas étonnant si l'on songe qu'à l'inverse des découvreurs, eux sont venus pour rester, et à l'inverse souvent des marchands ou des administrateurs, pour rester en contact très étroit avec les indigènes qui constituaient leur champ d'activité pastorale. Ils ont appris les langues indigènes, observé de près les mœurs, coutumes et mentalités de ceux-ci … au moment même où leur action contribuait à les faire disparaître ! Certains bien sûr n'ont pas résisté à la tentation, fort compréhensible dans ces milieux insulaires bien clos, de transformer leurs îles en véritables petites théocraties dont certaines se sont perpétuées fort longtemps grâce à l'appui apporté par la hiérarchie indigène convertie. Si aux Hawaii et à Tahiti, les théocraties protestantes des années 1820 furent rapidement battues en brèche, par contre, aux îles Cook encore, la législation actuelle s'inspire très fortement de la fameuse "loi bleue", c'est-à-dire des dix commandements de Dieu pris comme principe de gouvernement. Avec des nuances, on pourrait dire la même chose des Tonga - et tout le monde sait que depuis Monseigneur BATAILLON, l'évêque reste le personnage central de la société des îles Wallis et Futuna. Certes, depuis la période héroïque, la plupart des archipels a évolué vers un pluralisme religieux accentué par l'entrée en scène des adventistes, des mormons, etc …

Le marchand, stable, ayant "pignon sur rue" a souvent été précédé dans les îles par le trafiquant, voire l'aventurier, plus ou moins nomade, traitant avec l'indigène divers produits recherchés aussi bien en Chine qu'en Europe, que ce soit le bois de santal, le trepang, ou bêche de mer (holothuries séchées et fumées ayant, entre autres, des vertus aphrodisiaques aux yeux des Chinois), les perles ou le coprah. Le marchand était, lui, le signe de la naissance d'un embryon de vie urbaine : il était celui qui ouvrait les îles sur le monde extérieur, important la gamme très variée des objets et denrées européennes de plus en plus indispensables aux indigènes au même titre qu'aux blancs, et collectant les productions locales destinées à être exportées.

L'administrateur n'a commencé à jouer un rôle primordial qu'à partir du moment où la pénétration européenne a pris une forme politique par le biais des mises sous tutelle ou annexions. Ce terme recouvre pour nous aussi bien le fonctionnaire civil que le militaire, marin ou gendarme. Est-il nécessaire de rappeler que le gendarme reste dans les possessions françaises un élément parfois important de la structure sociale et qu'il a joué, par exemple pour la diffusion du café dans les réserves mélanésiennes de Nouvelle-Calédonie, un rôle moteur essentiel.

Enfin, il y a le planteur, qui est à la base de la transformation économique de la plupart des archipels du Pacifique tropical. Dans certains cas, comme aux Antilles, il est devenu pour longtemps le personnage fondamental de la société, en association avec le négociant, reléguant au second plan aussi bien l'administrateur que le missionnaire. C'est particulièrement net aux Antilles françaises, avec la prolifération des "habitations" sucrières, des plantations de café, d'indigo, de cacao, etc …

Le missionnaire, le marchand, l'administrateur, le planteur ont constitué pour les îles tropicales un encadrement blanc numériquement limité. Il s'y est ajouté dans certains cas un nombre beaucoup plus considérable d'individus venus pour véritablement coloniser les îles … On pourrait bien sûr parler longtemps des multiples tentatives faites pour enraciner dans ces îles un véritable peuplement blanc à base le plus souvent paysanne. Les échecs ont été nombreux, mais il en subsiste des reliques (pensons par exemple à Saint-Barthélémy); il y a eu aussi des réussites par exemple aux Antilles, où certaines îles comme Porto-Rico sont restées à l'écart du système des grandes plantations à esclaves et se sont peuplées essentiellement de petits et moyens colons blancs. Dans les Antilles françaises, même au plus fort du développement de la prospérité des grandes plantations à esclaves, s'est maintenu un courant d'arrivée de colons pauvres, les engagés. L'engagé, c'est celui qui, incapable de payer son passage vers les îles, "s'engageait" par contrat dans un port français, en général pour trois ans, d'où son surnom de 36 mois, auprès d'un capitaine de navire ou d'un marchand, voire auprès d'un planteur : pendant son temps d'engagement, il servait son maître et remboursait ainsi son passage et accumulait un petit pécule lui permettant de s'installer après la fin du contrat. Ce système de l'engagement a permis dans la deuxième moitié du XVIIᵉ l'arrivée de milliers de petits colons aux Antilles françaises (il fonctionnait aussi d'ailleurs dans les colonies anglaises où ont pu ainsi affluer notamment des milliers de jeunes irlandais chassés par la misère). Nombre d'engagés ont disparu par maladie, fatigue, inadaptation au climat, d'autres ont fourni une bonne partie des équipages de la flibuste. Certains ont réussi, et sont devenus eux-même planteurs. Mais naturellement, au XVIIIᵉ siècle, alors que s'était organisée la grande plantation fondée sur l'importation massive d'esclaves, même si des engagés y trouvaient encore une place comme chirurgiens, charpentiers ou contremaîtres, ce système paraissait un peu dépassé. Il se perpétua cependant jusqu'en 1774 parce que le gouvernement royal, soucieux d'équilibrer un peu l'afflux d'esclaves noirs par l'installation de blancs libres, imposa à tous les navires français allant aux Antilles d'y porter un certain nombre d'engagés. Au début des années 1720 même, on y transporta - comme on le faisait en Louisiane - des prisonniers destinés à devenir des colons libres aux îles. Cette colonisation pénale préfigure un peu ce qui se passa un siècle et demi plus tard, en Nouvelle-Calédonie, où l'on débarqua 40 000 forçats entre 1864 et 1897. Par contre, le Pacifique du XIXᵉ siècle ne vit que peu de tentatives pour implanter des petits colons blancs, à l'exception de ce qui s'est fait aux Hawaii, dont nous reparlerons dans quelques instants.

L'essor des plantations, des mines, etc … demandait une main-d'œuvre sans cesse croissante. Or, les races indigènes, trop peu nombreuses, paraissaient de plus vouées à l'extinction. Aux Antilles, l'Eglise, par la voix de Barthelemy DE LA CASAS, se fit de surcroît au XVIᵉ siècle la protectrice des Indiens, suivie bientôt par CHARLES QUINT et PHILIPPE II qui firent de l'évêque de CHIAPAS le "protecteur universel de tous les Indiens". Cette sollicitude allait paradoxalement amorcer le grand courant de la traite des Noirs sur lequel nous n'insisterons bien sûr pas, mais qui introduisit une des composantes essentielles de la population des Antilles et des îles de l'Océan Indien.

Dans le Pacifique, bien plus tard, dans la deuxième moitié du XIXᵉ siècle, le problème de la main-d'œuvre se posa également avec acuité, car même là où les indigènes restaient nombreux, ils s'adaptaient mal au rythme épuisant et régulier du travail sur les plantations. Il fallut donc faire appel aussi à une main-d'œuvre importée ; on put la recruter dans certains cas, nous l'avons vu, dans d'autres archipels, réalisant ainsi des transferts de population qui dépeuplèrent partiellement les Salomon ou les Nouvelle-Hébrides. Mais les besoins ne pouvaient évidemment pas être couverts par ces seules sources et l'on se tourna donc tout naturellement vers les sources de main-d'œuvre asiatiques. Les colonies anglaises s'adressèrent à l'Inde où l'on recruta pour les Fidji, entre 1879 et 1916 plus de 61 000 travailleurs. Les Fidji suivaient ici l'exemple des Antilles ou de Maurice où l'on avait fait appel massivement aux coolies indiens pour remplacer les esclaves libérés dont bon nombre ne voulait à aucun prix revenir travailler sur les sucreries. Les colonies françaises firent appel à d'autres sources : des Tonkinois, des Javanais et des Japonais entre 1890 et 1940 pour la Nouvelle-Calédonie et des Tonkinois pour les Nouvelles-Hébrides, sans compter les Chinois arrivés auparavant à Tahiti et les Japonais venus travailler dans l'exploitation des phosphates de Maratea. On recruta aussi des Chinois pour les Samoa allemandes, et pour l'extraction des phosphates de Nauru et d'Océan.

Le cas des Hawaii est plus complexe et spectaculaire par l'ampleur des apports et leur diversité. Cette dernière vient de la juxtaposition de plusieurs motivations dans la politique d'immigration. D'abord, jusqu'à la fin de la monarchie indigène en 1893, le gouvernement espéra par l'immigration revitaliser la race hawaienne en déclin en faisant venir des travailleurs apparentés aux Polynésiens sur le plan ethnique. C'est pourquoi on recruta un peu partout quelque 2 500 Polynésiens, Mélanésiens et Micronésiens, avec d'ailleurs un insuccès total, la plupart repartant à l'expiration de leur contrat. Ensuite, dès les années 1850, il y avait aux Hawaii une petite colonie d'américains, pasteurs, marchands, professions libérales, pour qui le destin de l'archipel était de devenir américain à plus ou moins long terme. Il fallait donc que la politique d'immigration n'hypothéquât pas cet avenir en amenant dans les îles trop de gens "inassimilables" mais qu'au contraire, elle le préparât par le recours le plus possible à des blancs, de préférence chrétiens. D'où l'appel à de forts contingents de Portugais des îles surpeuplées, de l'Atlantique (17 500) à des Espagnols du Sud (8 000), à des Porto-Ricains (5 900), mais aussi à des Russes (2 500), des Allemands (1 300) et des Autrichiens (400), et même des Norvégiens, ce qui, on l'avouera, est une idée un peu surprenante pour travailler la canne à sucre en milieu tropical, et n'eût d'ailleurs guère de succès, d'autant que lesdits Norvégiens avaient été ramassés dans les tripots d'Oslo. Enfin, il y avait les planteurs, et pour eux, la meilleure main-d'œuvre était la moins chère et la plus docile. On fit d'abord venir des Chinois - 46 000 - puis des Japonais - 180 000 - quand les Chinois devinrent un peu encombrants, et après 1898, quand du fait de l'annexion des Hawaii aux Etats-Unis, les lois d'exclusion américaines s'appliquèrent à l'archipel, enfin des Coréens - près de 8 000 - toujours dans l'optique d'une diversification des sources de main-d'œuvre. Enfin après 1907, lorsque l'immigration japonaise fut stoppée, on commença à recourir aux Philippins - 120 000 de 1907 à 1931, plus près de 7 000 en 1946. L'ampleur de cette immigration aux Hawaii - quelque 400 000 travailleurs en tout alors que les plantations sucrières n'ont jamais employé plus d'une cinquantaine de milliers de personnes, plus au XXᵉ siècle une vingtaine de milliers pour l'ananas - s'explique par le fait que les Hawaii sont devenues en fait un relais vers la Californie : la colonie japonaise de Californie par exemple a été constituée par des immigrants japonais venus des Hawaii à l'expiration de leur contrat.

Les Hawaii sont bien sûr un exemple limite, Néanmoins, le développement de l'économie de plantations (et très accessoirement des mines) a entraîné ainsi de grandes transformations dans la population de nombreuses îles tropicales, avec la naissance de sociétés multiraciales, qu'elles soient harmonieuses ou conflictuelles. Certes, tous les groupes d'immigrants ne sont pas restés : les soubresauts de la Révolution ont ainsi entraîné l'élimination de la population blanche de la partie française de Saint-Domingue, faisant d'Haïti une république noire. Dans le Pacifique, la crise de 1930, la guerre de 1939-45, les évènements d'Indochine entraînèrent le rapatriement presque intégral par exemple des Japonais, puis des Tonkinois de Nouvelle-Calédonie et des Nouvelles Hébrides, des Chinois de Nauru, etc ... Mais dans la plupart des cas, s'enracinèrent dans les îles des familles d'immigrants dont les descendants, nés sur place, se considèrent aujourd'hui comme citoyens à part entière de la seule patrie qu'ils aient connue.

Ainsi, la pénétration européenne a entraîné dans les milieux insulaires du monde tropical une diversification très remarquable des populations : les îles sont devenues bien souvent un véritable kaléidoscope de races et de couleurs, de religions et de langues. Cette hétérogénéité crée bien sûr des problèmes spécifiques, dont la tonalité varie fortement en fonction des groupes ethniques en présence, du statut politique et du niveau économique de chaque île ou archipel.

III - LES PROBLEMES ACTUELS DES POPULATIONS INSULAIRES

Les îles tropicales ont connu au XXᵉ siècle une évolution importante, que ce soit politique, économique, sociale ou démographique. Si les grands transferts de population caractéristiques de la deuxième moitié du XIXᵉ et du début du XXᵉ siècle ont dans l'ensemble cessé, chaque île ou archipel a suivi une voie originale, d'où la multiplicité des situations, caractéristique de ces milieux insulaires. On peut cependant regrouper ces transformations autour d'un certain nombre de grands thèmes :

1 - La renaissance démographique des indigènes

Ce phénomène est un fait caractéristique essentiellement du Pacifique, où, nous l'avons vu tout à l'heure, les populations indigènes paraissaient à la fin du XIXᵉ siècle vouées à une extinction plus ou moins totale. Or, à une date variable, en général dans les années 1910-1920, s'est amorcé un renversement total de la tendance se traduisant par une véritable explosion démographique qui se poursuit encore dans de nombreux archipels. Prenons un exemple caractéristique : les Samoa occidentales, dont la population est à 95 % purement polynésienne, ont vu leur population passer de 36 343 habitants en 1921 à 146 626 en 1971. Le ralentissement de la croissance depuis l'indépendance en 1962 est dû à une émigration importante vers la Nouvelle-Zélande et les Etats-Unis, et non à un tassement du dynamisme démographique : la population des Samoa est aujourd'hui une des plus jeunes du monde, avec 50 % de moins de 15 ans et un taux de natalité proche de la limite biologique. On retrouverait à peu près les mêmes données pour les îles Salomon, dans l'espace mélanésien cette fois ci. La population canaque de Nouvelle-Calédonie est passée quant à elle de 26 605 en 1923 à plus de 65 000 aujourd'hui. Aux Hawaii même, s'il n'y a plus guère de Polynésiens purs, la renaissance des indigènes passe par l'essor d'une très importante population métissée de Polynésiens.

2 - L'enracinement des groupes immigrés

Le XXe siècle est caractérisé par un très remarquable phénomène d'enracinement des immigrés arrivés dans la période précédente, de la même façon d'ailleurs que le XVIIIe et le XIXe siècle avaient vu l'enracinement véritable des populations serviles ou non, débarquées dans le monde caraïbe ou les îles de l'Océan Indien. Cette fixation s'est faite plus ou moins rapidement, plus ou moins facilement en fonction de plusieurs facteurs :

- La date d'arrivée : tout naturellement, plus l'implantation est ancienne, plus l'enracinement est profond. Mais il y a plus : là où il y a eu des vagues successives d'immigrants, comme aux Hawaii, les derniers venus, par exemple les Philippins, ont beaucoup plus de peine à s'insérer de façon satisfaisante dans la société, parce que les places intéressantes sont déjà prises par ceux qui sont arrivés depuis plus longtemps, Chinois, Japonais, Coréens, etc ...

- Le nombre d'immigrés : la cohésion des groupes a été plus facilement maintenue dans les cas où ils étaient nombreux que lorsque leur petit nombre a facilité leur dilution dans le reste de la population.

- Le sex ratio de départ est un facteur encore plus important de la nature et de la rapidité de l'enracinement. Certains groupes de migrants sont venus avec très peu de femmes, et n'ont guère pu en faire venir par la suite. C'est le cas des Chinois, au fond bien admis comme coolies mais pas comme futurs habitants, d'où un sex ratio extraordinairement déséquilibré : aux Hawaii par exemple, on comptait dans les Chinois importés moins de 50 femmes pour 1 000 hommes. A Maurice en 1850, sur 1 178 Chinois recensés, il n'y avait aucune femme ! Pour ceux qui ont fini par renoncer à rentrer en Chine et sont restés dans l'archipel, s'ils n'avaient pas la chance d'être l'heureux élu d'une des rares Chinoises, il n'y avait comme solution que le célibat ou le mariage avec des femmes d'autres groupes ethniques; C'est-à-dire essentiellement des indigènes aux Hawaii comme à Tahiti et dans bien d'autres îles. De là, la naissance d'un fort groupe de Chinois-Polynésiens. Quant aux Chinois "purs", leur nombre s'est limité à la deuxième génération à la capacité procréatrice du petit nombre de femmes Chinoises.

D'autres groupes ont eu plus de chance, parce que dès le départ, la perspective de leur enracinement a été admise, voire souhaitée ; c'est le cas des Indiens (du sous-continent indien) aux Antilles, à Maurice ou aux Fidji. Pour l'étude des Indiens des Antilles, je me contenterai de vous renvoyer aux remarquables travaux de notre collègue et ami, SINGA-RAVELOU. A Maurice comme aux Fidji, le gouvernement britannique a souhaité l'enracinement d'une population indienne, d'où un apport certes déséquilibré mais avec quand même environ 40 femmes pour 100 hommes, assez pour permettre, vu la fécondité remarquable de ces femmes indiennes, le rapide développement d'une communauté indienne créole dont le poids numérique est devenu aujourd'hui prépondérant aussi bien aux Fidji qu'à Maurice. Un autre groupe a été dès le départ dans une situation démographique favorable, c'est celui des Portugais des îles de l'Atlantique importés aux Hawaii : on comptait en effet parmi eux pour 100 hommes, 50 femmes et 100 enfants. Quant aux Japonais des Hawaii, si au départ le rapport hommes - femmes était très déséquilibré, ils ont pu rétablir en partie la situation grâce au système des "picture-brides" - fiancées sur photo qui a été admis par les américains jusqu'en 1924. Le célibataire Japonais désireux de fonder un foyer aux Hawaii écrivait dans son village d'origine - en général dans l'île de Kiou Siou - d'où on lui envoyait les photos de filles à marier. Il faisait son choix, envoyait le prix du voyage, et n'avait plus qu'à accueillir sa promise sur le quai du port d'Honolulu.

Naturellement, le déséquilibre du sex ratio n'existe que dans la génération des immigrants, et disparaît totalement dans celles de leurs enfants et petits enfants nés sur place, d'où un phénomène très caractéristique de régularisation de la pyramide des âges au fur et à mesure du développement de ces générations créoles.

De mieux en mieux enracinés dans leurs archipels d'accueil, pesant de plus en plus lourd sur le plan numérique du fait d'un dynamisme démographique remarquable, ces groupes d'immigrés ont conquis des positions sociales, économiques, voire politiques en rapport d'abord avec leur nombre. C'est ainsi que Maurice est dominée politiquement par la majorité hindoue. Le nombre n'explique cependant pas tout. Des groupes très minoritaires ont conquis, à force de travail, d'astuce, de solidarité interne aussi un rôle social sans commune mesure avec leur poids démographique. On pense bien sûr aux Chinois, qui ont conquis une place prépondérante dans les activités commerciales de bon nombre des archipels du Pacifique. C'est frappant pour qui circule dans les capitales des nouveaux petits états comme les Samoa occidentales, les Salomon ou le Vanuatu : presque tous les commerces sont Chinois. Aux Hawaii, avec le temps et dans un contexte politique et économique favorable, les descendants des coolies Chinois que étaient arrivés dans ce monde nouveau "étrangers et effrayés", pour reprendre le titre d'un ouvrage qui leur a été consacré, ont atteint une autre stature : ils sont aujourd'hui, dit-on, les plus riches dans l'un des plus riches états des Etats-Unis, et l'on pourrait citer parmi eux bien des multi-millionnaires en dollars. Les Japonais avaient bien sûr le nombre. Mais ils doivent beaucoup aussi à leur travail, à leur cohésion familiale et ethnique, qui leur ont permis d'acquérir des positions économiques enviables et surtout, une préeminence politique dans le 50° état des Etats-Unis : le gouverneur actuel de l'Etat d'Hawaii, Georges ARIYOSHI, comme la grande majorité des sénateurs et représentants, est d'ascendance japonaise, ce qui témoigne d'une remarquable intégration de cette communauté japonaise, moins de 40 ans après Pearl Harbor.

Par contre, un groupe ethnique comme les Portugais des Hawaii, malgré les avantages initiaux de l'équilibre démographique, de la couleur et de la religion, n'a pu s'imposer dans la société de l'archipel, faute peut être d'intérêt pour les études dans un monde où la promotion passe largement par l'affirmation des capacités intellectuelles. Ils ont été dépassés par les orientaux, et se situent en bas de l'échelle sociale, aux côtés des Philippins qui eux, ont le handicap d'une arrivée tardive, et à peine au-dessus des Hawaiens Polynésiens mal adaptés au système des valeurs et à l'individualisme de la civilisation américaine.

3 - Métissage et antagonismes raciaux

La présence dans de nombreuses îles ou archipels de groupes ethniques différents a donné naissance, en fonction de l'attitude de chacun par rapport aux autres, à une très grande diversité des situations, allant de l'intégration fondée sur un métissage considérable jusqu'à une coexistence plus ou moins pacifique de groupes totalement séparés. Comme exemple du premier type de situation, on peut prendre l'archipel des Hawaii où la juxtaposition de groupes ethniques aussi variés que les Chinois, les Japonais, les Coréens, les Philippins, les blancs de multiples origines, les Polynésiens, etc ... a donné naissance à une véritable société multiraciale où les distinctions raciales tendent partiellement à se fondre au travers d'un métissage très important. Ajourd'hui, plus du tiers des mariages se font au travers des frontières ethniques, et si l'on considère seulement les couleurs - blancs, noirs, jaunes, bruns (melayo-polynésien) - on arrive encore à près du quart des mariages franchissant la barrière de couleur. Cette intégration raciale se fait dans le contexte de prospérité économique propre à cet état des Etats-Unis, le cinquantième, et dans le cadre d'une adhésion globale aux valeurs de la civilisation américaine.

A l'autre extrèmité de la gamme, on peut prendre l'exemple des Fidji, où coexistent sans mélange deux groupes essentiels, les indigènes mélanésiens d'une part, les indiens d'autre part, légèrement majoritaires, les autres éléments - blancs, jaunes, etc ... - ne jouant qu'un faible rôle. La coexistence est ici un équilibre fragile, les Indiens cherchant à conquérir le pouvoir que leur permettrait d'espérer leur majorité numérique et surtout, la possibilité d'acquérir des terres dont le quasi monopole de propriété reste aux Mélanésiens, de même que le contrôle de la police et de l'armée.

Entre les deux, nous trouvons d'une part les îles ou archipels quasiment monoraciaux, comme les Salomon, les Samoa occidentales ou encore Haïti, et ceux où les rapports entre races ou groupes ethniques sont complexes, comme dans le cas des Antilles françaises qui juxtaposent blancs, indiens et noirs avec diverses formes limitées de métissage. Il est vrai que la nature de ces rapports inter raciaux est largement fonction de la situation politique et du niveau économique de chaque ensemble insulaire.

4 - Niveau de développement et situation démographique

Les îles et les archipels du monde tropical présentent aujourd'hui des contrastes de chiffres bruts et de densité de population qui sous-tendent largement les problèmes économiques qu'ils rencontrent, d'autant plus que ces ensembles insulaires sont dans la plupart des cas devenus des entités indépendantes politiquement. Pour nombre d'entre eux, se pose naturellement la question de leur viabilité économique, s'ils ne bénéficient pas d'une aide internationale.

Les Antilles présentent déjà une remarquable variété sur le plan de la taille et de la densité de population. Les Grandes Antilles comptent à la fois la vaste Cuba - près de 10 millions d'habitants - mais seulement 90 habitants par km² et Porto-Rico, 3 millions d'habitants, plus de 300 habitants par km², la plus forte densité du monde caraïbe après la Barbade, mais aussi Haïti (près de 5 millions d'habitants, 180 au km²), la République Dominicaine (plus de 5 millions d'habitants, 110 au km²) et la Jamaïque (2,2 millions d'habitants, 200 habitants au km²). Dans les petites Antilles, la densité de population est presque partout très forte, puisque pour l'ensemble, elle dépasse 200 habitants par km², atteignant 280 habitants par km² à la Grenade, et 560 habitants par km² à la Barbade, contre seulement 70 habitants par km² à Anguilla et 100 à la Dominique. Dans l'Océan Indien, Maurice, avec 930 000 habitants sur à peine plus de 2 000 km² dépasse les 450 habitants par km², plus du double de la Réunion. Dans le Pacifique, les contrastes sont encore plus grands, entre des îles très fortement peuplées, notamment les atolls dont on vous parlera demain, et de grandes îles volcaniques dont certaines restent plus ou moins vides d'hommes. L'Etat indépendant de Papouasie - Nouvelle Guinée, quoique de loin le plus peuplé en chiffres bruts, du Pacifique tropical, ne répartit guère que 3 millions d'habitants sur plus de 460 000 km², soit moins de 7 habitants par km², chiffre que l'on retrouve pratiquement en Nouvelle-Calédonie, aux Iles Salomon (8 habitants par km²), aux Nouvelles Hébrides (9 habitants par km²). Cela contraste fortement déjà avec les Fidji (32 habitants par km²), la Polynésie française (41), les Samoa occidentales (52), les Hawaii (55), et à plus forte raison les petits états très peuplés comme les Gilbert (Kiribat - 82), les Tonga (129), voire Tuvalu (les anciennes ELLICE : 283 habitants par km²). Il y a donc à la fois dans le Pacifique des phénomènes de sous-peuplement et d'autres de sur-peuplement très accentué, car la notion de densité au km² est bien sûr, ici comme aux Antilles, très insuffisante et devrait être complétée par des valeurs beaucoup plus révélatrices encore, surtout pour des milieux à forte dominante rurale, comme la densité par km² de terres cultivées.

Face à une population parfois pléthorique et qui s'accroît, nous le verrons, souvent encore très rapidement, trois solutions sont possibles.

- L'émigration : celle-ci n'est possible bien sûr que lorsqu'il y a un pays d'accueil, et ne peut être envisagée comme une solution permanente, car il existe un seuil de tolérance dans les pays d'arrivée au delà duquel tout peut être remis en question. Bien sûr, l'accueil est considérablement facilité par l'existence de liens étroits entre le point de départ et le point d'arrivée, comme dans le cas des départements français d'Outre-Mer dont l'exutoire naturel est la Métropole. De la même façon, les anciennes colonies britanniques des Antilles ont déversé sur la Grande Bretagne une partie de leur trop plein de population, mais ici on peut se demander, à la lumière des derniers évènements de Londres, si le fameux seuil de tolérance n'est pas atteint. Porto-Rico de même a pu stabiliser à peu près le chiffre de sa population grâce à une forte émigration vers le continent nord-américain où se sont constituées de grosses colonies portoricaines dans le Nord des Etats-Unis, notamment à New York. Il faut faire une place à part à l'émigration à caractère de contestation politique, en particulier aux départs massifs de Cuba vers les Etats-Unis. Enfin, des mouvements plus diffus, parfois à la limite de la clandestinité, se produisent des îles les plus pauvres vers les plus riches.

Dans le Pacifique, les mouvements sont de moindre ampleur. Ils existent cependant, d'abord entre archipels sur-peuplés et archipels sous-peuplés : c'est ainsi que le Haut Commissariat britannique dont dépendaient les deux archipels a transféré dans les années 1950 des centaines d'habitants des Gilbert, surpeuplées, vers des secteurs pratiquement vides d'hommes des Salomon. Ce type de transplantation n'est pas cependant accepté sans réticences, et la Grande Bretagne a dû peser de tout son poids au moment des négociations qui ont conduit les Salomon à l'indépendance en 1978 pour sauvegarder les intérêts, voire la survie même de ces colonies gilbertiennes. Dans le Sud-Ouest du Pacifique, les îles Cook et surtout les Samoa occidentales se sont tout naturellement tournées vers la Nouvelle-Zélande pour absorber une partie de leur croit démographique. Cela a permis la stabilisation de la population des Samoa occidentales autour de 150 000 habitants. Mais depuis quelques années, la situation économique catastrophique de la Nouvelle-Zélande, sacrifiée par la Grande Bretagne sur l'autel du Marché Commun, a entraîné une limitation de cette immigration, voire une remise en cause de la présence même de ces communautés Polynésiennes à Wellington et surtout Auckland, d'autant que la conservation de certaines habitudes samoanes en Nouvelle-Zélande pose des problèmes de cohabitation avec les autres habitants. Les Samoans de l'Ouest cherchent donc aujourd'hui de plus en plus à suivre les traces de leurs frères des Samoa américaines qui ont constitué depuis longtemps déjà des communautés importantes aux Hawaii et de plus en plus, sur la côte Ouest des Etats-Unis.

- Deuxième solution aux problèmes d'excédent démographique, la réduction de la croissance naturelle. Un certain nombre d'îles ont adopté une politique de limitation des naissances qui a effectivement permis une diminution sensible des taux de natalité. Celle-ci par exemple, est tombée à 28 ‰ à l'île Maurice, et aux Fidji, 27 ‰ à la Jamaïque, 22 ‰ à Porto-Rico, et seulement 17 ‰ à la Martinique et à la Guadeloupe. Dans ces derniers cas il est vrai, la hausse des niveaux de vie est indirectement très largement responsable de ce fléchissement de la natalité.

- C'est dire que la troisième solution aux problèmes démographiques, c'est la croissance économique. Sur ce plan, la diversité des situations est extrême. Mettons à part si l'on veut les îles et archipels qui ont gardé des liens très étroits avec une métropole, comme les TOM français, Porto-Rico, état associé, les Samoa américaines, Guam, Etats-Unis, ou qui sont intégrés politiquement à une grande puissance (DOM, Hawaii, 50e état des Etats-Unis) : leur niveau de vie est aujourd'hui infiniment supérieur à celui des autres milieux insulaires tropicaux grâce aux transferts de fonds des métropoles vers ces îles, considérables à l'échelle de celles-ci. Mais à l'intérieur même des états insulaires indépendants, il y a une gamme très contrastée, allant des pays relativement riches parce que suffisamment vastes, peuplés et disposant de ressources naturelles, jusqu'à une série de très petits états qui n'ont rien ou presque à offrir, et dont toutes les chances de développement résident dans une aide internationale. Si la récente conférence de Paris des PMA, pays les moins avancés, un délicat euphémisme, a surtout insisté sur le cas des pays africains, on y trouvait plusieurs états insulaires, dont les Samoa occidentales pour le Pacifique.

*   *

*

Ce qui ressort finalement de cette étude bien trop rapide des problèmes de population de ces milieux insulaires tropicaux, c'est la remarquable diversité des situations. Champs d'observation privilégiés, véritables « laboratoires naturels » pour reprendre l'expression du recteur PAULIAN, les îles ont, sur le plan humain comme sur le plan économique, une personnalité qui fait de chacune d'elles un cas original, et la connaissance totale du monde insulaire passe de ce fait par la connaissance individuelle de toutes les îles.

1981

Mots clés : Iles, tropiques, population, peuplement, démographie, histoire, développement, immigration.

Résumé : L'originalité des domaines insulaires, si évidente sur le plan physique, se retrouve tout aussi nettement sur celui de la population. La mise en place du peuplement pré-européen des îles tropicales a été conditionnée souvent par le plus ou moins grand éloignement des masses continentales, sauf lorsque des peuples de marins audacieux comme les Polynésiens sont parvenus à atteindre des îles aussi isolées dans les immensités du Pacifique que l'île de Pâques ou les Hawaii.

Sur les populations « indigènes » vivant en vase clos souvent depuis des siècles, voire des millénaires, l'impact des contacts avec les Européens s'est traduit par un effondrement démographique qui a entraîné un vide dans lequel se sont engouffrées diverses catégories d'immigrants. Mais, passé ce cap désastreux, ces populations indigènes — celles du moins qui n'ont pas disparu — connaissent aujourd'hui une remarquable renaissance démographique tandis que les groupes d'immigrés s'enracinent plus ou moins profondément en fonction de leur nombre initial, de leur sex-ratio et de l'ancienneté de leur installation. La juxtaposition des « indigènes » et des « immigrés » aboutit dans certains des cas à la naissance de véritables sociétés multiraciales, tandis que d'autres enfin gardent une homogénéité ethnique due à la faiblesse des apports extérieurs.

Title: DEMOGRAPHY AND ACTIVITIES OF TROPICAL ISLAND POPULATION

Key-words: Islands. The tropics, Population, Settlement, Demography, History, Development, Immigration.

Abstract: *The particularity of the islands is just as noticeable in their populations as in their physical features. Pre-European settlement on those tropical islands was conditioned by the degree of distance separating them from the nearest continent (except for such audacious sailors as the Polynesians, who managed to reach isolated islands, lost in the immense Pacific, like Easter Island or the Hawaiian Islands).*

The contact between the Europeans and the indigenous populations who had been living in isolation for hundreds or even thousands of years, brought about a demographic breakdown, thereby creating a vacuum into which were precipitated various groups of immigrants. But now this crisis has passed, the indigenous peoples — at least those who have survived — are currently in a period of regrowth in population, while the immigrants are more or less firmly established according to their original numbers, their sex-ratio and the length of time since their first settlements. The cohabitation of natives and immigrants has given rise in certain cases to true multiracial societies, while in others the ethnic homogeneity has been maintained because of a relatively minor influx from the rest of the world.

Collection «ILES ET ARCHIPELS», n° 3 : Nature et Hommes dans les îles tropicales ; CEGET-CRET - 1984.

ECONOMIES ET SOCIETES DE PLANTATION EN MILIEU INSULAIRE TROPICAL

Guy LASSERRE
Professeur à l'Université de Bordeaux III

Ce sont les spécialistes de langue anglaise de Sciences Sociales (anthropologues, ethnologues, sociologues, historiens) qui ont poussé le plus loin des travaux sur l'économie et sur la société de plantation. Nous définirons ultérieurement ces concepts. Bornons-nous ici à noter que c'est en Amérique, et d'une manière plus précise dans le monde antillais, que ces notions ont été utilisées pour définir une grande aire culturelle : "L'Amérique des plantations". Cette aire s'oppose à : "L'Europe-Amérique" qui s'étend sur les espaces septentrionaux et méridionaux du Nouveau Monde, et à "L'Indo-Amérique" qui s'allonge le long des cordillères Pacifique et des Andes du Mexique au Nord du Chili.
L'Economie et la Société de plantation sont associés au développement de cultures spéculatives destinées à l'exportation (canne, coton, café, cacao) et ont recours à la main-d'œuvre servile africaine. L'Amérique des plantations est aussi l'Amérique Noire.

L'objet de cette communication est de montrer que cette aire socio-culturelle s'est largement développée dans des milieux insulaires tropicaux dont les plus classiques sont d'une part les îles de l'archipel caraïbe, et d'autre part, les Mascareignes, dans l'Océan Indien.

Définir l'économie et la société de plantation et montrer en quoi elles se différencient des économies et des sociétés liées aux grandes plantations capitalistes des XIXe et XXe siècles, puis rechercher quels ont été les facteurs attractifs des îles tropicales pour l'installation des plantations esclavagistes ; montrer enfin quelle est l'extension de ce domaine où s'est épanouie l'économie de plantation, tels sont les points essentiels qui seront abordés dans cette communication.

I - ECONOMIES ET SOCIETES DE PLANTATION

Ces expressions d'économies et de sociétés de plantation risquent d'être ambigües du moins en langue française. Elles sont en effet directement traduites des expressions anglaises de "plantation economy" et "plantation society", les deux étant regroupées dans l'expression de "plantation system". Les Anglais ont un autre mot qui définit la grande plantation capitaliste, plus récente, le mot de "Estate" : sugar estate, rubber estate, tea estate. Les Anglo-Saxons réservent habituellement l'expression de plantation system à la plantation esclavagiste des XVIIe et XVIIIe siècles. Mais le mot de plantation peut regrouper l'ancienne plantation esclavagiste et la grande plantation capitaliste moderne, l'estate. En français, le mot de plantation est encore plus redoutable. Il désigne à la fois la plantation esclavagiste, la grande plantation capitaliste moderne, les petites plantations indigènes de culture destinées à l'exportation, voire le champ de cultures vivrières africaines. D'où la nécessité de définir stricto sensu les expressions d'économies et de sociétés de plantation utilisées dans le titre de notre communication.

Il ne s'agit ici que de l'économie et de la société esclavagistes et des héritages qu'elles ont laissés. Les caractéristiques fondamentales du système des plantations esclavagistes peuvent être dégagées par delà la diversité des conditions locales tenant au milieu géographique et à l'histoire.

1 - C'est une économie agricole de monoculture, ou de biculture, tournée vers l'exportation. La canne à sucre, le café, le coton en sont de bons exemples. Dans chaque aire géographique dominait une culture : canne dans le Nord-Est du Brésil, dans les Isles à Sucre antillaises et dans l'Ile de France. Café dans l'Ile Bourbon ; cacao à Trinidad ; coton dans le Sud des Etats-Unis. On a assisté à des changements de cultures : Bourbon, dont la première grande culture a été le café est devenue à partir de 1820 une île sucrière, ce qu'est restée la Réunion actuelle. Parfois deux cultures coexistaient comme le sucre et le café dans la Martinique du XVIIIe siècle ou à St-Domingue.

2 - Cette économie agricole était liée à la grande propriété, désignée dans les îles créoles françaises sous le nom d'habitation. Propriétés de 100 hectares, 200 hectares, plus rarement 300 hectares, mais qui étaient bien de grands domaines comparés aux propriétés vivrières des petits cultivateurs. Ces grandes propriétés restées de taille modérée par rapport aux superficies qu'atteindront les grandes plantations capitalistes des XIXe et XXe siècles étaient possédées et dirigées par une famille dont le chef était appelé "Grand-Habitant" ou "Maistre de Caze". Ces familles étaient généralement blanches et constituaient l'aristocratie terrienne créole.

3 - Par contre, la main-d'œuvre était noire puisque le développement de grandes cultures d'exportation n'avait été possible que par l'institution de la **traite des Noirs** qui a commencé très tôt, en Amérique tropicale. Il est certain qu'un chargement de cinquante esclaves arriva à Santo-Domingo, possession espagnole en 1511, et que quelques captifs avaient été débarqués quelques années plus tôt. C'est en 1532 que le premier navire négrier déchargea sa cargaison sur le littoral brésilien.

La traite devait durer jusqu'en 1815, date où elle fut interdite par le Congrès de Vienne, mais le trafic du "bois d'ébène" continua clandestinement pendant plusieurs décennies encore. L'esclavage fut aboli en 1838 dans les colonies anglaises, en 1848 dans les colonies françaises, mais ne fut supprimé qu'en 1863 aux Etats-Unis, en 1880 au Brésil et en 1886 à Cuba. L'économie esclavagiste dura donc entre deux et trois siècles et demi, selon les pays. L'habitation à main-d'œuvre servile était devenue l'unité économique d'après laquelle s'estimait la richesse des îles.

4 - L'habitation à ateliers d'esclaves était aussi le symbole d'un nouvel ordre social, avec des classes nettement séparées : aristocratie foncière blanche des Grands Habitants, esclaves Noirs, affranchis ou gens de couleur libres. Au niveau de l'ensemble de l'île, s'ajoutaient d'autres classes qui diversifiaient et assouplissaient quelque peu cette hiérarchie rigide. Se rapprochaient des grands propriétaires terriens les magistrats et hauts fonctionnaires, les membres des professions libérales, les officiers supérieurs, les grands commerçants. Mais il existait aussi des "Petits Blancs" : petits propriétaires dénués d'esclaves, petits commerçants, salariés des commerces et des services. La séparation sociale fondamentale s'établissait évidemment entre hommes libres et esclaves.

II - MILIEU PHYSIQUE INSULAIRE ET SOCIETE DE PLANTATION

Ayant ainsi rappelé quels sont les traits essentiels de l'économie et de la société de plantation esclavagiste, il convient de s'interroger sur les avantages qu'offrait le milieu insulaire à la société d'habitation.

1 -Notons tout d'abord que la *"terre ferme"* et non pas seulement les îles fut aussi, dans certaines conditions, une terre d'élection de plantations esclavagistes. Les deux exemples les plus classiques concernent le littoral du Nord-Est du Brésil qui fut le siège du premier empire du sucre portugais aux XVIe et XVIIe siècles, et le Sud des treize colonies anglaises d'Amérique où se mirent en place, au XVIIIe siècle, une économie et une société de plantation esclavagiste appuyées sur le coton. C'est du Nord-Est du Brésil, vers le milieu du XVIIe siècle que partirent des Hollandais, experts dans l'art de cultiver la canne et de fabriquer le sucre. Ils avaient été chassés du Recife par les Portugais et ils introduisirent la grande culture de la canne et les premières sucreries aux Antilles, notamment en Guadeloupe et en Martinique.

Mais on peut observer que le Nord-Est du Brésil avait lui-même reçu la canne à sucre d'îles atlantiques contrôlées par les Portugais. Depuis le XVe siècle, le Portugal, maître du commerce mondial du sucre, avait créé de grandes plantations de canne à Madère et à Sao Tomé. En 1554, Sao Tomé, dans le golfe de Biafra, sous l'Equateur, possédait 60 "engenhos" ou moulins à sucre qui fonctionnaient avec des esclaves africains. Les îles atlantiques portugaises (Madère, Sao Tomé, et dans une moindre mesure, les îles du Cap Vert) servirent donc de laboratoires où s'élaborèrent les modèles économiques et sociaux de la société d'habitation esclavagiste.

Partie des îles atlantiques portugaises, développée sur le littoral chaud et humide du Nord-Est brésilien, la société trouva son domaine d'élection dans les îles de l'arc antillais.

2 - Premier avantage physique, un milieu insulaire est un espace clos, facile à contrôler. C'était un avantage considérable en économie servile. Les esclaves, pris au piège de l'insularité, ne pouvaient s'évader. Le marronage, c'est-à-dire la fuite des esclaves hors de l'habitation, était limité par l'exiguïté de l'espace insulaire, surtout dans les Petites Antilles. Certes, les "marrons" pouvaient trouver refuge dans les forêts des îles volcaniques, mais les pentes, l'excès de pluies et de nébulosité y rendaient la vie difficile. Sur le continent, l'évasion était plus aisée. En Guyane hollandaise, le marronage était très important. Il engendra le groupe important des Boni et des Saramaka qui reconstituèrent la vie tribale africaine dans la forêt guyanaise.

3 - Le milieu insulaire était aussi facile à aménager. Criques, baies et culs-de-sac marins offraient des abris aux navires à voile qui arrivaient chargés de cargaison d'esclaves et repartaient vers l'Europe avec leur chargement de sucre. Une route périphérique longeant le bord de mer assurait la liaison entre les habitations. Dans les îles montagneuses, les concessions se distribuaient par "estage", bandes superposées limitées par les rivières et desservies par des chemins suivant la plus grande pente du versant. Ces avantages ne pouvaient s'exprimer que dans des milieux insulaires tropicaux, climatiquement propices aux cultures de plantation : canne, café, coton, cacao essentiellement. Certes, Madère qui fut au début une île de plantation de canne, est de latitude méditerranéenne, mais son climat est ambivalent, comme celui des Canaries espagnoles et y voisinent cultures tropicales et méditerranéennes, mais ni Madère ni les Canaries ne peuvent être retenues comme caractéristiques de l'économie et de la société de plantation.

A l'exception de Sao Tomé, portugaise, et de Fernando Po, espagnole, situées en pleine région équatoriale, les îles les plus représentatives de la société d'habitation sont des îles de climat d'alizés.

4 - Les avantages du climat d'alizé. Les Antilles et les Mascareignes appartiennent à la zone tropicale parcourue par les vents alizés. Le premier avantage de leur situation et de leur climat était de favoriser la navigation à voile. Le périple triangulaire ou "commerces circuiteux", Europe - Côte d'Afrique - îles de plantations, utilisait les vents comme force motrice - vents alizés d'Est des côtes d'Afrique vers les terres de plantations, vents d'Ouest des latitudes tempérées, pour revenir vers les ports Européens. Les climats d'alizés assuraient une régularité thermique et un régime pluviométrique favorables à l'agriculture. Au large des façades orientales des continents battus par les vents d'Est, ces îles étaient bien arrosées, surtout lorsqu'elles étaient montagneuses, mais par suite de leurs latitudes, elles connaissaient l'alternance d'une longue saison pluvieuse et d'une courte saison sèche favorable à l'enrichissement en sucre des cannes, à l'ouverture des capsules de coton ou aux exigences du caféier. Mais du point de vue climatique, ces avantages trouvaient leur contrepartie dans le passage dévastateur des cyclones pendant certains hivernages. Il est curieux de constater que la menace saisonnière des cyclones n'a jamais empêché le développement des plantations. Ils ne sont pas très redoutables pour la canne à sucre. Mais par contre, ils le sont pour les cotonniers et les caféiers, et plus encore pour les cultures de bananiers, plus récentes qui sont littéralement hâchées par le vent et la pluie de ces redoutables dépressions.

5 - Du point de vue de la structure et du relief, les îles offraient en général soit des terres montagneuses, volcaniques, soit des terres plates calcaires. Les îles volcaniques offraient des sols profonds et riches sur les glacis et les plaines du versant au vent, exposés à l'alizé et bien arrosés. Là, se localisent, à la Capesterre de l'île les meilleures terres à canne, comme on peut le voir en Guadeloupe, en Martinique, à St-Christophe ou à la Réunion. Les versants sous le vent, plus secs et plus rocheux, conviennent mieux à la petite culture qu'à la grande culture. Quant aux îles calcaires édifiées par les madrépores, à condition de recevoir plus d'un mètre ou un mètre cinquante de pluies par an, elles offrent leurs plaines et leurs plateaux aux cultures d'habitation. Terres rouges de décalcification de Cuba réputées pour leur fertilité, terres noires à montmorillonite comme en Grande Terre ou à Marie-Galante, offrent un bon support pédologique à la culture de la canne. Lorsque ces îles calcaires ou volcaniques sont exigües et basses, elles n'accrochent pas les nuages d'alizés. Ce sont de petites îles rocheuses et sèches qui n'ont jamais fixé une économie de plantation. Pauvre agriculture vivrière en petites propriétés, pêche, petits échanges avec les îles voisines ne soutenaient, et ne soutiennent, qu'une activité économique médiocre. Dans l'archipel guadeloupéen, les Saintes, la Désirade, St-Martin, et St-Barthélemy, en sont de bons exemples, mais aussi Anguilla, Barbuda, dans les Leeward britanniques et l'archipel des Bahamas. La revanche de ces îles délaissées par l'économie de plantation se trouve aujourd'hui dans le tourisme qui recherche les îles tropicales à climat lumineux et sec.

III - FACTEURS DE CIVILISATION, ILES ET SOCIETES DE PLANTATION

Ces milieux insulaires tropicaux, plus ou moins aptes à accueillir l'économie de plantation esclavagiste, n'ont pu tenir leur rôle que si les facteurs humains favorisaient cette mutation économique et sociale. Nous voudrions illustrer ce rôle des facteurs de civilisation par quelques exemples.

1 - Première observation : les îles n'ont pu devenir des îles de plantation esclavagistes que si elles ont été colonisées et mises en valeur à l'époque des premiers empires coloniaux européens, avant que ne soit interdite la traite en 1815. C'est ainsi que les îles du Pacifique sont exclues de ce domaine. Portugais et Espagnols au XVIe siècle, Hollandais au XVIIe siècle, avaient découvert et colonisé certaines îles. La colonisation espagnole fut précoce aux Philippines. Arrivés en 1565, les Espagnols se maintinrent dans l'archipel jusqu'en 1898, date à laquelle ils furent relayés par les Américains. Mais la colonisation espagnole fut plus voisine du modèle latino-américain continental que du modèle de l'Amérique des plantations : peuplement espagnol, création d'haciendas, utilisation de la main-d'œuvre locale dans les grands domaines. Portugais, puis Hollandais au XVIIe siècle fréquentèrent le monde Malais. Les Hollandais arrivèrent en Indonésie en 1606, et ont progressivement conquis l'archipel. Mais leur mode de colonisation ne fut jamais apparenté à celui qui engendra ailleurs l'économie et la société de plantation : commerce des épices d'abord, puis au XIXe siècle, développement des cultures d'exportation (canne et tabac notamment), selon un système original de location des terres aux Indonésiens et culture forcée (1830-1870), en ce qui concerne Java. A Sumatra, les sociétés hollandaises, mais aussi anglaises, américaines, franco-belges, créèrent, au XIXe siècle de grandes plantations capitalistes utilisant de la main-d'œuvre locale salariée (plantations de l'oosktust).

Quant aux îles de l'Océanie, notamment dans la partie centrale, elles ne furent politiquement appropriées par les colonisateurs, qu'à partir de 1840. Quant à la Nouvelle-Calédonie, découverte par COOK en 1774, elle ne fut colonisée par la France que depuis 1853. Le retard de la colonisation dans le Pacifique explique l'absence d'îles relevant de la société et de l'économie de plantation.

2 - Deuxième remarque : certaines îles relevant du domaine marqué par la société d'habitation comme l'espace antillais, n'ont été que marginalement touchées par le système des plantations, parce que la Métropole a négligé leur mise en valeur agricole à l'époque esclavagiste. D'une manière générale, on peut dire que ce fut le cas des Grandes Antilles espagnoles : Cuba, Santo Domingo, Puerto Rico. L'Espagne, qui était à la tête d'un immense empire colonial, sur le continent américain, n'utilisa ces îles antillaises que pour le ravitaillement en animaux d'élevage, bovins surtout, de ses possessions américaines, les animaux amenés d'Espagne étant d'abord élevés dans les savanes des Grandes Antilles.

En outre, l'Espagne utilisait les ports de ces Grandes Antilles pour regrouper les convois de galions qui assuraient les liaisons commerciales entre l'Espagne et ses colonies d'Amérique. Ces diverses activités n'exigeaient que peu d'esclaves, à la différence de la culture de la canne à sucre ou du café. Une comparaison du peuplement de la Saint-Domingue française (la future Haïti), et de Santo Domingo, partie espagnole d'Hispaniola, à la fin du XVIIIe siècle, est très révélatrice du degré différent d'appartenance de ces deux territoires à l'économie et à la société de plantation. A Santo Domingo, pour une population de 103 000 habitants en 1795, on comptait 35 000 Blancs, 30 000 esclaves Noirs et 38 000 affranchis. A Saint-Domingue, en 1790, on recensait 524 000 habitants, dont 31 000 Blancs, 28 000 hommes libres et 465 000 esclaves. L'une des conséquences du brillant succès de la plantation à main-d'œuvre servile avait été ce redoutable déséquilibre entre Blancs et Noirs qui conduisit les esclaves à se révolter contre la France et à éliminer la minorité blanche créole. Plus d'un Blanc par esclave à Santo Domingo, un seul Blanc pour 15 esclaves à Saint-Domingue.

Il n'est pas étonnant dans ces conditions que les Grandes Antilles espagnoles aient un peuplement clair. Puerto-Rico a 80% de Blancs et 20% de métis. On attribue à Cuba 74% de Blancs, 25% de Noirs et gens de couleur, 1% d'Asiatiques. La République Dominicaine, issue de la Santo Domingo espagnole, est un pays de mulâtres, généralement assez clairs : 60% de métis, 11% de Noirs, 28% de Blancs. Quelle différence avec Haïti, véritable république noire, avec 95% de Noirs, moins de 5% de mulâtres, et un nombre très faible de Blancs. A l'autre extrémité de l'arc antillais, Trinidad fut aussi une île délaissée à l'époque espagnole de 1584 à 1797. A cette dernière date, l'île comptait moins de 18 000 habitants : beaucoup de Blancs et d'affranchis, peu d'esclaves dont beaucoup étaient des Amérindiens. Sous la colonisation anglaise, se développèrent la culture de la canne et celle du cacao, mais il était trop tard pour faire appel aux esclaves africains comme main-d'œuvre étant donné la vigueur de l'action des sociétés anti-esclavagistes en Angleterre au début du XIXe siècle. On sait que la Grande-Bretagne recruta des travailleurs Indiens (de l'Inde) sur contrats de travail, le début de l'immigration indienne se situant en 1842.

Dans le domaine insulaire, ce sont essentiellement les Français et les Anglais qui implantèrent l'économie de plantation esclavagiste. Les deux domaines privilégiés sont d'une part les Antilles, d'autre par les Mascareignes, Bourbon et île de France, devenues île de la Réunion et île Maurice.

S'ajoutent à ces deux espaces insulaires des îles atlantiques portugaises qui furent les pionnières du système de plantation, Madère, les îles du Cap Vert et Sao Tomé pour l'empire colonial portugais. Quant aux îles espagnoles, Canaries et Fernando Po, elles échappèrent au système de la plantation ; les Canaries, parce que la canne à sucre échoua, qu'elle fut remplacée par la vigne et que l'on n'importa pas d'esclaves africains. Quant à Fernando Po, l'île ne fut colonisée qu'en 1778, mais la véritable mise en valeur économique ne remonte qu'au XIXe siècle, avec le cacao et avec une main-d'œuvre Ibo du Nigeria voisin, qui n'eut jamais le statut d'esclave.

IV - EVOLUTION DE L'ECONOMIE ET DE LA SOCIETE DE PLANTATION EN MILIEU INSULAIRE DEPUIS LES ABOLITIONS DE L'ESCLAVAGE

Ces remarques nous conduisent vers deux sujets de réflexion.

1° Le problème de l'évolution de l'économie et de la société de plantation en milieu insulaire depuis l'abolition de l'esclavage ;

2° Les caractères distinctifs de l'économie et de la société de plantation capitalistes nées dans la deuxième moitié du XIXe et au XXe siècles dans les pays tropicaux, systèmes de plantations fort différents du système esclavagiste des XVIIe et XVIIIe siècles.

En ce qui concerne le premier point, nous ne pourrons évidemment qu'effleurer la question tant est grande la diversité des types et sous-types économiques et sociaux.

1 - Du point de vue économique, l'évolution a favorisé la constitution de grands domaines qui ont regroupé les anciennes habitations de quelques centaines d'hectares. La chose est bien connue pour les propriétés rurales de canne à sucre regroupées autour des usines et dont l'unité de mesure est devenue le millier d'hectares et non plus la centaine d'hectares. Le binôme moulin à canne - habitation a été remplacé par la nouvelle association latifundia sucrier - usine à sucre. Une petite propriété s'est développée parallèlement par occupation sans titre après les abolitions de l'esclavage (qui rappelons-le, s'échelonnent de 1838 dans les îles anglaises à 1886 à Cuba), par lotissements d'habitations, par des concessions de terres domaniales, etc ... La mesure de ces propriétés est de 2 à 5 hectares dans les Petites Antilles, un peu plus dans les Grandes Antilles. Pour le café, le coton ou le cacao, des moyennes et des grandes propriétés se sont également formées, mais sans atteindre les dimensions des latifundias sucriers. Dans la Caraïbe, la banane, apparue vers 1930, joue un rôle économique croissant.

Les cultures vivrières ont continué à être associées aux cultures d'exportation par l'intermédiaire des colons partiaires et des métayers qui partagent leur activité agricole entre la culture commerciale et les racines alimentaires auxquelles s'ajoutent la banane à cuire et le riz. La culture vivrière associée à la culture de rente, est également caractéristique de la petite et de la moyenne propriétés. Il n'est pas rare dans ces anciennes îles de plantations, que le même homme soit à la fois petit planteur indépendant sur ses terres, colon sur les terres de l'usine ou du grand planteur et ouvrier agricole au moment de la récolte.

2 - Le peuplement des îles de plantation a évolué depuis le milieu du XIXᵉ siècle, époque moyenne de l'abolition de l'esclavage. Il a fallu importer de la main-d'œuvre de remplacement sur les habitations, les Noirs libérés n'acceptant plus de travailler sur les grands domaines. On a surtout fait appel à de la main-d'œuvre mélano-indienne, recrutée sur contrat de travail. M. SINGARAVELOU, dans sa thèse, a dressé le bilan et les aspects de cette immigration de travailleurs venus de l'Inde et transplantés dans la Caraïbe. M. Jean-François DUPON l'a fait pour les Mascareignes. Le nombre des Indiens est fort variable selon les îles. A Trinidad, ils représentent environ le 1/3 de la population, et dans une ancienne colonie continentale anglaise, la Guyana, les éléments d'origine somatique indienne sont la majorité. Par contre, les Indiens ne sont que 3,2% en Jamaïque contre 77% de Noirs et 17% de mulâtres.

S'ajoutent de petites colonies de Chinois, venus également comme travailleurs après l'abolition de l'esclavage. Sauf dans les Guyanes , ils sont trop peu nombreux pour avoir beaucoup marqué l'amalgame racial. Des africains recrutés sur contrat de travail venus d'Afrique après l'abolition. Ils ont été peu nombreux et leurs descendants sont encore désignés sous le nom de Congo. Selon le pays, des Indonésiens (dans les terres hollandaises), des Indochinois (dans les terres françaises) s'ajoutèrent au stock racial déjà en place.

Enfin, se développa une immigration blanche diversifiée : Français de métropole, Anglais, Hollandais, mais aussi Italiens, Espagnols, peuples d'Europe centrale, commerçants libanais et syriens, etc ...

Les îles de plantation affirmèrent ainsi leur caractère multiracial. Le métissage engendra une grande diversité de types anthropologiques avec toutes les nuances possibles de transition. Il n'est pas exceptionnel de rencontrer des métis ou sang-mêlés relevant de quatre souches raciales : Blancs, Noirs, Mélano-Indiens, Jaunes. Mais chaque île a eu ses pourcentages propres d'éléments ethniques, ce qui se traduit par une très grande diversité somatique des populations insulaires actuelles.

3 - Du point de vue social, les sociétés actuelles des îles de plantation ont également un certain nombre de caractères que nous allons nous contenter d'énumérer, renvoyant aux travaux des anthropologues et des sociologues qui les ont analysées.

- Les barrières sociales entre classes restent encore assez rigides dans la mesure où l'échelle socio-économique coïncide encore assez largement avec des critères raciaux. Mais l'émergence d'une classe moyenne, elle-même très diversifiée du point de vue somatique, a contribué à nuancer les relations entre conditions sociales et races.

- Le rôle important de l'héritage africain mérite d'être souligné, notamment dans la musique, le folklore, la cuisine, les cultes syncrétiques (Vaudou haïtien, xango trinidadien). Dans certaines îles, l'héritage hindou se manifeste aussi dans le domaine culturel et religieux. Ces traits, on le voit, définissent une authentique aire culturelle dont les sources sont bien dans une certaine économie de plantation. Le binôme plantation - esclavage a donc profondément marqué les pays où il a régné. Il confère à l'ensemble de ces régions, notamment insulaires, de nombreuses caractéristiques économiques et sociales communes. Cette unité recouvre d'ailleurs une très grande diversité de conditions locales, tenant à la variété des milieux naturels, à l'action différente des pouvoirs coloniaux ou nationaux, aux étapes différentes de l'histoire, à la nature de la plante de grande culture, etc ... C'est d'ailleurs cette foisonnante diversité des conditions socio-économiques locales sous la réelle unité des caractéristiques générales communes qui distingue le mieux le système de plantation à fondement historique esclavagiste du système de plantation capitaliste moderne.

V - LES GRANDES PLANTATIONS CAPITALISTES DES XIXᵉ ET XXᵉ SIECLES ET LEURS EFFETS SOCIO-ECONOMIQUES

La plantation capitaliste moderne, comme l'ancienne plantation esclavagiste, tire ses origines d'un effet de domination politico-économique des pays industrialisés sur des régions tropicales d'économie attardée. Comme l'ancienne plantation esclavagiste, elle est également une spéculation centrée sur quelques productions commercialisées sur le marché international. Aux quatre cultures caractéristiques de la plantation servile (sucre, coton, café, cacao) se sont ajoutés aux XIXᵉ et XXᵉ siècles le théier, l'hévéa et la banane. Enfin, cette économie moderne de plantation met en jeu des techniques de production, de transformation et de commercialisation qui relèvent de la société industrialisée et qui s'opposent aux techniques traditionnelles de l'agriculture de subsistance.

Pour M. Pierre GOUROU, ces grandes plantations modernes se définissent essentiellement par leur "étrangeté" vis-à-vis du cadre géographique. La plantation est, pour ce même auteur, "une enclave" de civilisation étrangère.

La propriété de la terre appartient le plus souvent à de puissantes sociétés étrangères alors que dans la plantation coloniale esclavagiste, la terre appartenait à des familles créoles locales. Depuis les crises du XIXᵉ siècle et le regroupement des habitations, bien des propriétés des anciennes villes des plantations esclavagistes appartiennent aussi à des sociétés capitalistes. Les techniques de travail de la terre, la transformation industrielle du produit agricole, ou bien de commercialisation, sont aussi devenues très scientifiques.

L'agriculture moderne de plantation capitaliste, comme son aînée, a été responsable de transferts de populations, travailleurs ayant signé des contrats de travail et étant restés ensuite sur les lieux d'immigration. Ce sont surtout des populations asiatiques qui ont été recrutées dans ces conditions : Mélano-Indiens, notamment en Malaisie, à Ceylan/Sri Lanka, aux Fidji et dans de nombreuses autres îles du Pacifique, et Chinois (Malaisie) mais également des Européens. L'exemple le plus connu est celui des Colonos italiens dans les grandes plantations de café du Brésil

- Du point de vue social, la grande plantation récente est beaucoup plus simple que la plantation issue de l'époque esclavagiste. En général, elle a été installée dans des régions vides ou peu peuplées. Deux sous-types peuvent être distingués en fonction de l'origine des travailleurs.

- Dans le premier cas, la main-d'œuvre est autochtone, ce qui est caractéristique de la majorité des plantations d'Afrique noire, et d'une grande partie de celle d'Indonésie. Un bon type est fourni par les plantations américaines Firestone, au Libéria. Les Africains vivent dans des campements et sont salariés. Ils sont encadrés par des ingénieurs américains et anglais.

- Dans le second cas, la main-d'œuvre est immigrée. Les estates de thé de Sri Lanka, les estates d'hevea ou de palmier à huile de Malaisie ont largement fait appel à de la main-d'œuvre chinoise en Malaisie. Cette main-d'œuvre salariée vit isolée sur la plantation et n'a que peu de contacts avec les milieux environnants. Certaines îles ont attiré la grande plantation capitaliste moderne. C'est le cas de Cuba, de Puerto Rico et de la République Dominicaine pour la canne à sucre. Ces plantations ont été développées par de grandes compagnies sucrières américaines à partir du dernier quart du XIX⁰ siècle. Les îles Hawaï, récemment étudiées par Christian HUETZ de LEMPS, ont également attiré des plantations modernes de canne à sucre et d'ananas. Il en est de même des îles Fidji et des îles Samoa pour les plantations de canne à sucre.

Mais les îles, dans le domaine des plantations modernes, ont largement cédé la place aux régions littorales du continent. Telles sont toutes les plantations d'Afrique tropicale humide, les plantations de Malaisie, déjà citées, les plantations indiennes, les plantations d'Amérique tropicale.

Le milieu insulaire n'est donc plus la localisation privilégiée de la grande plantation capitaliste tropicale moderne comme il l'avait été pour la première génération des plantations esclavagistes du XVI⁰ au XVIII⁰ siècle, vieille région de plantations auxquelles s'applique l'expression d'économie et de société de plantation au sens strict du mot.

1981

Mots clés : Iles, plantation, économie commerciale, monoculture, main-d'œuvre agricole, esclave.

Résumé : Le but de cette communication est de définir l'économie et la société de plantation de type esclavagiste et de montrer en quoi elles se différencient des économies et des sociétés liées aux grandes plantations capitalistes des XIX⁰ et XX⁰ siècles. Il s'agit d'une économie agricole de monoculture (canne à sucre, café, coton...) liée à la grande propriété (l'« Habitation » des Antilles françaises) utilisant une main-d'œuvre d'esclaves amenés d'Afrique grâce à la traite. Les îles présentent des avantages naturels (espaces clos, facile à contrôler et à aménager, climat d'alizé bien arrosé grâce à un relief montagneux) qui ont été valorisés par des facteurs humains favorables. Colonisées avant 1815, elles n'ont pas toutes été au même degré des îles esclavagistes. les grandes Antilles espagnoles l'ont été relativement peu. Depuis l'abolition de l'esclavage, le regroupement des anciennes habitations en grands domaines autour d'usines s'est accompagné de l'introduction d'une main-d'œuvre indienne, de quelques Chinois et Européens. Le métissage a conduit à une grande diversité somatique mais l'héritage africain reste souvent important.
Très différentes, les grandes plantations capitalistes constituent de véritables enclaves étrangères, installées dans des régions vides, où il a fallu faire venir la main-d'œuvre du reste du pays ou de l'étranger.

Title: PLANTATION ECONOMIES AND SOCIETIES IN THE TROPICAL ISLANDS.

Key-words: Islands, Plantation, Commercial economy, Monoculture, Agricultural labour, Slave.

Abstract: The aim of this paper is to define the slave-based plantation economy and society, and to show in what way it is different from those of the great capitalist plantations of the 19th and 20th centuries. It is an agricultural economy of monoculture (sugar cane, coffee, coton...) centered on the big property for which labour is provided from Africa by the slave trade. The islands present natural advantages (enclosed area, easy to control and to plan, wet trade-wind climate because of mountainous relief) which were maximized by the favourable human factors. Although they were colonized before 1815, not all the islands depended equally on the slave system: for example, the Spanish islands were relatively less involved. After the abolition of slavery, the clustering of the former settlements into even larger estates around the factories was accompanied by the introduction of Indian, and to some extent Chinese and European labour. Though mixed marriages led to a great diversity of physical characteristics, the African heritage remained important.

What is so different about the great capitalist plantations is that they were genuine foreign enclosures, established in unoccupied regions, to which the manpower had to be imported either from the rest of the country or from overseas.

LES ILES ET LES GRANDES ENDEMIES TROPICALES

MM. M. LE BRAS, A. DUPONT, P. BOUCHEZ et A. SOOPRAMANIEN
Université de Bordeaux II

En première analyse, il apparaît difficile d'identifier les caractères propres à la pathologie insulaire tropicale. Bien au contraire, l'insularité morcelle les écosystèmes humains et rend compte de la répartition très hétérogène des maladies observées. Les tableaux de morbidité et de mortalité dépendent essentiellement du niveau économique et social. Ainsi dominent dans les pays insulaires en voie de développement, les maladies nutritionnelles liées à l'insuffisance de production et à la poussée démographique, les maladies infectieuses intestinales à transmission hydrique liées à la mauvaise qualité de l'eau de consommation et à la mauvaise hygiène alimentaire, responsables de maladies bactériennes, virales ou parasitaires. Sont observées également les maladies à transmission directe, surtout respiratoires et selon les pays, certaines maladies parasitaires telles que les bilharzioses avec une très grande hétérogénéité géographique même à l'intérieur d'une même île : par exemple, présence des bilharzioses intestinales à Saint-Domingue, absence de transmission à Haïti.

Certaines maladies cependant sont étroitement liées au climat tropical et sont peu dépendantes du niveau de développement. Le milieu insulaire leur imprime une épidémiologie particulière.

Nous envisagerons essentiellement les arboviroses et notamment la dengue, le paludisme, ainsi qu'une intoxication alimentaire qui semble en nette progression : la ciguatera.

I -PALUDISME ET INSULARITE

C'est à partir d'expériences de lutte anti-paludique réussies, notamment dans les Caraïbes, que l'organisation mondiale de la Santé lance en 1956, son grand programme mondial d'éradication de la maladie, reposant essentiellement sur la lutte antivectorielle par insecticides. On arrive ainsi à supprimer la transmission du paludisme dans de nouvelles îles, telles La Réunion, l'Ile Maurice, Ceylan. Cependant, quatre points nous semblent devoir retenir l'attention.

1 - L'amélioration obtenue est fragile

Le relâchement de la surveillance épidémiologique, et de la lutte antivectorielle se traduit le plus souvent par une véritable poussée épidémique. Quelques exemples : à Ceylan en 1963, 7 cas de paludisme sont notifiés. En 1970, après 7 ans d'arrêt de la vigilance, 2 millions de cas dont de très nombreux mortels sont enregistrés. Depuis, une lutte efficace intégrée a été entreprise avec un succès ramenant l'île dans des conditions identiques à celles de 1963.

L'évolution aux Comores est également intéressante à envisager, en considérant les indices plasmodiques (pourcentage d'enfants de 6 mois à 6 ans présentant des hématozoaires lors d'un examen systématique du sang). En 1967, à la Grande Comore, l'indice plasmodique est de 74 % et de 40 % à Mayotte. En 1972, il est de 42 % à la Grande Comore et de 32 % à Mayotte. Depuis 1976, aucune lutte n'est entreprise à la Grande Comore, alors qu'une campagne de désinsectisation importante est menée à Mayotte, l'indice plasmodique est en 1981 de 81 % à la Grande Comore et de 0,5 % à Mayotte.

2 - Les conditions de résurgence sont différentes suivant les circonstances.

a) - Cas de l'île Grenade

Sont observées les trois formes parasitologiques de paludisme à *Plasmodium malariae, falciparum* et *vivax*. Après une campagne bien menée, l'éradication est proclamée en 1962. Deux cas de paludisme à malariae chez des sujets n'ayant jamais quitté l'île apparaissent en 1969. 58 cas autochtones de paludisme à plasmodium malariae sont déclarés en 1970. Malgré le faible nombre de cas, on peut considérer que cette situation est de type épidémique. Il s'agit de la reprise progressive d'une transmission à partir d'une stérilisation insuffisante d'un réservoir humain de parasites. La résurgence par le plasmodium malariae s'explique dans la mesure où il s'agit du parasite dont les formes profondes sont très longuement hébergées, éventuellement pendant 10 à 20 ans. Dans un pays où sévit le paludisme à plasmodium malariae, on ne peut donc théoriquement proclamer l'éradication que 20 ans après la disparition des derniers cas.

b) - Cas de l'île Maurice

La transmission avait été pratiquement arrêtée dans cette île depuis 1963. Brutalement, en 1969, apparaît une augmentation de 66 % de paludisme autochtone, surtout dans le secteur de Triolet. Cet état est immédiatement consécutif au bouleversement de l'écosystème provoqué par le passage du cyclone "Claudette". Il s'agit là de la reprise évolutive d'un paludisme non totalement éradiqué et favorisé par la pullulation des anophèles vecteurs.

3 -Il existe des zones insulaires où l'éradication n'a jamais été réussie

Si l'on excepte les régions insulaires où une lutte planifiée n'a jamais été réalisée, certaines conditions épidémiologiques rendent la désinsectisation extrêmement difficile. C'est le cas de la Papouasie Nouvelle-Guinée, ainsi que du Vanuatu (anciennement Nouvelles-Hébrides). Notamment, dans cette dernière île, toutes les formes de paludisme sont observées. Elles sévissent à l'état soit méso, soit hypoendémique suivant l'altitude. L'importance de la gravité du paludisme côtier a contribué à la réputation d'insalubrité du pays où l'on déclare environ 10 000 cas par an pour 100 000 habitants. Plusieurs campagnes de désinsectisation ont échoué dans la mesure où il s'agit d'un vecteur particulier, *Anophèles Farauti* où les gîtes larvaires sont aussi bien des flaques d'eau douce que d'eau saumâtre ou même franchement salée. La lutte larvaire en milieu côtier est donc illusoire et totalement inefficace.

4 -D'une manière générale, quelles que soient les îles, on note une progression des cas importés.

Ce processus est général à l'échelle mondiale mais il crée les conditions d'une reprise d'une transmission suffisamment intense à partir d'une population de réservoir de parasites. C'est ainsi qu'à la Réunion en 1977, 67 cas de paludisme d'importation ont été déclarés, en 1978, 75 cas, en 1979, 97 cas.

L'intérêt de l'étude des problèmes particuliers que pose le paludisme en milieu insulaire est de souligner la nécessité d'affiner nos critères d'évaluation de l'endémie palustre, la fragilité des situations obtenues, d'autant plus que le paludisme d'importation s'accroît à la faveur et la fréquence des voyages intercontinentaux.

II -ARBOVIROSES ET INSULARITE

Lorsque l'on envisage cette pathologie virale, la maladie majeure à envisager est la Fièvre Jaune, d'autant plus que le vecteur susceptible d'assurer la transmission lors de grandes épidémies urbaines : *Aedes Aegypti*, existe partout. Cette maladie n'a cependant jamais sévi en Asie et dans les petites îles de l'Océan Indien. En revanche, elle a fait des ravages dans les Caraïbes. Cette zone était déclarée indemne depuis 1954. Une situation d'alerte a été créée en 1978 lorsqu'une épizootie frappant une population de primates a été observée dans le nord-ouest de l'île de Trinidad. Il est probable qu'à cette occasion quelques hommes ont été touchés mais aucun n'a été formellement identifié. Le dernier singe infecté a été trouvé le 25 janvier 1980, depuis cette date l'île a été déclarée zone non infectée.

A vrai dire, c'est une autre arbovirose, la Dengue qui crée la situation la plus préoccupante.

Classiquement, la situation est la suivante : il s'agit d'une maladie endémique qui frappe les sujets immunologiquement neufs, c'est-à-dire, les adultes récemment introduits dans le milieu ou les jeunes enfants.

Théoriquement, il s'agit d'une maladie bénigne qui est caractérisée par de la fièvre, des courbatures, évoluant en deux temps. Le deuxième temps est marqué par une éruption, la convalescence est longue, caractérisée par une grande fatigue. Sur ce fond endémique, on observe des recrudescences épidémiques.

Actuellement, cet aspect épidémiologique et clinique a tendance à se modifier. Les épidémies apparaissent plus espacées mais beaucoup plus sévères, touchant de 20 à 70% de la population. Elles sont donc susceptibles de paralyser totalement la vie économique du pays. Ce fut le cas dans plusieurs villes des Caraïbes en 1977-1978, à la Réunion en 1977, alors qu'aucune épidémie n'avait été observée depuis 1947 et dans les villes du Pacifique, on observe des vagues épidémiques plus rapprochées avec des virus sensiblement différents et une grande spécificité de l'immunisation. Actuellement, en cette fin d'année 1981, l'épidémie de Dengue déferle encore sur les Caraïbes et notamment à Cuba. Le deuxième caractère de ces épidémies est que des formes compliquées d'hémorragies graves, pouvant mettre en jeu le pronostic vital sont de plus en plus fréquentes dans des régions où elles étaient très rares : notamment dans les Caraïbes et dans le Pacifique. Enfin, de nouveaux virus, plus exactement des virus qui n'avaient pas été identifiés lors d'épidémies humaines, font leur apparition, susceptibles de déclencher des complications encéphalitiques, ce fut le cas du virus Rocio, à Porto Rico en 1975 et le virus Ross-River à Fidji en 1979.

La Dengue insulaire constitue donc une priorité de santé publique, d'autant plus que contrairement à d'autres nombreuses maladies virales, il n'existe pas actuellement de possibilité de protéger la population par une vaccination efficace. Il s'agit donc d'une maladie susceptible d'avoir des conséquences économiques non négligeables. Elle constitue de plus, l'un des modèles épidémiologiques préférés "des stratèges de la guerre biologique".

III -LA CIGUATERA

Il s'agit d'une toxi-infection alimentaire due à l'ingestion de chair de poissons provenant des écosystèmes coralliens en milieu insulaire. C'est une maladie bien connue dans toutes les îles notamment dans le Pacifique. Après l'ingestion de poissons crus ou cuits, l'incubation est de 2 à 20 heures, le début est caractérisé par un picotement du visage et des lèvres, une sensation de malaise général et une hypersalivation. Cela dure environ 2 heures. Puis survient la phase d'état caractérisée par des troubles digestifs avec des vomissements, de la diarrhée très souvent, une fatigue extrêmement importante ainsi qu'une grande frilosité. Peuvent survenir, des troubles cardiovasculaires et notamment des palpitations, une chute de la tension artérielle. L'examen clinique met en évidence un ralentissement du rythme cardiaque. Du point de vue neurologique, il existe une dysesthésie au froid, c'est-à-dire, une transformation douloureuse de toute perception de froid, des douleurs musculaires, des douleurs articulaires et l'examen des yeux met en évidence une mydriase, c'est-à-dire, une dilatation des pupilles. Par ailleurs, le malade présente un prurit c'est-à-dire des démangeaisons. Cet état va durer 48 heures. Les troubles cardiovasculaires entraînent parfois une mortalité dont la fréquence n'est pas négligeable et on estime que 2 à 3% de sujets meurent de cette intoxication. Le malade, le plus souvent, va cependant guérir mais il va conserver une fatigue et une tendance à la frilosité pendant environ 15 jours. La guérison se fait sans séquelle mais une nouvelle ingestion de poisson toxique est suivie d'une réapparition des symptômes et surtout de démangeaisons extrêmement importantes. Ces formes évolutives particulières sont fréquentes dans le Pacifique et sont désignées sous le terme de "Gratte". Il s'agit d'une maladie dont l'observation est de plus en plus fréquente, elle est de répartition mondiale là où existent des coraux. Elle prédomine cependant dans les îles du Pacifique où elle est endémique. Elle subit cependant des poussées épidémiques : on a noté des épidémies où 8% de la population a été touchée à Tahiti, 12% à Bora-Bora, une flambée épidémique extrêmement importante où 60% de la population a été touchée aux îles Tuamotu.

Les poissons responsables sont extrêmement nombreux. En période de croissance de l'épidémie, notamment les perroquets, les chirurgiens, les perches de mer peuvent être responsables de l'intoxication. En période de décroissance, ce sont surtout les poissons carnivores qui sont dangereux tels que les carangues, les mérous et les barracudas. Les facteurs favorisants sont essentiellement la mort des coraux provoquée par les pollutions chimiques, les épaves, les métaux tels que les carcasses de voitures au fond de la mer ainsi que les travaux sous-marins. L'agent responsable est un dino-flagellé récemment identifié "Gambier-discus toxicus" qui se développe au contact d'une algue qui pousse sur les coraux morts. Ce dino-flagellé contient une toxine ingérée tout d'abord par les poissons "brouteurs" qui la concentrent dans leur chair. Ces "brouteurs" eux-mêmes sont dévorés par les poissons carnivores qui sont les seuls à provoquer l'intoxication lors de la période de décroissance des épidémies.

Il n'existe aucun traitement car la toxine est encore trop mal connue. Il faut se contenter d'un traitement symptomatique reposant sur des mesures de réanimation. La prévention repose essentiellement sur la connaissance des poissons et de l'endroit où ils ont été pêchés. Dans le doute, avant d'ingérer les espèces suspectes, on recommande de les faire ingérer par un animal particulièrement sensible à la toxine : le chat. Cette affection nous paraît très importante à connaître, car elle est liée à la croissance démographique et l'urbanisation des îles tropicales. Elle est susceptible de limiter considérablement, le développement de l'industrie de la pêche et d'autre part l'utilisation d'une source non négligeable de protéines.

1981

Mots clés : Milieu insulaire, épidémiologie, paludisme, dengue, Océanie, Antilles.

Résumé : L'insularité influe sur l'épidémiologie des maladies tropicales : l'éradication du paludisme dans une île peut être obtenue mais est fragile, l'épidémie resurgit parfois brutalement, les cas importés augmentent ; les épidémies de dengue sont de plus en plus violentes dans les Caraïbes et les îles du Pacifique ; la pollution des lagons favorise les épidémies de ciguatera, qui deviennent plus fréquentes et plus violentes surtout dans les îles du Pacifique.

Title: *ISLANDS AND THE GREAT TROPICAL DISEASES.*

Key-words: *Insular environment, epidemiology, malaria, dengue, Oceania, West Indies.*

Abstract: *Insularity affects the epidemiology of tropical diseases. One may eradicate malaria from an island, but flimsy is the eradication: the epidemic may suddenly reappear, and the imported cases are on the rise. In West Indies as in Pacific Islands, dengue epidemics are more and more acute. Pollution of the lagoons furthers the epidemics of ciguatera now more common and more violent in the Islands of the Pacific Ocean.*

Collection «ILES ET ARCHIPELS», n° 3 : Nature et Hommes dans les îles tropicales ; CEGET-CRET - 1984.

LE PROBLEME DES MIGRATIONS DANS LA ZONE PACIFIQUE INSULAIRE, UN ETERNEL RECOMMENCEMENT

Jean-Claude ROUX
Géographe ORSTOM

La Nouvelle-Calédonie, comme un certain nombre de milieux insulaires du sud du Pacifique, présente une population associant à des autochtones des groupes d'origine extérieure, installés depuis la découverte par les Européens et surtout à la suite de la mise en place du système colonial. Des migrations spontanées ou organisées ont été à l'origine de ces apports, en provenance des archipels de la région ou de pays extérieurs. Dans ce contexte, la Nouvelle-Calédonie, par l'origine et la diversité des courants humains qui s'y sont rejoints, constitue un des cas les plus complexes de l'Océanie. Obéissant à la logique économique de la mise en valeur minière ou agricole, ces mouvements ont déterminé la composition ethnique actuelle du pays. Ils ont conduit à la mise en place d'une population occupant une position intermédiaire entre les Européens et les Mélanésiens.

La question des migrations dans le sud du Pacifique a suscité une abondante littérature. Les sources anglo-australiennes sont les plus complètes et, parmi elles, l'ouvrage de Ward (1972). L'analyse de détail des migrations anciennes en Nouvelle-Calédonie est rendue difficile par la disparition des archives locales du service de l'immigration. C'est la raison pour laquelle seuls les chiffres globaux de départs ou d'arrivées ont pu être cités.

Original à plus d'un titre, l'exemple calédonien a participé aussi de l'histoire des migrations dans l'ensemble de la région. C'est dans cette perspective que les grandes étapes de ces mouvements ont fait l'objet de représentations cartographiques distinctes.
Pour plus de clarté, il a aussi paru utile de séparer la représentation de l'évolution spatiale des Asiatiques (de 1956 à 1976) de celle des autres ethnies, dont l'arrivée est surtout liée au récent "boom" du nickel. Quant à la présentation du solde migratoire communal estimé entre 1969 et 1976, elle est apparue, en dépit de son imprécision, comme le meilleur moyen d'illustrer les mouvements intérieurs récents de la population dans le Territoire.

I - HISTORIQUE DES MIGRATIONS DANS LE SUD DU PACIFIQUE ET EN NOUVELLE-CALEDONIE

A - Les trafiquants venus de l'Océan

L'histoire des premiers contacts et des peuplements initiaux d'Européens dans le Pacifique est longtemps restée frappée du sceau de l'aventure. Cette période haute en couleurs a préludé à l'établissement colonial des Européens pendant une période prolongée. A partir de 1825, la fréquentation de l'ensemble du Pacifique par les baleiniers suscita de nombreuses rencontres entre les navires en campagne et les Océaniens. A partir de 1840, la recherche du santal conduisit les navires anglo-australiens des îles de Mélanésie et du Pacifique Central jusqu'aux ports chinois. Vers la fin du siècle, après la lente disparition des baleiniers et la raréfaction du satal, on assista à des cycles plus modestes de pêche du troca à nacre, des holoturies (trépang). Apparurent enfin dans le sillage des premiers trafiquants, les "coprah-makers" et autres "traders". De ces premiers éléments cosmopolites devait naître en Nouvelle-Calédonie comme dans les îles de quelque importance du Pacifique, une sorte de proto-peuplement européen fait de tout les laissés-pour-compte de ces entreprises de prédation. Ces "beach-combers" s'organisèrent parfois en confréries voisines de celle des frères de la côte. Souvent unis à des filles des îles, maniant les langues locales, on trouvait parmi eux, à côté de la lie propre à ce genre de population, quelques fortes figures (Peter Dillon aux Nouvelles-Hébrides, Mouton en Papouasie, Paddon en Nouvelle-Calédonie) qui marquèrent durablement la vie des fallacieux Edens insulaires. Si l'on ajoute à ces hommes les premiers missionnaires et marins, on a une idée de ce qu'a pu être le premier peuplement européen des îles du Pacifique.

B - Bagnards et premiers colons

Les gouvernements britannique, allemand, français, après s'être quasiment réparti l'ensemble des îles du Pacifique méridional, s'efforcèrent de mettre en valeur leurs nouvelles possessions. Deux politiques de peuplement en découlèrent ; l'appel à des colons libres venant d'Europe ou l'utilisation de la main-d'œuvre pénitentiaire. L'Australie connut ce système la première et vit arriver des centaines de milliers de convicts déportés à vie. La Nouvelle-Calédonie, à partir de 1864, fit elle aussi l'expérience d'une colonie pénitentiaire qui accueillit jusqu'à la fin du siècle près de 30 000 condamnés de droit commun, quelques centaines de communards et près de 400 révoltés kabyles venant d'Algérie. Hormis la Nouvelle-Zélande et Hawaii, les autres îles furent touchées à un moindre degré par ces arrivées. En Nouvelle-Calédonie, la période d'installation qui suivit la prise de possession amena des contingents modestes de migrants libres venant de France ou d'Australie. Des Anglo-Australiens qui s'étaient parfois installés avant la prise de possession furent suivis d'éleveurs et de mineurs australiens. Entre 1861 et 1864, des planteurs de canne réunionnais attirés par les promesses de vastes concessions en Nouvelle-Calédonie s'installèrent avec leurs serviteurs indiens, dits Malabars. Cette tentative originale, malgré son échec économique, marqua les débuts de la "belle colonisation". D'autres contingents de colons encouragés par les autorités arrivèrent par la suite, les plus connus étant les colons Feillet (près de 500 familles), suivis enfin par les Nordistes en 1928. Les débuts de la mise en valeur agricole puis la découverte de gisements miniers créèrent très vite un pressant besoin de main-d'œuvre. La brutale chute démographique des Mélanésiens, leur peu de goût pour le salariat, puis leurs révoltes devant les empiètements de la colonisation provoquèrent la création des réserves autochtones et la protection administrative stricte d'une ethnie dont, jusqu'à l'entre-deux-guerres, on pouvait penser qu'elle était en voie de disparition sur la Grande Terre. Aussi, colons et mineurs se tournèrent-ils vers l'Administration pour obtenir la venue sur le Territoire de travailleurs sous contrat. Ailleurs dans le Pacifique, dans le même temps et pour des raisons voisines, le problème de la main-d'œuvre et de l'organisation de son recrutement se posa aussi, et l'on aboutit à des solutions proches de celles retenues en Nouvelle-Calédonie.

C -Le temps des recrutements de main-d'œuvre en Océanie

Cette main-d'œuvre fut introduite par une catégorie d'aventuriers connus sous le nom de "blackbirders" ou "chasseurs de merles". Leur rôle fut lié au développement de vastes plantations au Queensland australien. La rareté et l'inadaptation des indigènes locaux fit rechercher une main-d'œuvre abondante, docile, bon marché et géographiquement proche. On pensa la trouver dans l'immense champ des archipels s'étendant de la Nouvelle-Guinée au Pacifique Central. Près de 60 000 Océaniens furent introduits au Queensland entre 1863 et 1904 d'après Parnaby pour travailler dans les plantations de canne à sucre. Ils revinrent en totalité dans leurs îles d'origine.

Les Samoa (pour partie allemandes à l'époque), les Nouvelles-Hébrides et les Salomon attirèrent aussi les travailleurs recrutés : les deux derniers archipels surtout parce qu'ils étaient des centres de regroupement et de départ, notamment vers l'Australie. A ces recrutements s'ajoutèrent ceux qu'opérèrent les Allemands en Micronésie et en Papouasie. La Nouvelle-Calédonie, qui alimenta pour sa part le commerce clandestin de travailleurs, principalement avec des Loyaltiens volontaires, voire enthousiastes, pour le Queensland (Howe), constitua aussi selon les auteurs anglo-saxons (Scarr) un autre pôle d'arrivée important. Des navires y introduisirent de manière quasi-clandestine probablement quelques centaines de "recrutés" provenant surtout des Nouvelles-Hébrides mais aussi des Salomon et des îles Gilbert (Howe). Des calédoniens souvent francisés de fraîche date (Byrne, Higginson, Henry) firent eux-mêmes le trafic de la main-d'œuvre. Byrne se rendit tristement célèbre en vendant au Pérou et au Guatémala des travailleurs océaniens recrutés aussi bien en Polynésie Française qu'aux îles Cook, Tokelau, Gilbert et Ellice.

Bientôt le problème de la main-d'œuvre se posa aussi en Nouvelle-Calédonie, avec une acuité d'autant plus grande que la colonie se découvrit rapidement une double vocation agricole et minière ; d'où les plaintes françaises contre les recruteurs clandestins anglo-australiens.

Les Nouvelles-Hébrides furent les premières sollicitées pour fournir de la main-d'œuvre sous le régime de contrats pluri-annuels. Mais la concurrence anglaise, l'intervention des Missions catholiques et protestantes, les réactions de plus en plus violentes des insulaires obligèrent l'administration française à renoncer à cette source pour recruter des asiatiques à partir de 1890.

D - La main-d'œuvre d'origine asiatique

On peut distinguer à l'arrivée plusieurs courants de main-d'œuvre asiatique en Nouvelle-Calédonie : Indiens, Javanais, Tonkinois, Chinois, Japonais. Seuls trois d'entre eux, presque concomitants dans le temps furent réellement significatifs. Il s'agit des courants issus des Indes néerlandaises, de l'Indochine française et du Japon. Le courant indien fut l'un des plus particuliers mais des plus ténus. Il s'agit, en effet, des quelques centaines d'Indiens amenés par des colons créoles de La Réunion qui, à partir de 1861, s'établirent en Nouvelle-Calédonie. Ces coolies "Malabars" étaient soit des rengagés ayant travaillé dans les plantations de l'île Maurice, soit des Indiens embauchés à La Réunion et venant pour la plupart de la région de Madras ou des Comptoirs français de l'Inde, principalement de Pondichéry.
Mais les espoirs mis par les Réunionnais dans la culture de la canne et la création de rhumeries s'avérèrent exagérés. La plupart abandonnèrent leurs concessions et la main-d'œuvre indienne se regroupa principalement autour de La Foa (Naïna - Plaine des Malabars) ou à Nouméa. Certains d'entre eux partirent pour Fidji, précurseurs de la vague de travailleurs indiens qui y déferla à partir de 1900. C'est vers l'Extrême-Orient qu'on se tourna pour trouver la main-d'œuvre défaillante. Dans le Pacifique du Sud, les travailleurs chinois avaient participé à la ruée sur l'or australien. Pendant la période santalière, ils étaient présents sur de nombreux navires.

Si les Salomon, Fidji, Samoa, ne reçurent que de faibles contingents de Chinois commerçants, artisans ou trafiquants, ils furent nombreux à Hawaï (avec les Japonais) et à Tahiti où, d'abord utilisés sur d'éphémères plantations de coton, ils furent employés ensuite à l'extraction du phosphate de Makatea. A Nauru comme en Nouvelle-Guinée, les Allemands les utilisèrent. En Nouvelle-Calédonie, quelques chinois s'installèrent librement dans le sillage des premiers Européens, principalement dans le Nord de l'île où ils furent pêcheurs de trépang puis colons-éleveurs. La Société Le Nickel en introduisit quelques centaines sous contrat en 1892 pour travailler sur ses mines, mais renonça à poursuivre l'expérience. En effet, des perspectives favorables se présentaient alors pour le recrutement d'une main-d'œuvre indochinoise, principalement dans le delta surpeuplé du Tonkin. Le premier contingent indochinois fut toutefois formé au bagne de Poulo-Condor avec d'anciens "pavillons noirs" exilés du Tonkin. Jusqu'en 1939, des convois conduisirent à Nouméa, en fonction des besoins, près de 15 000 travailleurs indochinois. Quelques milliers d'autres furent aussi introduits aux Nouvelles-Hébrides par l'Administration française du Condominium. En Nouvelle-Calédonie, cette main-d'œuvre fut très appréciée aussi bien dans les travaux miniers que dans les emplois agricoles, ou domestiques à Nouméa, malgré l'esprit frondeur qu'elle manifesta à certaines occasions.

Les Javanais furent introduits à partir de 1898, à la suite d'un accord entre le gouverneur général des Indes néerlandaises et l'administration de Nouvelle-Calédonie. Ils fournirent le contingent le plus nombreux (près de 20 000 jusqu'en 1939) et peut-être le plus apprécié des travailleurs exotiques utilisés sur le territoire. Jugés doux, disciplinés, habiles à tous les travaux manuels de la mine, de l'agriculture, ou des emplois domestiques, ils furent très recherchés et parfois exploités. La Nouvelle-Calédonie fut le seul territoire du sud du Pacifique à utiliser la main-d'œuvre javanaise.

Les Japonais constituèrent un cas très original. Arrivés en 1891, sous le régime des contrats habituels, pour travailler sur les mines de la S.L.N., ils s'adaptèrent assez mal aux conditions qui leur furent faites à Thio. Après envoi d'une commission d'enquête, le gouvernement japonais décida en 1899 d'arrêter les convois. Le nouvel accord Franco-Japonais de 1900 considéra désormais les Japonais venant en Nouvelle-Calédonie comme travailleurs libres. Jusqu'en 1921, date des dernières arrivées, près de 6 200 Japonais vinrent en Nouvelle-Calédonie. En 1941, 1 126 Japonais, souvent unis avec des Calédoniennes, travaillaient dans l'île. L'introduction de main-d'œuvre sous contrat cessa avec la seconde guerre mondiale et l'occupation de l'Indochine et des Indes néerlandaises par les Nippons.

En décembre 1941, les Japonais de Nouvelle-Calédonie furent déportés en Australie et leurs biens mis sous séquestre. Peu d'entre eux furent autorisés à revenir. La guerre allait bloquer les autres Asiatiques sur le territoire.

Après 1945, les troubles politiques des Indes néerlandaises et de l'Indochine française retardèrent les opérations de rapatriement jusqu'au début des années 1950. La naissance de l'Indonésie indépendante devait permettre le rapatriement des Javanais. Quant aux Indochinois il fallut attendre un laborieux accord entre la France et le gouvernement du Nord-Vietnam pour qu'une partie des Tonkinois réintègrent leur patrie (1962-63). Un chapitre d'une importance humaine capitale s'achevait ainsi pour le Territoire, la disparition des travailleurs asiatiques sous contrat coïncidant avec la fin du régime de l'économie coloniale.

Le souvenir de cette période resta matérialisé par la présence dans le Territoire d'une partie des anciens travailleurs asiatiques, fixés avec leurs descendants. Leur lente intégration dans une société calédonienne désormais plus ouverte contribua à l'amalgame de ses composants hétérogènes. Ailleurs dans le Pacifique, la seconde guerre mondiale interrompit aussi les migrations de travail. La fin des systèmes de recrutement permit aux travailleurs libérés de leur contrat de regagner leur pays d'origine, ou de se fixer en communautés souvent dynamiques, comme les Indiens à Fidji, les Chinois à Tahiti. Beaucoup de ces anciens migrants se sont intégrés par mariage au milieu local.

E - Les nouveaux migrants du Pacifique depuis 1945

Avec la fin de la seconde guerre mondiale, l'économie de plantation qui avait fait la prospérité de certains milieux insulaires du Pacifique méridional entra en crise. Les causes de cette crise furent politiques, économiques et sociales. Après 1950, on assista ainsi au déclin du café, puis du coprah en Nouvelle-Calédonie, au dépérissement des plantations de Samoa. Mais la reprise générale et forte, dans l'ensemble des milieux insulaires, de la croissance démographique d'une part, un appel de main-d'œuvre pour de nouvelles activités - tourisme, mines, champs d'expérimentation nucléaires ou bases militaires - d'autre part, modifièrent les données du problème et suscitèrent la reprise des migrations.

Ces nouveaux mouvements furent puissamment aidés, à partir des années soixante, par l'essor des transports aériens. On peut distinguer plusieurs types de migrations. Les premières se dirigèrent vers la Nouvelle-Zélande depuis les territoires d'outre-mer Néo-Zélandais : îles Cook, îles Tokelau, Niue et Samoa occidentales (ces dernières sont aujourd'hui indépendantes), et depuis les Tonga. On estimait en 1975 à 75 000 (contre 43 500 en 1971) le nombre d'insulaires du Pacifique installés plus ou moins durablement en Nouvelle-Zélande.

Un second courant dirigea les personnes actives des Samoa américaines ou de Micronésie sous tutelle des Etats-Unis, vers Guam, les Hawaï, et la côte ouest américaine.

Un courant sporadique conduisit des Indiens de Fidji vers les Etats-Unis et le Canada. Ces migrations paraissent définitives ; près de 10 000 personnes se seraient déplacées jusqu'en 1975.

Des courants de migration purement intra-Pacifique s'établirent enfin. Les migrations de travail des Gilbertins vers Nauru (1 000 travailleurs) furent de cette catégorie, tout comme celles qui intéressèrent les territoires français et dont la Nouvelle-Calédonie (et les Nouvelles-Hébrides dans une bien moindre mesure) furent les principales bénéficiaires.

En 1950, débuta timidement une migration de Wallisiens et Futuniens ; puis de Tahitiens à partir des années 1960. L'appel de main-d'œuvre en Nouvelle-Calédonie s'accentua vers 1966 avec l'essor de l'exploitation du nickel et le commencement de grands travaux publics. Depuis cette date, près de 20 000 migrants se sont installés, contribuant à transformer les structures ethniques et démographiques de la population calédonienne.

II - LES MIGRATIONS PERENNES EN NOUVELLE-CALEDONIE

Une partie des migrants européens venus en Nouvelle-Calédonie a toujours eu tendance à s'y fixer. Trois grands groupes ethniques se sont installés dans le territoire : le groupe asiatique formé aujourd'hui principalement des descendants de Vietnamiens et d'Indonésiens, le groupe polynésien formé de Wallisiens-Futuniens et de Polynésiens français, enfin un groupe dit "Européen" comprenant principalement des métropolitains, des Français des départements d'outre-mer et un certain nombre d'étrangers surtout Espagnols, Italiens ou Australiens. Les deux derniers groupes se sont surtout fixés lors du "boom" du nickel, de 1968 à 1972. On note enfin la présence d'un groupe étranger mélanésien, celui des Néo-Hébridais, qui viennent aujourd'hui encore travailler sur le Territoire dans le cadre d'une règlementation particulière. On peut s'interroger sur le destin des autres petits groupes d'origine plus ancienne précédemment évoqués : vieux Anglo-Australiens, Bourbonnais et Malabars de La Réunion, descendants d'Arabes, de Chinois et de Japonais. Ces groupes ont cessé d'apparaître en tant que tels dans les recensements locaux. Ils ont été intégrés au sein du groupe européen, principalement à partir des années cinquante. Seuls les patronymes permettent encore d'en déceler la présence. Il n'est pas interdit de penser que ce processus pourrait s'étendre à l'avenir à d'autres minorités ethniques du Territoire.

A - Les Asiatiques

Javanais, Vietnamiens et Japonais ont eu un impact considérable sur la mise en valeur agricole et surtout minière du Territoire. Isolés par la guerre de leurs patries d'origine, les Asiatiques restés dans le pays furent entraînés dans un lent processus d'intégration à tous les niveaux de la vie calédonienne. Si beaucoup se marièrent avec des compatriotes venues comme travailleuses, d'autres prirent leur conjoint en milieu européen ou mélanésien. A partir de 1946, la suppression des contrats de travail leur permit de se libérer de la tutelle de leurs employeurs et, dans l'agriculture, de s'associer comme métayers à leur ancien patron auquel ils rachetèrent souvent par la suite partie ou totalité de son exploitation. Cette situation fut fréquente dans la zone caféière de la côte Est et sur les zones maraîchères de la côte Ouest pour beaucoup de Javanais. Lorsqu'ils eurent enfin la possibilité de regagner l'Indonésie ou le Viet-Nam, une partie de ces immigrants préféra s'installer définitivement en Nouvelle-Calédonie où beaucoup avaient acquis une petite aisance en s'installant à leur compte ou en occupant de petits emplois administratifs ou de services. Certains avaient connu la réussite dans le commerce à Nouméa, et les affaires en général, cependant que leurs enfants, grâce aux facilités nouvelles offertes par l'extension de l'enseignement, commençaient à occuper des positions dans le secteur tertiaire ou l'administration. Les unions mixtes, devenues fréquentes entre Européens et Asiatiques, ont renforcé la perméabilité de ce groupe et facilité son ascension. On peut constater aujourd'hui dans la jeune génération des descendants de Vietnamiens et d'Indonésiens, une quasi intégration par la nationalité demandée ou acquise de droit, la langue (abandon des langues d'origine au profit du français), la religion (principalement chez les Vietnamiens, catholiques à 90%) et la résidence en milieu urbain, à Nouméa et dans sa banlieue.

La répartition géographique des Asiatiques de Nouvelle-Calédonie a, de fait, connu des changements importants depuis les années cinquante.

Dès la fin des contrats, un lent mouvement d'abandon de la brousse et d'installation à Nouméa s'instaura. En 1951, l'ensemble des Asiatiques représentait 34,4% de la population de Nouméa. En 1956, 56% des Asiatiques du Territoire vivaient au chef-lieu et 3,3% en banlieue (Dumbéa, Païta, Mont-Dore). En 1976, ce sont 61% des Asiatiques de Nouvelle-Calédonie qui vivent à Nouméa et 17% dans les communes de proche banlieue. La concentration des deux groupes est néanmoins différente. Les Vietnamiens se concentrent à 79% à Nouméa et 13% en banlieue, alors que 54% des Indonésiens sont installés dans la capitale et 18% en banlieue, la survivance de la vocation maraîchère et l'existence de nombreux retraités Indonésiens, propriétaires de lots ruraux expliquent cette différence. L'attrait pour la ville s'est exercé aux dépens du peuplement asiatique de la brousse. Ainsi Hienghène, qui grâce à ses caféières faisait vivre, en 1956, 398 Indonésiens, n'en compte plus que 125 en 1976. De même Koumac, avec la mine de la Tiébaghi, comptait 511 Vietnamiens en 1956 qui ne sont plus, après la fermeture de cette mine en 1964, que 28 en 1976.

Seuls des centres ruraux et administratifs jouant aussi le rôle de nœuds de communication comme Koné, Bourail, ont conservé et renforcé leurs populations asiatiques. Mais de plus en plus, la promotion scolaire, la recherche d'emplois tertiaires, les mariages inter-ethniques, poussent les jeunes Asiatiques à s'installer dans les centres actifs (cas de Poya) ou à la ville, c'est-à-dire dans l'agglomération nouméenne.

B - Les Polynésiens

Le groupe polynésien est formé des Tahitiens et des originaires du petit Territoire d'Outre-Mer de Wallis et Futuna dans le Pacifique central. Bien qu'appartenant à une même aire géographique et culturelle, ces deux groupes constituent par leurs modalités d'insertion dans la vie calédonienne et leurs caractères propres, des cas à différencier.

1) Les Wallisiens et Futuniens

Les Wallisiens n'ont guère été connus en Nouvelle-Calédonie qu'à partir de 1947, date d'arrivée d'un premier contingent de 109 hommes.
Jusqu'en 1950, ils arrivèrent suivant le système des contrats de travail utilisé auparavant pour les Asiatiques ou Néo-Hébridais. A partir de 1954-55, après quelques échecs initiaux, leur rythme d'arrivée se renforça puis s'accéléra après 1960 pour s'amplifier encore entre 1965 et 1974. Depuis 1975, on constate une balance migratoire négative. Ce mouvement inverse s'explique par les graves difficultés conjoncturelles qui affectent le Territoire et particulièrement, au niveau de l'emploi, les Wallisiens et Futuniens.

En 1960, le petit Territoire français des Iles Wallis et Futuna était peuplé de 9 000 habitants pour 210 km². La pression démographique devenue forte, la quasi-absence de ressources locales depuis la destruction des cocoteraies par un parasite à partir de 1933, conduisirent alors les autorités françaises à encourager l'installation familiale en Nouvelle-Calédonie. Les premiers contingents de Wallisiens et Futuniens qui arrivèrent en Nouvelle-Calédonie rencontrèrent quelques difficultés initiales d'adaptation. Mais ces immigrants étaient fortement christianisés - on a pu dire que Wallis et Futuna était jusqu'aux années cinquante une "réduction" des pères Maristes ; le clergé local leur témoigna un grand intérêt et facilita leur apprentissage de la vie urbaine.

Après 1960, l'arrivée des parents venus rejoindre les chefs de famille, la reconstitution dans des lotissements urbains et dans la banlieue d'un cadre de vie adapté allaient permettre une insertion sociale favorisée à l'époque du "boom" par les facilités d'emploi et le haut niveau des salaires. Le dynamisme de cette ethnie rustique, mais très adaptable, habituée aux travaux difficiles, disciplinée et tendue vers la réalisation d'objectifs tels que l'achat de terrains, la construction de maisons individuelles, devait permettre l'émergence d'un groupe solide, conservant son unité ethnique, inséré dans la plupart des secteurs de l'emploi et entraîné à utiliser au mieux les institutions publiques. L'occidentalisation rapide de leurs habitudes de consommation, la multiplication des signes matériels de leur aisance témoignent de l'intégration réussie des Wallisiens et Futuniens. Ils ont entamé depuis 1969 une véritable colonisation d'une partie au moins du Territoire. Pratiquement absents des îles Loyauté, ils sont solidement implantés à Nouméa (45% de leur effectif en 1976) et dans les communes limitrophes de banlieue, telles le Mont-Dore (24%), Dumbéa (8,5%) et Païta (8,6%). Au nord de cette commune, on ne trouve plus que de petits noyaux wallisiens, les plus notables étant à la Foa et à Poya. Sur la côte Est, la présence wallisienne et futunienne est nettement plus concentrée, avec un groupe important à Thio (5,2% de l'effectif total) et deux groupes plus modestes à Houaïlou et Canala. Ainsi, depuis dix ans, l'essaimage de cette ethnie s'est activement étendu à une douzaine de communes, prenant des allures de progression en tache d'huile dans Nouméa et sa banlieue. Cette expansion très forte est due aussi au dynamisme démographique exceptionnel d'une communauté dominée par les jeunes couples, dont on a pu estimer que le taux de natalité avait dépassé 70%o. entre 1963 et 1967 et atteignait encore 45%o. entre 1975 et 1977 (Service de la Statistique-1978). Mais la communauté wallisienne, comme les autres groupes arrivés lors de l'euphorie économique de 1963 à 1972, connaît aujourd'hui de graves difficultés.

1) c'est l'ethnie dont le taux de chômage est le plus élevé et il n'existe guère pour ces chômeurs de perspectives de reconversion, sinon dans la petite agriculture familiale.

2) la brutale expansion démographique des Wallisiens et Futuniens et leur implantation préférentielle à Nouméa et aux environs est un phénomène encore mal assimilé par d'autres ethnies du Territoire pour qui ce dynamisme a un aspect agressif et conquérant.

3) tandis que 60% des Wallisiens et Futuniens ont moins de 20 ans, 50% déjà des représentants de cette ethnie sont nés sur le territoire. Cette situation conduit à la fixation rapide du groupe mais pose des problèmes d'identité culturelle, de mixité des unions, d'intégration rapide par l'éducation. L'adoption du mode de vie et des comportements européens suscite la remise en cause, chez les jeunes, de l'autorité coutumière et religieuse.

4) rentrer à Wallis et Futuna, comme l'ont fait 604 originaires depuis 1974, est l'aveu d'un échec et du ratage dans la promotion espérée, s'accommoder de situations devenues parfois médiocres ou se résigner faute d'emploi à vivre en auto-subsistance sur de petites parcelles dans les lotissements péri-urbains, ne l'est pas moins.

2) La communauté tahitienne de Nouvelle-Calédonie

Les migrations tahitiennes vers la Nouvelle-Calédonie sont un fait relativement ancien mais qui n'a acquis une réelle importance qu'au cours des dix dernières années. La communauté tahitienne s'est mise en place au cours de trois périodes étalées sur une vingtaine d'années. Avant 1955, le courant migratoire était négligeable. Entre 1955 et 1963, les grands travaux d'infrastructure (barrage de Yaté, réseau routier), et l'essor de la production de nickel ont provoqué la venue de nombreux Tahitiens dont beaucoup firent souche dans le Territoire. L'implantation du C.E.P. (Centre d'Expérimentation du Pacifique) en Polynésie, en créant de nombreux emplois, contribua à désamorcer pendant quelques années les migrations vers l'extérieur, voire à inciter des Tahitiens au retour. A partir de 1968, l'émigration vers la Nouvelle-Calédonie reprit massivement jusqu'en 1972, pour retomber ensuite. Cette nouvelle vague s'explique par un rétrécissement du marché du travail en Polynésie après la réalisation de grands travaux d'équipement civil et militaire et surtout par la très forte reprise de l'économie calédonienne. Après 1972, la stagnation économique freina les mouvements. Largement positifs entre 1969 et 1971 (+ 2 527) les soldes migratoires s'inversèrent à partir de 1972. De nombreux retours vers la Polynésie se sont organisés entre 1972 et 1978 (− 1 869). Seules les plus récentes migrations (1969-1972) ont eu assez d'importance pour donner naissance à un foyer de peuplement tahitien conséquent : plus de la moitié des 3 951 Tahitiens venus depuis 1956 et toujours présents sur le Territoire en 1976 étaient arrivés entre 1968 et 1972. L'ensemble des Tahitiens (6 391 personnes) représentaient près de 5% de la population de Nouvelle-Calédonie lors du recensement de 1976

La communauté tahitienne est très inégalement répartie en Nouvelle-Calédonie. Elle est très fortement concentrée à Nouméa et, de plus en plus, dans sa périphérie immédiate ; à un moindre degré elle est fixée de manière ponctuelle dans l'intérieur.

En 1976, 87% de Tahitiens résidaient dans les communes de Nouméa, Mont-Dore, Dumbéa et Païta (contre 83% en 1969). A l'intérieur, une concentration apparaissait sur les côtes Est (Thio, Kouaoua, Poro) et Ouest (Népoui). Ces implantations (11% de la population tahitienne), sont étroitement liées aux exploitations des gisements de nickel et en reflètent les aléas. Ainsi observe-t-on une régression de la population tahitienne de Thio qui correspond à un ralentissement des activités minières dans ce secteur et une augmentation des effectifs sur les centres de Poro, Kouaoua et Népoui où l'activité minière est plus soutenue.

La vie de relation est importante et intense avec le milieu d'origine comme à l'intérieur du groupe. Elle est par contre limitée avec l'extérieur, peut-être dans un souci de protection. Les jeunes nés en Nouvelle-Calédonie essaient pourtant de s'adapter aux réalités locales.

C - Les Métropolitains

A côté des migrations d'Asiatiques et d'Océaniens souvent constituées de main-d'œuvre peu ou pas qualifiée, la Nouvelle-Calédonie a attiré régulièrement des courants de main-d'œuvre d'origine européenne, principalement française. Avec le phénomène du "boom", le mouvement s'est amplifié puisque, parmi les 15 388 personnes âgées de cinq ans et plus qui s'étaient installées en Nouvelle-Calédonie entre le 1er janvier 1971 et le recensement de 1976, 8 255 étaient originaires de la métropole. Les métropolitains étaient le plus souvent des cadres, des techniciens, des employés du tertiaire, des artisans et des commerçants attirés par les perspectives offertes à l'époque par l'essor économique. Des Français nés dans l'ancienne Union française participèrent aussi au courant. Un Bureau des Migrations vers la Nouvelle-Calédonie installé alors à Paris, assura l'encadrement administratif d'une partie au moins de ces migrants. Beaucoup d'autres vinrent à titre individuel. De grandes sociétés de travaux publics s'installèrent avec une partie de leur personnel qualifié qui demeura parfois sur place après la fin de l'ère de prospérité. Avec la crise, malgré de nombreux retours en France, beaucoup de ces immigrants sont restés, par attachement à un art de vivre ou retenus par des liens personnels. Il est encore tôt pour mesurer l'impact réel de cet apport sur la vie locale, mais on peut penser qu'il a contribué à faire évoluer les structures restées longtemps figées de la société calédonienne.

D - Les Français d'outre-mer

Une autre donnée des migrations récentes vers la Nouvelle-Calédonie aura été l'installation d'originaires des Départements et Territoires d'outre-mer, souvent à l'étroit dans leur milieu d'origine et à la recherche de possibilités d'emploi dans un cadre de vie rappelant celui de leur milieu d'origine. Plus de 3 000 de ces Français d'outre-mer sont ainsi venus tenter leur chance dans le Territoire entre 1971 et 1976. Parmi eux, un groupe important est celui des Antillais-Guyanais, fort aujourd'hui de près de 1 600 personnes. Arrivés depuis les années cinquante, les premiers furent des militaires de carrière démobilisés sur place et recrutés par la Société Le Nickel. Installés en famille, ils incitèrent souvent parents et amis à venir les rejoindre. Le même scénario a joué pour les Réunionnais venus pendant le "boom", souvent par le truchement du BUMIDOM (Bureau des Migrations des Départements d'Outre-Mer), ou pour les ressortissants de l'ex-Territoire français des Afars et Issas dont près de 300 séjournèrent à Nouméa (ils ne sont plus que 50% de cet effectif en 1979).

E - Les étrangers

De 1971 à 1976, 4 120 personnes résidant auparavant dans un pays étranger sont venues habiter la Nouvelle-Calédonie, attirées pour la plupart par les perspectives d'emploi offertes de 1968 à 1972. Les étrangers vivant dans le Territoire sont principalement d'origine méditerranéenne : Espagnols et Italiens. Un contingent d'Australiens fixés à Nouméa, souvent depuis longtemps, s'y ajoute, et certains de ces étrangers ont fait souche.

*   *

*

Les Sociétés océaniennes s'inscrivent depuis toujours dans un double contexte :

- d'une part celui de l'uniformité et de la reproduction d'une économie insulaire souvent frustrée qui a secrété des sociétés conservatrices par leur attachement à leurs terrains, leur souci de fidélité à leurs coutumes et leurs traditions ;

- d'autre part, la vie de ces sociétés, leur évolution et leur progrés poussés par les courants de migrations créés par l'économie moderne de la zone et ses besoins, qui ont pris la relève des courants migratoires anciens plus aventureux et plus aléatoires. Dans certains archipels comme la Nouvelle-Calédonie, Fidji, la Polynésie Française, les Hawaï, ces migrations ont abouti à créer de "nouveaux mondes" insulaires amalgamant avec un succès variable "ancien insulaire et nouveau insulaire".

L'ouvrier de ces communautés dira si le Pacifique reste un monde ouvert aux hommes ou un monde se refermant sur lui même au nom du retour aux sources.

1981

★ ★ ★ ★ ★

Mots clés : Migration internationale, îles, Océanie.

Résumé : Pour l'origine et la diversité des courants humains qui s'y sont rejoints, la Nouvelle-Calédonie résume la diversité de la population contemporaine de l'Océanie.
Les premiers Européens établis au XIXe siècle étaient des aventuriers, cueillant le santal ou chassant la baleine ; puis vinrent les « traders », les missionnaires et les militaires, les planteurs, les mineurs et les éleveurs, les bagnards et les « communards ». Dans le sillage des Européens, arrivèrent diverses populations d'origine vietnamienne ou indonésienne, puis polynésienne. Ces dernières eurent un impact considérable dès lors qu'elles se fixèrent sur le territoire néo-calédonien. A l'heure actuelle, on trouve à côté du peuplement autochtone mélanésien, et des Européens de souche calédonienne, des contingents asiatiques et polynésiens, des Français de métropole ou d'autres territoires d'outre-mer, enfin en faible nombre Australiens, Espagnols ou Italiens. La Nouvelle-Calédonie constitue donc un creuset de « nouveau monde ».

Title: *THE PROBLEM OF MIGRATIONS IN THE PACIFIC ISLAND ZONE; AN ETERNAL REBEGINNING.*

Key-words: *International migration, islands, Oceania.*

Abstract: *As respects the origin and diversity of the human currents that have washed up on its soil, New Caledonia is a model example of the diversity of the present-day populations of Oceania. The first Europeans who settled in the 19th century were adventurers who came for the sandal wood and to hunt whales; then came "traders", missionaries and soldiers, planters, convicts and "communards", miners and animal raisers. In the wake of the Europeans, came populations of Vietnamian or Indonesian origin, then Polynesians. The latter had a considerable impact from the moment they settled in the Neo-Caledonian territory. At present, one finds side by side with the original Melanesian population Europeans possessing a Caledonian background; Asiatic and Polynesian groups, French from the mainland of France or from other overseas territories, and lastly, in smaller numbers, Australians, Spaniards and Italians. New Caledonia thus constitutes a crucible of a "New World".*

Collection «ILES ET ARCHIPELS», n° 3 : Nature et Hommes dans les îles tropicales ; CEGET-CRET - 1984.

CONTROLE DE L'ESPACE ET UTILISATION DU SOL EN OCEANIE INSULAIRE

Jean-Pierre DOUMENGE
Chercheur au CEGET - CNRS
Domaine Universitaire - Talence

Avant l'arrivée des Européens, l'Océanie n'accueillait dans son ensemble que des populations de pêcheurs, de chasseurs-cueilleurs ou d'agriculteurs cultivant essentiellement rhizomes, racines et tubercules pour subvenir à leurs besoins alimentaires. Leur niveau technologique, qui s'apparentait à celui de la "pierre polie", était peu différencié, tout en présentant généralement une grande rationalité dans la valorisation du "milieu naturel".

En l'absence de cultures céréalières aisément stockables, les Océaniens des "temps anciens" restaient à la merci des aléas de la nature. Pour contrebalancer cet inconvénient majeur, il leur fallait s'assurer d'un espace relativement vaste et varié leur permettant de parer, selon l'époque, aussi efficacement une sécheresse extrême qu'une inondation ou les effets destructeurs d'une dépression cyclonique. Sans contrôle précis et utilisation méthodique d'une terre arable ou d'un plan d'eau poissonneux, les chances de survie d'un groupe humain étaient limitées.

Le lien entre l'homme et le sol est donc total, où qu'on se trouve en Océanie. Même expatrié au loin, l'insulaire reste profondément attaché à son terroir, et participe biologiquement au cycle des cultures. Que l'on soit en Polynésie, en Micronésie ou en Mélanésie, la terre est traditionnellement le fondement de la vie.

I - ELEMENTS DE DIFFERENCIATION DES ESPACES AGRAIRES TRADITIONNELS

A - La part des facteurs écologiques

Le contrôle foncier et territorial est d'autant plus strict que les densités de population sont importantes. Fait intéressant, ce sont les espaces insulaires les plus réduits qui sont traditionnellement les plus densément peuplés. Or, certains d'entre eux (les atolls) ont des potentialités agro-pédologiques extrêmement limitées.

D'une façon générale, on peut répartir les terres océaniennes en quatre groupes :

- Les "Grandes Terres" (plusieurs milliers de km² de superficie) au substrat vulcano-sédimentaire très ancien, présentant un relief aux formes lourdes, des traces de pénéplanation et des surfaces aptes à une mise en valeur agricole relativement importantes ;

- Les "îles hautes" (de quelques dizaines à quelques centaines de km²), édifices volcaniques difficilement pénétrables et aménageables, aux pentes importantes et aux potentialités agro-pédologiques très localisées ;

- Les "îles basses" (en général quelques centaines de km²), édifices coralliens soulevés à quelques dizaines de mètres au-dessus du niveau actuel des mers (fin du tertiaire, courant quaternaire) dont le support volcanique perce parfois le lagon fossile. Les conditions de vie agricole y sont extrêmement variables, faibles en général sur le pourtour, importantes dans la partie centrale, sauf lorsqu'il existe de fortes concentrations de guano, support d'une extraction minière ;

- les atolls (quelques km² ou dizaines de km² de terre exploitable) sont des édifices coralliens en gestation situés à fleur d'eau, au potentiel agro-pédologique souvent très réduit, aux sols souvent hydromorphes.

Lorsque les îles calcaires (atolls et îles basses) peuvent, au moins en partie être cultivables, elles font l'objet d'une occupation humaine toujours importante. Au contraire, les îles à arrière-pays montagneux présentent un peuplement extrêmement distendu, surtout à l'intérieur de la masse des montagnes. Pourtant, les populations océaniennes savaient parfaitement s'adapter aux grandes déclivités, tant pour la pratique de cultures sous pluie que pour des cultures irriguées. Mais les aménagements nécessaires demandaient une débauche de travail incompatible avec des densités généralement faibles. Finalement, on a le sentiment que prévaut un certain illogisme : les îles aux potentialités agricoles les plus étendues sont sous-utilisées, alors qu'un certain déficit de terrain cultivable existe dans certaines îles basses et dans tous les atolls densément peuplés. Mais cet apparent illogisme est compensé par une planification agricole d'autant plus forte que l'espace de mise en valeur est réduit. De même, l'utilisation du sol est plus ou moins diversifiée selon que les contraintes écologiques sont plus ou moins marquées.

Dans les îles hautes, relativement vastes, et plus encore dans les Grandes Terres, une différenciation altitudinale s'élabore. Les gens du littoral et des basses vallées sont des producteurs d'ignames, surtout lorsqu'ils résident sur les côtes qui ne sont pas exposées à l'alizé du sud-est. Les gens de l'intérieur sont principalement des producteurs de taros. L'association sur une base locale de ces deux "géosystèmes" crée une complémentarité économique soulignée par la mise en place d'un circuit d'échanges à périodicité fixe et à marché conventionné. Le caractère vital de cette complémentarité a abouti, dans certains cas, à la mise en place de puissants réseaux de solidarité, dans d'autres cas, à l'exacerbation du clivage entre gens confinés dans les fonds de vallées ou sur des replats montagneux et gens résidant sur les espaces littoraux et bénéficiant de ce fait d'une large ouverture sur le monde extérieur. Encore aujourd'hui, dans les îles septentrionales de l'archipel du Vanuatu (à Aoba et Tonga en particulier), s'opposent les "élao" ou "man bush" et les "tatoué" ou "man salt water" de part et d'autre d'une ligne d'altitude située à environ 300 m. L'opposition est si forte qu'une ligne de peuplement intermédiaire sert d'indispensable trait d'union entre bénéficiaires de deux géo-systèmes complémentaires. Dans la Nouvelle-Calédonie pré-européenne, la spécificité des géo-systèmes n'étant pas liée exclusivement à une seule culture ou plutôt à un type unique de production, les tensions inter-groupes furent moindres et des réseaux de solidarité transversaux à l'axe majeur de l'île ont pu s'échafauder. Il est à remarquer qu'à l'inverse de ce qui se passait à Aoba ou Tonga, en Nouvelle-Calédonie pré-coloniale, le peuplement en position d'intermédiaire avait un rôle économique dominant puisqu'il assurait l'essentiel de la culture de l'igname, tandis que les gens de la montagne produisaient principalement le taro et ceux du bord de mer assuraient le ravitaillement en produits de la mer. La solidarité des "gens de la mer" permettait aux gens de "l'intérieur des terres" d'avoir une porte ouverte sur l'extérieur en cas de migration forcée, corrélative à une guérilla ou une calamité naturelle.

Dans les atolls d'une certaine ampleur, on rencontre des complémentarités du même style. En 1978 encore, on a pu assister à Ouvéa à l'échange de Dioscoreacées et de Colocasiae, à l'échelle familiale, entre résidents de la bordure occidentale et cultivateurs de la partie orientale de l'île.

Dans les îles de faible ampleur, chaque lignage essaie d'avoir accès simultanément à des terrains de plaine littorale et de contreforts montagneux afin de pouvoir subvenir à la totalité de ses besoins vivriers sans avoir recours à d'autres groupes. Ainsi, à Futuna, assiste-t-on à la division de l'espace en bandes depuis le rivage afin que chaque famille puisse avoir des possibilités comparables de mise en valeur. Cet espace insulaire se divise sur un plan altitudinal en trois zones : depuis le rivage jusqu'à la dorsale montagneuse, se succèdent *kele nofoaga*, terrain où s'établissent les résidences, *tofia*, lot de terre consacré principalement à la culture irriguée du taro, *kélé maua meï le makele*, défrichement récent, produit d'un essartage hâtif, réalisé dans le prolongement du *tofia*, et qui accueille des cultures secondaires sous pluie. Les droits sur le *tofia* ne peuvent être cédés par un individu quelconque, ils sont détenus par l'ensemble d'un lignage, d'un *kutaga*, regroupe les lignées originelles d'un *kaïga* (ou clan). A l'inverse, sur les essarts récents, les droits d'usage sont personnalisés : ils durent le temps de la mise en valeur d'une parcelle par un même individu. En cas d'occupation prolongée (sur plus d'une génération), une parcelle du *kele mana meï le makele* peut entrer dans le *tofia*, c'est-à-dire devenir partie intégrante du domaine propre du lignage.

Il faut noter aussi une différenciation des îles océaniennes en fonction des cultures dominantes qui y sont pratiquées : plus les plantes pérennes (arbre à pain, cocotier et pandanus) ont une importance déterminante dans le système d'occupation du sol, plus grande est la probabilité d'un conflit entre le possesseur du fond et le planteur, du moins lorsque ceux-ci n'appartiennent pas au même groupe familial. En conséquence, les prêts de terre restent très limités en nombre et en étendue. Plus que d'autres, ces îles peuvent difficilement supporter pendant très longtemps une surcharge humaine. Les blocages fonciers inhérents aux cultures pérennes expliquent certainement le grand nombre de pérégrinations transocéaniques de leurs populations lorsque la pression démographique était très forte et qu'un certain nombre de bouches ne pouvaient plus être nourries.

Au contraire, dans les archipels où la mise en valeur était basée essentiellement sur des cultures annuelles, les prêts de terre étaient plus faciles et les tensions sociales dues à des litiges bien moins nombreuses : un cycle annuel maintenait la précarité des droits du planteur. L'ajustement entre les nécessités vivrières induites par une population donnée et les disponibilités agricoles du territoire contrôlé par cette population était quasi automatique, puisqu'il y avait peu de risques d'une remise en cause à terme des droits de propriété déjà établis.

B - La part des facteurs sociologiques

Si l'appropriation du sol est le fait de lignages, l'utilisation de la terre est effectuée par des familles étendues, groupes domestiques restreints (8à 12 personnes en général) composés d'un couple de référence et de sa descendance sur deux, voire trois générations.

On remarque aussi que le défrichement exécuté par un individu en zone forestière détermine, à la limite, une utilisation personnalisée de la terre, avec possibilité de transmission à la descendance directe en cas de valorisation régulière dans le cadre d'un parcours horticole à long cycle de jachère ou d'une plantation d'arbres. La transmission des droits d'usage sur une parcelle est un des éléments agraires le plus sujet à variation : l'utilisation du sol est d'autant plus facile à réaliser que le système d'héritage est indifférencié ou bilinéaire, c'est-à-dire lorsque les deux grands types de transmission des biens fonciers de père à fils (patrilinéaire) ou de frère de la mère à neveu (matrilinéaire) s'avèrent compatibles ; chaque individu possède alors une double chance d'accès à la terre (c'est le cas en particulier aux îles Fidji). Lorsqu'au contraire un système d'héritage se trouve privilégié, la tenure foncière, donc la structure sociale qu'elle implique, est plus stricte, et le taux d'utilisation du sol moins élevé du fait des inégalités "naturelles" existant entre "occupants anciens" et "résidents récents".

Le cadre de la société globale en place dans tel ou tel archipel ou île est évidemment un important facteur de différenciation agraire. Il existe en Océanie insulaire deux grands types de société traditionnelle, la chefferie héréditaire et la chefferie par prise de grade.

TYPES D'AMENAGEMENTS AGRAIRES EN OCEANIE INSULAIRE

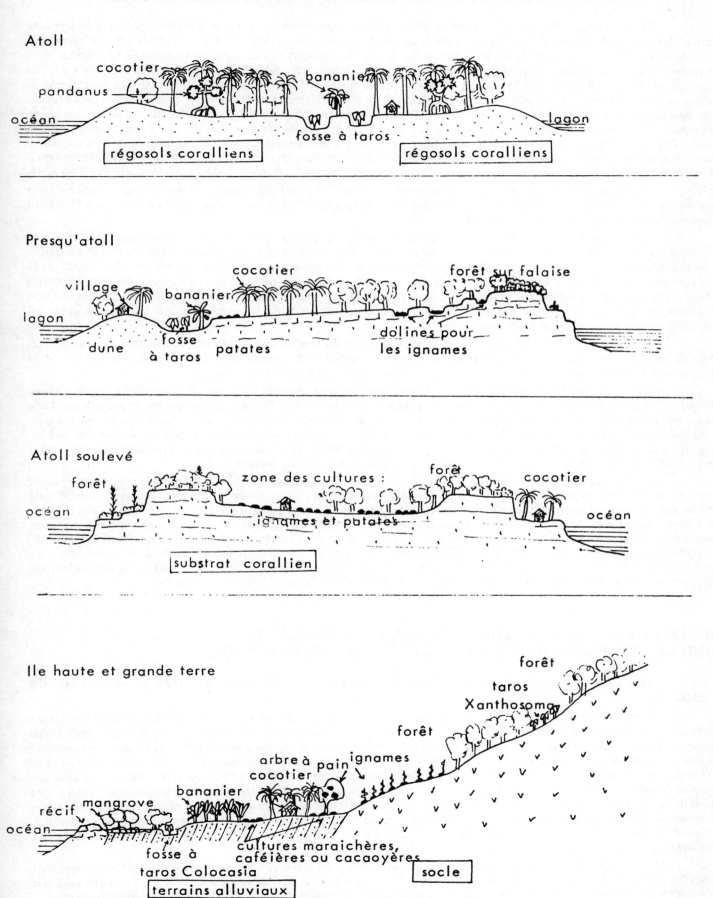

Atoll

cocotier
pandanus
océan
banania
fosse à taros
lagon
régosols coralliens
régosols coralliens

Presqu'atoll

village
cocotier
forêt sur falaise
lagon
bananier
dune
fosse
à taros
patates
dolines pour
les ignames

Atoll soulevé

forêt
zone des cultures :
forêt
cocotier
océan
ignames et patates
océan
substrat corallien

Ile haute et grande terre

forêt
taros
Xanthosoma
forêt
arbre à pain ignames
cocotier
bananier
mangrove
récif
océan
fosse à
taros Colocasia
cultures maraichères,
caféières ou cacaoyères
socle
terrains alluviaux

Dans les temps très reculés, l'histoire mythique révèle des relations lâches entre groupes lignagers, puis à la suite des allées et venues des uns et des autres des essais de regroupements de populations d'origine variée sur une base locale ou régionale. Le type de contrôle social et spatial qui en est directement issu est celui de la chefferie héréditaire, dont l'existence est annuellement matérialisée par des dons de vivres marquant l'allégeance des groupes "cadets" vis-à-vis d'un lignage "aîné" qui doit leur assurer la sécurité. Certaines parcelles ont d'ailleurs vocation pour alimenter ce circuit de prestations sociales. Des groupes y participent plus que d'autres : les "cadets directs de la chefferie" plus que les autres lignages de dignitaires vivant dans une relative autonomie. Plus une chefferie est stratifiée, plus l'utilisation du sol se doit d'être planifiée. On ne peut pas en effet, le moment venu, se trouver les mains vides ou hypothéquer la ration minimale des siens. Malheureusement, la stratification sociale, qui a pour but une meilleure défense de la population vis-à-vis des agressions extérieures, n'élimine pas, loin s'en faut, les antagonismes internes. Dans une société fondée sur la complémentarité, l'égalité et la réciprocité de services, aucun groupe n'accepte jamais totalement d'être inféodé de manière définitive à un autre.

Les populations de l'archipel des Salomon et celles du Nord du Vanuatu ont imaginé un autre système pour pallier cette carence. Elles ont fait dévier les traditionnels antagonismes dans un système de prise de grades fondé sur une capitalisation agricole d'origine animale.

Pour progresser dans l'échelle sociale, il était nécessaire de pouvoir présenter, abattre, puis partager un certain nombre de porcs cérémoniels devant une assemblée de pairs. Cette compétition, implique en outre de manière explicite des individus et non plus des groupes. Bien sûr, tout groupe lignager et sa parentèle se sent engagé dans la prise de grade de l'un de ses membres et essaie de faire en sorte que son chef obtienne un grade toujours plus élevé. Mais les impératifs de la capitalisation, l'endettement des uns et des autres pour parvenir à un niveau toujours plus élevé, canalisent fort bien les antagonismes dans une économie parallèle, ne remettant jamais en cause la tenure foncière. La prise de grade est de ce fait appelée "le chemin de la paix".

Ce système possède néanmoins un inconvénient : en polarisant la société sur une capitalisation animale à vocation de prestige, ce système limite grandement l'efficacité et l'étendue de la mise en valeur végétale. Mais le tenant de la chefferie n'avait aucun penchant à l'appropriation des terres de ses "sujets-serviteurs".

Aux îles Gilbert (Kiribati), la situation évolua dans un sens opposé. Le poids de la population aristocratique fut tel qu'il influença profondément les structures agraires. Chaque parcelle fit l'objet d'une double appropriation, l'une revenant à un lignage de "vieux occupants", l'autre à un lignage "d'arrivés récents" en position d'aîné (parce que conquérant) donc de "chef" vis-à-vis du précédent. De par son statut, le groupe aristocrate ne produisait en fait rien par lui-même, sa tâche étant de veiller à l'intégrité du bien commun. Le lignage des "gens du peuple" pré-établi devait le nourrir en "remerciement pour sa protection", tout en menant à bien ses cultures propres.

Aux îles Loyauté, les lignages aristocratiques sont dans une position semblable vis-à-vis des occupants anciens, mais on ne constate pas de cas de tenure double, lorsqu'il y a cohabitation en un même lieu des populations d'ancienneté différente ; la terre est au contraire partagée, le groupe aristocrate devant subvenir par lui-même à ses propres besoins, des lignées subalternes existant à cet effet. La structuration entre "cadets" agriculteurs et "aînés" non agriculteurs se retrouve ainsi dédoublé : pour les cadets du peuplement le plus ancien, il s'agit de répondre à l'attente du groupe "maître des terres" faisant office de cadastre et de dépositaire des liens mythiques qui unissent obligatoirement hommes et terres ; pour les cadets du peuplement le plus récent, il s'agit d'aider au ravitaillement du groupe du "chef", celui qui a l'ascendant sur les hommes de guerre dont la tâche est de préserver le territoire de l'ensemble de la population.

II - LE PHENOMENE COLONIAL ET SES CONSEQUENCES SUR LE CONTROLE DE L'ESPACE ET L'UTILISATION DU SOL

A - Les changements imposés par la colonisation en matière de contrôle de l'espace

En prenant possession des différents archipels, les puissances coloniales européennes devinrent détentrices du contrôle de l'espace, exercé traditionnellement par les grandes chefferies héréditaires et les détenteurs des grades les plus élevés de la société pré-établie. Il n'y a qu'une exception, l'archipel des Tonga. Mais sous l'effet du protectorat britannique, la souveraineté territoriale est elle aussi concentrée en un seul organisme, symbolisé par un "roi". En 1852, tout l'archipel est ainsi unifié. Puis, en 1862, est établi le principe de l'attribution d'un lot personnel à chaque homme d'âge adulte qui paierait l'impôt. En 1882, une nouvelle organisation foncière est mise en place. Des domaines héréditaires (tofia) sont délimités pour 36 lignages détenteurs de titres nobiliaires ou para-nobiliaires. Le roi obtient un périmètre pour ses besoins propres, de même que les différents chefs de ménage appartenant au lignage royal. Tout le reste, c'est-à-dire l'essentiel, est contrôlé par le "Ministère des Terres". Des lots de 5 à 8 acres sont délimités pour chaque adulte au fur et à mesure des besoins.

Nul ne peut cumuler un lot obtenu en concession royale et un autre qu'il obtiendrait par héritage. Les possibilités d'aliénation sont nulles, les possibilités de location limitées, si bien que cet égalitarisme est actuellement une entrave pour la valorisation de certains espaces, les agriculteurs les plus entreprenants étant limités dans leurs possibilités d'action.

En Nouvelle-Calédonie, aux Nouvelles-Hébrides (Vanuatu), en Micronésie et aux îles Fidji, la présence européenne fut ponctuée par une partition de l'espace, les meilleurs terrains allant à des unités d'exploitation pourvoyeuses de cultures d'exportation ou de grand élevage. Dans les archipels calédonien et fidjien, les groupes autochtones de la partie occidentale des Grandes Terres furent refoulés dans les zones de montagne, déterminant un douloureux problème de réfugiés, parqués qui plus est, dans les régions aux potentialités agricoles les plus limitées.

En Micronésie, les Allemands pratiquèrent une politique d'utilisation maximale de terres arables. Toutes les parcelles non mises en valeur, donc toutes les jachères, furent acquises par l'Administration, puis redistribuées aux ménages qui ne possédaient que des droits d'usage. L'ancien régime foncier fut ainsi démantelé. En 1922, aux îles Gilbert, les anciens domaines lignagers furent eux aussi démantelés. On accorda des titres séparés sur une portion des anciens domaines à chaque chef de ménage qui pouvait prétendre à des droits. Les grands chefs et les notables reçurent le quart de chaque ancien lot qu'ils utilisaient précédemment en co-propriété avec un lignage de gens du peuple premier occupant. De même, les autres lots qui faisaient l'objet d'une double appropriation furent partagés en parts égales. Les gens du peuple n'ont plus alors à faire face à leurs anciennes obligations de ravitaillement des aristocrates en produits vivriers.

A Tahiti et dans les archipels de la Polynésie française, le décret du 24 avril 1887 rend obligatoire la déclaration des droits d'appropriation sur le sol sous peine de confiscation des terres par l'administration des Domaines. Le titre de revendication (*tomité*) équivaut alors à un titre de propriété, mais avec possibilité d'aliénation, ce qui n'a aucun fondement traditionnel.

L'absence de partage au moment des successions laisse les propriétés initiales dans l'indivision. Au bout de trois ou quatre générations, on aboutit à un imbroglio juridique où la parentèle absente a autant de droits sur le fonds que les ayant-droits résidents. Des manipulations ponctuées par des aliénations sont choses fréquentes. A défaut, la mise en valeur rationnelle est généralement bloquée.

Aux îles Fidji, l'administration anglaise adopta le système dit des *Mataqali* préconisé par le Conseil des chefs coutumiers réuni en 1877. Les terres indigènes furent partagées entre divers territoires de tribu (*Yasuva*) à l'intérieur desquels furent enregistrés les droits fonciers des *Mataqali*, c'est-à-dire des lignages et parfois même des *Tokatoka* ou lignées. Malheureusement, la répartition initiale n'a jamais été l'objet d'un réajustement. Actuellement, certains individus ne disposent que de quelques ares, tandis que d'autres contrôlent plusieurs hectares de terres de culture. Toutefois, un *mataqali* peut louer un terrain moyennant un loyer dont le montant profite non seulement aux membres du groupe, mais aussi aux instances dirigeantes du *Yasuva* et au-delà du *Vanua* (grande chefferie à caractère régional).

De même, la pratique du *kerekere* permet aux plus déshérités d'utiliser temporairement, sans compensation, des parcelles détenues par les mieux pourvus. Enfin, lorsqu'un individu défriche par lui-même un secteur forestier de terres indigènes, il acquiert un droit d'usage permanent et transmissible.

Les plus entreprenants peuvent même profiter à titre individuel de quelques étendues de terres coutumières moyennant le paiement de taxes au village et à la province. On devient de la sorte *galala*.

B - Les modifications déterminées par la diffusion de cultures d'exportation

Traditionnellement, l'agriculture s'appuie sur des cultures annuelles confortées par quelques plantations arbustives. Les missions chrétiennes, puis les administrations, vont propager les cultures commerciales réalisées non plus dans le but d'une acquisition directe de vivres, mais dans celui d'un accès à l'économie monétaire permettant une grande gamme d'équipements au-delà du simple achat de nourriture. Certaines plantes, support d'une activité spéculative, existaient déjà dans le Pacifique telles le cocotier, la canne à sucre ou le bananier. Aucune ne possédait toutefois d'emprise spatiale majeure.

L'économie de plantation privilégia le caféier en Nouvelle-Calédonie et à Tahiti, le cocotier sur l'ensemble des atolls et des îles basses, la canne à sucre aux Fidji, le cacaoyer au Vanuatu. Aux Samoa, on assiste conjointement au développement du bananier et du cacaoyer. De même, dans les autres archipels les cultures de plantation n'excluent pas la pratique de l'élevage des bovins : l'élevage sous cocoteraie est devenu un système d'exploitation très vulgarisé. L'intégralité des espaces plats, en particulier les plaines littorales, devinrent le domaine des cultures d'exportation, refoulant les cultures vivrières sous pluie des autochtones sur les plus mauvais terrains d'interfluves et appauvrissant de ce fait grandement l'économie traditionnelle.

Dans les atolls, la cocoteraie se développe aux dépens de la forêt. Les cultures vivrières sont exceptionnellement préservées dans leur site d'origine parce qu'elles s'accomodent souvent d'un milieu marécageux peu propice aux cultures d'exportation.

Sur les terres des collectivités autochtones, les cultures commerciales arbustives prolongent les droits d'usage des planteurs sur un temps extrêmement long, parfois sur plusieurs générations, lorsque les plantations sont périodiquement régénérées en jeunes plants. Ces cultures à la différence des cultures annuelles traditionnelles, ne semblent pas faire l'objet de dons de prémices, si bien qu'en l'absence de codification écrite, les descendants des planteurs sont tentés de faire valoir leurs droits sur le fond en même temps que celui sur la plante.

A l'opposé, dans le cas de propriété indivise comme on en rencontre en Polynésie, les propriétaires vont planter des cocotiers pour empêcher la main-mise sur le sol de "squatters" qui, en leur absence, désireraient faire des cultures annuelles. L'emprise prépondérante de la cocoteraie devient très vite un facteur de blocage dans l'utilisation du sol, venant aggraver les inconvénients de la micro-propriété dans les îles sans arrière-pays. Dans certaines îles du Vanuatu, l'extension rapide des cocoteraies fut un moyen d'empêcher l'installation de colons européens en montrant que la terre n'était point vacante. Ce fut aussi le cas aux Gilbert.

D'un autre côté, la prépondérance spatiale du cocotier limita l'étendue nécessaire à la pratique de l'horticulture à long cycle de rotation. De plus, le temps disponible pour autre chose que les travaux liés à cet arbre fut réduit. Les cultures vivrières furent moins soignées, l'élevage traditionnel du cochon abandonné.

La propagation des cultures pérennes sur les terres des Océaniens détermine aussi de manière inconsciente une évolution de la notion d'appropriation foncière. Au bout d'un demi-siècle, de nombreux usufruitiers se considèrent comme de véritables propriétaires.

Ainsi, aux Samoa occidentales, il arrive qu'un chef de lignage, *mataï i ainga*, après avoir créé une vaste plantation commerciale, arrive à détourner à son profit exclusif une part du patrimoine du groupe qu'il a à diriger. Certains membres du lignage sont amenés de la sorte à se prolétariser. Ceci est d'autant plus grave que le titre de *mataï* n'est pas héréditaire, mais personnel, et que la manipulation, faute de codification, a le maximum d'efficience. En 1924, l'administration néo-zélandaise avait pour cela décidé que chaque Samoan pourrait obtenir au moment de son mariage au moins 5 ares de terre arable dans son terroir d'origine. L'opposition violente des chefs fit abroger cette mesure.

Le maintien des cultures vivrières annuelles en marge des cultures commerciales détermine dans tous les archipels une relance de la demande de nouvelles terres de la part des collectivités autochtones. Ceci est surtout net dans les îles où les plantations commerciales ont absorbé les anciens terroirs.

*   *

*

L'insertion toujours plus intense d'une partie des populations dans le monde industriel et urbain provoque en retour, au sein des collectivités rurales, une demande sans cesse accrue d'équipements et de denrées manufacturées et par voie de conséquence, une vision spéculative des avoirs fonciers. Pierre d'achoppement de la tradition et de la modernité, la question des terres est au centre des préoccupations des insulaires océaniens. Déjà difficile à résoudre lorsque le peuplement d'un archipel est homogène, cette question prend une acuité insoupçonnée chaque fois qu'elle remet en cause le devenir d'une opération rurale menée par une population allochtone (Européens en Nouvelle-Calédonie, Indiens aux îles Fidji). Les tensions sont d'autant plus fortes que les technologies sont différentes, car alors est en jeu la notion très subjective de "meilleure valorisation" de la terre.

1981

*****

Mots clés : Organisation de l'espace, structures agraires, îles, Océanie.

Résumé : En l'absence de cultures alimentaires stockables, les Océaniens des « temps anciens » devaient s'assurer un espace vaste et varié pour parer aux risques naturels ou aux dévastations guerrières. La terre et son prolongement lagunaire est le fondement traditionnel de la vie. Le contrôle foncier et territorial est strict dans les îles les plus peuplées ; celles-ci ont souvent des potentialités agro-pédologiques limitées, mais la planification agricole compense le manque de terre arable. Lorsque la terre est abondante, l'aménagement de l'espace est organisé selon des géosystèmes complémentaires synchroniques : pêche en bord de mer, igname sur terroir sec de vallée, tarodières en terrasses irriguées en montagne, avec prédominance d'une culture selon les civilisations (igname pour les Mélanésiens, patate douce pour les Micronésiens, taros pour les Polynésiens). Divers types de réseaux de solidarité s'élaboraient en fonction des nécessités d'un bon ravitaillement. Les puissances coloniales européennes s'approprièrent le contrôle des espaces insulaires et introduisirent de nouveaux types de différenciation agraire, basés sur de nouvelles plantes et de nouveaux types de contrôle foncier.

Title: LAND USE AND CONTROL OF SPACE IN THE ISLANDS OF OCEANIA.

Key-words: Organization of space, Agrarian structures, Islands, Oceania.

Abstract: Not having food crops that can be stored, the Pacific Islanders of « olden times » had to protect themselves from natural hazards and the devastation of war by having access to extensive and varied agricultural land. Land and its surrounding lagoons form the traditional basis of life. Territory and agricultural lands are strictly controlled in the more populous islands, where agro-pedological potential is often limited, but where the shortage of arable lands can be compensated by agricultural planning. When land is abundant, organization is based on synchronizing complementary geo-systems : fishing in shallow waters, yam in the dry valley, taro on the terraces. One of these crops predominates according to the culture: yam for the Melanesians, sweet potato for the Micronesians and taro for the Polynesians. Different forms of interdependance developed as a function of the need to ensure good food supplies. European colonial powers appropriated control of insular lands and introduced new types of agrarian differenciation by using new kinds of plants and new systems of land ownership.

140

GESTION TRADITIONNELLE ET MODERNE DE L'ENVIRONNEMENT INSULAIRE OCEANIEN

Arthur LYON DAHL
Ecologiste - conseil régional
Commission du Pacifique Sud
Nouméa

La gestion traditionnelle et moderne de l'environnement insulaire océnien est un sujet très vaste ; il traite le passé et le présent de tout ce qui représente l'environnement naturel et humain sur un huitième de la surface de la terre. Je ne peux vous donner que quelques exemples pour montrer l'héritage du passé, les problèmes du présent et les actions que nous sommes en train d'entreprendre pour assurer l'avenir. Cela fait environ dix ans que la Commission du Pacifique Sud travaille avec les gouvernements des îles en Océanie pour la conservation de la nature et la gestion de l'environnement et des ressources naturelles. Pour nous, comme pour la SEPANRIT, la protection de la nature ne peut pas être séparée de la gestion de l'environnement tout entier, surtout dans les îles qui sont des systèmes naturels bien intégrés.

Les systèmes insulaires océaniens peuvent être classés en quatre catégories, suivant leurs origines géologiques. Il y a des îles composées de fragments continentaux, telles que la Nouvelle-Calédonie et la Papouasie-Nouvelle-Guinée. Ces îles sont formées de fragments qui sont séparés des plaques continentales, et elles ont souvent une géologie très complexe.

Beaucoup d'îles du Pacifique sont des îles volcaniques telles que Tahiti ou Samoa, qui varient en forme suivant leur âge, la décomposition et l'érosion du rocher volcanique. Elles sont souvent appelées des îles hautes pour leur intérieur montagneux et souvent très déchiqueté comme à Tahiti, et où le développement est limité aux régions côtières. Les côtes peuvent être ou d'origine volcanique, ou d'origine corallienne, et on trouve souvent un récif frangeant ou même un petit récif barrière.

La troisième catégorie d'îles est composée d'îles coralliennes ou d'atolls. On trouve beaucoup d'atolls dans les Tuamotu et en Micronésie ; et des pays comme Kiribati, Tuvalu, les Iles Marshall et Tokelau sont composés entièrement d'îles coralliennes.

On peut avoir des îles intermédiaires, entre ces deux catégories, avec une île volcanique au centre, un grand lagon, et des îles coralliennes sur le récif comme pour un atoll. Wallis, et Truk dans les Iles Carolines, sont des exemples d'îles intermédiaires.

Les îles créées par des récifs ou des atolls soulevés forment la quatrième catégorie. Le résultat donne une plate-forme de rocher corallien avec des falaises tombant jusqu'à la mer. Les îles de Maré et Lifou dans les Iles Loyauté, Niue, Nauru, et certaines îles de Palau sont des exemples de récifs soulevés.

Quelquefois ces formes d'îles sont ainsi mélangées, telles que des plate-formes de récifs soulevés, attachées à une île continentale ou volcanique. On peut citer quelques exemples de zones dans le sud de la Nouvelle-Calédonie, au Vanuatu, et dans les Iles Cook.

L'inventaire régional des écosystèmes de la zone du Pacifique sud, terminé il y a quelques années par la Commission du Pacifique Sud, a montré que l'Océanie pourrait être divisée en 20 provinces biogéographiques, dans lesquelles on peut distinguer 2 000 types d'écosystèmes. Certains de ces écosystèmes sont très répandus, tels que les forêts des atolls et des plages, ou le récif frangeant. D'autres sont uniques tels que les lacs marins à Palau dans les îles Carolines où l'on trouve souvent des communautés bizarres.

Ces ressources biologiques d'importance mondiale sont sous la responsabilité de toutes petites populations sans beaucoup de moyens scientifiques ou matériels. Les solutions pour résoudre ce déséquilibre entre ces moyens très limités et les grands besoins de gestion des ressources devraient être recherchés au niveau mondial.

Traditionnellement, les sociétés insulaires étaient sensibles aux limites de leur environnement, et elles ont géré les ressources limitées avec soin. Par exemple, à Palau dans les Iles Carolines, les pêcheurs connaissaient les habitudes et les comportements d'une soixantaine de poissons au moins. Ils pouvaient pêcher facilement pour leurs besoins sans épuiser leurs ressources, suivant des règles traditionnelles complexes.

L'agriculture était aussi bien adaptée aux ressources des sols et de la main-d'œuvre souvent limitée. Des rotations de petits jardins dans la forêt permettaient aux forêts de maintenir la productivité des sols. Dans certains pays, comme en Nouvelle-Calédonie, on trouvait des systèmes d'irrigation et de culture très élaborés. Quand la bonne terre manquait, comme dans les atolls de Kiribati et de Tuvalu par exemple, des systèmes intensifs ont été développés avec compostage autour des racines des plantes, dans des puits creusés jusqu'au niveau de l'eau douce.

Il y a eu l'équivalent des réserves naturelles dans les zones tabous, comme la forêt d'Huvalu à Niue qui est restée inviolée depuis des centaines d'années. D'autres tabous, plus temporaires, permettaient la récupération des populations utilisées.

Un exemple du mécanisme de gestion traditionnelle est le contrôle de la pêche des coquillages utilisés aux Iles Salomon pour leur monnaie traditionnelle. Sur les îles artificielles du lagon de Laulasi, à l'île de Maleita, les prêtres païens géraient les ressources des coquillages. Ils mettaient des tabous pour fermer des zones à la pêche pendant 3 à 5 ans, puis ils permettaient de nouveau la pêche pendant qu'ils fermaient d'autres zones. Ces périodes de fermeture permettaient aux coquillages d'atteindre une bonne taille et de se reproduire. Dans un village que j'ai visité il y a quelques années, presque toute la population est devenue ou baha'i ou chrétienne et les prêtres ne recevant plus assez de cochons pour faire les sacrifices traditionnels avaient donc gardé les zones fermées depuis trente ans, et en conséquence le système de gestion ne fonctionnait plus.

Dans le cadre du Programme régional océanien de l'environnement, les pays de la région ont préparé des rapports nationaux sur les problèmes de l'environnement et leurs priorités dans la gestion des ressources naturelles. En analysant ces rapports, il est possible de donner une idée assez claire de l'état de l'environnement aujourd'hui dans la région océanienne.

SOLS.

Des problèmes de sols et surtout d'érosion sont mentionnés par 60% des pays et territoires de la région. Sur les îles montagneuses ces problèmes viennent des débroussages de jardins sur des pentes trop fortes, des feux de brousse qui sont communs sur des îles où il y a des périodes de sécheresse, de la construction des routes ou des mines qui peuvent créer des instabilités, et de l'érosion et des glissements de terrains qui ont suivi la destruction de couvertures végétales originales. Sur les îles coralliennes, le sol est généralement mince ou pratiquement inexistant. On trouve trop souvent du débroussage inapproprié avec de grands bulldozers qui enlèvent la terre avec la végétation. A Niue, en travaillant la terre à la façon européenne, le sol a été mélangé avec du rocher corallien, changeant le pH et détruisant la fertilité des sols. Des études ont indiqué que sur presque un quart de l'île la terre est maintenant dégradée et couverte de fougères, où même la forêt n'arrive pas à repousser.

MINERAUX-MINES.

Plus de la moitié des pays ont des problèmes en ce domaine. Une carrière ou une mine peut dévaster l'environnement local. En plus, il y a souvent des quantités énormes de stériles, de scories ou d'autres déchets, pour lesquels la disposition dans l'environnement pose des problèmes majeurs d'érosion et de pollution. Dans beaucoup d'îles, ce sont les sources de matière de construction tels que du sable et des gravillons qui sont à l'origine du problème. Le ramassage du sable sur les plages ruine les sites touristiques et souvent produit une érosion côtière importante. Le dragage dans le lagon détruit les ressources de pêche et produit des problèmes considérables de pollution. Les îles ayant des minéraux importants se trouvent maintenant avec des surfaces importantes dégradées et inutilisables, telles que les zones des anciennes mines d'or hydraulique en Papouasie-Nouvelle-Guinée, les mines de phosphate à Nauru, Banaba, Makatea, Angaur, etc. La grande mine de cuivre à Bougainville en Papouasie-Nouvelle-Guinée a endommagé toute une rivière, et déverse des quantités énormes de sédiments dans la mer. D'autres mines de cuivre sont en projet à Ok Tedi en Papouasie-Nouvelle-Guinée, et à Fidji. Les impacts des mines de nickel en Nouvelle-Calédonie sont d'ailleurs bien connus.

EAU.

L'eau est une des ressources fondamentales pour la vie, et dans plus de 60% des pays il y a déjà des problèmes de pénurie d'eau. Les îles coralliennes n'ont souvent d'autre ressource en eau que celle de la nappe phréatique qui est limitée et facilement contaminée. Les îles hautes volcaniques souffrent d'un écoulement et d'une absorption trop rapides, empêchant le captage de l'eau pour les périodes de sécheresse. Dans beaucoup d'îles, on dépend encore du captage de l'eau de pluie, mais là aussi les périodes de sécheresse laissent les populations vulnérables. En plus, 80% des pays souffrent maintenant de problèmes de pollution des eaux, réduisant encore les ressources utilisables par l'homme et produisant des problèmes considérables de santé.

FORETS.

Soixante-dix pour cent des pays de la région citent les pertes de forêts comme un problème majeur de l'environnement. Dans certains pays, la couverture forestière a presque disparu ; dans beaucoup d'autres, elle diminue constamment depuis des années. Les anciens procédés de défrichage, cultures et abandon, avec le rétablissement de la forêt, ne sont plus aussi efficaces, et on permet de moins en moins souvent aux forêts de se rétablir. L'exploitation des forêts pour le bois, et même pour l'énergie, s'accélère jusqu'à l'épuisement des ressources d'intérêt commercial. Dans certains cas, l'exploitation détruit même la productivité de base ; dans un projet aux Iles Salomon, 15% du sol a été tellement compacté que les arbres ne peuvent plus repousser. Partout, le reboisement, même avec des espèces exotiques, est difficile et coûteux. Des mauvaises herbes introduites envahissent des zones perturbées et empêchent la régénération naturelle ou artificielle. Dans les endroits où la forêt n'est pas convertie en plantations ou en pâturages, on la trouve remplacée par la brousse ou la savane, souvent composée des espèces introduites et moins utiles pour l'homme.

CONSERVATION.

Il y a eu beaucoup de progrès dans le domaine de la conservation de la nature au cours des dix dernières années, avec la création d'une centaine de parcs et réserves dans 15 pays de la région. Aux Samoa Occidentales, par exemple, une étude complète des besoins des parcs et des réserves a conduit à l'établissement d'un grand parc national et de réserves marines, historiques et de récréatives. A Tonga, 5 réserves marines ont été créées en plus des sites touristiques protégés. En Nouvelle-Calédonie, il y a beaucoup de réserves terrestres, une grande réserve marine, une réserve tournante pour protéger plusieurs zones récifales, et des sites touristiques marins protégés. Plusieurs îles isolées ont été protégées, telles que Rose Atoll aux Samoa américaines et l'atoll de Tiaro en Polynésie française. Malheureusement, il y a quelques fois des problèmes de protection de ces parcs et réserves, et pour citer un cas particulier, un parc national a été détruit par l'expansion des jardins dans une zone d'urbanisation.

D'autres approches à la conservation ont aussi été développées pour s'adapter aux besoins de la région. En Papouasie-Nouvelle-Guinée, des zones de gestion de la faune sauvage ont été créées sous la responsabilité des propriétaires coutumiers locaux, et pour certaines espèces en danger, telles que les crocodiles et les papillons, des programmes d'élevage ont été créés pour permettre le développement de ces ressources sans leur destruction.

Malgré le progrès dans le développement des zones protégées, on est encore loin d'avoir assez de Réserves pour préserver la grande diversité de la vie naturelle dans la région. Les îles où se produit la nidification des oiseaux de mer et des tortues sont souvent vulnérables. Beaucoup d'écosystèmes uniques n'ont aucune protection. Les sites touristiques sont trop facilement détruits par les visiteurs qu'ils attirent. Dans les îles où l'évolution a produit beaucoup d'espèces localisées et endémiques, il y a eu déjà plusieurs extinctions et beaucoup d'espèces sont en danger ou très vulnérables. Des sites archéologiques et culturels, témoins de l'héritage du passé, disparaissent graduellement par manque d'identification et de protection.

UTILISATION DES TERRES.

Dans les îles, où la surface utilisable est limitée, il y a un grand problème pour trouver l'équilibre entre les différents besoins, tels que l'agriculture, les produits forestiers, l'eau, la conservation de la nature, l'habitation, le transport, et la protection contre les désastres naturels. Cet équilibre demande un niveau de planification qui n'existe pas encore dans les îles du Pacifique, et qui bute souvent sur des problèmes fonciers traditionnels. La plupart des terres sont tenues coutumièrement par des tribus ou des clans, et l'attachement à la terre est un aspect très profond des cultures insulaires. Les systèmes fonciers traditionnels ont bien réglé l'utilisation des ressources dans le passé, mais ils n'arrivent pas à s'adapter aux exigences du développement économique et des populations croissantes.

MANGROVES.

Malgré la distribution irrégulière des mangroves dans l'Océanie, 50% des pays citent des problèmes avec la gestion de ces ressources. Les mangroves sont des zones importantes dans la protection des côtes et la reproduction des poissons. Avec les pressions pour le développement côtier, les mangroves sont souvent draguées ou remblayées pour créer de nouvelles terres ou pour éliminer une soi-disant nuisance. Avec les autres zones marécageuses, les mangroves ont souvent été classées comme des sites néfastes qui ont besoin d'être assainis. Au contraire, on sait aujourd'hui que les mangroves et les marais jouent un rôle important dans l'assainissement des écoulements terrestres. Dans des zones urbaines, un marais de mangroves vaut une bonne station d'épuration.

RECIFS ET LAGONS.

Les récifs coralliens et leurs lagons sont une des grandes richesses des îles du Pacifique avec une grande diversité d'espèces et une très haute productivité. Dans la plupart des îles, ils sont essentiels pour la pêche de subsistance et souvent pour une petite pêche commerciale. Ils sont une ressource importante pour le développement touristique, et ils ont un grand intérêt scientifique à cause de leur ancienneté, de leur complexité et de leur diversité. Le récif est un écosystème fragile et facilement déséquilibré. 50% des pays font état de la destruction des récifs parmi leurs problèmes d'environnement, et plus de 70% indiquent des problèmes de pollution dans des zones lagunaires et récifales. La destruction vient souvent de la surpêche et de la pêche illicite à la dynamite et au poison. La pollution, par contre, est la plupart du temps d'origine terrestre.

DECHETS.

Les sociétés traditionnelles trouvaient tous leurs besoins sur les îles et pouvaient rejeter leurs déchets sans déséquilibrer les systèmes de recyclage naturels sur l'île. Avec l'importation de l'extérieur des produits et des matériaux résistants et avec la croissance de la population, l'évacuation des déchets dans les petites îles limitées en surface est devenu un des plus grands problèmes actuels de l'environnement. 90% des pays ont des problèmes avec la décharge de déchets liquides, et plus de 60% en ont aussi avec les déchets solides. De plus en plus souvent, on voit des caniveaux putrides, des plages fermées et des taux élevées de maladies intestinales. Les dépotoirs débordent et sont insalubres ; les boîtes, les bouteilles, et les carcasses de voitures s'accumulent partout. Dans les petites îles, il n'est pas toujours facile de cacher tout cela, mais dans les petites communautés qui ne bénéficient pas des économies d'échelle, il est difficile de résoudre ces problèmes, faute de moyens.

POLLUTION.

D'autres formes de pollution sont souvent mentionnées dans les rapports des pays. On évoque des problèmes avec des produits chimiques, tels que les pesticides, les herbicides et les engrais, qui sont souvent mal utilisés. Dans une petite île, l'écoulement d'un tonneau rouillé contenant un produit hautement toxique peut présenter un grand danger.

Les gouvernements sont conscients du problème, mais ils n'ont pas les moyens techniques de le résoudre. On trouve aussi de plus en plus des problèmes de pollution atmosphérique localisée, surtout dans des zones urbaines. Déjà un quart des pays ont eu des problèmes de pollution pétrolière, et ils sont tous conscients de leur vulnérabilité en cas de grande marée noire. Des problèmes de pollution industrielle deviennent aussi plus fréquents.

A travers le Programme régional océanien de l'environnement, les gouvernements et les organismes régionaux et internationaux intéressés ont lancé des projets pour résoudre ces problèmes. Au niveau régional, ce programme prépare l'accumulation et la distribution des renseignements scientifiques, la formation des administrateurs et des cadres techniques, l'assistance par des études et des analyses d'impact, l'aide à l'élaboration de législations adaptées, et des projets spécifiques visant des problèmes prioritaires.

On pense trop souvent que l'Océanie est le paradis du bout du monde. Aujourd'hui, ce paradis est aussi touché par les mêmes problèmes de l'environnement que l'on trouve partout ailleurs. Il y a aussi l'espoir que, en travaillant ensemble, en mettant ensemble les approches traditionnelles et modernes de la gestion de l'environnement, et en essayant d'éviter les problèmes par des moyens préventifs, les pays du Pacifique arriveront à maintenir l'essentiel de l'environnement en Océanie.

1981

Mots clés : Iles, environnement, gestion de l'environnement, développement économique, protection de la nature, Océanie.

Résumé : L'économie traditionnelle (pêche, agriculture) des îles du Pacifique Sud assurait une bonne gestion de l'environnement par la rotation des zones d'exploitation et des mises en réserve temporaires. Actuellement, ces îles connaissent de nombreux problèmes de gestion de l'environnement : érosion des sols, exploitation minière dévastratrice, pollution des nappes phréatiques, déboisement, élimination des déchets, pollution chimique ou industrielle ; mangroves, récifs et lagons sont particulièrement menacés. Les mesures de conservation prises (dont la création de réserves naturelles terrestres ou marines) sont utiles mais insuffisantes ; l'équilibre est difficile à trouver entre les diverses utilisations du sol et les exigences du développement économique.

Title: TRADITIONAL AND MODERN MANAGEMENT OF THE ENVIRONMENT IN THE ISLANDS OF OCEANIA.

Key-words: Islands, environment, environment management, economic development, protection of nature, Oceania.

Abstract: Traditional economic methods (as regards fishing and agriculture) of the South Pacific Islands had assured a good management of the environment because of the rotation of the zones of exploitation and the establishment of temporary land and fishing banks. At present, these islands are confronted with numerous problems of environment management: soil erosion, a destructive mineral exploitation, ground water pollution, tree clearing, waste disposal, chemical and industrial pollution. As a result, mangroves, reefs and lagoons are particularly threatened. The conservation measures adopted (among them, the creation of natural land or marine reserves) are useful but inadequate; it is very difficult to find a balance between the various uses of the soil and the requirements of economic development.

L'EXPLOITATION MINIERE DANS LES ILES DU MONDE INTERTROPICAL

Serge LERAT
Professeur a l'UER de Géographie
Université de Bordeaux III

Modeste est la valeur de la production minière des îles du monde intertropical : 13 450 millions de dollars en 1978, soit moins de 2,8% de celle de l'ensemble du monde. On y extrait en effet des tonnages infimes de plomb et de zinc, 29 000 t. de manganèse, ainsi que de deux à trois millions de tonnes de fer et trois millions de tonnes de charbon, soit pour toutes ces matières premières, moins de 1% de la production mondiale. Du sous-sol de ces îles, on tire 4% de l'or obtenu dans le monde (près de 54 000 kg), une part presque identique de phosphate (3,4 millions de tonnes), 7% du cuivre (530 000 tonnes) ainsi que de 11 à 12 % de l'étain (27 000 tonnes) et du cobalt (2 800 tonnes). Ces mêmes îles fournissent 15% de la chromite (157 000 tonnes) et de la bauxite (14 millions de tonnes). Si elles ne donnent que 3% du pétrole mondial et 2% du gaz naturel, soit 109 millions de tonnes et 27 milliards de m³, elles en retirent 86% de leurs revenus miniers, soit 11 536 dollars.

I - UN BILAN MINIER MODESTE

A ce bilan, concourt une trentaine d'îles ou archipels de superficies très différentes. La plus grande partie des ressources provient des archipels de l'Asie du Sud-Est et du sous-sol de la plateforme de la Sonde : 11 448,5 millions de dollars, soit 2.36% du bilan mondial. Avec une production minière d'une valeur de 9 034 millions de dollars (1,86% du monde), la République d'Indonésie est, de loin, le premier Etat minier insulaire du monde intertropical. Pour les 9/10e, cela correspond aux richesses en hydrocarbures (77,5 millions de tonnes de pétrole et 18 milliards de m³ de gaz naturel) dont l'exploitation débuta en 1885 à Sumatra et en 1893 à Bornéo ; aujourd'hui, le brut vient, pour moitié, des plaines de l'Est de Sumatra, pour un quart de la partie orientale de Kalimantan et du détroit de Macassar, pour un huitième de la Mer de la Sonde, au Nord-Ouest de Java et pour le reste de l'Irian. La production des hydrocarbures éclipse celle de la cassitérite (32 500 tonnes d'étain en 1980), dont l'extraction fut entreprise au XVIIIe siècle, et de la bauxite (1,2 millions de tonnes) mise en valeur au XXe siècle : ces deux minerais proviennent en quasi totalité, des carrières ouvertes dans les îles proches de Sumatra, Bangka, Billiton et Singkep.

Aux marges septentrionales du monde indonésien, la principauté de Brunéi tire 1 310 millions de dollars de l'extraction des hydrocarbures, en majorité du pétrole (975 millions de dollars, soit 11 millions de tonnes). De moindre poids sont les économies minières des Philippines (516 millions de dollars) de Nouvelle Guinée Papouasie (374) et de Taïwan (207). Démunies de ressources énergétiques, les Philippines asseoient leur bilan minier sur l'extraction du cuivre pour 50%, de l'or pour 20% et de la chromite ; le cuivre, pour plus de 55%, et les métaux précieux, l'or essentiellement, sont les ressources de la Nouvelle Guinée. A Taïwan, 95% des revenus sont procurés par l'extraction des combustibles fossiles, la part des hydrocarbures étant légèrement supérieure à celle du charbon.

Sept fois moins importante que celle des archipels du Sud-Est asiatique est l'activité minière du monde antillais : 1 631,5 millions de dollars, soit 0,3% de la production mondiale. A ce bilan, concourt pour les 4/5 Trinidad et Tobago, dont les richesses minières reposent aux 9/10e sur l'extraction du pétrole (12 millions de tonnes, d'une valeur de 1 210 millions de dollars) et pour le reste, sur la fourniture de gaz de condensat, d'asphalte et de soufre. Trinidad et Tobago éclipsent la Jamaïque, productrice de bauxite (11,7 millions de tonnes, d'un montant de 193 millions de dollars) et la République Dominicaine, dont les 104 millions de dollars procurés par l'industrie minière, le sont pour les 3/4 par l'extraction des métaux précieux (et les 2/3 par l'or) et le reste par celle du nickel et de la bauxite. Encore moindres sont les ressources de Cuba (71 millions de dollars dont 44 pour le nickel et le reste pour le cobalt), d'Haïti où on extrait de la bauxite, et des Bahamas, très modeste producteur d'hydrocarbures, encore plus faibles sont les ressources de St-Vincent et de Puerto-Rico.

Il en est de même pour les autres milieux insulaires. A 239 millions de dollars se monte la valeur des activités extractives dans le Pacifique Sud-occidental. La Nouvelle-Calédonie en retire 80,5 millions de dollars, en quasi totalité de l'extraction du nickel amorcée en 1874 ; Nauru extrait plus de 1,7 million de t. de phosphates, exploitées depuis 1906, d'une valeur de 78,7 millions de dollars et Christmas près de 1,2 million de tonnes, d'un montant de 54,7 millions de dollars et les Iles Gilbert 400 000 tonnes, soit 13,1 millions de dollars. A un peu plus de 5 millions de dollars, se monte la production aurifère des Fidji et à 1,4 million de tonnes l'extraction du manganèse au Vanuatu. Les 119 000 tonnes de chromite, contenant 20 000 tonnes de métal et 20 000 tonnes de graphite, concourent pour respectivement 60 et 30% à une production malgache atteignant à peine 18 millions de dollars ; infimes sont enfin les ressources en phosphates des Seychelles.

C'est dire la faiblesse de la production dans tout ce monde insulaire, dont, en l'état actuel de la prospection, les possibilités apparaissent par ailleurs, elles aussi, limitées. Exception faite des métaux contenus dans des formations superficielles, ou fossilisées par de faibles épaisseurs de morts-terrains, les conditions géologiques ne sont en effet guère favorables à la constitution de gisements importants. Les grandes guirlandes insulaires plissées, avec un volcanisme récent ou actif, des Antilles et de l'Asie du Sud-Est, n'offrent aucune réserve inportante, tant les formations du socle qui, dans le monde, sont les aires les plus minéralisées, y sont peu étendues et la tectonique complexe. En fait, les aptitudes les plus belles se rencontrent dans les secteurs de plates-formes ou dans les aires sédimentaires modérément plissées : partie septentrionale de l'Indonésie, secteur méridional du monde antillais. Là sont les principaux Etats miniers du monde insulaire inter-tropical.

II - DES EFFETS ECONOMIQUES LIMITES

Cette activité minière n'a guère suscité de développement industriel, exception faite de la première transformation des matières premières. Les grandes usines de la Jamaïque fournissent, chaque année, près de 2,5 millions de tonnes d'alumine, à partir d'une quantité au moins double de bauxite. De 22,7 millions de tonnes est actuellement la capacité des raffineries de Trinidad et de Tobago, celle de Pointe-à-Pierre surtout et de 26,8 millions de tonnes le potentiel des usines indonésiennes, notamment au voisinage de Dumai (Dumai et Sungai Pakning) et de Palembang (Pladju, Sungai Gerong) à Sumatra, ainsi qu'à Balikpapan, à Kalimantan. De même, le nickel néo-calédonien est raffiné à Doniambo, près de Nouméa, et le cuivre philippin fondu sur place. Mais, tant l'extraction en carrière que l'exploitation du pétrole ou la concentration, voire la fusion, des minerais, ne demandent que des effectifs très faibles de main-d'œuvre. A l'extraction du nickel de Nouvelle-Calédonie, travaille un millier de personnes, à celle des phosphates de Nauru environ le double. Dans chacun de tous ces Etats, au maximum une dizaine de milliers de personnes sont employées dans l'industrie minière.

Les retombées économiques n'en sont pas moins importantes, pour certains d'entre eux tout au moins. Certes, la vente à l'étranger de nickel n'équivaut qu'à 5% des exportations de la Nouvelle-Calédonie, celle de l'or à 6% pour les Fidji et celle du cuivre à près du cinquième des ventes à l'étranger des Philippines. Le poids de ces ressources dans le bilan économique national est plus fort dans d'autres Etats qui sont, il est vrai, démunis d'autres ressources. La bauxite est ainsi une des principales exportations de la Jamaïque, le pétrole pour 37% ainsi que l'étain et la bauxite, procurent plus de la moitié des rentrées d'argent de l'Indonésie. Trinidad et Tobago vendent presque uniquement des produits pétroliers et Brunéi tire plus de 95% de ses rentrées d'argent de l'exportation des hydrocarbures, Nauru, Christmas et les Gilbert la quasi totalité des leurs de la vente des phosphates.

Concourant de façon différente, selon les Etats, à améliorer, voire à équilibrer, la balance commerciale, l'exploitation minière tient un rôle aussi dissemblable dans la formation des produits nationaux bruts (P.N.B.). Ce rôle est très faible dans les îles, notamment les plus petites, offrant d'autres ressources dont celles du tourisme : moins de 1% à Puerto Rico, à la Barbade et à Cuba, ainsi qu'aux Seychelles, à Sri Lanka et à Taïwan et aux Fidji. Elle en procure au plus 2,5% aux Antilles néerlandaises et à St-Vincent, aux Nouvelles Hébrides et aux Philippines. Sa part est déjà plus forte aux Bahamas et à la Jamaïque où la production des mines et des carrières fournit 5 et 8% du P.N.B. S'il l'est davantage encore en Nouvelle-Calédonie (11,5%), en Indonésie (près de 20%) et en Nouvelle-Guinée Papouasie (25% environ), il reste encore plus faible qu'à Trinidad et Tobago, ainsi qu'à Brunei, où les ressources minières procurent respectivement 40 et 75% du P.N.B. et, vraisemblablement qu'aux Gilbert, à l'île Christmas et à Nauru, pour lesquels nous n'avons, malheureusement, aucune donnée précise. Quelques Etats vivent donc des revenus miniers, comme le montre la valeur de la production minière par habitant. Certes, elle n'est que de 62 dollars en moyenne par an en Indonésie, de 125 en Nouvelle-Calédonie et de 262 aux Gilbert, mais elle atteint 575 en Nouvelle-Calédonie et 1 173 à Trinidad et Tobago, ce qui est encore faible en comparaison des 6 551 dollars revenant aux habitants de Brunei et aux 9 337 et 18 233 procurés à ceux de Nauru et de Christmas. Leurs habitants sont parmi les plus riches du monde ; le niveau de vie moyen est, à Brunei, comparable à celui des Etats d'Amérique du Nord, d'Europe du nord et du rivage méridional du Golfe persique. Comble de la fortune, les citoyens de Nauru vivent des ventes de phosphates et des revenus de leurs placements dans l'immobilier en Australie, placements des bénéfices de l'exploitation minière, menée par une compagnie d'Etat, employant uniquement des travailleurs étrangers ...

Il reste que dans ces îles, comme ailleurs du reste, l'exploitation des ressources minières dégrade fortement le paysage. Dans le delta de la Mahakam à Kalimantan et dans les plaines de l'Est de Sumatra, le rejet des boues utilisées par les pétroliers contribue à polluer les eaux des marais et des mangroves. L'ouverture des grandes carrières pour l'extraction du nickel latéritique et de la bauxite, détruit la végétation, ce qui accélère le ruissellement, donc l'érosion des sols. L'exploitation des phosphates bouleverse le paysage des petites îles du Pacifique Sud-occidental. La destruction de ces milieux naturels et de terroirs, déjà très grave à l'heure actuelle, risque d'être plus durement ressentie encore quand seront épuisées, d'ici à quelques décennies, des richesses pour la plupart, somme toute modestes, et dont la mise en valeur aura été un épisode assez éphémère à l'échelle des temps.

★ ★ ★ ★ ★ 1981

Mots clés : Iles, tropiques, économie minière, environnement.

Résumé : La production minière des îles tropicales est modeste à l'échelle du monde : des gisements de pétrole et des mines de cassitérite, bauxite, nickel... ont suscité la création de raffineries et d'usines de transformation des minerais. Les retombées économiques sont très importantes pour certaines îles dont la population a un revenu par habitant considérable mais, en contrepartie, l'exploitation minière dégrade souvent les paysages.

Title: MINING IN THE TROPICAL ISLANDS.

Key words: Islands, tropics, mining economy, environment.

Abstract: Mining production in tropical islands is still compared with the worldwide production: oil exploitation and mining of cassiterite, bauxite, nickel and other deposits have created refineries and industries treating ores. In some islands, the economic returns of mining are very high, and have considerably loasted per capita income; but, on the other hand, mining brings very often pollution and affects the landscape.

MAYOTTE : BILAN ECOLOGIQUE, POSSIBILITES DE DEVELOPPEMENT, PROGRAMME D'ETUDES

Mission préliminaire, J. KOECHLIN et M. BOYE
U.E.R "Aménagement et Ressources Naturelles"
Université de Bordeaux III

L'île de Mayotte (par 12° Sud et 45° Est), avec son lagon et ses récifs de corail, constitue dans l'Océan Indien occidental un ensemble unique et d'une grande originalité.

Après avoir connu des vicissitudes diverse, économiques et politiques, au cours de son histoire, où la France intervient à partir de 1841, Mayotte se retrouve aujourd'hui à un niveau de développement relativement bas, mais avec un capital naturel d'une exceptionnelle valeur.

Au moment où se pose le problème urgent d'une planification de son développement, les instances locales (Délégation de Gouvernement, Conseil Général, Services techniques), mais encore des initiatives privées telle l'Association pour la Protection du Lagon de Mayotte (APROLAM), s'interrogent sur les mesures à prendre afin de promouvoir un *développement harmonieux* qui respecterait les caractéristiques et l'équilibre du milieu naturel.

Ceci implique, au préalable, une parfaite connaissance de ce milieu, des facteurs de son équilibre, ainsi que des aptitudes et des contraintes susceptibles de guider les décisions à prendre.

C'est pourquoi à l'initiative de la Société pour l'Etude, la Protection et l'Aménagement de la Nature dans les Régions Inter-Tropicales (SEPANRIT), une *mission exploratoire* de six semaines a été effectuée à Mayotte avec les objectifs suivants :

1) poser un premier diagnostic d'ensemble sur l'état écologique de l'île, compte tenu de la pression humaine qui s'y exerce (environ 48 000 hab. sur 374 km²) et proposer un certain nombre de mesures propres à préserver les équilibres naturels ;

2) étudier et proposer un programme de recherches intégré, visant à fournir une information détaillée sur les milieux naturels de l'île, leurs ressources et leurs possibilités d'exploitation, compte tenu des recherches déjà effectuées ou en cours, en divers domaines.

Suite à des contacts avec M. le Député BAMANA, Président de l'APROLAM, ce projet, présenté par M. le Recteur PAULIAN, Chancelier des Universités de BORDEAUX et Président de la SEPANRIT, approuvé par le Secrétariat d'Etat aux Départements et Territoires d'Outre-Mer, a reçu l'aide financière du Fonds de la Recherche (Secrétariat d'Etat, auprès du Premier Ministre, chargé de la Recherche).

La mission se composait du Professeur J. KOECHLIN, botaniste, Directeur de l'Unité d'Enseignement et de Recherche (U.E.R.) "L'Homme et son Environnement" de l'Université BORDEAUX III, assisté de M. M. BOYE, géographe et géologue. chargé des enseignements de Planification écologique, à la même U.E.R.

Après six semaines de prospection approfondie de l'île, de sorties sur le récif barrière et d'enquêtes auprès des principaux services (Santé, Agriculture, Equipement, Education), des élus locaux et de la population, il est possible de poser convenablement le diagnostic demandé et de proposer :

- un certain nombre de directions de développement ;
- des mesures immédiates qui pourraient être prises à l'échelon local ;
- le programme des études et des recherches qui s'avèrent nécessaires et qui restent à entreprendre.

L'exploitation des études de terrain, des prélèvements d'échantillons floristiques et de sols appelle des travaux de laboratoire et de cartographie, déjà en cours. Ils sont appuyés sur une abondante bibliographie, réunie avant la mission, mais complétée sur place par la collecte de documents inédits et de renseignements oraux. Outre l'intérêt pour la recherche appliquée, il en ressortira des indications prometteuses sur certains sujets de recherche fondamentale.

Par contre, le programme de recherche pluridisciplinaire et pluriannuel à proposer (définition des axes, des équipes et des urgences, calendrier souhaitable, financement des missions) ne peut être ici qu'esquissé. Il faudra en effet de nombreux contacts avec les organismes et les spécialistes concernés, négocier leurs interventions, chiffrer les besoins et trouver les sources de financement. Cette phase du travail demandera quelque temps.

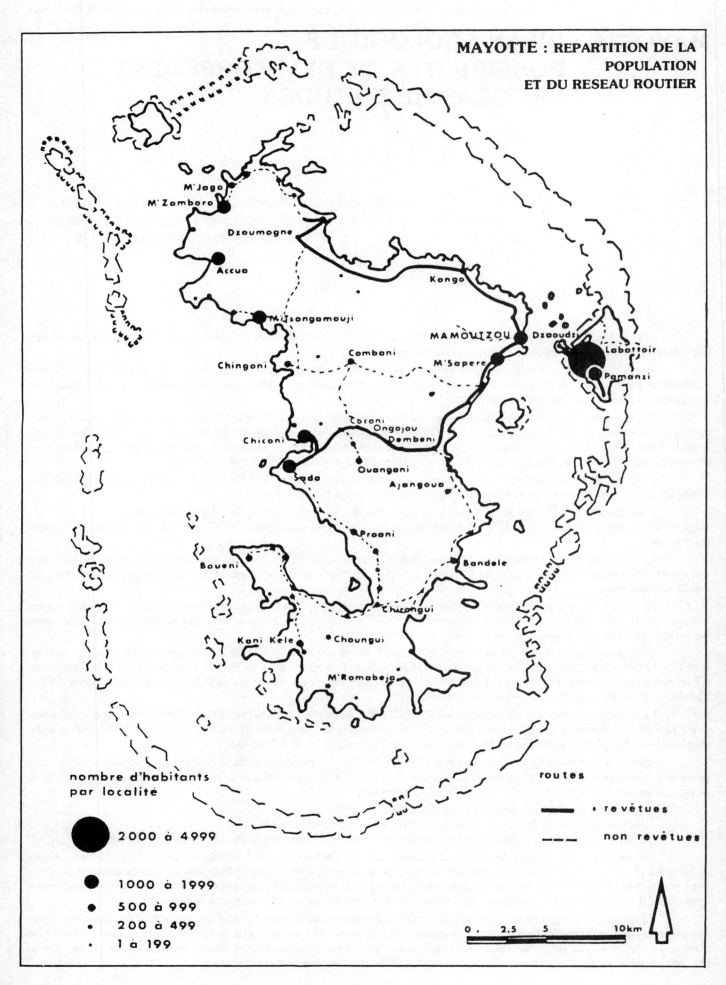

MAYOTTE : REPARTITION DE LA
POPULATION
ET DU RESEAU ROUTIER

M'Jago
M'Zamboro
Dzoumogne
Accua
Kongo
M'Tsangamouji
MAMOUTZOU
Dzaoudzi
Combani
Labattoir
Chingoni
M'Sapere
Pamanzi
Coconi
Ongojou
Chiconi
Dembeni
Sada
Ouangani
Ajangoua
Proani
Boueni
Bandele
Chirongui
Kani Kele
Choungui
M'Romabeja

nombre d'habitants
par localité

● 2000 à 4999

● 1000 à 1999

● 500 à 999

• 200 à 499

· 1 à 199

routes

▬▬▬▬ , revêtues

----- non revêtues

0   2,5   5   10km

148

PREMIERE PARTIE   **LE DIAGNOSTIC**

Pour la commodité de l'exposé, l'on distinguera le milieu terrestre du milieu marin ; mais ils sont étroitement liés, ne serait-ce qu'à cause du caractère insulaire du territoire et du fait des apports dans le lagon d'eau douce, de produits de l'érosion ou d'éventuels polluants. En outre, la combinaison de la vocation agricole et forestière - surtout de la Grande Terre - avec les ressources en protéines animales du lagon, conditionne l'essentiel de l'équilibre écologique de la société humaine mahoraise.

I - LE MILIEU TERRESTRE

A - Les caractéristiques du milieu

1. Le milieu physique

★ Le *VOLCANISME* - essentiellement de type hawaïen - et la morphopédogénèse sont déjà anciens, depuis le Mio-Pliocène (sans plus de précision pour le moment), sauf à Pamanzi (volcanisme explosif d'âge Holocène, quelques milliers d'années). Plusieurs phases d'accumulations volcaniques se sont succédées, ainsi que plusieurs cycles anciens d'érosion, venant décaper des profils d'altération d'autant plus argileux qu'ils étaient profonds. Des reliefs modestes (650 m au sommet du Bénara), mais contrastés et cloisonnés, à pentes fortes d'une part, des côtes très découpées d'autre part, témoignent d'une structure géologique complexe et de mouvements de subsidence affectant l'ensemble de la Grande Terre (de MAXIMY, 1967).

Une étude géologique détaillée de l'île a été entreprise tout récemment, sous l'égide du C.N.R.S. (RCP. 419, responsable : Professeur VINCENT, Université de Clermont-Ferrand).

★ Cependant, l'*EROSION* est relativement peu active aujourd'hui, sans manifestation spectaculaire, en dépit de l'existence de surfaces, non négligeables, de sols à nu, qui ont été modelées autrefois en *bad-lands* (nom local : *Padza*). En tout cas, les mangroves (formations à palétuviers), qui occupent des sédiments terreux, déposés dans toutes les baies du littoral par le réseau hydrographique, ne montrent aujourd'hui aucune tendance à une progression qui témoignerait d'un apport actuel important.

★ Dans l'ensemble, la *FERTILITE DES SOLS* est élevée ; mais elle peut varier assez considérablement selon le type et le taux d'altération des roches-mères. Les roches basaltiques sont à cet égard, en moyenne, les plus intéressantes, alors que les tufs, cinérites et scories récents le sont nettement moins ; à Pamanzi, en particulier, en raison de leur moindre capacité de rétention pour l'eau. Du coup une différenciation s'opère dès lors que les stations sont climatiquement plus ou moins arrosées.

Des recherches pédologiques et agro-climatologiques, encore inédites, ont été effectuées par l'Institut de Recherches Agronomiques Tropicales (IRAT).

★ Le climat de l'île est de type *TROPICAL, CHAUD, HUMIDE ET MARITIME*, dynamiquement sous la dépendance du régime alterné alizé-mousson. Les saisons sont inégales : pluies de mousson de N.W. de novembre-décembre à mars-avril ; le reste de l'année, saison "fraîche" par régime d'alizé et moins arrosée en raison du phénomène d'abri créé par la présence de Madagascar sur le trajet normal des vents de S.E., susceptibles même d'être déviés pour devenir des vents du Sud. Les températures moyennes varient de 24° C en août à 27° C en janvier. La pluviosité (moyenne 1961-70) est relativement faible à Pamanzi (aérodrome : 1,30 m/an), de même sur le littoral S.E. de la Grande Terre ; elle est plus élevée sur les plateaux des 2/3 septentrionaux de Grande-Terre ; (1,80 m/an à Coconi - station de l'Agriculture - et à Combani - station de la Sté Bambao -) ; elle est vraisemblablement de l'ordre de 2 m/an sur les principaux sommets.

Mais la seule station bien équipée est celle de la Météorologie Nationale à l'aérodrome de Pamanzi (alt. 6 m) qui a fourni les renseignements ci-dessus. Par suite on ne sait rien de précis sur le compartimentage méso et microclimatologique, pourtant évident ainsi qu'en témoignent les variations des formations végétales en fonction des expositions aux vents dominants et de l'orientation des crêtes d'un relief qui, par son dispositif, multiplie les versants.

Enfin, Mayotte souffre relativement peu des cyclones tropicaux, exceptionnellement destructeurs (1898, 1930, 1953, 1975).

2. Le milieu biologique

★ *LA VEGETATION ET LA FLORE*

Les formations végétales forestières autochtones sont encore importantes et relativement bien conservées, surtout sur les principaux massifs montagneux (Choungui, Bénara, M'Lima Combani, M'Sapéré et Hachiroungou). Elles offrent une certaine variété : forêts basses sclérophylles des crêtes et aussi des franges littorales, de façon plus générale partout où les sols sont médiocres et peu épais ; forêts denses ombrophiles sur les flancs des grands massifs - en gros audessus de 400 m d'altitude mais pas forcément (ex. forêt de Dapani) - ; forêts sèches caducifoliées dans les régions les plus sèches du S.E.

La mangrove (relevant du domaine est-africain et malgache pour les espèces représentées) et les arrière-mangroves (à *Heritiera* et *Erythrina*) occupent des surfaces assez importantes dans toutes les basses plaines alluviales, à l'exception de la partie N.W. de Grande Terre. Ces diverses formations végétales sont en étroites corrélations avec les conditions écologiques (climat - sol) et possèdent de ce fait une remarquable valeur indicatrice.

La flore mahoraise est certainement riche, mais elle est très mal connue ; ses affinités malgaches sont évidentes, mais l'endémisme est sans doute important.

Partout où l'action de l'homme s'est fait sentir se sont développées des forêts secondaires qui assurent finalement à l'île un taux de boisement important. Forêts secondaires et jachères sont constituées presque uniquement par des essences introduites, qui jouent ainsi un rôle considérable dans les paysages ; elles ont, comme les espèces autochtones, une valeur précise d'indicateurs écologiques : Manguiers et Avocats marrons (*Litsea tersa*, Lauracée) dans les zones humides et sur les sols les plus profonds ; *Albizzia Lebeck, Tamarindus indica, Acalypha sp.* dans les zones sèches ; *Lantana camara* sur les sols à plus faible capacité de rétention en eau.

L'îlot de Pamanzi fait exception à ce schéma. Ses sols perméables, retenant peu l'eau, ne sont pas favorables à la végétation forestière et, en dehors des cocoteraies, ils sont occupés essentiellement par une végétation graminée (*Hyparrhenia rufa*, et *H. cymbaria* sur les meilleurs sols, à plus faible capacité de rétention d'eau.

En tout état de cause, la végétation forestière, qu'elle soit primitive ou secondaire, conditionne étroitement la conservation des sols (protection contre l'érosion et aussi contre l'extension des brûlis) et des ressources en eau de l'île (alimentation des nappes, régularisation des débits des cours d'eau). Elle joue donc un rôle fondamental dans la protection de l'environnement.

★ *LA FAUNE*

Comme la flore, la faune à Mayotte paraît assez variée. Elle montre aussi des affinités avec Madagascar et les Mascareignes, par exemple un Lémur, variété endémique comorienne d'une expèce malgache ; un insectivore, le Tanrec ; un oiseau, le Paille-en-queue (à Pamanzi, seulement) ; mais elle est mas connue.

Peu de mammifères, autres que ceux déjà cités : une civette, des rongeurs, des cochons sauvages.

La faune aviaire semble plus diversifiée, avec des espèces parfois spectaculaires, mais des effectifs faibles. Il y a peu d'oiseaux marins.

Les invertébrés sont nombreux : araignées, acariens, scolopendres, moustiques. Il y a quelques reptiles : lézards et serpents, non venimeux.

Enfin, la mangrove renferme la faune habituelle caractéristique de ces formations : crabes, mollusques, périophtalmes.

Certaines espèces sont très abondantes et causent des dégâts sérieux à l'agriculture : les lémuriens (non chassés), les cochons sauvages (peu chassés également du fait des interdits religieux de l'Islam), les rats, les roussettes et des escargots (Achatines). Les acariens (tiques) posent un problème pour l'élevage bovin, mais ne semblent pas transmettre de maladies. Les moustiques, par contre, sont les vecteurs du paludisme et de la filariose et la grosse scolopendre est dangereuse.

A l'inverse, les rivières abritent de nombreux camarons, faisant l'objet d'une pêche assez active ; il y a aussi des anguilles, mais elles ne sont consommées que par les étrangers (Européens ou Malgaches).

3. Le milieu humain et son impact sur l'environnement

★ *LA POPULATION EST EN ACCROISSEMENT RAPIDE (3,5 % /an pour les deux dernière années selon des estimations autorisées). Entre le recensement de 1966 et celui de 1978 (non encore dépouillé) la densité kilométrique est passée de 87 à 126 hab./km².*

Les "non-mahorais" (Français, Indiens, Créoles et quelques Malgaches de statut étranger) représentent 2 à 3 % seulement du total ; ils habitent les quelques villes de Dzaoudzi et Pamanzi, en Petite Terre, et de Mamudzu et M'Sapéré, en Grande Terre. On ne compterait guère plus de 2 000 salariés dans l'ensemble du territoire (salaire minimum fixé à 2 F de l'heure, pour une semaine de 40 heures).

Les "Mahorais" sont pour la plupart des ruraux, groupés en villages, presque toujours en bord de mer. L'habitat traditionnel - petites cases de deux pièces, en pisé ou en pétioles de raphis, à toit de palmes - est bien tenu ; en revanche l'hygiène de la voirie laisse à désirer.

★ *L'ETAT GENERAL DE SANTE* pose encore des problèmes (paludisme, filariose, parasitoses intestinales, tuberculose, lèpre) mais il est en amélioration rapide du fait des actions en cours, notamment la démoustication de l'habitat et la prophylaxie antimalarienne chez les enfants scolarisés et les femmes enceintes.

★ *LE NIVEAU D'EDUCATION* - mise à part la transmission des traditions islamiques - est faible : 33 % des enfants seulement sont scolarisés et le français est peu répandu dans les campagnes ; 10 % à 15 % des Mahorais le parlent plus ou moins (J. BRESSLAR - inédit 1977-78).

★ *L'AGRICULTURE* a connu, depuis l'arrivée des Français en 1841, des vicissitudes diverses, entraînant une destructuration de la société féodale antérieure (sultanats), des immigrations provenant de la côte orientale d'Afrique et des autres Comores - Anjouan spécialement - et, pour aujourd'hui au total, une confusion rare dans la situation foncière.

- Une première phase de culture industrielle, basée sur la canne à sucre, s'est essoufflée avec la crise des années 1880 et a été anéantie par le cyclone de 1898. Cependant, en 1857, 1 154 ha de canne donnaient 3 093 tonnes de sucre, avec une douzaine de sucreries, une cinquantaine d'employés européens et environ 2 000 travailleurs, amenés de la côte d'Afrique pour l'essentiel. La population totale de l'île était alors d'environ 12 000 habitants, soit trois ou quatre fois plus qu'en 1843.

- Une deuxième phase de cultures commerciales plus variées (sisal, plantes à parfum, café, épices, cocotiers) s'est trainée de 1912 jusqu'à la deuxième guerre mondiale, sans jamais parvenir au stade des grandes plantations coloniales. Des fluctuations à la fois lentes et compliquées ont provoqué une redistribution de la moyenne et de la petite propriété au bénéfice de Créoles, de Mahorais, voire d'immigrés des autres Comores (en général des "engagés libres", quittant le travail des plantations).

-La phase actuelle est très marquée par le séparatisme mahorais, affirmé lors du referendum de 1976, qui a retiré Mayotte de l'archipel indépendant des Comores et provoqué le départ de cultivateurs originaires d'Anjouan en particulier (Bulletin de Conjoncture, IEDOM, sept. 1978).

1

Pentes Sud des Monts Bénara (660 et 653 m)
Couverture forestière largement secondarisée, sauf sur les crêtes traces d'essarts abandonnés jusque très haut (voir sommet Ouest)

2

Végétation forestière caducifoliée à Baobab et Albizzia
Côte Sud-Est, près de Hamouro

Il en résulte une stagnation, peut-être même une régression des cultures de rentes. La production de vanille a baissé de moitié dans les deux dernières années (de 6 à 3 tonnes). Le café ne s'exporte plus. Le coprah, de qualité médiocre, se vend mal ; d'ailleurs les 6 000 ha de cocoteraies sont mal entretenues sauf sur certaines plantations de Sociétés. Environ le quart de la production est exporté ; un autre quart est consommé par la population (peut-être même plus en raison de la pression démographique) ; le reste est détruit par les rats et les roussettes, ou tout simplement perdu. L'Ylang-Ylang, qui alimente encore la principale exportation (environ 16 tonnes d'essence tous choix, au 1er semestre 1978), mais a vu le marché des Etats-Unis se fermer. Les programmes d'extension de cette culture, établis par le Fonds d'Orientation des Marchés Agricoles (FORMA), pour 1 000 ha à planter, paraissent ambitieux. Il est vrai que les plantations d'Ylang, même en petite propriété, sont encore les mieux tenues, mais on peut en voir à l'abandon. Les Sociétés elles-même, vendent des terres, éloignées des distilleries, ou difficilement mécanisables. Tous les producteurs se plaignent en outre de difficultés de main d'œuvre pour la récolte.

Il est plus difficile d'apprécier l'évolution de l'agriculture vivrière, d'autant qu'elle continue à se pratiquer avec des techniques très rudimentaires. Malgré l'essor démographique, la comparaison de l'état actuel des choses avec la situation révélée par l'examen de la couverture de photographies aériennes réalisées en 1969 montre une nette régression des surfaces cultivées, avec en contre-partie une extension des boisements secondaires. Ces faits peuvent sans doute s'expliquer par l'éviction des cultivateurs anjouanais et par l'abandon par les Mahorais eux-mêmes des champs les plus éloignés des villages. Ce serait le cas pour le riz de montagne (2 383 ha en 1977 ; 2 035 ha en 1978), encore que la récolte de 1978 ait augmenté de 42% par rapport à 1977, en raison d'une bonne saison des pluies. L'apport d'argent dans les familles, dû aux salaires, surtout depuis deux ans, peut expliquer aussi la désaffection de certains agriculteurs pour les cultures vivrières.

Mais en règle générale, l'agriculture mahoraise reste essentiellement une économie de cueillette, avec autoproduction au niveau familial et sans commercialisation significative sur le marché local.

L'occupation des sols se présente actuellement de la façon suivante :

- Les meilleures terres (alluvions côtières, plaines intérieures), c'est-à-dire pratiquement l'ancien domaine sucrier, sont occupées par une cocoteraie, aux deux tiers mal ou non-entretenue et par les plantations d'Ylang ; il en est de même pour les zones de collines du centre de la Grande Terre ou de l'arrière-pays de Dzumogné dans le Nord.

- Par suite, les cultures vivrières doivent se contenter des terres les moins bonnes, ou alors des hauts boisés (parfois sur des pentes allant jusqu'à 100%), exploitées selon le système des *grattes*, c'est-à-dire une culture itinérante sur brûlis, avec jachère forestière.

★ *L'ELEVAGE* - pratiqué sur le plan familial et pour des usages plutôt cérémoniels - se caractérise par l'abondance des chèvres (certaines sauvages, dans les îlots) et environ 10 000 bovins, de petit format mais bien adaptés aux pâtures existantes. Ils sont presque toujours au piquet, sur les jachères en saison sèche, sur les formations graminéennes des Padza en saison des pluies. L'élevage des volailles se heurte actuellement à des problèmes sanitaires.

★ Les Mahorais coupent au total pas mal de bois pour divers usages traditionnels (pirogues et bois de sciage, perches pour les carcasses de maison, bois de feu, charbon de bois). Il n'y a cependant pas d'exploitation forestière à proprement parler. Les services des Eaux et Forêts ont des difficultés à faire respecter les interdictions de défrichement ou de coupe édictées, d'autant qu'en la matière le domaine de l'Etat est encore mal délimité.

B - LA NATURE DE L'EQUILIBRE ECOLOGIQUE ACTUEL

1. Aspects positifs

★ Le maintien d'une couverture forestière primaire sur les massifs montagneux (crêtes étroites, pentes très fortes) empêche les départs d'érosion et contribue à assurer des ressources en eau qui suffisent à couvrir les besoins actuels.

★ Les cultures ligneuses pérennes et la strate végétale sous-jacente assurent une parfaite protection des sols. L'agriculture vivrière est pratiquée de façon itinérante et, la disponibilité en terres autorise le plus souvent de longues jachères. En outre, la fertilité des sols, les caractéristiques du climat, la présence d'espèces secondaires très dynamiques, conduit à la reconquête très rapide des jachères par un recru ligneux extrêmement vigoureux. L'Avocat marron joue à cet égard un rôle prépondérant : bien que très gênant du fait de son pouvoir envahissant, il colonise si rapidement toutes les surfaces défrichées (surtout sur sols profonds et humides) qu'il peut être considéré comme directement responsable de la faible importance des phénomènes d'érosion à Mayotte. En outre, il s'oppose à la prolifération des Graminées, de telle sorte que les feux allumés pour la préparation de cultures restent, sauf accident, strictement limités aux zones défrichées.

★ En dehors même des massifs forestiers primitifs, la couverture forestière secondaire (forêts de Manguiers, d'*Albizzia*, d'Avocats marrons) ou arbustive (*Lantana, Phyllanthus, Acalypha (?)*) est très importante sur toute l'Ile. De ce fait, la protection contre l'érosion est très efficace, même sur les plus fortes pentes. Cette érosion existe toutefois mais se borne à l'enlèvement d'une certaine quantité de particules fines, sans ravinement apparent. De plus, ce recru forestier s'oppose à l'introduction d'espèces étrangères et la flore rudérale paraît relativement pauvre.

A signaler toutefois, et à surveiller, un foyer de *Rubus mollucanus* (Vigne marron, plante épineuse très envahissante et gênante) qui paraît se développer à partir de la station agricole de Coconi, le long des routes surtout, mais avec un début de pénétration dans les forêts d'avocats marrons.

★ Le problème des *PADZA*

Il s'agit de zones dénudées, avec des formes d'érosion spectaculaires (de type bad-land parfois), ou couvertes d'un tapis graminéen avec une végétation arbustive éparse. Elles ne sont pas utilisées par l'agriculture, mais servent de pâturage, surtout en saison des pluies. Elles occupent parfois des superficies importantes (régions du Sud et du Nord-Ouest en particulier). Leur étude nous a conduit à formuler les conclusions suivantes :

- Il ne s'agit pas d'un phénomène récent lié aux pratiques agricoles et tous les témoignages s'accordent pour affirmer que ces Padza ont toujours existé, tels qu'on les voit aujourd'hui, et qu'ils n'ont jamais été cultivés, du moins de mémoire d'homme.

- Il se manifeste actuellement une nette tendance à la recolonisation par une série de végétation avec, au départ, des Graminées (*Aristida*) et des Fougères (*Sticherus*) et aboutissant à des formations arbustives, voire forestières.

Vieille forêt secondaire à Manguiers au-dessus de Chingoni Côte Ouest

Ylang - ylang et cocotiers hautes terres du Nord Ouest en arrière de M'Zamboro

5

«Padza», cicatrisé par la végétation graminéenne (Aristida sp.)
Vallon au Nord de M'Tsangamoudji Centre Nord Ouest

7

Mangroves de la Baie de Bouéni Côte Sud Ouest
en arrière : la cocoteraie, puis les pentes dégradées par la culture et le pâturage

8

Plage de terre et mangrove éparse à Sonneratia
Petite baie de Kangani Côte Nord

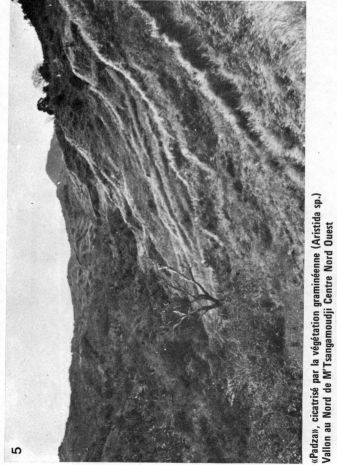

6

«Padza» vif sur Téphrites du M'Lima Gori crête médiane du tiers méridional de l'Ile
Palmier Hyphaene shatan caractéristique de ces sols profondément altérés et ravinés

- Les Padza apparaissent toujours liés à un substratum géologique déterminé. Il s'agit des coulées de laves les plus anciennes, profondément altérées, bien que fréquemment des structures en boules et en dykes filoniens y restent reconnaissables. Cette désagrégation donne naissance à des sols pauvres et susceptibles de délavages différentiels : les argiles et colloïdes ferrugineux partent les premiers et sont entraînés jusqu'à la mer par le ruissellement ; les sables noirs de minéraux du volcanisme migrent plus lentement dans les thalwegs par traction ; les granules d'altérite pectisée restent sur les hauts versants où leur reptation particulière très lente vers le bas déchausse cependant les blocs de roche résiduels ; ceux-ci s'écroulent ou glissent et forment des sortes d'éboulis épars, parfois une ébauche de pavage quand ils se concentrent dans un creux. Par endroits, assez rares, on observe des cicatrices de glissement de terrain en masse ; tous les cas rencontrés paraissent figés et sont souvent recolonisés par la végétation.

- A ces conditions édaphiques correspond un type de végétation très spécifique ; forêt sclérophylle avec, en particulier *Mimusop sp.* et *Hyphaene shatan.* La présence de cette formation, bien différenciée, suppose des conditions écologiques particulières, réunies là depuis fort longtemps ; conditions qui ont permis - et là seulement à Mayotte - le développement de cette sorte d'érosion, chaque fois qu'un seuil de déséquilibre était franchi soit du fait du climat, plus agressif, soit du fait de l'homme, par surcharge pastorale, peut-être ! C'est ainsi qu'un témoignage de navigateur hollandais de 1607 (d'après GEVREY, 1870) rapporte que Mayotte est : "...abondante en bœufs, en vaches, en boucs, outre les poules... on avait troqué et amené à bord ... 266 bœufs, 276 boucs, outre les poules ... sans compter une quantité extraordinaire de fruits".

En tout cas, les reprises d'érosion actuelle - très localisées - qui ont été enregistrées, paraissent liées parfois à un excès de pâturage au piquet ; il s'agit d'encoches en demi-lune, d'un diamètre de quelques mètres correspondant au rayon moyen d'action de la bête, au bout de cinq à six mètres de corde.

2. Aspects inquiétants

★ Les forêts des massifs montagneux sont réduites au minimum acceptable ; cependant, elles font encore l'objet d'une certaine demande de la part des agriculteurs puisque des défrichements clandestins se produisent.

★ L'augmentation des besoins en terres, à attendre de l'accroissement démographique, si le système de culture traditionnel ne change pas, risque d'aboutir à une diminution de la durée des jachères. L'équilibre est à cet égard déjà rompu localement : presqu'île de Bouéni dans le S.W. et littoral N.E. jusque vers 200-250 m d'altitude.

En outre, l'accélération du rythme des cultures, avec ses conséquences sur l'épuisement des sols et la dégradation du bilan hydrique, peut entraîner, aux dépens d'espèces gênante mais utiles, tel l'Avocat marron, l'extension de pestes végétales beaucoup plus dangereuses, telles que *Rubus mollucanus* ou *Lantana camara*, toutes deux épineuses et sans valeur fourragère et dont il est très difficile de se débarrasser.

★ Le développement de l'élevage entraînerait inéluctablement une reprise de l'activité érosive.

II - LE MILIEU MARIN

Mayotte est la seule île de l'archipel des Comores à être entourée d'un récif barrière et d'un lagon ; cet ensemble est le plus beau de tout l'océan indien. Outre son importance pratique pour la vie même de l'île, son intérêt scientifique est donc considérable. Le récif et le lagon ont fait l'objet déjà d'une étude physique approfondie (GUILCHER et coll., ORSTOM, 1965), mais on ne connait pratiquement rien de ses conditions biologiques.

1. Etat du Lagon et des récifs

Les reconnaissances partielles que nous avons effectuées permettent de faire les observations suivantes.

★ Le récif frangeant souffre manifestement d'un phénomène d'envasement (produits de l'érosion et du ruissellement terrestres) qui réduit son activité de façon plus ou moins importante selon les endroits, la moins touchée étant la côte N.W. (Secteur de M'Zamboro).

★ Le récif barrière et les massifs coralliens internes du lagon nous ont paru par contre d'une grande richesse et d'une extrême vitalité.

★ Le prélèvement de coquillages est important et sans doute même excessif (consommation traditionnelle et depuis peu, ramassage systématique pour la vente). Toutefois, ces faits concernent essentiellement le récif frangeant.

La présence de l'*Acanthaster*, parfois abondante, a été constatée dans certains secteurs sans qu'il soit toutefois possible, dans l'état actuel de nos connaissances, de juger de la gravité de la situation. Divers témoignages recueillis font état de la diminution, en nombre et en taille, des mollusques prédateurs de l'Acanthaster (Conques et Casques). Leur récolte et leur vente sont maintenant interdites.

2. La pêche

★ Elle est pratiquée de façon artisanale (palangrotte, traîne, filet accessoirement), à l'intérieur du lagon et sur le tombant externe, lorsque les conditions météorologiques le permettent. Deux cents pirogues environ (et quelques barques en plastique), dont une centaine à moteur hors-bord, pratiquent la pêche assez loin des côtes, et souvent la nuit (pêche à la lampe), sans compter les nombreuses petites pirogues qui pêchent sur le récif frangeant. Les pirogues à moteur sont également largement utilisées comme moyen de transport d'un village à l'autre.

On peut en première approximation estimer cette pêche à environ 600 à 800 tonnes par an. Des observations en plongée révèlent une grande richesse en poisson, mais il est impossible actuellement d'estimer ce que représente le prélèvement de la pêche par rapport à la productivité potentielle du récif et du lagon. On peut noter la capture, à la palangrotte, d'une proportion importante de poissons de petite taille, de jeunes mérous en particulier. La morphologie de ces derniers en effet leur permet de se faire prendre à des hameçons conçus pour la capture de proies beaucoup plus grosses.

★ La pêche à l'aide d'ichtyocides (*Tephrosia vogelii*, Huruva), autrefois largement pratiquée, est interdite (avec campagne d'arrachage systématique des plantes). De ce fait, cette pratique, très dommageable pour le milieu, paraît en nette régression.

★ Les possibilités ostréicoles paraissent intéressantes (rapport BARBAROUX-ISTPM, 1977). Les littoraux à mangroves sont localement utilisés par les riverains pour installer des pièges à poissons de marée ; une aquaculture paraît pensable.

★ La chasse sous-marine a été interdite pour une période de deux ans à compter d'août 1977. Cette mesure, justifiée comme mesure de précaution, apparaît trop radicale et demanderait à être remplacée par une règlementation mieux adaptée.

III - LE BILAN

L'analyse esquissée dans les pages précédentes fait donc apparaître un bilan qui est loin d'être mauvais, avec de nombreux points très positifs, en particulier :

- sur terre, un potentiel de fertilité élevé, dynamisme de la végétation et couvert végétal assurant la protection des sols et des ressources en eau ; des disponibilités en terres actuellement suffisantes ;

- en mer, un lagon et un ensemble récifal exceptionnel et apparemment en très bon état.

Malgré tout, au moins pour ce qui concerne le milieu terrestre, *la situation d'équilibre précédemment décrite est précaire et à la limite de la rupture. Accepter le développement démographique des Mahorais tout en maintenant les pratiques agricoles et pastorales actuelles entraînerait rapidement une situation grave et probablement irréversible avec diminution du couvert forestier, baisse du potentiel pédologique, crises d'érosion, et déficit en eau pour la saison sèche, sans compter la dégradation des valeurs paysagères de Mayotte.*

DEUXIEME PARTIE   LES DIRECTIONS POSSIBLES DE DEVELOPPEMENT

Face à l'accroissement de la population et à l'augmentation nécessaire de son niveau de vie, le développement et la rationalisation des cultures vivrières ainsi que l'amélioration des ressources en protéines animales demeurent des objectifs prioritaires.

Mais il ne faut pas oublier que, la vocation de Mayotte étant fondamentalement orientée vers l'agriculture et la pêche, tout développement ne peut être fondé que sur une production commercialisable susceptible d'apporter à l'île des ressources autres que celles résultant uniquement d'apports monétaires extérieurs : salaires ou investissements.

Compte tenu du bilan esquissé précédemment et qui fait ressortir les aptitudes et les contraintes de ce milieu très particulier que constitue Mayotte et son lagon, un certain nombre d'actions possibles de développement peuvent être proposées dès maintenant.

Rien n'est possible toutefois sans une participation consciente et active des hommes et, dans ce domaine également, un certain nombre d'actions sont à entreprendre ou à poursuivre dont la réussite, à brève échéance, conditionnera étroitement les chances de développement de l'île.

I - LE MILIEU HUMAIN

SANTE - DEMOGRAPHIE

Le Service de santé est déjà engagé dans une politique à la fois déterminée et généralement prudente : équipements relativement modestes mais bien pensés des hôpitaux de Dzaouzi et Mamudzu ; sectorisation de la médecine en brousse ; construction de dispensaires ; lutte contre les principales endémies (déjà bien engagée contre le paludisme et la lèpre) ; effort de planning familial. Les discussions avec les autorités médicales rencontrées montrent qu'à tous niveaux, y compris au niveau ministériel, les besoins sont correctement analysés et que des plans de recherches spécifiques complémentaires sont à l'étude.

Une seule réserve à émettre : en matière de lutte contre les gîtes larvaires de moustiques, des méthodes brutales telles que l'aspersion par voie aérienne systématique, avec des insecticides, même biodégradables (et qui sont envisagées) ne devraient en aucun cas être employées. Dans un milieu aussi sensible que celui de Mayotte, les répercussions sur l'ensemble de la faune - y compris celle des eaux douces et du lagon - de même que la pollution des adductions d'eau, effectuées à partir de simples prises sur les moindres cours d'eau, seraient incontrôlables ; les risques de déséquilibres faunistiques seraient imprévisibles. En outre, une telle tentative d'éradication des moustiques a peu de chances d'être efficace du fait de la nature de certains gîtes, très nombreux (sous-bois denses - terriers de crabes atteignant les nappes phréatiques dans les plaines alluviales côtières).

HABITAT ET CONSTRUCTION

L'amélioration des conditions d'habitat, d'hygiène et de salubrité de l'environnement, tout en conservant un style des constructions adapté aux ressources en matériaux locaux et fidèle aux traditions mahoraises, doit être poursuivie, comme elle a été entreprise par la Direction de l'Equipement et le Génie Rural. A cet égard, il faut signaler que le sable est un matériau quasi-inexistant à Mayotte ; les rares gisements de plage à peu près convenables sont en voie d'épuisement ou très menacés ; des essais pour le remplacer par des pouzzolanes eu de la ponce concassée sont en cours, comme le sont les recherches sur l'utilisation de terres argileuses comme matière première de briques ou de "banco" amélioré et qui méritent d'être intensifiées et encouragées. Il y a en effet intérêt à lutter contre la tendance spontanée à construire en dur avec des parpaings de ciment, ce qui donne des bâtiments laids et climatiquement inadaptés.

Même dans les villes, le béton devrait être réservé pour les ouvrages d'art et les très grands bâtiments. La crise du logement actuelle, pour les fonctionnaires, ne devrait pas inciter à multiplier les réalisations telles que les 100 logements construits à Mamudzu, sous l'égide de la Société Immobilière de Mayotte (S.I.M.), totalement inadaptés aux conditions locales de vie, même si des arguments économiques plaident en leur faveur.

ENSEIGNEMENT ET ACCULTURATION

Une tâche considérable reste à accomplir dans le domaine de l'éducation : scolarisation des enfants, vulgarisation du français, compte tenu de la volonté des Mahorais de rester dans la mouvance de la France. Mais en toute hypothèse, il faut envisager dès maintenant de modifier les mentalités en milieu rural, et ce n'est pas facile ! Parallèlement aux efforts de vulgarisation et d'information qui doivent porter sur l'ensemble de la population, il est évident que c'est au niveau de l'enseignement primaire et de son adaptation spécifique au pays que doit porter - de toute urgence - l'essentiel de l'effort : formation des maîtres, introduction dans les programmes de notions élémentaires sur l'agriculture, l'hygiène et l'écologie. C'est une question de moyens à fournir et de latitude à laisser à la Direction de l'Enseignement sur place.

CONNAISSANCE DE LA SOCIETE MAHORAISE

Toute action de formation, tout changement dans les pratiques de la vie quotidienne, agricole ou autre, devra s'appuyer sur une parfaite connaissance sociologique et psychologique de la Société Mahoraise. En ce domaine des études tout à fait remarquables ont été entreprises (ROBINEAU, BRESSLAR). Elles méritent les appuis leur permettant d'arriver à bonne fin le plus tôt possible.

Il y a non seulement des erreurs à ne pas commettre en termes de planification, mais aussi de la conscience plus précise que les Mahorais auront d'eux-mêmes et qui conditionne leur adaptabilité aux changements qui les attendent.

II - LE MILIEU MARIN

Nos connaissances dans ce domaine sont encore très insuffisantes, particulièrement en ce qui concerne le milieu biologique et d'importantes recherches nécessaires avant qu'il ne soit possible d'établir un plan précis de développement.

C'est notamment la connaissance de la *productivité potentielle* du milieu marin qui permettra de définir l'appoint alimentaire, sous forme de protéines animales, qu'il est possible d'en attendre, ainsi que d'éventuelles formes d'exploitation nouvelles dont les produits pourraient être destinés à l'exportation.

Néanmoins, un certain nombre de directions possibles de développement peuvent dès maintenant être envisagées.

★ *DEVELOPPEMENT DE LA PECHE TRADITIONNELLE*, basé essentiellement sur un perfectionnement des moyens (embarcations, engins de pêche), des techniques, et surtout sur l'amélioration de la conservation et de la distribution des produits.

A cet égard, le rôle de l'Ecole de pêche d'Iloni apparaît fondamental et son action mériterait d'être notablement élargie.

★ *MISE AU POINT DE NOUVELLES FORMES DE PECHE*, soit dans le lagon, soit en haute mer, permettant l'exploitation de ressources qui échappent aux techniques traditionnelles, mais avec les précautions qui s'imposent pour éviter tout risque de dégradation du milieu (pollution par les hydrocarbures ou les déchets, surexploitation).

★ Des actions telles que l'*OSTREICULTURE* ou l'*AQUACULTURE*, la culture des *ALGUES*, peuvent également être envisagées, mais pratiquement tout est encore à faire dans ce domaine de recherche.

Enfin, *LA PROTECTION DE L'EQUILIBRE DU LAGON* doit rester une préoccupation essentielle, aussi bien dans le domaine de la pêche que dans ceux de la chasse sous-marine et de la récolte des coquillages.

III - AGRICULTURE ET ELEVAGE

C'est, à moyen terme, *une véritable révolution agro-pastorale* qui doit être entreprise, basée, selon un schéma déjà proposé par les Services agricoles, non pas tant sur une mutation technologique que sur une profonde reconversion du dispositif agro-pastoral actuel :

POUR LES CULTURES VIVRIERES

Leur affecter les meilleures terres (plaines alluviales côtières, terrasses et plaines intérieures), en vue d'une production plus intensive avec éventuellement une mécanisation légère et une irrigation d'appoint en saison sèche, ce qui permettrait deux cycles annuels de culture, comme le montre l'expérience de Dembéni. Corrélativement, interdire les "cultures de gratte" sur les pentes les plus fortes.

★ Perfectionner, par la vulgarisation, les techniques traditionnelles (outillages, variétés, calendrier agricole).

★ Rationaliser le choix des terres par une meilleure connaissance des potentiels pédologiques et du découpage microclimatique de l'île.

POUR L'AGRICULTURE DE RENTE

En dehors du domaine des Sociétés, susceptibles de mettre en œuvre des moyens mécaniques, il faudrait cantonner les cultures de rente là où les conditions pédologiques et microclimatiques sont convenables, ce qui est souvent le cas. S'agissant le plus souvent de cultures ligneuses pérennes, les risques d'érosion sont minimes, même sur pentes fortes.

★ *La cocoteraie,* en dehors du domaine des Sociétés et du cas, fréquent, des cultures vivrières établies sous cocotiers, est mal entretenue et fortement sous-exploitée (pertes, dégâts dus aux rats et aux roussettes). De plus, le coprah produit est de mauvaise qualité (cueillette avant maturité, mauvaise préparation) et, de ce fait, difficilement exportable. Sa superficie pourrait donc être notablement réduite, sans compromettre son rendement, grâce à une meilleure gestion. En particulier, elle devrait disparaître des meilleures terres aptes à une production vivrière intensive.

★ L'observation montre que l'Ylang-Ylang réussit très bien sur les pentes, même fortes, lorsqu'elles sont bien exposées, et c'est là que cette culture devrait être localisée. Même si l'essence d'ylang a fourni, ces derniers temps, l'essentiel des exportations de l'île, la situation actuelle du marché n'est pas encourageante et incite à beaucoup de prudence dans le développement de cette production. En outre, le problème de la main d'œuvre pour la cueillette des fleurs semble préoccupant. S'il peut paraître judicieux de profiter des possibilités de développement offertes par le programme FORMA, on trouverait là l'occasion d'amorcer la mutation proposée ici.

Les cultures *fruitières* (Manguiers et Letchis en particulier), le café et les *épices* (poivre, vanille, girofle) pourraient donner lieu, à moyen terme, à des productions pour lesquelles il existe en France (ou à la Réunion pour les fruits) un marché qui n'est pas négligeable. En tout cas Mayotte est le seul territoire français à produire des épices.

Il est nécessaire de bien prendre conscience que l'ensemble de ce programme représente une œuvre de longue haleine qui, outre une connaissance très précise du milieu (pédologie et microclimat) exigera à la fois des calculs économiques précis, une adaptation psychologique des cultivateurs traditionnels et une impulsion soutenue des Pouvoirs Publics, ne serait-ce que dans le domaine de la remise en ordre du foncier.

Il apparaît nécessaire aussi de développer des formules coopératives afin de favoriser le traitement (stockage de la vanille et du coprah, distillation de l'Ylang), la commercialisation et l'exportation des produits et d'aider les agriculteurs à accéder progressivement à une économie de marché dont ils n'ont guère l'expérience.

Enfin, certaines des productions mentionnées ci-dessus sont fortement limitées du fait de la pullulation des prédateurs contre lesquels une action globale doit être entreprise. C'est chose faite pour les rats et, à cet égard, il est certain qu'un bon entretien de la cocoteraie sera un des facteurs déterminants de la réussite de l'opération. Mais, pour les roussettes, le problème reste entier.

POUR LA PRODUCTION FOURRAGERE

★ L'installation, sous la cocoteraie, de pâturages à *Axonopus compressus* est susceptible de fournir une production fourragère de valeur, tout en favorisant l'entretien de la cocoteraie et la lutte contre les rats. Cette Graminée existe à l'état spontané à Mayotte et semble bien adaptée aux conditions écologiques de l'île.

★ L'introduction d'une production fourragère peut être envisagée dans les assolements vivriers, soit sous la forme de jachères pâturées améliorées, avec Légumineuses et Graminées (des Graminées fourragères de valeur telles que l'*Axonopus, Panicum maximum, Hyparrhenia rufa, Melinis minutiflora*, figurent dans la flore de Mayotte) soit sous la forme de cultures fourragères plus intensives (Guatemala grass, Canne à sucre fourragère, *Stylosanthes gracilis* par exemple).

★ Les zones anciennement mises à nu des Padza et recolonisées par un tapis graminéen (*Panicum sp., Heteropogon contortus, Hyparrhenia rufa*) représentent pour la saison des pluies une ressource fourragère intéressante mais à utiliser avec précaution du fait des risques d'érosion. Le pâturage sur de telles zones doit donc être limité et contrôlé, cette action étant à mener conjointement avec des opérations de reboisement.

★ L'élevage semi sauvage des chèvres dans certains îlots (M'Zamboro en particulier) demanderait à être contrôlé pour éviter une prolifération excessive qui aboutirait rapidement à une dégradation considérable de la végétation.

En tout état de cause, en tout cas pour l'élevage bovin, l'amélioration du potentiel fourrager de l'île, quantitativement et surtout qualitativement, est un préliminaire indispensable à tout essai de perfectionnement du bétail, par l'accroissement du format en particulier.

IV - POLITIQUE FORESTIERE

Trois formes d'action peuvent être envisagées, les deux premières, les plus urgentes, ayant d'ailleurs déjà été prises en compte par les Services forestiers :

★ Mise en défense des forêts des massifs montagneux, en raison de leur valeur floristique et du rôle écologique qu'elles jouent, soit en protection absolue, soit avec exploitation par pieds strictement contrôlée.

★ Instauration d'une politique sylvo-pastorale sur les Padza, avec utilisation, pour le reboisement des zones les plus sensibles et les plus dégradées, d'essences locales très dynamiques, par exemple *Calophyllum inophyllum* (nom local, Takamaca), mieux adaptées à ce type de station que des introduites.

★ Amélioration des boisements sur fortes pentes, retirées du domaine agricole et gestion orientée vers la production de bois d'œuvre à partir d'essences locales ou introduites, par exemple l'Avocat marron, *Rapanea* ou *Monoporus* (nom local, Barrabay).

V - LE TOURISME

★ Il existe des *atouts*, mais limités, pouvant attirer une clientèle avertie et sportive ; encore faudrait-il en limiter le nombre, par exemple en mesurant l'équipement hôtelier. Ce sont :

- le lagon et les récifs, permettant la plongée, la photographie, voire la chasse sous-marine, mais avec une stricte limitation par une réglementation bien adaptée ;

- les plages de sable corallien du N.W. de la Grande Terre (région de M'Zamboro), des divers îlots (Bandélé et M'Zamboro notamment) et de Pamanzi (Baies de Moya en particulier), offrent des conditions balnéaires acceptables, mais elles sont peu nombreuses, étroites et pour la plupart uniquement accessibles par mer ;

- le milieu terrestre offre une faune attrayante et sans danger, des possibilités de chasse aux cochons sauvages (service à rendre en pays islamique), des massifs forestiers intéressants à parcourir et atteignant les sommets (le Mt Choungui en particulier) ou encore les cratères de Pamanzi (spécialement le lac de Dziani Dzaha).

★ En revanche, de NOMBREUX INCONVÉNIENTS s'opposent à un tourisme de masse.

- Les côtes et les plages de Grande Terre sont peu accueillantes : rocailles sombres, plages terreuses et noires, littoraux à mangrove. En dehors des plages du N.W., la seule plage agréable et un peu vaste est celle de Longoni, mais son aménagement viendrat en concurrence avec un projet portuaire : la baie en eau profonde à l'Ouest de la Presqu'île de Longoni, est en effet le seul site naturel disponible sur la Grande Terre pour faire aborder à quai les navires de haute mer.

- Les structures d'accueil existantes sont très limitées : un hôtel de quelques chambres à Dzaoudzi, un hôtel avec bungalows climatisés (cinq pour le moment, dix de prévus au total) à Mamudzu. Les possibilités de louer des véhicules (automobiles ou embarcations) sont extrêmement réduites.

- Enfin, à signaler, une nuisance du double point de vue sanitaire et esthétique : les ordures ménagères et spécialement les contenants métalliques de boissons maculent les bords de route, jonchent les plages aux abords des villages et constituent un gîte larvaire pour les moustiques difficile à traiter. A Pamanzi existe un dépôt délimité, mais insuffisamment contrôlé.

Une action des Pouvoirs publics, et une campagne d'éducation, sont, à cet égard, des mesures à prendre d'urgence.

*

Mais toute action de développement finalement est dépendante de certaines infrastructures et Mayotte souffre encore dans ce domaine de carences graves dans le domaine des transports :

★ Malgré les énormes progrès réalisés ces dernières années, une partie du réseau routier reste encore partiquement inutilisable en saison des pluies et certains villages ne sont pas désenclavés.

★ En dehors de la liaison Pamanzi - Grande Terre, malgré tout très contraignante, les transports maritimes sont à peu près inexistants, et l'organisation d'un petit cabotage côtier pourrait être envisagée.

★ L'équipement portuaire de la rade de Pamanzi est insuffisant et entraîne pertes de temps et de marchandises.

★ La capacité d'accueil de l'aéroport actuel est trop limitée.

TROISIEME PARTIE   MESURES IMMEDIATES ET ETUDES A REALISER

- Un capital biologique, faunistique et floristique, d'une grande richesse et d'une rare originalité ;

- Un équilibre écologique encore correct, avec de nombreux points positifs, mais cependant fragile, et parfois à la limite d'une rupture irréversible ;

- Des perspectives de développement intéressantes, dans plusieurs domaines, moyennant certaines précautions et le respect rigoureux de quelques règles ;

tels sont les points forts de la situation telle qu'elle se présente aujourd'hui à Mayotte.

Le développement de l'île est une nécessité urgente et un certain nombre d'actions peuvent donc être entreprises dans ce sens. Mais elles doivent être basées sur une parfaite connaissance des milieux naturels et de leur potentialité et, à cet égard, beaucoup d'études restent encore à entreprendre, dans beaucoup de domaines. Ainsi qu'il l'a été indiqué plus haut, il n'est pas possible encore d'en donner une programmation précise. Ce n'est donc qu'une esquisse très sommaire des principales directions à envisager qui sera présentée ici, en conclusion de ce rapport, aini que des suggestions pour quelques mesures qui sembleraient devoir être prises dans l'immédiat.

I - MESURES IMMEDIATES

Un certain nombre de directions qui pourraient être envisagées ou développées dès maintenant ont été évoquées dans ce rapport ; on se bornera ici à rappeler et à préciser certaines d'entre elles qui paraissent les plus urgentes.

1 - Milieu terrestre

- Règlementation de l'utilisation des sols :

• délimitation du domaine forestier et établissement des règles d'usage (protection, ou exploitation limitée) ;

• limitation du pâturage sur les zones de Padza les plus menacées et extension des reboisements de protection ;

• limitation des cultures de gratte sur les pentes ;

• limitation du développement des cultures de rente sur les sols les plus aptes à la production vivrière ;

• incitation au développement des cultures vivrières sur les terres d'alluvions et expérimentation dans ce domaine ;

• essais de pâturages améliorés sous cocoteraie.

- Protection du milieu naturel et des cultures :

• éradication du *Rubus mollucanus*, la présence de cette espèce représentant un grave danger potentiel pour l'agriculture et l'élevage ;

• règlementation de l'usage des insecticides (pêche aux Camarons par exemple) ;

• organisation de l'enlèvement des ordures ménagères ;

• organisation de la chasse aux cochons sauvages ;

• limitation de la prolifération des chèvres dans les îlots.

2 - Milieu marin

• limitation et contrôle du ramassage des coquillages destinés à la vente ;

• établissement d'une règlementation de la chasse sous-marine, venant relayer l'interdiction actuelle : obligation d'un permis, limitation du type d'arme utilisé, interdiction de l'usage d'appareils de plongée, limitation à la chasse sportive, règlementation des captures (espèces, quantités), interdiction de la commercialisation des produits, délimitation de zones de protection ; réserves tournantes éventuellement.

II - RECHERCHES A ENTREPRENDRE

1 - Connaissance du milieu naturel ; recherches fondamentales

Un certain nombre de documents, à cet égard, sont déjà disponibles, ou sont en cours d'élaboration, dans divers domaines, mais ils sont loin, encore, d'apporter toutes les données nécessaires : Géologie (Saint-Ours, CNRS), Climat (Météorologie Nationale), Végétation (Museum d'Histoire naturelle, GACHET, MIGUET), Hydrologie (BRGM), Sols (IRAT), Entomologie médicale (ORSTOM), Société Humaine (Robineau, Bresslar), Lagon (milieu physique, ORSTOM).

Des études fondamentales restent donc à accomplir et il convient à cet égard de souligner l'intérêt scientifique de Mayotte qui pourrait ainsi devenir une base française de recherche et un remarquable laboratoire de terrain, aussi bien dans le domaine de la géologie que dans celui de la biologie tant végétale qu'animale et de l'écologie.

Un certain nombre de résultats originaux pourront être obtenus à la suite de la mission SEPANRIT, concernant en particulier la végétation, les mangroves, les problèmes de l'érosion et de la sédimentologie côtière.

Des études scientifiques de base sont à programmer dans les domaines suivants :

• Analyse détaillée des structures géologiques ;

• Inventaire de la faune et de la flore, étude des phénomènes d'endémisme, tant en milieu marin que terrestre. L'inventaire biologique du lagon et du récif pour lequel on ne dispose encore pratiquement d'aucune donnée, représentera en particulier un travail important, de longue haleine, et qui demandera la mise en œuvre de moyens convenables.

• Climatologie et microclimatologie : détermination du compartimentage climatique de l'île (multiplication des postes d'enregistrement, dans les gendarmeries et les postes médicaux par exemple, exploitation des données) ; caractérisation des types de microclimats, spécialement ceux concernant l'agriculture.

Ces diverses études demandent à être réalisées dans les meilleures délais possibles puisque, pour une large part, c'est à partir des données ainsi obtenues que pourront être engagées les recherches plus appliquées. Ce sont elles aussi qui permettront de proposer d'éventuelles mesures de protection.

2 - Développement des ressources : recherches appliquées
Domaine maritime

Une analyse soigneuse de l'écosystème lagon-récif doit à la fois précéder et informer les recherches de caractères plus techniques et les études économiques qui autoriseront ensuite une meilleure exploitation des ressources de la mer :

• Mesure de la productivité, reconnaissances et délimitation des zones les plus productives, étude des rythmes saisonniers.

• Etude de la biologie et du comportement des espèces les plus intéressantes.

Des études plus directement appliquées ont été entreprises déjà par l'ISTPM (rapport Barbaroux) et par l'Ecole de pêche et elles doivent être poursuivies et élargies avec :

- dans un premier temps :

• Estimation précise de la production de la pêche actuelle, par les différentes techniques traditionnelles ;

• Détermination, par zones et par espèces, des prélèvements possibles permettant de respecter les équilibres biologiques ;

• Adaptation des techniques de pêche à la composition faunistique et à la productivité potentielle (recherches et vulgarisation) ;

- et, dans un deuxième temps :

• Etude des possibilités d'ostréiculture et d'aquaculture (y compris les algues marines et les camarons en eau douce) ;

• Exploration des possibilités offertes par d'autres formes de pêche (bateaux plus importants, pêche en haute mer).

Domaine terrestre

• Délimitation et cartographie des formations végétales, analyse de leurs conditions écologiques et de leur dynamisme. Les étroites corrélations existant entre le milieu et la végétation permettront ainsi de définir avec précision le découpage écologique de l'île et de guider la lutte contre l'érosion.

Un premier travail dans ce sens a été entrepris par la SEPANRIT, avec la collaboration du Centre d'Etudes de Géographie Tropicale (CNRS) et l'UER L'Homme et son Environnement (Université de Bordeau III), à partir de l'exploitation de la couverture photographique aérienne de 1969.

• Pédologie : délimitation, cartographie et planimétrie des unités pédologiques ; détermination de la vocation des sols, en association avec une expérimentation agricole. Des travaux dans ce domaine ont déjà été entrepris par l'IRAT.

• La synthèse des différentes études du milieu serait à réaliser sous la forme d'une carte écologique de l'île délimitant des unités isopotentielles dont les aptitudes et les contraintes pourraient être clairemnt définies. Une telle carte constitue un document de base essentiel pour tout projet d'aménagement ou pour les études d'impact qui pourraient se révéler nécessaires (Loi de juillet 1976 sur la Protection de la nature).

• Enfin des études de biologie et d'écologie sont à réaliser en vue de mettre au point des procédés de lutte intégrée (interventions chimiques modérées, lutte biologique) contre les ennemis de l'homme et des cultures (insectes, rongeurs, roussettes, certaines plantes comme le *Lantana camara*). Nous avons attiré déjà l'attention sur le danger présenté par l'emploi massif de pesticides.

*   *

*

Il apparaît finalement que la nécessité du développement de Mayotte impose un important effort de recherche qui conditionnera le succès de tout effort de planification.

Il faudra faire appel à des scientifiques et à des organismes spécialisés, coordonner leur action, fixer un calendrier, déterminer les moyens nécessaires. Ce projet d'ensemble est en cours d'élaboration.

Enfin, une synthèse finale pourrait prendre la forme d'un Atlas écologique de Mayotte.

1981

✦ ✦ ✦ ✦ ✦

Mots clés : Milieu insulaire, écologie, aménagement, gestion de l'environnement, développement économique, Mayotte.

Résumé : A l'issue d'une mission de 6 semaines (août-septembre 1978) effectuée à l'initiative de la S.E.P.A.N.R.I.T., il a été possible de formuler un diagnostic d'ensemble sur l'état écologique de l'île de Mayotte et de proposer des mesures propres à préserver le milieu naturel ainsi qu'un programme des recherches nécessaires pour une meilleure connaissance de l'île. Pour le milieu terrestre au moins, l'état d'équilibre est actuellement précaire et à la limite de la rupture, en face d'un accroissement démographique important. C'est une véritable révolution des pratiques agro-pastorales qu'il serait nécessaire d'entreprendre, afin d'éviter d'aboutir à une situation grave et sans doute irréversible, sans compter des actions urgentes à mener dans bien des domaines. Mais tout programme de développement doit être basé sur une parfaite connaissance des milieux, et beaucoup d'études restent à entreprendre dans ce domaine.

Title: *MAYOTTE: AN ECOLOGICAL ASSESSMENT, POTENTIAL OF DEVELOPMENT AND PROGRAMME OF RESEARCH.*

Key words: *Insular environment, ecology, control of environment, planning and development, economic development, Mayotte.*

Abstract: *A six week survey organised by the SEPANRIT from August to October 1978 made possible an overall assessment of the present ecology of Mayotte island. As a result, a policy of preservation of natural environment and a research programme aiming at a better knowledge of the island have been proposed. As far as land is concerned, the present balance is on the verge of collapse, because of a rapid demographic growth. Besides urgent actions required in many fields, nothing less than a revolution in agricultural and cattle breeding practices is necessary, if one wishes to avoid a final deadlock. But any development programme requires a comprehensive knowledge of the various environments: many studies have still to be conducted for that purpose.*

COUVERTURE VEGETALE DE L'ILE DE MAYOTTE   *(Carte hors texte)*

I - FORMATIONS SUR ALLUVIONS COTIERES

En dehors des sables coralliens du Nord-Ouest, le réseau hydrographique a déposé tout autour de l'île des **plages de terres** arrachées par l'érosion. Les atterrissements les plus importants sont colonisés par une **mangrove** qui relève du domaine floristique pacifique (avec *Sonneratia* et *Bruguiera* en particulier).

Les arrière-mangroves, avec des forêts à *Heritiera* et surtout *Erytherina* occupent des surfaces assez importantes dans toutes les basses plaines alluviales côtières, dont les limites ont été portées sur la carte. Mais ces forêts ont le plus souvent cédé la place à des cocoteraies ou à des rizières.

II - SERIE DES FORETS HUMIDES

Elle caractérise les parties les plus arrosées de l'île, à l'exception des zones trop sèches du Sud ou des stations édaphiquement défavorisées. Les **formations forestières autochtones**, forêts denses humides sempervirentes, floristiquement très variées, se maintiennent encore sur les principaux massifs montagneux et, au Sud, sur le Plateau de Dapani, où elles jouissent d'une protection à la fois naturelle (par le relief) et officielle. Mais tout le reste du domaine de cette série est occupé par des formations secondaires. Entre 200 et 400 m d'altitude, il s'agit le plus souvent de **forêts secondaires à Manguiers** pouvant former de belles futaies avec une strate inférieure arbustive bien développée. A plus basse altitude et dans les deux-tiers Nord humides de l'île, c'est le domaine des **recrus forestiers à Avocat-Marron** (*Litsea tersa*). Cette Lauracée introduite colonise systématiquement tous les défrichements. Très envahissante, elle joue cependant un rôle fondamental pour la protection contre l'érosion des pentes, souvent très fortes, sur lesquelles sont installées les cultures.

III - SERIE DES FORETS SCLEROPHYLLES

Elle occupe des situations défavorables du fait de conditions microclimatiques ou édaphiques particulières.

La forêt sclérophylle autochtone, boisement dense de petits arbres à feuilles bien adaptées à des conditions hydriques difficiles, peut se rencontrer dans différentes situations :
- sur les sols rocailleux des bords de mer, avec un microclimat sec et chaud ;
- sur les crêtes et les pentes très fortes, sur sols minces avec roche affleurante ;
- dans le domaine des "Padza". Il s'agit alors de boisements très particuliers, caractérisés par une Sapotacée (*Mimusops sp*) et un Palmier (*Hyphaene shatan*). Mais très souvent, ils ont disparu pour laisser la place aux **Padza**, zones dénudées par l'érosion, correspondant à des secteurs où le volcanisme est le plus ancien. Ces Padza toutefois ne semblent par résulter de processus actuels de dégradation mais témoigner plutôt d'une érosion ancienne importante, actuellement en régression. En effet, d'importantes surfaces de Padza sont en voie de recolonisation par une végétation de Fougères et de Graminées qui paraît en mesure d'évoluer vers une couverture forestière. Cependant, l'utilisation à des fins pastorales de ces Padza risque de compromettre ce processus.

IV - SERIE DES FORETS SECHES DU SUD

Elles se cantonnent dans la partie méridionale de la Grande-Terre et témoignent bien du compartimentage bioclimatique de l'île. Ce sont des forêts denses basses, caducifoliées (avec des *Albizzia* en particulier), souvent remplacées par des recrus secondaires buissonnants, beaucoup moins efficaces que l'Avocat marron pour la protection contre l'érosion.

V - VEGETATION GRAMINEENNE DE PAMANZI

Formée essentiellement de grandes Graminées vivaces (*Hyparrhenia rufa* et *H. cymbaria*), elle s'explique par l'extrême perméabilité des sols (pierre ponce et cendre volcanique), la faiblesse des précipitations, la densité et l'ancienneté de l'occupation humaine.

VI - CULTURES ET JACHERES RECENTES

En ce qui concerne les **cultures de rente**, installées dans les deux-tiers Nord de l'île, pour des raisons essentiellement climatiques, c'est la **Cocoteraie**, aujourd'hui mal entretenue et sous-exploitée, qui occupe les superficies les plus importantes (6 000 ha), sur les meilleures terres (plaines alluviales). **L'Ylang-ylang** a des exigences écologiques moins strictes et constitue un domaine plus morcelé, à cheval sur les plaines alluviales et sur les collines. Enfin, d'autres cultures (vanille, poivre, girofle ...) occupent des superficies trop faibles pour qu'il soit possible de les cartographier.

Les **cultures vivrières** associent généralement plusieurs espèces, riz pluvial surtout, mais aussi manioc. pois d'Angole ... Les champs, généralement très morcelés, sont souvent installés sur des pentes très fortes et préparées avec des façons culturales rudimentaires. Après quelques cycles de culture, l'Avocat-marron s'installe très rapidement. Très souvent, ces cultures sont installées sous une cocoteraie très clairsemée. La noix de coco joue en effet un rôle important dans l'alimentation des mahorais.

Enfin, on peut noter la place prise parfois dans le paysage par des Bambous (espèce introduite) qui peuvent former de véritables galeries le long des cours d'eau, ou des massifs dans des situations très diverses.

* * * * *

légende

1- Formations sur alluvions côtières:

- Plage de terre et zone inondable d'arrière-mangrove
- Mangrove
- forêt à *Erythrina*

2- Série des forêts humides:

- Formations forestières autochtones
- Forêt secondaire à Manguier
- Recru forestier à Avocat-Marron (*Litsea tersa*)

3- Série des forêts sclérophylles:

- Forêt sclérophylle autochtone (côtes et crêtes)
- *Padza* (zones dénudées par l'érosion)
- *Padza* en voie de recolonisation (Graminées dominantes)

4- Série des forêts sèches du Sud:

- Forêt sèche du Sud

5- Végétation graminéenne de Pamanzi:

6- Cultures et jachères récentes:

- Ylang-Ylang
- Cocoteraie
- Cultures de vente
- Cultures vivrières et jachères récentes
- Cultures vivrières et jachères récentes sous cocotier
- Fourrés de Bambou
- Limite des plaines côtières
- Limite des fonds alluviaux des vallées du Nord-Ouest
- Lac
- Village

D'après la mission photographique aérienne I.G.N. de 1969

J-1 JAMET . Juin 1979

Sada

Chiconi

Ouangani

Dembéni

Bandélé

M'Samudu

Proani

Baie de Bouéni

Kani-Kélé

Forêt de Dapani

Choungui-Bé

Bouéni

la couverture végétale

de l'île de MAYOTTE